KB102499

교과서가 쉬워지는
이야기 한국사

조선-근현대

10대를 위한 시간 여행2

교과서가 쉬워지는

이야기 한국사

강태형 지음

현직 초등교사가
풀어쓴
모든 세대를 위한
역사 상식

조선-근현대

유아이북스

들어가는 글

역사는 참으로 재미있는 학문입니다.

역사가 재미없다는 사람들은 아마도 역사책을 읽은 것이 아니라 역사 요약본을 읽었기 때문일 것입니다. 소설 대신 소설 요약본을 읽는다면 제대로 소설을 감상한 것도 아닐뿐더러 당연히 재미도 없습니다. 시간이 걸리더라도 차분히 역사책이나 소설을 읽어야 합니다. 그러면 점점 흥미진진해지고 나중에는 밤을 새워 가면서 읽게 됩니다.

하지만 불행히도 중학 교과서의 역사는 요약본에 불과합니다. 게다가 이해도 되지 않는 어려운 역사 용어를 잔뜩 써놓고는 외우라고 강요하니 재미가 있을 턱이 없습니다.

이 책에서는 어려운 역사 용어를 모조리 쉬운 말로 풀었기 때문에 쉽게 읽을 수 있습니다. 여전히 어려운 부분이 있다면 필자의 전작인《사회교과 문해력을 높이는 개념어 교실》을 참고하시기 바랍니다.

그리고 중학교 교과서에 나오는 역사적 사건을 원인부터 결과까지 이야기로 만들었습니다. 읽다 보면 역사가 얼마나 흥미진진한지를 느낄 수 있을 것입니다. 이 책은 역사만 다루며 야사나 혹은 정사에 실렸더라도 거짓인 이야기는 모두 뺐습니다. 글을 읽다가 자신이 알고 있는 얘기가 나오지 않으면 반드시 역사인지 야사인지 검증해 보시기 바랍니다.

영국의 역사학자 에드워드 카는 자신의 저서 《역사란 무엇인가?》에서 '역사란 역사가와 그의 사실들 사이의 지속적인 상호작용의 과정이며, 현재와 과거 사이의 끊임없는 대화이다'라고 했습니다. 이 책을 통해 옛사람들과 대화를 나누어 보시기 바랍니다.

목차

들어가는 글 5

1장 조선의 시작

세계사 이야기

2장 네 번의 사화

세계사 이야기

3장 전쟁과 영웅의 출전

세계사 이야기

4장 혼돈과 투쟁의 시기

세계사 이야기

5장 끝을 향해 가는 조선

세계사 이야기

6장 조선에서 대한제국으로

세계사 이야기

7장 일제강점기와 광복, 격동의 현대사

세계사 이야기

1장

조선의
시작

우리 역사		세계사
한양 도읍	1394년	
제1차 왕자의 난	1398년	
제2차 왕자의 난, 태종 즉위	1400년	
세종대왕 즉위	1418년	
훈민정음 반포	1446년	
	1449년	중국 토목보의 변
계유정난, 이징옥의 난	1453년	동로마 오스만제국에게 멸망
세조 즉위	1455년	
	1462년	모스크바 공국 독립선언
이시애의 난	1467년	일본 오닌의 난 전국시대 시작
《경국대전》 반포	1470년	
한명회 사망	1487년	
	1492년	콜럼버스 아메리카 대륙 도착
	1500년	티무르제국 멸망

명나라는 15세기 전반부에 영락제의 대외원정으로 몽골과 베트남을 제압하고 정화의 남해 원정을 진행하며 국외로 확장합니다. 하지만 후반기 몽골 부족을 통일한 오이라트에 황제가 잡히는 토목보의 변(1449년)이 일어나며 내치에 주력합니다.

일본은 무로마치 막부가 오닌의 난(1467~1477년)으로 유명무실해지면서 전국시대가 시작됩니다.

러시아 땅에서는 1462년 모스크바 공국의 이반 3세가 킵차크 칸국으로부터 독립을 선언하면서 러시아의 기틀을 닦습니다

중앙아시아에서는 티무르가 죽으면서 티무르제국이 혼란에 빠지고 1500년 멸망합니다. 그 사이 오스만 제국은 확장을 거듭하여 1453년 콘스탄티노폴리스를 정복하고 로마제국을 끝냅니다.

반면에 유럽의 서쪽 끝 이베리아반도에서는 레콩키스타 운동이 일어나 1492년 이슬람을 완전히 몰아냅니다. 그해 크리스토퍼 콜럼버스가 아메리카 대륙에 도착합니다.

프랑스와 영국은 100년 전쟁을 끝내고 강력한 중앙집권제와 절대군주제를 시행하게 됩니다.

영국에선 장미전쟁을 거쳐 튜더 왕조가 시작됩니다.

티무르 제국

한양 도읍 • 1394년

태조 이성계는 새 나라를 세우고는 명나라에 '조선朝鮮'과 '화령和寧' 중 하나를 국호로 선택해달라고 사신을 보냅니다. 명나라에서는 '조선'을 낙점하였고 이때부터 단군조선은 고조선이라 불리게 됩니다.

화령은 1960년 다시 한번 역사에 등장합니다. 4 · 19 혁명으로 이승만이 하야한 후 윤보선 전 대통령은 경무대였던 대통령 집무실의 이름을 변경하기로 합니다. 이때 새로 변경할 이름으로 '화령대'와 '청와대' 두 가지 안이 제시됩니다. 윤보선 전 대통령은 본관의 청기와 지붕에서 의미를 딴 '청와대'를 선택하였고 윤석열 대통령이 집무실을 이전한 이후에도 여전히 청와대로 불리고 있습니다.

조선은 당시 풍수지리설에서 명당으로 꼽히던 한양을 수도로 정합니다. 한양漢陽이라는 지명은 한강漢의 북쪽陽에 있다는 의미입니다. (산의 남쪽 강의 북쪽은 볕이 잘 드는 양지陽地라 양陽이라고 합니다.) 백성들은 한양보다도 서울이라고 많이 불렀습니다.

한양이 선택된 이유는 한반도의 중앙에 있고, 한강 수로를 통해 물자와 사람들이 편리하게 이동할 수 있으며, 산으로 둘러싸여 외적을 막기에 유리했기 때문입니다. 조선은 한양으로 도읍을 옮긴 후, 종묘와 사직을 세우고, 경복궁을 짓습니다. 주위의 산을 연결하는 성곽을 쌓고, 성곽에 네 개의 큰 문을 만들었습니다. 건물과 문의 이름에는 성리학적 이념이 잘 드러나 있습니다.

태조가 궁궐을 짓는 일보다 먼저 서두른 공사가 종묘宗廟와 사직社稷의 건설입니다. 종묘란 조선시대 역대 왕과 왕비 및 추존된 왕과 왕비의 신주神主를 모신 사당입니다. 사직은 토지신인 '사社'와 곡식신인 '직稷'을 합하여 일컫는 말로 농경사회에서 가장 중요한 신들입니다. 그 때문에 종묘와 사직을 세우고 정기적으로 제사를 지내는 것은 왕조의 정통성을 확보하는 행위입니다.

그래서 조선이 건국되자마자 개경에 있던 고려의 태묘를 허물고 그 자리에 조선의 종묘를 세우는 공사를 합니다. 그러다 한양으로 천도하면서 공사가 중단되고 한양에 새로운 종묘를 짓기 시작하여 1395년(태조 4년) 완공합니다. 사직에 대한 제사를 지내는 사직단도 같은 해 완공됩니다.

경복궁은 정도전이 《시경詩經》 주아周雅에 나오는 '既醉以酒 既飽以德 君子萬年 介爾景福'기취이주 기포이덕 군자만년 개이경복(이미 술에 취하고 이미 덕에 배부르니 군자는 영원토록 그대의 크나큰 복景福을 누리리라)에서 두 글자를 따서 '景福宮경복궁'이라고 지었습니다. 처음 완공되었을 때 크기는 390여 칸이었고 훗날 흥선 대원군이 중건하며 규모가 7225칸이 되기도 했습니다. 여기에서 칸은 한국 건축물의 기본적인 공간 단위로 기둥과 기둥 사이의 간격 또는 네 개의 기둥으로 이루어진 공간을 뜻합니다.

태종 대에는 개천을 준설하고 도로를 닦는 등 한양을 정비합니다. 이때 준설된 하천이 청계천입니다.

사대문에 대해 알아보겠습니다. 사대문의 이름은 유교의 기본 덕목인 오상五常에서 따온 것입니다. 오상은 다시 오행五行에 맞추어 아래와 같이 배열되고 오상과 오방의 관계에 따라 사대문의 이름을 만들었습니다.

동대문은 '인仁'을 일으키는 문, 흥인지문興仁之門이고 서대문은 '의義'를 두텁게 하는 문, 돈의문敦義門입니다. 남대문은 '예禮'를 숭상하는 문, 숭례문崇禮門이고 북문은 숙정문肅靖門입니다.

북문에는 지智가 들어가지 않았습니다. 이상하네요. 전하는 바에 따르면 양반들은 백성들이 똑똑해져서 정치에 간섭하는 것을 원치 않아서, 북문에 개혁改革과 정화淨化라는 의미를 지닌 숙청肅淸(숙정문의 원래 이름)이라는 말을 붙였다고 합니다. 그래서 이를 보완하기 위해 탕춘대성의 성문을 '지혜智'를 넓히는 문, 홍지문弘智門이라고 이름 붙였습니다.

그러고 보니 중앙 신信이 빠졌네요. 사실은 빠진 것이 아니라 서울 중앙에 신이 들어가는 건물이 하나 있습니다. 보신각普信閣입니다.

오행(五行)	목(木)	화(火)	토(土)	금(金)	수(水)
오방(五方)	동(東)	남(南)	중앙(中央)	서(西)	북(北)
오색(五色)	청(靑)	적(赤)	황(黃)	백(白)	흑(黑)
오상(五常)	인(仁)	예(禮)	신(信)	의(義)	지(智)

✦ 조선의 계급제도 ✦

조선의 계급제도는 모든 백성을 양인(良人)과 천민(賤民)으로 나누는 양천제(良賤制)입니다. 이중 양인만 과거를 치러 양반(兩班)이 될 수 있었습니다. 하지만 나라가 안정되면서 계급이 세분되어 양인은 양반, 중인, 상민으로 나눠집니다.

양반이란 문반(文班)과 무반(武班)을 아울러 일컫는 말입니다. 조정(朝廷)에서 하는 회의(會議)인 조회(朝會)를 할 때 임금을 기준으로 동쪽에 문관들이 서고 서쪽에 무관들이 섰습니다. 그래서 문반은 동반(東班), 무반은 서반(西班)으로도 불렸습니다.

고려 때에 잡과 출신의 기술 관리는 남쪽에 서 있었기 때문에 남반(南班)이라고 불렸는데 조선에서는 남반이라는 말이 사라지고 중인이 됩니다. 기술관리 외에도 지방의 향리들도 중인입니다.

상민은 조선시대 직업의 분류인 사농공상(士農工商)에서 양반인 사(士)를 제외한 농민, 공인, 상인을 말합니다.

조선은 개국할 때부터 어미가 노비이면 자식도 노비가 되는 노비종모법(奴婢從母法)을 시행했습니다. 그러다 1414년(태종 14년) 황희가 "아비가 양인이면 아들도 양인이 되는 노비종부법(奴婢從父法)이 옳다"고 주장하자 이를 받아들여 노비종부법을 시행합니다.

하지만 양반 남자가 노비 사이에서 자식을 얻은 후 자기 자식이라고 인정하지 않고 노비로 만드는 일이 늘어납니다. 노비는 세금을 내지 않으므로 노비가 늘고 양민이 줄면 그만큼 국가 재정이 줄어듭니다. 그래서 세종대왕은 맹사성과 허조의 건의를 받아들여 다시 노비종모법을 시행합니다. 그리고 양인 아버지와 천민 어머니의 결혼을 아예 금지해서 노비 인구가 늘어나지 않도록 합니다.

그런데 세조는 부모 중 한쪽 신분이 천인이면 그 자식은 무조건 천인이 되는 일천즉천법(一賤則賤法)을 시행하고 이 내용을 《경국대전》에 실어 법제화합니다. 이 때문에 노비의 수는 늘고 양민의 수가 줄어들면서 국가 재정이 점점 줄어들게 됩니다. 그래서 영조는 1731년에 다시 노비종모법을 시행하게 됩니다.

또한 조선은 적서의 차별도 매우 심했습니다. 적자는 양반과 본부인 사이의 자식이고, 서자는 양반과 양인 첩 사이의 자식, 얼자는 양반과 천민 첩 사이의 자식입니다.

태종은 서얼금고법을 만들어 과거 문과 시험은 오직 적자만 응시할 수 있게 했습니다. 명종 대인 1550년 모(母)계열이 양인인 서자 출신이면서 그 후손이 손자 대까지 내려오면 문과를 볼 수 있게 해줍니다. 하지만 이 경우에도 서자 출신이라는 것은 답안지에 적어야만 했습니다.

문과 시험에서 서얼의 차이가 없어진 것은 정조 1년입니다.

읽을거리

나라가 바뀔 무렵 혼란한 틈을 타 도망가는 노비가 많아지자 태조는 1395년(태조 4년) 노비변정도감(奴婢辨正都監)을 설치하여 도망 노비를 잡아서 주인에게 돌려주는 일인 추쇄(推刷)를 합니다.

노비변정도감은 1414년(태종 14년), 1439년(세종 21년), 1461년(세조 7년), 1479년(성종 10년), 1513년(중종 8년), 1556년(명종 11년)에도 설치되어 수십만의 노비가 주인에게 돌아갔습니다. 그러나 한 번 추쇄하는 데 3, 4년씩 소요되는 대사업이다 보니 1556년 이후 100년 동안 노비추쇄사업은 하지 않았습니다.

정도전 사망   1398년

조선을 건설한 사람이 이성계라면 조선을 설계한 사람은 정도전입니다. 그가 역사에 처음 등장하는 시기는 위화도 회군 때로 고려의 실권을 잡은 이성계 앞에 나타납니다.

물론 쉽게 이룬 것은 아닙니다. 정도전은 조준 등과 함께 토지제도 개혁을 주장합니다. 1390년 기존의 모든 토지 문서를 개경 한복판에 쌓아 놓은 다음 불을 지릅니다. 1391년에는 과전법을 발표하면서 토지제도 개혁에 성공합니다.

하지만 이러한 정도전의 과격한 행동은 온건파들에게 견제받았고 온건파의 대표이자 최대의 라이벌인 정몽주에 의해 유배된 채 살해될 위기에 처합니다. 하지만 1392년 정몽주가 이방원에 의해 먼저 살해당하면서 복직되었고 마침내 고려 왕조를 무너뜨리고 조선 왕조를 건국하는 데 큰 공을 세우게 됩니다.

새로운 수도 건설을 주도하고 결정한 것도 정도전입니다. 궁과 성벽의 배치, 설계부터 완공까지, 경복궁의 전각이나 문 등의 이름도 대부분 정도전이 정했습니다. 또한 국정 제도 전반을 개혁하고, 사병을 폐지하고 의흥삼군부를 설치하여 군권을 장악하고 군대를 통솔합니다.

정도전은 저술에도 활발히 활동하였습니다. 조선의 통치 기준과 운영 원칙을 제시한 《조선경국전》을 저술하였고, 불교를 비판한 《불씨잡변》 등 여러 책을 저술하였습니다.

하지만 이처럼 권력의 최정상에 있을 때 교만해지더니 급격히 추락하고 맙니다.

세자 책봉 과정에서 이성계가 막내인 의안대군 이방석을 세자로 선택해 밀어붙이자 그걸 지지한 것입니다. 성리학 질서에 따르면 적장자가 세자가 되어야 합니다. 그런데 이방석은 적자도 아니고 장자도 아니었습니다. 성리학을 국가의 기본 이념으로 세운 정도전이 스스로 성리학의 질서를 어긴 셈입니다.

1395년 11월에 조선에서는 명나라에 국왕의 임명장인 고명誥命과 도장인 인신印信을 청하는 글인 표전문表箋文을 보냅니다. 그러자 명나라는 사대事大 관계를 확실히 하기 위해 표전문이 불손하다며 이리저리 트집을 잡더니 다음 해 고명과 인신을 줄 수 없다며 도리어 표전문을 작성한 정도전을 보내라고 으름장을 놓습니다.

명나라의 부당한 요구에 자존심이 상한 정도전은 요동을 정벌하자고 주장합니다. 그러나 요동정벌은 위화도 회군으로 정권을 잡고 개국한 조선의 정당성을 부정하는 아주 위험한 주장입니다. 더구나 명분을 중시하는 성리학 국가인 조선에서는 더욱더 금기사항입니다.

결국 이 때문에 1차 왕자의 난에 이방원에게 죽임을 당합니다.

제1차 왕자의 난 · 1398년

어떤 왕조라도 아버지가 건국하면 왕자들이 서로 싸우는 일이 반드시 발생합니다. 당 태종은 형인 이건성을 죽이고 아버지 당 고조를 폐위시킨 현무문의 변을 통해 황제가 됩니다. 우리 역사에서도 고구려 연우(산상왕)와 발기, 후백제 신검과 금강 등의 사례가 있습니다.

하지만 가장 유명한 것은 조선시대에 일어난 왕자의 난일 것입니다. 이성계에게는 왕비가 두 명 있었습니다. 신의왕후 한씨에게서 이방우, 이방과, 이방의, 이방간, 이방원, 이방연, 경신공주, 경선공주를 두었고, 신덕왕후 강씨에게서 이방번, 이방석, 경순공주를 둡니다.

성리학적 질서에 따라 맏아들인 이방우가 후계자가 되는 것이 당연합니다. 하지만 태조는 조선을 건국하자마자 가장 막내인 11살 이방석을 세자로 결정합니다. 불행히도 신덕왕후 강씨가 1396년 사망하면서 세자를 보호해 줄 사람도 사라집니다.

대부분의 왕위 계승에서 세자보다 뛰어나고 공로도 있으며 더구나 연상이라면 왕권의 안정을 위해 살해하는 경우가 많습니다. 결국 이방석은 죽여야 할 사람이 무려 일곱 명이나 된다는 것입니다. 혹시라도 아주 뛰어난 인재라면 모르겠으나 이방석은 그리 뛰어나지 않았고, 결국 세자가 되는 순간부터 왕자의 난은 일어날 수밖에 없는 상황이었습니다.

1398년 아버지에게 불만이 많았던 이방원은 난을 일으켜 이방석을 제거합니다. 그리고 신덕왕후의 또 다른 아들인 이방번도 죽입니다. 그리고 이방석을 세자로 세우는 데 찬성했던 정도전 일파도 제거하며 적자인 자신의 형 이방과를 왕으로 세웁니다. (맏형인 이방우는 이미 사망했습니다.) 이 사람이 정종입니다.

다르게 생각해 보면 왕자의 난이 일어날 때 고려 최강의 무장이었던 태조는 왜 반격하지 않았을까요? 역사서에는 병으로 누워있었다고 기록했지만, 실제로는 이방원이 군사를 보내 무장해제시키고 처소에서 나오지 못하도록 하지 않았을까요?

그렇다면 후백제의 역사가 다시 재현된 셈입니다.

정종 즉위 1399년

이방과는 전형적인 무인이었습니다. 위화도 회군 때 우왕은 장남인 이방우와 차남인 이방과를 인질로 개경에 잡아두었습니다. 그런데 이방과는 개경에서 탈출해 아버지와 합류하고 1389년에는 왜구를 무찔러 공을 세웁니다. 1393년에는 왕자의 신분으로 다시 한번 출전해 왜구를 격퇴합니다. 이방원과 함께 정몽주를 숙청했으며, 공양왕을 협박한 것도 이방과입니다. 또한 그는 이성계 가문의 친위대인 가별초의 수장이기도 했습니다. 그 때문에 이방원이라고 해도 형을 제치고 자신이 왕위에 오르지 못한 것입니다.

그런데 정작 이방과는 왕위에 전혀 관심이 없었습니다. 처음에는 사양하지만 이방원이 계속 재촉하는 바람에 어쩔 수 없이 왕위에 오릅니다. 이방과는 왕위에 오르자마자 이방원을 세자世子로 책봉합니다. 주위에서 아들子이 아니라 동생弟이니 세제世弟로 책봉해야 한다고 하자 "오늘부터 동생을 아들로 삼겠다!"라며 그냥 밀어붙입니다. 왕이 된 후에도 정치는 모두 이방원에게 맡기고 자신은 격구나 사냥을 즐기며 살아갑니다.

정종은 즉위한 해인 1399년 조선의 수도를 한양에서 개경으로 다시 환도합니다. 골육상쟁이 일어난 한양이 꼴 보기 싫었던 모양입니다. 《정종실록》에는 까마귀와 까치가 울어대서 시끄러우니 천도했다고 기록되어 있습니다. 이후 1405년(태종 5년)에 다시 한양으로 천도합니다.

1400년 2월 제2차 왕자의 난이 일어나지만 이방원이 가볍게 물리쳤고

4월에는 고려에서 이어진 의결기관인 도평의사사를 의정부로 바꾸어 설치합니다. 12월에 동생 이방원에게 왕위를 물려준 뒤에는 조선팔도를 돌아다니며 불공도 드리고, 온천도 즐기면서 유유자적하게 생활합니다. 태종이 이런 형을 보고 "내가 괜히 왕을 했구나"라며 부러워했다고 합니다.

읽을거리

정종의 이름은 방과(芳果)이지만 즉위 후에는 경(曔)으로 이름을 바꿉니다. 이는 피휘 때문인데 피휘란 왕이나 부모의 이름을 피하는 관습을 말합니다. 왕의 이름이 흔히 쓰는 한자일 경우 백성들이 피휘를 하면 매우 불편합니다. 그 때문에 왕으로 즉위하면 일부러 흔히 쓰지 않는 어려운 한자에 외자로 이름을 고치게 됩니다.

태조도 왕이 되면서 성계(成桂)에서 단(旦)으로 계명했습니다. 나중에는 아예 왕자의 이름을 흔히 쓰지 않는 외자의 한자로 지어버립니다. 태종의 경우는 이름을 고치지 않았습니다. 대신 피휘 따위는 상관없으니 마음껏 쓰라고 허락을 내렸습니다. 그 때문에 조선의 왕 중 유일하게 이름이 두 글자인 왕이 되었습니다.

제2차 왕자의 난   1400년

개경으로 환도한 1400년에 정종의 동생이며 이방원의 형인 이방간이 제2차 왕자의 난을 일으킵니다. 박포의 난이라고도 하는데 역사서에는 제1차 왕자의 난 때 제대로 대접을 못 받은 박포가 이방간을 꼬드겨 일어난 난으로 기록되어 있습니다. 혹은 이방간의 죄를 박포에게 뒤집어 씌우기 위한 기록일 수도 있습니다.

이방간이 사냥을 핑계로 군사를 모은 다음에 방원을 칩니다. 그리고 정종에게 거병 사실을 알리고 태조에게도 알립니다. 그런데 그 반응이 상당히 안 좋았습니다. 기록을 토대로 대화를 재구성하면 아래와 같습니다.

방간 "방원이가 절 죽이려고 해서 어쩔 수 없이 군사를 일으켰습니다."

정종 "네가 단단히 미쳤구나. 지금이라도 당장 군사들 해산시키고 혼자 궁궐로 와라. 목숨만은 살려줄게."

태조 "네 동생이 왜 너를 죽이겠냐? 이 미련한 놈아!"

사실 이방간은 이방원의 적수가 되지 못하였고 그 때문에 이방원에게 원한이 있는 태조마저도 지지를 해주지 않은 것입니다. 결국 이방간은 패배합니다.

박포는 반란의 주모자로 몰려 죽습니다. 이방간의 경우는 이방원이 그의 처분을 정종에게 물었고 그래도 형제간인데 죽일 수 없다며 유배형으로 끝납니다. 그나마 정종이 이방간에게 전답을 마련해 주어 죽을 때까지 편하게 잘 먹고 잘살았습니다.

하지만 제2차 왕자의 난에서도 주도적 역할을 하며 상당한 능력을 갖췄던 이방간의 아들인 이맹종은 위험인물로 찍혀 유폐 보내집니다. 결국 사촌인 세종대왕에게 자살하라는 어명을 받고 죽습니다.

✦ 조선의 통치제도 ✦

1400년(정종 2년) 4월 정종은 고려에서 이어진 의결기관인 도평의사사를 의정부로 바꾸어 설치합니다. 의정부(議政府)는 영의정(領議政), 좌의정(左議政), 우의정(右議政) 등으로 구성된 최고 의결기관이며 심의기관입니다. 대한민국의 국무회의에 해당합니다.

정승(政丞)들은 의정부에 모여 6조의 보고를 모아서 왕에게 보고하여 의결하였고, 의결 내용을 문서로 만들고 서명하여 법령 또는 명령의 효력을 발생시킵니다. 이러한 서명과정을 서사(署事)라고 합니다. 6조는 정책을 먼저 의정부에 보고하고 의정부에서 서명한 결정 사항을 받아 집행했습니다.

의정부는 왕권을 견제하는 역할을 하였기 때문에 태종과 세조같이 왕권을 강화하려던 왕들은 의정부를 거치지 않고 6조에서 바로 왕에게 결재를 올리는 6조 직계제를 시행하였습니다.

6조란 조선시대의 중앙 행정기관으로 현재의 내각에 해당합니다. 고려의 2성 6부제에서 6부가 이름만 6조로 바뀐 채 그대로 계승되었는데 하는 일은 다음과 같습니다.

이조(吏曹)	내무와 인사	호조(戶曹)	조세와 재무
예조(禮曹)	외교, 교육, 문화, 왕실 의전, 의료	병조(兵曹)	군사와 통신
형조(刑曹)	형벌과 법무	공조(工曹)	산업, 교통

6조의 우두머리는 판서(判書)라고 합니다.

조선은 권력의 독점과 부정을 막기 위해 언론 기능을 담당하는 사간원, 사헌부, 홍문관을 두었습니다. 이를 3사라고 합니다.

사간원은 국왕이 옳지 못한 일을 할 때 이를 고치도록 간언하는 일을 했고 기관장은 정3품 대사간(大司諫)입니다. 사헌부는 관리의 잘못을 감찰하였고 기관장은 2품 대사헌(大司憲)입니다. 홍문관은 국왕의 정책 자문과 경연을 담당하였고 기관장은 정1품 영사(領事)인데 정승이 겸직하고, 그 아래인 정2품 대제학(大提學), 종2품 제학(提學)도 겸직입니다. 그 때문에 실질적인 기관장은 정3품 부제학(副提學)입니다.

국왕이나 고위 관리도 3사의 활동을 함부로 막을 수 없었기 때문에 관리라면 누구나 가고 싶어 하는 청렴해야 하는(清) 중요한(要) 자리(職), 즉 청요직(清要職)이었습니다. 또한 3사는 당상관으로 가는 관문과 같은 곳이라 여기에서 '따 놓은 당상'이라는 말이 나왔습니다. (고려의 삼사는 재무를 다루는 부서입니다. 혼동하지 않기를 바랍니다.)

승정원은 왕명의 출납을 맡았던 임금 직속의 비서기관입니다. 기관장은 정3품 도승지(都承旨)입니다. 대한민국의 대통령비서실에 해당합니다. 승정원에서는 왕의 행적, 왕과 신하의 대화, 각 부서의 업무와 관련된 일들을 기록하여 《승정원일기》를 만들었습니다. 《조선왕조실록》과 함께 우리 역사를 대표하는 기록유산이지만, 임진왜란과 이괄의 난으로 소실되고 1623년(인조 1년)부터 1910년(순종 4년)까지의 기록만 남아있습니다.

의금부는 국왕 직속 사법기구로 역모와 같은 중대한 죄인을 다스리는 기관입니다. 기관장은 종1품 판의금부사(判義禁府事)입니다. 죄인에게 사약을 전달하는 금부도사가 의금부 소속입니다. 대한민국의 중앙정보부에 해당합니다. 덧붙이자면 평민들의 치안 담당 기관은 도둑(盜) 잡는(捕) 관청(廳)인 포도청(捕盜廳)으로 기관장은 종2품 포도대장입니다. 임금 직속이 아닙니다. 대한민국의 경찰청에 해당합니다.

춘추관은 역사서를 편찬하고 보관하는 곳으로 대한민국의 국가기록원, 국사편찬위원회에 해당합니다.

성균관은 국립고등교육기관입니다. 공자를 비롯한 중국과 우리나라의 유학자들을 모신 유교의 사당인 문묘도 함께 있습니다. (공립교육기관은 고구려 태학과 경당, 통일신라 국학, 발해 주자감, 고려 국자감, 조선 성균관과 향교입니다. 꼭 기억하시기를 바랍니다.)

한성부는 수도의 행정과 치안을 담당하는 기관으로 기관장은 정2품 한성부판윤(漢城府判尹)입니다. 당연히 대한민국의 서울특별시장에 해당합니다.

❖ 조선의 품계 ❖

현재 우리나라의 공무원은 1급부터 9급까지 계급이 정해져 있습니다. 3급 이상은 고위 공무원이라 하고 부총리, 장관, 차관은 1급 이상이라 급수가 없습니다.

조선시대 관리들의 계급은 품계라고 합니다. 1품부터 9품까지 있으며 정(正)과 종(從)으로 다시 나누어 18품이며, 6품관 이상은 다시 상하계로 나누기 때문에 30계입니다.

6품 이상 종3품 이하의 벼슬로 조회(朝會)에 참석(參席)할 자격이 있는 관리는 참상관(參上官)이라 합니다.

정삼품 상계까지는 조회 때 마루 위로 올라가(당상, 堂上) 교의(交椅)라는 의자에 앉을 수 있습니다. 그래서 이들을 당상관(堂上官)이라고 하고 영감마님이라고 불렀습니다. 영감 중에서 정2품 이상의 관직을 가진 사람은 대감마님이라고 불렀습니다.

현재의 차관에 해당하는 참판(參判)은 종2품, 장관에 해당하는 판서는 정2품, 정승은 정1품입니다.

태종 즉위　　1400년

태종은 국왕 중심의 정치를 지향하였습니다. 우선 왕족과 대신들의 사병을 모조리 없애고 군권을 삼군부에 줍니다. 이때 전주 이씨의 친위부대인 가별초도 해체되어 중앙군에 배속됩니다.

정도전은 신권을 강화하기 위해 의흥삼군부를 만들고 자신이 그 수장인 판의흥삼군부사가 되어 사병을 폐지하고자 하다가 이방원에 의해 살해 당합니다. 그런데 이방원도 똑같은 방법으로 왕권을 강화하고 어쨌든 이는 조선의 군사력 강화에 큰 도움이 됩니다.

그리고 관제를 정비하며 오늘날의 언론에 해당하는 삼사를 확립합니다. 삼사란 관리 감찰 및 기강 단속을 하는 사헌부, 왕의 행동을 비판하는 기관인 사간원, 경연과 문서 관리 및 자문 기관인 홍문관을 말합니다. 또, 왕권 강화의 일환으로 6조 직계제를 시행합니다.

지방 행정조직을 팔도로 정하고 그 아래에 부·목·군·현을 두었으며 각 도에 관찰사를 보낸 것도 태종 대입니다. 또한 호적을 조사하고 호패법을 시행해서 인구를 파악하고, 이에 따라 세금을 징수하고 군역을 부과했습니다.

호패戶牌, 號牌는 현재의 주민등록증과 같은 것으로 16세 이상의 남자가 의무적으로 차고 다녀야 했습니다. 고려와 조선에서 이 제도를 시행하였는데 신분에 따라 재질과 기재 내용이 다릅니다. 사망하면 국가에 호패를 반납합니다.

또한 명과는 사대, 다른 나라와는 교린의 관계를 맺습니다. 그렇다고 태종이 명나라에 사대만 한 것도 아닙니다. 태종 대에 조선은 여진을 정벌하여 조선의 영향력 아래에 둡니다. 그런데 명나라가 여진을 협박하여 자기들 쪽으로 끌어들이자 태종은 군사를 파견해 여진족을 토벌합니다. 이에 발끈한 명나라가 조선에 항의하자 '여진족이 언제 당신들에게 붙었는지 몰랐다'라며 받아치는 바람에 흐지부지 되어 버립니다.

하지만 태종은 왕권을 강화하고 이를 아들

호패

에게 물려주기 위해 잔인한 숙청을 서슴지 않고 행한 비정한 사람이기도 합니다. 처가인 여흥 민씨 쪽 네 명의 처남을 다 죽이고, 나중엔 아들인 양녕대군의 처가인 광산 김씨, 세종의 처가인 청송 심씨마저도 숙청합니다. 게다가 자신을 왕이 되도록 도와준 이숙번 등의 공신 또한 같은 운명이 됩니다. 모든 죄는 자신이 뒤집어쓸 테니 아들은 훌륭한 왕이 되기를 바란 것일까요?

역사 속의 역사

✢ 〈혼일강리역대국도지도〉 제작 1402년 ✢

〈혼일강리역대국도지도(混壹疆理歷代國都之圖)〉란 세계(混壹疆理) 역대(歷代) 나라(國)의 수도(都)를 표시한 지도(圖)입니다.

전국 지도인 〈팔도도〉를 만든 이회를 비롯 김사형, 이무 등이 제작하고 권근이 발문을 씁니다. 몽골이 제국이었을 때 이슬람과 중국으로부터 얻은 정보를 바탕으로 세계 지리에 대한 자세한 정보를 남겼는데 이를 바탕으로 제작된 지도입니다.

동양에서 가장 오래된 세계 지도로 꼽히고 있으며 우리나라와 중국이 가장 상세하고 인도, 중동, 유럽, 아프리카는 대충 그렸습니다. 아메리카와 오스트레일리아는 당연히 없습니다. 원본은 현재 존재하지 않으며 일본에 필사본 두 점이 보관되어 있습니다.

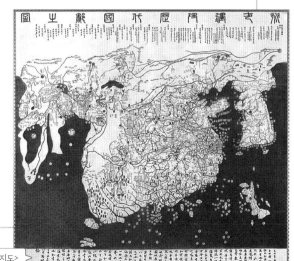

〈혼일강리역대국도지도〉

조사의 난 • 1402년

조사의는 태조의 왕비인 신덕왕후 강씨의 친척입니다. 조사의는 제1차 왕자의 난 직후, 관직을 잃고 연금 상태에 처해졌다가, 태조의 부탁으로 동북면(함경도) 지역으로 보내집니다. 이후 신덕왕후의 원한을 갚는다는 명분으로 1402년 11월 5일 동북면 지역의 세력을 모아 반란을 일으킵니다.

조정에서는 반란이 일어나자 박순과 송류를 보내 회유하려고 하지만 반란군은 이들을 죽여버립니다. 그러자 조정에서는 이천우를 서북면, 조영무를 동북면으로 파견하여 진압 작전을 펼칩니다. 그러나 서북면에서 이천우의 진압군이 패배합니다. 조사의의 군대는 평안도 덕천·안주 방면으로 진군하며 군사는 6000~7000명 수준으로 늘어납니다. 하지만 조영무가 배후를 끊고 조사의 군과 대치합니다.

11월 21일에 태종은 친히 출병합니다. 그런데 22일 '원중포'라는 포구로 갔다가 불과 4일 만에 개경으로 회군하고 그다음 날 조사의의 군이 저절로 와해합니다. 도대체 무슨 일이 있었던 것일까요?

조사의의 난은 사실은 이성계가 주도한 반란이라는 추측이 있습니다. 하지만 70대에 가까웠던 이성계로서는 반란을 직접 지휘하지 못하니 원중포에 머물렀고 이를 알아차린 태종이 원중포를 기습하여 이성계를 잡았고 반란이 끝나

← 조사의 이동로
→ 태조 이동로

맹주로 출발 (18일)
안주 (27일)
맹주 (19일)
함주 (9일)
안변 (5일)
철령 (8일)
평양 (12월 2일)
김화 (4일)
개경 (12월 8일)
개경 (11월 1일)

조사의와 태조의 이동로

버린 것입니다. 하지만 태상왕太上王이 왕王에 대항해 난을 일으켰다고 기록할 수는 없으니 마치 조사의가 난을 일으킨 것으로 꾸몄을 것입니다.

　아들을 몰아내려는 마지막 시도마저 실패하고 모든 힘을 잃어버린 이성계는 12월 8일 개경으로 돌아옵니다. 그 뒤 절이나 온천을 유람하며 여생을 보내다가 1408년 창덕궁에서 사망합니다.

역사 속의 역사

✧ 창덕궁 창건 1405년 ✧

　조선에서 으뜸 궁궐을 뜻하는 법궁(法宮)은 경복궁입니다. 하지만 경복궁은 예법대로 살아야 하는 곳이라 별궁에서 사는 경우가 많았습니다. 그리고 경복궁은 임진왜란 때 불에 타서 완전히 사라졌기 때문에 왕궁의 역할을 한 기간은 그리 길지 않습니다.

　조선에서 가장 오랜 기간 왕궁의 역할을 한 궁궐은 바로 창덕궁입니다.

　개경에 있던 태종은 한양으로 재천도를 결정하고 1404년(태종 4년)에 창덕궁 건설을 시작합니다. 1405년(태종 5년) 창덕궁이 창건되자 이곳을 거처로 정합니다. 아마도 왕자의 난이 일어난 경복궁에 머무르기가 싫었던 모양입니다.

　창덕궁은 임금이 가장 오래 거처한 궁궐이다 보니 임진왜란, 인조반정 등으로 불에 타버릴 때마다 가장 먼저 복구됩니다. 그 때문에 만들어질 당시의 원형이 그대로 보존되어 있습니다. 그래서 궁궐 자체가 유네스코 세계유산에 등재되어 있습니다.

　반면에 경복궁은 19세기에 새로 지어졌으며, 일제 강점기에 훼손이 많이 되어서 유네스코 세계유산에 등재되지 못했습니다.

조선시대 전국을 팔도로 나누고 이름을 붙입니다. 지금도 그 이름 그대로 쓰고 있지요. (북한은 행정구역 개편을 하면서 바뀌었습니다.)

아래서부터 하면 전라도全羅道, 경상도慶尙道, 충청도忠淸道, 강원도江原道, 경기도京畿道, 황해도黃海道, 평안도平安道, 함경도咸鏡道입니다.

경기도는 수도 주변 지역을 말하는 '경기京畿'에서 따온 명칭입니다. 고려시대에는 개성과 그 주위를 경기라고 불렀고 지금의 경기도 지역은 양주楊州와 광주廣州의 앞 글자를 따서 양광도楊廣道라고 불렀습니다. 나머지는 그 지역에서 가장 큰 두 도시의 이름을 따서 지었습니다.

전라도는 전주全州와 나주羅州, 경상도는 경주慶州와 상주尙州, 충청도는 충주忠州와 청주淸州, 덧붙이자면 충청도는 이름이 자주 바뀌었습니다. 대도시인 충주, 청주, 공주, 홍주의 이름을 따서 도 이름을 만드는데 이 도시들에서 역모가 일어나면 이름을 바꿉니다. 그러다 보니 충공도, 청공도, 충홍도, 공홍도, 공청도, 홍충도, 공충도로 이름이 바뀌었다가 다시 충청도가 되기를 반복했습니다. 강원도는 강릉江陵과 원주原州, 황해도는 황주黃州와 해주海州 (황해 옆에 있어서 황해도가 아닙니다.), 평안도는 평양平壤과 안주安州, 함경도는 함흥咸興과 경성鏡城에서 비롯했습니다. (세조 대까지는 함흥과 길주吉州의 앞 글자를 따서 함길도라고 했습니다.) 제주도濟州道/濟州島는 섬島 이름이 도道의 이름이 되었습니다.

팔도八道의 우두머리는 관찰사觀察使입니다. 관찰사의 직무는 도내를

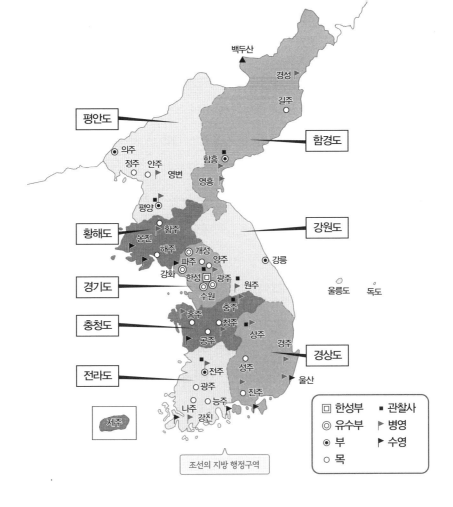

조선의 지방 행정구역

기호	구분	기호	구분
▣	한성부	■	관찰사
◎	유수부	▶	병영
◉	부	▶	수영
○	목		

순찰하며 수령의 행적과 민간의 실정 등을 관찰하는 것이기 때문에 반드시 순찰사巡察使를 겸임했습니다. 그러나 계속 떠돌아다닐 수는 없다 보니 도내에 한 고을에 감영監營을 설치하고, 감영이 위치한 고을의 수령도 겸하게 됩니다. 그래서 관찰사는 감사監司로도 불립니다.

각 도는 고을의 크기나 인구에 따라 큰 고을부터 부, 대도호부, 목, 도호부, 군, 현으로 나뉩니다. 고려의 향·부곡·소는 일반 군현에 통합됩니다.

각 고을의 수령守令은 부윤府尹, 대도호부사大都護府使, 목사牧使, 도호부사都護府使, 군수郡守, 현령縣令, 현감縣監이라고 불립니다.

부府 중에서 한성은 정2품 한성판윤이 다스렸고, 개성, 강화, 광주, 수원, 춘천은 종2품이나 정2품의 유수 2명이 다스려 유수부留守府라 합니다. 유수들은 관찰사와 품계가 같으며, 관찰사의 관찰을 받지 않습니다.

부, 대도호부, 목, 도호부, 군, 현의 수령들은 품계는 차이가 나지만 상하관계가 아닙니다. 정3품의 목사라고 해도 정6품의 현감에게 명령을 내릴 수 없습니다.

수령의 실무는 향리가 보좌합니다. 그리고 각 지방의 양반들은 유향소를 만들어 수령을 돕고 향리의 비리를 감시하였습니다.

세조 대에는 중앙집권제를 강화하기 위해 행정 구역 체계를 오가작통법五家作統法을 바탕으로 한 면리제로 개편합니다. 오가작통법이란 다섯 호戶를 한 개의 통統으로 구성하고 한 개 리里는 다섯 통으로 구성하며 한 개 면面은 서너 개의 리로 구성하며, 통에는 통주統主 또는 통수統首를 두는 제도입니다.

역사 속의 역사

❋ 사대 ❋

조선의 외교정책은 사대교린(事大交鄰)입니다. 사대(事大)는 큰(大) 나라를 섬긴다(事)는 것이고, 교린은 이웃(鄰)나라와 사귄다(交)는 의미입니다. 좀 더 근본적으로는《춘추좌씨전(春秋左氏傳)》에 나오는 사대자소(事大字小), 즉 큰(大) 나라를 섬기고(事), 작은(小) 나라를 사랑한다(字)는 유교적 가르침을 실천한 것입니다.

여기서 큰 나라는 중국을 뜻합니다. 중국을 섬긴다고 하니 자주국으로서의 존엄이 훼손되는 것 같아 기분 나쁘지만, 외교적으로는 오히려 굉장히 실리가 많습니다.

중국의 황제와 조공국의 왕은 사대와 책봉을 통해 서로의 정통성을 확보할 수 있습니다.

조공국 왕의 자리를 찬탈하는 것은 중국 황제에 대한 도전으로 여겨 자칫하면 중국으로부터 공격을 당합니다. 사실상 책봉은 왕의 자리를 지키는 보험인 셈입니다. 그리고 조공국이 외적의 공격을 당하면 황제는 군사 원조를 해야 합니다. 그 때문에 임진왜란 당시 명은 조선에 20만 명의 원군과 100만 석(약 9만 톤)의 쌀을 보냈습니다.

태종은 아직 왕이 되기 전에 여러 차례 사신으로 명나라를 다녀왔습니다. 그때 명나라 세자와 친분을 쌓았고 그가 영락제로 즉위하면서 조선과 명나라의 외교관계는 매우 좋았습니다. 심지어 조공 무역을 1년에 3회씩이나 할 정도였습니다.

조공이라는 말 자체에 거부감을 느끼는 사람도 있겠지만 실제로 명나라와의 조공 무역은 조선에 엄청난 이득입니다. 조선이 조공을 보내면 명나라에서는 더 큰 답례를 해야 하기 때문입니다.

그래서 일본은 조공 횟수를 늘려달라고 명에 요구하지만 1434년부터 1547년까지 114년간 11회가 고작이었습니다. 나중에 명나라는 무역 적자가 심해지자 조선에 조공 좀 그만하라고 사정할 정도가 됩니다.

그런데 사대 정책에는 큰 약점이 하나 있습니다. 대국도 언젠가는 멸망한다는 것입니다. 그렇게 되면 빨리 새로운 대국을 섬겨야 하는데 조선은 명나라와의 사대를 절대적으로만 여겼습니다. 사대의 대상은 하나이지만 교린은 여러 나라입니다. 그리고 사대는 조공과 책봉 관계지만, 교린은 강경책과 회유책을 다양하게 사용합니다.

여러 묘호 중에서 최상급의 묘호는 세世입니다. 세의 의미는 다음과 같습니다.

承命不遷 천명을 이어받아 바꾸지 않음

景物四方 만물 사방을 비춤

貽厥奕葉 은택을 남겨 시대를 크게 아름답게 함

조선의 제4대 왕이 죽자 신하들은 문文이라는 무난한 묘호를 올립니다. 그러자 왕이 된 아들이 우리 아버지의 업적이 겨우 문이라는 묘호밖에 못 받냐며 세世로 하라고 합니다. 그래서 조선의 제4대 왕은 세종世宗이 됩니다. 그리고 문이라는 묘호는 아들이 받게 됩니다.

세종은 정말로 묘호에 걸맞은 업적을 세웠습니다. 이 책에 나오는 표현대로 하자면 조선의 아버지라 할 수 있습니다. 우리 역사에서 대왕이라는 칭호로 불리는 왕은 광개토대왕과 세종대왕 두 분입니다.

세종대왕은 막내였습니다. 그래서 어릴 때 이름이 막동莫同이었습니다. 태종은 적장자 계승의 원칙을 어겼다며 왕자의 난을 일으켰기에 막동이 세자가 될 가능성은 없었습니다. 하지만 세자였던 맏이 양녕대군이 망나니짓을 계속하는 바람에 태종이 양녕대군을 폐세자시키고 충녕대군을 세자로 세웁니다. 알려진 바로는 충녕을 세자로 세우기 위해 양녕이 일부러 망나니짓을 했고 둘째인 효령도 그 뜻을 짐작하고 불교를 믿는 처사가 되었다고 하지만 이는 서로 왕위를 양보하다가 막내에게 왕위를 주고 나란히 떠나버린 백이와 숙제 고사를 본떠 만든 야사일 뿐입니다.

태종은 세종이 스스로 정치를 할 수 있을 때까지 후견인 역할을 해주었습니다. 그 때문에 세종대왕 치세 초기의 업적은 사실 태종의 업적입니다.

세종은 워낙에 능력이 뛰어난 사람이다 보니 그 업적도 어마어마합니다. 여기서 세종 시대를 일일이 설명하려면 100쪽으로도 모자랄 것입니다. 어쩔 수 없이 제목 정도만 확인하고 넘어가겠습니다.

정치 분야에서의 업적으로는 정치 체계 안정화입니다. 세종대왕 대에 6조 직계제에서 의정부 서사제로 복귀했고 세금 제도를 정비하여 공법貢法을 실행했습니다. 설명하자면 좀 지루할 수 있기에 자세한 내용은 교과서를 참조 바랍니다.

국방 분야에서의 대표적인 업적은 대마도 정벌입니다. 1419년 이종무 장군이 태종의 명을 받아 대마도를 정벌하고 1426년에는 대마도주의 요청으로 3포를 개방합니다. 1433년부터 압록강 유역의 여진족을 토벌하였고, 1437년 이천 장군이 4군四郡을 설치합니다. 1433년 김종서 장군은 함길도(지금의 함경도) 지방의 여진족을 토벌하고 두만강 유역에 6진六鎭을 설치합니다.

농업 분야에서의 업적으로는 농업 생산량을 늘리기 위해 조선 풍토에 맞는 농서인 《농사직설》을 편찬하는 등 노력을 기울였습니다. 세종 대에 경작 면적은 약 150~170만 헥타르로 추산되는데 이 수치는 조선이 망할 때까지 그 어느 왕도 뛰어넘지 못했습니다. 세종대왕 때는 토지를 1등급

~6등급으로 매겼고 6등급 이하는 농지로 취급을 안 했기 때문에 실제로는 이보다 더 많았을 것입니다. 이러한 결과는 개간 등을 통해 농사지을 땅을 늘린 것도 있겠지만 토지를 전수조사해서 숨은 땅을 모두 찾아내 양안量案에 등록했기 때문입니다. 조선 후기로 가면 이런저런 이유로 양안에 누락되는 땅이 많아집니다. 그만큼 세종 때는 정부가 국가를 확실히 통제하고 있었다는 소리입니다.

교육 분야에서는 세종대왕의 취미가 독서이고 특기가 공부였기 때문에 그 누구보다도 자주 경연을 열었습니다. 집현전을 확대 개편하였고, 훈민정음도 만들어 반포했습니다.

문화 분야에서의 업적으로는 1403년(태종 3년, 계미년)에 만들어진 계미자癸未字를 보완해 1434년(세종 16년, 갑인년) 최초의 완전 조립식 활자인 갑인자甲寅字를 제작한 것입니다. 활자체는 중국의 성인들 및 둘째 아들 진양대군(훗날의 세조)의 글자체를 본떠 만들었습니다.

세종대왕의 명을 받은 박연은 음악을 정리하고, 조선 전통 악보인 정간보를 발명하였으며 새로운 악기를 개발합니다. (박연은 고구려 왕산악, 가야 우륵과 함께 우리나라 3대 악성입니다.) 단순히 박연에게 명령만 내린 것이 아니라, 세종대왕은 절대음감을 가지고 있었습니다.

1433년(세종 15년) 박연은 국산화한 편경을 임금 앞에서 시연합니다. 그러자 세종대왕이 말하기를 "소리가 매우 맑고 고으니 정말 기쁘다. 다만 이칙夷則 1매枚의 소리가 약간 높은 것은 무엇 때문인가"라고 묻습니다. 그러자 박연이 문제의 경석을 살펴보고는 "먹이 묻어있었습니다. 닦으면 됩니다"라고 대답합니다. (차이는 한 음의 20분의 1입니다. 도대체 세종대왕의 재능은 어디까지일까요?)

정간보

편경

과학 분야에서의 업적은 더 많습니다. 1433년(세종 15년)에 유효통, 노중례, 박윤덕에게 명해 국산 약재鄕藥와 이를 이용한 치료법을 소개한《향약집성방鄕藥集成方》을 편찬합니다.

1444년(세종 26년) 한성을 기준으로 한 역법인《칠정산》을 편찬합니다. '칠정산'은 한국사에서 태양력을 기준으로 계산한 최초의 역법을 뜻합니다. 칠정산을 통해 계산한 1년은 실제 지구 공전일과 −1초밖에 차이가 나지 않습니다. 이는 현재 사용하는 달력인 그레고리력의 26.784초보다도 훨씬 정확합니다. 이런 정확성 때문에 일본은 칠정산을 연구해 1682년 일본 최초의 역법인 정향력貞享曆을 완성합니다.

칠정산은 과학뿐만 아니라 외교정치적으로도 아주 큰 의미를 갖습니다. 천문관측은 천자만의 특권입니다. 그 때문에 조선은 명나라에서 역법을 받아왔습니다. 그러므로 독자적인 역법을 사용한다는 것은 조선이 독자적인 세계관을 가지고 있다는 의미가 됩니다. (임진왜란 이후 선조는 제후국이 독자적인 달력을 사용하면 안된다는 이유로 칠정산 사용을 금지합니다.)

국방력 강화를 위해 총통, 신기전 화차(1447년) 등 각종 화약 무기를 개발하고 개량했습니다. 현대식으로 말하자면 대포와 다연장 로켓을 보

천자총통

화차는 발사대이고, 신기전은 로켓추진 화살입니다.

유하게 된 것입니다.

　그리고 태종에 의해 등용되었던 경상도 동래현(현 부산광역시)의 관노 장영실을 중용하였습니다. 그는 해시계 앙부일구, 물시계 자격루 등을 만 듭니다. (측우기는 아들인 문종의 발명품입니다.)

　앙부일구는 2차원 평면이 아닌 3차원 반구 형태의 해시계로 시간뿐 아 니라 24절기까지도 알 수 있는 세계에서 가장 진보한 해시계입니다. (앙 부일구의 세로선은 시각선, 가로선은 절기선입니다.)

　자격루는 두 시간마다 스스로自 종을 치게擊 되어있어서 자격루自擊 漏입니다.

　또한 천문 기구인 혼천의를 만들고, 동양 최대 규모와 최고 수준의 시 설을 갖춘 천문대인 간의대簡儀臺를 건축하고 그 위에 간의簡儀를 올려 천 체관측을 했습니다.

해시계 앙부일구

복지 분야에서 업적으로 는 당시 관노비(관청에서 일 하는 노비)의 출산 휴가는 일 주일이었는데, 세종대왕은 이를 100일로 늘립니다. 또한 관노비의 남편에게도 산후 1개월간의 출산휴가를 주었습니다. 현재 우리나라의 근로기준법에 따르면 출산 휴가는 총 90일 이상, 그중 산후 휴가는 45일 이상입니다. 그나마 회사의 눈치를 보느라 잘 사용하지 못하는 것을 고려하면 세종

자격루

대왕의 조처가 얼마나 시대를 앞서간 것인지 알 수 있습니다.

또한 80세 이상의 노인들은 평민이나 노비를 막론하고 궁궐로 초청하여 양로연을 베풀었고, 100세가 넘은 노인에게는 쌀과 옷을 내려주는 복지정책을 시행했습니다.

죄수에게도 복지정책을 시행하여 얼굴이나 팔에 죄명을 문신으로 새기는 자자刺字를 금지하고, 의금부에서 사형수를 결정할 때는 반드시 3심을 거쳐 판결하도록 합니다. 감옥 안의 복지에도 신경을 써 너무 더운 날에는 사면을 해주고 한겨울에는 짚을 두껍게 깔아 따뜻하게 해주었으며 시간을 정해 목욕까지 시켜주었습니다.

이것 말고도 많습니다만 여백이 부족해 생략하겠습니다.

혼천의

간의

집현전은 1136년(고려 인종 14년) 처음으로 사용된 명칭입니다. 관청도 없고 직무도 없었으나, 1420년(세종 2년) 확대 개편하여 청사를 가지고, 경전과 역사의 강론과 임금의 자문을 담당하게 됩니다. 사실 세종대왕이 집현전을 세웠다고 봐도 무방합니다.

집현전을 거친 역대 학자 중 장원壯元 급제자가 16명, 차석인 아원亞元이 6명, 전체 3위인 탐화랑探花郞이 11명, 4등이 7명, 5등이 6명으로 전체 집현전 학자 중 절반 정도가 5등 안에 합격하는 엄청난 능력자 집단입니다. 세종대왕은 당대에 연구할 학자뿐 아니라 자신의 아들이 왕이 되었을 때 사용할 인재를 육성하기 위해 집현전을 만든 것입니다.

그러나 세종의 바람과는 다르게 조카에게서 왕위를 찬탈한 세조에 의해 1456년(세조 1년) 집현전의 활동을 정지시키고, 예문관에게 집현전의 업무를 맡깁니다. 이름만 남아있던 집현전은 1460년(세조 5년) 결국 폐지됩니다.

1478년(성종 9년) 예문관의 관리 중 일부를 홍문관으로 옮겨 집현전과 비슷한 기능을 하도록 하지만, 아쉽게도 홍문관은 세종 대의 집현전에는 미치지 못하였습니다.

✳ 경연 ✳

　고려와 조선시대에 임금과 신하가 모여 유학의 경서를 공부하고 국정을 협의하던 경연(經筵)이라는 행사가 있었습니다. 그런데 사대부(士大夫)들이란 유학을 공부하던 선비(士)가 3년마다 33명 벼슬아치(大夫)를 뽑는 과거에 합격한 사람들이다 보니 대부분은 신하들이 왕에게 유교 경전을 가르치는 형태입니다. 그 과정에서 왕의 정책에 대한 비판이 가해지기 때문에 왕권을 제한하고 신권을 유지하는 효과가 있습니다. 그 때문에 왕권 강화를 우선시한 왕들은 경연을 싫어했습니다. 조선에서는 태조, 태종, 세조, 연산군, 광해군 등이 경연을 줄이거나 폐지했습니다.

　태조는 고려시대 과거에 급제한 경력이 있을 정도로 대단한 수준의 유학자이지만 어른이 되어서는 자주 경연에 빠졌다고 합니다. 예나 지금이나 공부하기 싫어하는 것은 마찬가지인 것 같습니다. 그런데 오히려 경연을 즐겼던 왕이 딱 두 명 있습니다. 바로 세종대왕과 정조입니다.

　세종대왕은 경연을 오히려 왕권 강화의 수단으로 사용했습니다. 세종대왕 스스로가 학문의 깊이가 너무 깊다 보니 오히려 신하들을 가르치는 처지가 됩니다. 세종의 경우 즉위 기간 동안 1898회나 경연을 했습니다. 이쯤 되면 신하들이 경연하기가 싫었을 것 같습니다.

　정조도 경연을 즐겼습니다. 왕권이 무척 약했던 정조는 세종대왕처럼 경연을 왕권 강화의 수단으로 사용했습니다. 암살의 위험 때문에 밤에 잠을 자지 못했던 정조는 그 시간을 이용해 공부했고 당대 최고 수준의 유학자가 됩니다. 정조는 신하들에게 공부 좀 하라고 타박할 정도였고, 나중에는 경연을 폐지하고 자신이 직접 중하급 관리를 가르치기까지 합니다. 그러다 보니 정조 재위 후기가 되면 신하들이 기를 펴지 못하게 됩니다.

읽을거리

세종대왕과 정조는 둘 다 책벌레로 유명합니다. 굳이 비교하자면 누가 더 대단한 사람이었을까요?

정조는 사관이나 승지들이 적절한 인용구를 못 찾으면 "어느 책 몇 쪽 몇 번째 줄에 이렇게 되어 있으니 내가 지금부터 말하는 걸 그대로 옮겨 적게"라고 지시를 내렸다고 합니다. 나중에 신하들이 원문을 찾아보면 토씨 하나 틀리지 않았다고 합니다. 정조는 책을 완전히 암송할 때까지 몇백 번이고 읽는 습관이 있었는데 이러한 지식을 바탕으로 무려 184권이나 되는 책을 저술하기도 했습니다.

하지만 세종대왕에게는 미치지 못합니다. 세종대왕은 어려서부터 워낙 책을 좋아해서 병이 난 상태에서도 독서했다고 합니다. 태종이 걱정되어 방 안의 책을 모조리 압수했으나, 실수로 떨어진 《구소수간(歐蘇手簡)》(구양수와 소식의 편지를 모은 책)이라는 책을 마르고 닳도록 읽자 어쩔 수 없이 다시 책을 돌려줬다는 일화가 있습니다.

정조 못지않은 책벌레인 신숙주가 집현전에서 밤새도록 글을 읽다가 잠들었더니, 그제야 독서를 끝낸 세종대왕이 집현전을 방문해 곤룡포(왕이 입는 옷)를 신숙주의 등에 덮어 주었다는 이야기가 있습니다.

당대의 공부법은 경전을 토씨 하나 틀리지 않게 달달 외우는 것이었으니 아마 세종대왕도 머릿속에 모든 경전이 들어있었을 것입니다.

교린

대마도주였던 소 사다모리는 조선 개국 초기에 있었던 대마도 정벌 이후 단절된 교역을 다시 시작하게 해달라고 계속 간청합니다.

이에 세종대왕은 1426년(세종 8년) 유화책의 하나로 웅천(현재의 진해)의 내이포, 동래(현재의 부산)의 부산포, 울산의 염포 등 삼포를 열어 무역할 것을 허락합니다. 삼포와 서울에는 각각 왜관을 두고 왜인 60명에 한해 거주를 허락했습니다. 그리고 1443년(세종 25년) 대마도와 계해약조를 체결해 세견선(무역선)은 50척으로 하고, 대마도주에게 하사하는 세사미두(쌀과 콩)는 200석으로 하는 등 상세한 방침을 정합니다.

조선은 동북면에서 생활하던 야인(여진)에 대한 회유책으로 여진의 추장이나 세력자들에게 조선의 명예관직을 주고, 1년 또는 수년에 한 번씩 한양에서 국왕을 알현케 하여 형식적인 종속 관계를 지속합니다. 그리고 국경 지대인 경성과 경원에 무역소를 두고 말, 모피 등을 수입하고 포목, 농기구, 곡물 등을 수출했습니다. 또 귀화하는 사람들에게 관직, 의복, 식량, 집 등을 주어 귀화를 권장했습니다. 하지만 그럼에도 여진이 변방을 자주 침입하자 세종대왕은 강경책을 시행하여 야인을 정벌합니다.

1433년 최윤덕 장군이 압록강 유역의 여진족을 토벌하였고, 1437년 이천 장군이 다시 토벌하고 4군四郡을 설치합니다. 1433년 김종서 장군은 이징옥, 황보인 등과 함께 함길도(지금의 함경도) 지방의 여진족을 토벌하고 두만강 유역에 6진六鎭을 설치합니다.

세종대왕은 삼남 지방(충청도, 전라도, 경상도)의 백성들을 이주시키는 사민徙民 정책을 시행하여 이 지역을 확실하게 조선의 땅으로 편입시킵니다. 이로써 현재까지 이어지는 우리나라의 국토 모습이 정해집니다.

백성을 사랑하는 세종대왕이라 강제로 이주시키지는 않았습니다. 이주한 사람이 양반이면 품계를 올려주거나 토관직을 주었고, 향리라면 부역을 면제해 주고 양반으로 높여 주는 예도 있었습니다. 천인은 면천免賤되어 양인이 되었고 역시 부역을 면제해 줍니다.

이 밖에도 시암(태국), 자와(인도네시아) 등 동남아시아 국가 및 류큐(오키나와)와도 교류하였습니다. 이들은 사신을 보내 각종 토산품을 가져왔고, 조선은 답례로 문방구, 불경, 유교 경전 등을 주었습니다.

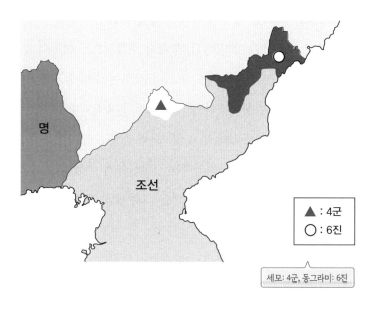

▲ : 4군
○ : 6진

세모: 4군, 동그라미: 6진

✦ 《삼강행실도》 편찬 1434년 ✦

1428년(세종 10년) 경상도 진주에서 김화라는 인간이 아버지를 죽인 사건이 일어납니다. 이 사건은 유교적 충효를 중시하던 조선 사회에 큰 충격을 줍니다. 세종대왕은 백성들에게 유교의 충효 사상을 가르쳐야 하겠다고 생각하고 집현전에 유교 이념을 보급할 책을 만들도록 지시합니다.

집현전은 유교의 기본적인 강령(綱領)인 삼강(三綱)을 실천한 사람들의 행실(行實)과 일화를 목판화로 그려 넣어 1434년(세종 16년)에 책을 완성합니다. 삼강은 임금과 신하 사이에 지켜야 할 강령인 군위신강(君爲臣綱), 아버지와 자식 사이에 지켜야 할 강령인 부위자강(父爲子綱), 지아비와 지어미 사이에 지켜야 할 강령인 부위부강(夫爲婦綱)입니다. 이 책을 《삼강행실도》라고 하는데 충신, 효자, 열녀 각 110인(중국 95명, 우리나라 15명)씩 총 330명의 행실을 기록하였습니다.

편찬 연도로 보아 아마도 같은 해 완성된 금속활자인 갑인자가 사용되었을 것입니다. 또한 삽화는 당시의 시대상을 알 수 있는 귀중한 자료입니다.

1481년에는 《삼강행실도》의 내용을 줄이고 상단에 한글로 우리말 번역을 붙인 《삼강행실도언해(三綱行實圖諺解)》도 발간됩니다. 이 책 또한 당시의 우리말을 연구하는 귀중한 자료입니다.

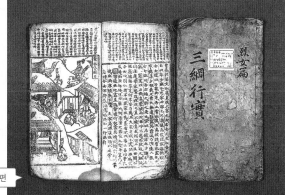

《삼강행실도》 열녀편

훈민정음과 불교

우리가 세종대왕을 '겨레의 큰 스승님'이라고 여기게 된 이유는 '훈민정음'을 만들었기 때문일 것입니다. 세종대왕은 일을 계획할 때는 평민들의 말에도 귀를 기울이는 분이지만, 일단 일이 결정되면 그 누구도 말릴 수 없을 정도로 고집스럽게 밀고 나가서 기어이 자기 뜻대로 일을 해내고야 마는 사람입니다.

최만리는 1444년 정창손, 하위지 등과 함께 훈민정음 창제를 반대하는 상소를 올립니다. 최만리는 집현전의 실질적 수장인 부제학이었고, 세자(문종)의 스승이며, 조선 왕조 519년간 217명밖에 인정받지 못한 청백리 중 한 명입니다. 그런데도 세종대왕은 자신의 결정에 반대했다는 이유로 의금부에 하옥시켜 버립니다.

이런 고집 때문에 현재까지 후손들이 크나큰 혜택을 누리고 있습니다.

그런데 세종대왕께서 '훈민정음'을 만들고 가장 먼저 어디에 사용했을까요?

대부분은 《용비어천가》를 떠올리시겠지만, 같은 시기(1447년)에 불교 서적인 《월인천강지곡月印千江之曲》과 《석보상절》을 만들 때도 사용합니다. 《용비어천가》는 조선 왕조 건국의 정당성을 주장하는 글입니다. 숭유억불이 국시인 조선에서 왕이 직접 불교 서적을 간행하다니 참 이해가 안 되는 일입니다.

<일월오봉도> 뒤에 《용비어천가》의 내용이 적혀있습니다.

《석보상절》은 1446년에 소헌왕후가 사망하자 어머니의 명복을 빌기 위해 수양대군이 만든 '석보'를 보고 세종대왕이 명령하여 내용을 추가하고 원문을 한글로 언해 한 것입니다. 석보釋譜는 석가모니의 전기傳記입니다. 중요한 내용을 자세히 쓰는 것은 상詳, 그렇지 않은 내용을 줄여서 쓰는 것은 절節입니다.

《월인천강지곡》은 세종대왕이 《석보상절》을 본 후, 구절마다 찬가 찬송의 형식으로 직접 지은 500여 수의 송시들을 첨한 장편 한글 찬불가이지요.

유교 국가의 왕과 왕자가 직접 불교 서적을 짓고 간행까지 하다니 정말로 이해가 안 되는 일입니다. 게다가 1447년부터 총 30종의 언해본을 발행하는데 이 중 21종이 불교 경전 언해입니다. 우연의 일치인지 몰라도 '훈민정음 언해본'의 서문은 불교에서 번뇌의 숫자를 나타내는 108자입니다.

아이러니하게도 세종대왕은 처음에는 불교에 대해서 전혀 문외한이었습니다. 그래서 일본에서 '팔만대장경판'을 달라고 하자 그 가치도 생각하지 않고 주려고 했던 일도 있었습니다. 그런데 이랬던 세종대왕이 말년에는 갑자기 불교의 열광적인 팬이 됩니다.

아마도 연이은 가족의 불행 때문으로 보입니다. 1444년(세종 26년)에 광평대군, 그 이듬해에 평원대군, 그 이듬해에는 소헌왕후를 연이어 잃고, 자신의 건강도 나빠

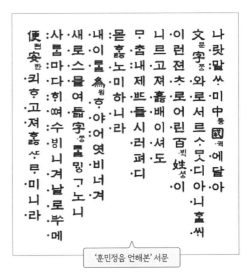

'훈민정음 언해본' 서문

진 것이 원인인 것 같습니다. '유교'로는 이러한 불행에 대한 해답을 찾을 수 없었던 거지요. 그때부터 아들내미 딸내미 앉혀놓고 불경을 같이 공부합니다. 그런데 세종 20년 흥천사에 있던 불사리를 몰래 궁궐로 들여오려다가 실패한 사건도 있고, 흥천사 경찬회 소문疏文에 '보살계를 받은 제자菩薩戒弟子 조선 국왕'이라 서명하고 인장까지 찍은 걸 보면 그 이전에 이미 빠져든 것 같습니다.

말년에는 경복궁 후원에 내불당까지 건설합니다. 당연히 유학자들인 신하들이 극렬히 반대합니다. 신하들은 영의정부터 말단 서기까지 하나같이 반대 상소를 올리고 사직합니다. 성균관 유생들도 출강을 거부하고, 사부학당 학생들까지 수업 도중 모두 해산해 버립니다.

하지만 조선 역대 왕 중 가장 고집이 센 세종을 꺾을 수 있는 신하는 없었습니다.

세종대왕은 "왕 노릇하기 너무 힘들다"라고 하고는 정말로 짐을 싸 들고 넷째 아들 임영대군의 집으로 가버립니다. 또 말하기를 "이제 큰아들(문종)에게 왕위를 물려줄 테니 대신들이 나라를 잘 돌봐달라"라고 합니다. 결국 신하들이 잘못했으니 돌아오라고 빌면서, 내불당 위치라도 궁궐 담벼락 바깥으로 옮겨 달라고 하지만, 세종대왕은 원안 그대로 내불당을 경복궁 안에, 그것도 원하던 날짜에 완공시킵니다.

세종대왕은 인류 역사상 뛰어난 천재 중 한 명입니다. 그것도 게으른 천재 위의 노력하는 천재 위의 즐기는 천재입니다.

✦ 세종대왕의 신하들 ✦

세종대왕은 노비, 노인, 죄수에게까지도 복지를 베푼 어진 임금이지만 신하는 아주 혹독하게 다룬 지도자였습니다. 관비의 남편에게 산후 1개월간 출산 휴가를 주는 정책을 시행하자 신하들이 자신들에게도 출산 휴가를 달라고 청원합니다. 그러자 "자녀들은 하인이 돌봐주는데 휴가가 왜 필요한 것인가?"라며 면박을 줍니다.

맹사성의 경우 75살에 이르러서야 사직을 받아주었지만 그러도고 국가 중대사는 계속 자문했습니다. 황희는 더 심각합니다. 70세가 되던 세종 13년에 은퇴하려고 했지만 세종대왕이 허락하지 않았고 황희는 그 후 여덟 번이나 더 사직하겠다고 했지만 번번이 거절합니다. 세종 31년 아홉 번째로 사직을 요청하고 마침내 88세로 사직하게 됩니다. 그리고 3년 후 사망합니다. 조말생은 여러 번 사직을 요청했지만 결국 사직도 못하고 향년 78세로 사망합니다.

세종대왕은 '신하들이 고생해야 백성들이 편안하다'라 생각하고 있었던 것 같습니다. 게다가 자신도 어마어마하게 일을 했기 때문에 신하들이 반론조차 못했습니다. 위의 글을 읽어보면 세종대왕은 아주 악독한 사람 같아 보이지만 실제로는 그렇지 않습니다.

어느 날 형조판서 서선의 아들이며 황희의 사위인 서달이 시골을 지나다 아전들이 자신을 보고 인사를 하지 않았다는 이유로 종들을 시켜 때려죽이는 일이 발생합니다. 서선과 황희는 자신들의 권력을 이용하여 피해자를 회유하고 협박해서 은폐를 하려고 합니다. 사건이 일어난 시골 출신의 맹사성도 지역 수령에게 압력을 행사하고 왕에게 올리는 상주문을 가로채어 조작하는 짓을 저지릅니다.

하지만 세종은 조작된 상주문에서 이상을 감지하고 의금부에 조사를 명합니다. 사건의 전말이 밝혀지자 서달, 서선, 황희, 맹사성뿐만 아니라 관련된 신하들까지 모두 처벌받게 됩니다. 그나마 세종의 배려로 황희와 맹사성은 며칠 뒤 복직됩니다.

조말생도 황희, 맹사성 못지않은 사고를 쳤습니다. 조말생은 김도련이란 사람으로부터 36명의 노비를 뇌물로 받습니다. 노비 36명을 돈으로 따지면 780관입니다. 당시의 법에 따르면 80관 이상의 뇌물을 받으면 사형입니다. 세종은 형을 많이 깎아서 유배로 일

단락합니다.

세종은 위 네 명의 능력이 아까워 계속 사용했습니다. 위의 네 명도 지은 죄가 있어서 찍 소리 못하고 일을 했습니다. 덕분에 현재 역사서에 이들은 명신(名臣)으로 기록될 수 있었습니다. 그런 면에서 오히려 세종대왕에게 감사해야 합니다.

여담으로 장영실은 1442년(세종 24년) 세종이 온천여행을 갈 때 타고 갈 가마를 제작하라는 명을 받고는 아예 자동차(?)를 제작합니다. (실록에 스스로 움직이는 가마라고 했으니 자동차겠지요.) 그러나 제작 도중 가마가 부서지는 사고가 발생했고 의금부에 투옥되어 80대의 장형을 받은 뒤 파직됩니다. 그 후 기록이 없습니다.

공법 실행 • 1446년

세종대왕 이전에는 관리들이 현지에 나가 토지의 등급을 정하는 '답험법'과 작황 등급에 따라 조세를 감면해 주는 '손실법'을 이용해 조세를 징수했습니다.

하지만 답험 · 손실법은 부정부패의 온상이었습니다. 답험과 손실은 결국 관리가 정하는 것입니다. 그 때문에 부자들은 관리에게 뇌물을 주고 조세를 낮추었고, 가난한 농민은 도리어 과도한 조세를 내게 됩니다. 이러한 현실을 안타깝게 여긴 세종대왕은 부성부패를 막고 가난한 농민들의 부담을 줄일 과세법을 연구합니다.

이렇게 탄생한 조세법이 공법貢法입니다. 공법이란 토지의 질에 따라 등급을 정하는 전분 6등법과 농사의 풍흉에 따라 등급을 정하는 연분 9등법을 적용하여 등급에 따라 내야 할 세금을 차등 적용하는 것입니다. 그 때문에 과세가 공평해지고, 징세가 편리해지며, 사전 조사를 위한 비용도 줄어듭니다.

공법은 우리나라 최초로 조세법률주의를 실현한 법입니다. 조세법률주의란 세금을 거둘 때는 반드시 법률에 따라야 한다는 원칙입니다. 지금은 당연한 원칙이지만 왕이 마음대로 세금을 걷는 것이 당연하던 시절, 최초로 이 원칙을 확립한 사람이 세종대왕입니다.

그러나 이렇게 좋은 법인데도 불구하고 많은 신하의 반대에 부딪힙니다. 그러자 세종대왕은 백성들을 상대로 여론조사를 시행합니다. 조사는 1430년 3월 5일부터 8월 10일까지 5개월간 전국에 걸쳐 진행되었으며, 17만여 명의 백성이 참여해 9만 8000여 명이 찬성했습니다. 당시 인구수를 고려하면 노비와 여성을 제외한 거의 모든 백성이 참여한 것입니다. 민주주의가 발달한 현대에도 쉽지 않은 일을 전제왕권 시대에 왕이 직접 실현한 것입니다. 세종대왕은 백성들의 동의를 얻자 지방에서 시범적으로 운영하여 보완하고 개정하기를 반복하여 1446년(세종 28년)에 전국적으로 시행합니다.

읽을거리

우리나라의 조세 제도는 조용조(租庸調)를 기본으로 합니다. 조용조는 중국 당나라 때 정립된 조세 제도인데 조(租)는 세(稅)·조세(租稅)·공(貢) 등으로 불리는 토지에 대한 세금입니다. 용(庸)은 요(徭)·역(役) 등으로 불리는데, 군역은 군인으로 복무하는 것이고 요역은 국가사업에 동원되어 노동하는 것입니다. 조(調)는 공납(貢納)·진상(進上) 등으로 각지의 토산물을 바치는 것입니다.

⟨몽유도원도⟩ 완성 1447년

⟨몽유도원도⟩는 안평대군의 꿈을 화가인 안견이 그린 것입니다. 안견은 궁정에서 회화를 담당했던 도화서의 화원으로 산수화가 특기였습니다. 그가 그린 ⟨몽유도원도⟩는 후대 화가들인 양팽손, 신사임당 그리고 일본의 슈우분에까지 영향을 줍니다.

⟨몽유도원도⟩가 유명한 이유는 단지 그림이 뛰어나기 때문만이 아닙니다. 서예, 시문, 그림에 뛰어나 삼절(三絶)이라고 불린 안평대군이 제서(題書, 제목)와 그림을 그린 경위를 간략히 쓴 발문(跋文) 그리고 자신의 시를 그림에 적었으며 당대의 문사 20여 명의 글까지 적혀있습니다. 글을 쓴 사람 중에는 신숙주, 박연, 김종서 등도 포함되어 있습니다. 그 때문에 그림뿐 아니라 조선의 시문, 서예사로도 매우 높은 가치를 지니는 작품입니다.

하지만 이 그림은 현재 우리나라에 없습니다. 일본 나라현의 덴리 대학 중앙 도서관이 소장 중이고 그림이 불법 반출이라는 증거가 없기 때문에 돌려받을 방법도 없습니다. 게

다가 좀처럼 공개를 하지 않기 때문에 볼 기회조차 거의 없습니다. 여러모로 아쉬울 따름입니다.

그런데 세계경제문화교류협의회가 2023년 12월 27일 덴리대학과 <몽유도원도> 환수를 위한 계약을 체결했다는 반가운 소식이 들려왔습니다. 하루빨리 우리나라에서 <몽유도원도>를 감상할 수 있기를 고대합니다.

읽을거리

안평대군은 세종대왕의 셋째 아들로서 문종과 세조의 친동생입니다. 서예, 시문, 그림에 모두 뛰어났지만 특히 중국에서도 사라진 조맹부체를 가장 잘 구사하는 명필로 중국에까지 이름을 떨쳤습니다. 하지만 현재 안평대군의 작품 중 남아있는 것은 〈몽유도원도〉 발문과 〈소원화개첩(小苑花開帖)〉뿐입니다.

형인 수양대군에 의해 계유정난 때 강화도로 귀양을 갔다가 그 후 교동도로 이배되고 36세에 사약을 받아 죽습니다. 이때 안평대군의 작품도 대부분 사라졌습니다. 〈소원화개첩〉은 중국 당나라 시인 이상은이 지은 한시를 적은 글씨첩으로 국보 제238호로 지정되었지만, 2001년에 도난당해 현재는 행방불명입니다.

문종 즉위 • 1450년

실제 역사 속 인물과 사람들이 가진 이미지가 다른 경우는 많이 있습니다. 특히나 대중매체에서 역사 속 인물을 다루다 보면 평가가 완전히 달라지기도 합니다. 실제 인물과 대중매체에서 만들어진 이미지가 가장 다른 사람을 꼽으라면 필자는 문종을 꼽겠습니다.

대중매체에 의해 만들어진 문종의 이미지는 수양대군의 야심을 알고도 막지를 못해 노심초사하고 전전긍긍하는 나약하고 능력 없는 왕입니다. 그러나 실제로는 전혀 그렇지 않습니다.

우선 문종은 절대 나약한 왕이 아닙니다. 기록에 따르면 문종은 체격도 크고 수염이 매우 풍성하여 관우와 같은 풍모를 가졌으며, 어려서부터 굉장한 꽃미남이어서 중국에서 온 사신들이 문종(당시에는 세자)의 얼굴을 보고 싶어 했다고 합니다.

또한 문종의 업적은 역대 어느 왕과 비교해도 절대 뒤떨어지지 않습니다. 세종대왕의 건강이 악화하자, 세자로서 7년간 대리청정했습니다. 그 때문에 세종 후기의 업적은 사실상 문종의 업적인데 자세히 따져보면 어마어마합니다.

문종은 6품 이상까지 돌아가며 대화하는 윤대를 허락하는 정책을 폈으며, 역사서인 《동국병감》, 《고려사》, 《고려사절요》 등을 편찬해서 완성합니다. 특히 《고려사》는 태조 대부터 편찬 작업에 들어가 60여 년의 시간이 흘러 문종 1년에 완성된 책입니다.

또한 문과뿐 아니라 이과에도 많은 업적을 쌓았는데 '측우기'부터가 문종의 발명품으로 장영실은 실물을 만들기만 했습니다.

특히나 군사 부문의 업적은 가히 독보적입니다. 4군 6진의 북방 정비 완성, 군제 개편, 고조선에서 고려 말까지의 전쟁사를 정리한《동국병감》편찬, 나아가 직접 화차(신기전)를 개발하고 운영법과 진법까지 만듭니다. 심지어《병장도설》에는 아예 문종이 스스로 만든 진법까지 실려있습니다.

더군다나 문종 대에 왕권은 매우 막강했습니다. 태종과 세종이 다진 기틀 위에다가 애초에 문종 스스로가 대단한 능력자였기 때문에 신하들이 감히 무시할 생각조차 못 합니다. 이런 상황에서 수양대군이 왕위를 노린다는 야심을 내비쳤다면 형에게 맞아 죽었을 것입니다. (형이 아니라 아버지에게 먼저 무사하지 못했겠지요.)

실제로 수양대군을 바라보는 문종의 시선은 자신의 능력을 마음껏 펴지 못하는 동생을 애처로워하는 너그러운 형의 시선입니다. 그리고 문종 시절 수양대군은 큰아버지인 양녕대군과 비슷하게 전혀 야심을 드러내지 않았습니다.

한 가지 재미있는 이야기가 있습니다. 수양대군이 편집한 진법을 본 문종이 감탄해서 "네가 이정(당나라 시대의 장군)보다 낫겠다. 그런데 나도 제갈량보다 살짝 못한 정도는 되지 않는가?"라고 하자, 수양대군이 화를 내며 말합니다. "어찌 제갈량과 비교하십니까? 형님이 훨씬 대단하십니다!"

문종은 대중매체에 나오는 것처럼 수양대군의 야심에 어쩔 줄 모르는 유약한 왕은 절대로 아니었습니다. 다만 재위 기간이 짧은 것은 사실입니다. 1450년에서 1452년까지 2년 2개월 2일(794일)입니다. 그렇다고 해서 단명은 아닙니다. 조선시대 왕의 평균수명은 44세입니다. 문종은 39세에 사망했고, 성종은 38세에 사망하였으니 단명이라고도 할 수 없습니다. 다만 성종이 죽을 때 이미 장성한 아들이 있었지만 문종의 경우는 아들을 너무 늦게 본 것이 문제이지요.

역사에는 가정이 없지만 문종이 10년만 더 살았더라면 아버지를 능가하는 왕이 되었을 텐데 참으로 안타깝기 그지없습니다.

읽을거리

성리학적 예법에 따르면, 부모님이 돌아가시면 상주는 부모님 무덤 옆에 여막(廬幕)이라는 작은 초막을 지어 지내며 아침저녁으로 묘 앞에 식사를 올리기를 만 26개월, 햇수로는 3년을 보냅니다. 그래서 '삼년상'이라고 합니다. 그리고 상주는 그동안 술과 고기를 먹지 않습니다.

굉장히 힘든 일이라 삼년상을 치르다 죽는 사람도 있습니다.

조선 태종은 고기를 좋아하는 아들이 건강을 해칠까 염려하여 자신의 상 중에 세종이 고기를 먹어도 된다고 미리 허락까지 했습니다. 문종은 어머니 소헌왕후 심씨의 사망으로 삼년상을 치렀고 곧이어 아버지의 삼년상을 치른 탓에 면역력이 극도로 약해져 등창이 터져 죽습니다. 그 때문에 조선 왕실에서는 하루를 한 달로 치는 이일역월제(異日逆月制)라는 편법으로 상중 기간을 줄였습니다.

단종 즉위 • 1452년

단종 이홍위는 역대 조선왕 중에 가장 정통성 있는 왕입니다. 태어나자마자 원손(1441~1448)이었으며 이후로 세손(1448~1450), 세자(1450~

1452)를 거쳐 왕(1452~1455)이 됩니다. 이 정도 수준의 적통은 우리나라는 물론이고 전 세계 역사에서도 드문 경우입니다.

하지만 이홍위는 삼촌 때문에 묘호도 받지 못했고 종묘에도 모셔지지 않았습니다. 더구나 왕의 적자를 뜻하는 대군大君임에도 왕의 서자를 뜻하는 군君으로 강등되었습니다. 1681년(숙종 7년) 노산군에서 노산대군으로 승격된 후 1698년(숙종 24년) 단종으로 복위, 추존되었고 종묘에도 모셔집니다. 단端이라는 묘호는 수례집어왈단守禮執義曰端, '예禮를 지키고 의義를 잡음'입니다. 발음이 단短과 같아서 그런지 어린 나이에 죽은 왕에게 붙입니다.

단종의 불행은 자신을 보호해 줄 어른이 아무도 없었다는 것입니다. 단종은 문종이 27살에 얻은 늦둥이입니다. 도대체 27살이 어떻게 늦둥이인가 싶겠지만 조선시대 평균 수명은 35세 정도입니다. 그 때문에 15~16살이면 결혼해서 자식을 낳았습니다. 성춘향과 이몽룡이 서로 사랑한 나이도 16살입니다.

어머니나 할머니가 살아있었다면 수렴청정垂簾聽政하며 단종을 보호했을 것입니다. 수렴청정이란 왕이 너무 어린 나이에 즉위하여 정치를 하기 어렵다고 판단될 때 왕의 어머니나 할머니가 대신 신하들과 정치를 하는 제도입니다. 왕 뒤에 발을 드리우고垂簾 정치를 듣는다聽政하여 수렴청정입니다. 그러나 단종의 어머니는 단종을 낳고 며칠 되지 않아 사망했고, 할머니는 단종이 6살에 사망했습니다. 결국 단종은 자신을 보호해 줄 어른이 아무도 없는 상태에서 12살에 왕위에 오릅니다.

문종은 어린 왕을 염려해서 김종서에게 황표정사黃票政事를 부탁합니다. 황표정사란 의정부의 정승들이 관리로 뽑힐 사람의 이름 위에 노란 딱지黃票를 붙이면 왕이 여기에 낙점落點만 하는 인사제도입니다.

하지만 이를 빌미로 수양대군이 계유정난을 일으켜 김종서와 황보인 등을 죽이고 정권을 잡습니다. 안타깝게도 단종이 왕위에 있으면서 한 유일한 일은 아버지에게 문종이란 묘호를 올린 것입니다.

계유정난 · 1453년

계유정난癸酉靖難이란 1456년인 계유년癸酉年에 난難을 평정靖했다는 의미입니다. 김종서와 황보인, 안평대군(세조의 친동생)이 정변政變을 일으키려는 것을 수양대군이 수습했다는 의미로 붙여진 이름입니다. 하지만 이는 세조 측에서 억지로 미화하였을 뿐이지 사실상 계유정변癸酉政變이 맞는 표현입니다.

단종은 정통성과 능력을 갖춘 왕이었으며 김종서와 황보인은 문종이 자기의 아들을 부탁한 충성스러운 고명대신顧命大臣으로서 반역을 저지르지도 않았습니다. 오히려 수양대군이 정변을 일으키기 위해 한명회 등과 함께 주도면밀하게 계획하고 있었고, 김종서 등은 이러한 수양대군을 예의 주시하고 있었습니다. 김종서는 무신이 아닌 문신이라 실제로는 체격도 왜소하고 힘도 잘 쓰지 못했다고 합니다. 그래서 힘이 장사였던 아들 김승규가 항상 아버지를 지켰습니다.

수양대군은 김종서 등의 의심을 풀기 위해 자청해서 명나라에 사신으로 다녀옵니다. 이를 계기로 김종서 등의 의심이 어느 정도 해이해지자 수양대군은 수하 세력들과 함께 김종서를 시작으로 방해가 되는 반대파들을 처리할 계획을 세웁니다.

10월 10일 단종은 궁을 나와 누나 경혜공주의 사저에 묵게 됩니다. 그래서 궁의 경비 상태가 평소보다 많이 느슨했습니다. 수양대군은 수하인 한명회, 홍윤성 등에게 경복궁을 점령하라고 지시하고 자신은 한밤중에 일부러 사모뿔을 떨어트린 채로 관복 차림으로 김종서의 집으로 갑니다. 대문 앞에서 사모뿔이 떨어졌으니 빌려달라 부탁하자 김종서는 별 의심 없이 아들에게 사모를 가져오게 합니다. 김승규가 김종서 곁을 떠나는 순간 수양대군의 종 임어을운이 철퇴로 김종서를 내려칩니다. 뒤늦게 이를 막으려던 아들 김승규는 수양대군의 부하인 양정에게 칼로 찔려 죽습니다. (후에 임어을운은 철퇴로 김종서를 내려친 공으로 황보인의 집을 상으로 받습니다.)

이후 수양대군은 도성 사대문과 주요 군 시설 등 요충지를 확보한 뒤 이미 장악한 경복궁으로 들어갑니다. 궁에서 수양대군은 동부승지 최항을 만났고, 조정 신료들의 명부를 내놓으라고 협박합니다. 수양대군의 손을 거쳐 한명회에게 넘어간 명부는 그대로 살생부가 됩니다.

수양대군은 단종에게 김종서가 안평대군과 짜고 역모를 일으키려고 했고 자신이 미리 손을 쓴 것이라고 보고합니다. 그리고 단종의 명을 빙자하여 조정 대신들을 모두 입궐하게 합니다.

수양대군에게 협조적이었던 공조 판서 정인지, 참판 이계전, 이순지 등은 살아남았지만 영의정 황보인, 좌찬성 이양, 병조 판서 조극관 등은 모두 철퇴에 맞아 죽습니다.

김종서는 심한 부상을 입었지만 살아있었습니다. 그는 사돈댁에 숨어 뒷일을 도모하려 했지만 결국 양정에게 발각되어 죽음을 맞이합니다. 수양대군은 단종에게 왕위를 양위하라고 거듭 압박하였고 결국 1455년(단종 3년) 왕위를 양위합니다.

이징옥의 난 · 1453년

황희는 1376년(우왕 2년)에 음서로 14살에 품계조차 없는 말단 관직인 녹사錄事에 임명되며 처음으로 벼슬 생활을 합니다. 1389년(공양왕 1년) 문과 대과에 급제하고 1390년(공양왕 2년) 정9품 성균관 학록이 됩니다. 야사에 알려진 것과는 다르게 굉장히 완고했던 황희는 조선 태조와 정종 대에 임금의 명령이라도 부당하다고 여겨지면 거부하는 바람에 여러 번 파직됩니다.

태종에게 능력을 인정받아 지신사(도승지의 전신으로 현재의 대통령 비서실장)와 6조의 모든 판서직을 역임합니다. (현대식으로 하자면 혼자서 모든 부처의 장관을 한 번씩 해보았다는 소리입니다.) 하지만 완고한 성격을 버리지 못해 적장자 계승 원칙을 고수하며 양녕대군의 폐세자를 반대하다 파직당하고 유배까지 갑니다.

태종은 세종에게 황희를 재임용하라고 권하였고 이미 황희의 능력을 알고 있던 세종은 황희를 복직시킵니다. 황희는 조선에서 가장 오랫동안 정승을 한 사람으로 영의정 18년, 좌의정 5년, 우의정 1년 합쳐서 총 24년을 정승의 자리에 있었습니다. 사실 권력욕이 있어서 이렇게 길게 한 것은 아니고 세종대왕이 죽을 때까지 부려 먹었기 때문입니다. 황희 정승은 자신보다 더 지독한 고집쟁이인 세종대왕의 밑에서 일하면서 많이 유해집니다. 하지만 이상하게도 김종서에게만은 혹독하게 굴었습니다.

김종서가 6진을 개척할 때의 일화입니다. 관아에서 연회를 열었는데 갑자기 화살이 날아와 중앙의 술 항아리에 꽂히는 일이 발생합니다. 모두가 두려워했지만 김종서는 눈 한번 깜짝이지 아니하고 태연히 술을 마셨다고 합니다. 이 정도로 담력이 대단해 큰 호랑이大虎라는 별명을 가진 김종서지만 유독 황희를 무서워하여 그의 앞에서는 바짝 긴장하였다고 합니다. 보다 못한 맹사성이 김종서를 부드럽게 대해 달라고 부탁하자 황희는 "김종서는 나라에 꼭 필요한 인재이기 때문에 내가 더욱 잘 가르쳐야 한다"라며 혹독하게 대한 이유를 알려줍니다.

김종서는 문종 대에 우의정이 되었고 문종이 황표정사를 부탁할 만큼 신임을 받았습니다. 하지만 계유정난으로 인해 목숨을 잃고 맙니다. 그의 죽음에 가장 분노한 사람은 부하였던 이징옥입니다.

그는 척준경과 함께 우리나라 역사상 최강의 무사로 인정받는 사람입니다. 6진을 개척하고 여진족을 몰아낸 것은 김종서가 아니라 온전히 이징옥의 몫입니다. 게다가 척준경과 달리 이징옥은 매우 청렴했던 사람입니다.

그는 계유정난 당시에 함길도 도절제사로 있었습니다. 세조는 자신에게 위협이 되는 이징옥을 없애기 위해, 박호문을 후임 함길도 도절제사로 임명하고 이징옥을 불러들입니다. 이징옥은 박호문에게 직위를 인계하고 한양으로 돌아오던 중 계유정난의 소식을 듣습니다.

이징옥은 함길도로 돌아가 박호문을 살해한 다음, 여진족을 끌어들여 군사를 불린 다음 옛 금나라 수도 오국성으로 들어가 대금大金 건국을 선언하고 스스로 황제를 칭하며 반란을 일으키려고 합니다. 하지만 부하 정종과 이행검이 배신하면서 반란을 일으키기도 전에 살해당하고, 반란은 실패합니다.

세조 즉위 • 1455년

조선의 세종은 시호가 아깝지 않은 왕입니다. 하지만 아들인 세조는 시호가 민망한 왕입니다. 물론 필자 개인 생각입니다만 종宗보다는 조祖를 더 높게 쳐주는 것을 생각하면 참으로 어이없는 일이 아닐 수 없습니다. 고려의 왕들은 태조 왕건을 제외하고는 묘호가 모두 종으로 끝납니다. 조선에서는 조로 끝나는 묘호가 더러 있는데 아마 세조의 영향인 것 같습니다. 물론 묘호는 후계자가 지어주는 것이니 사실은 세조의 아들인 예종이 철없는 짓을 한 것이지요.

세조는 나름 왕자 시절부터 왕이 되려고 준비했기 때문에 제법 많은 업적을 이루었습니다. 우리 역사 최초의 국가 공인 성문 법전인《경국대전》편찬을 시작하고 중앙집권제를 강화하기 위해 행정 구역 체계를 오가작통법을 바탕으로 한 면리제로 개편합니다.

국방에서는 중앙군은 오위五衛 제도를 도입하고, 지방에는 진관 체제를 도입합니다.

중위(中衛)	의흥위(義興衛)
좌위(左衛)	용양위(龍驤衛)
우위(右衛)	호분위(虎賁衛)
전위(前衛)	충좌위(忠佐衛)
후위(後衛)	충무위(忠武衛)

경제적으로는 전현직 관료 모두에게 토지와 급료를 지급하는 과전제를 폐지하고 현직자에게만 토지를 지급하는 직전법職田法을 시행하여 국가 수입을 크게 늘렸습니다.

문화적으로는 수많은 서적을 간행하였고 세조의 가장 큰 업적인 훈민정음을 널리 보급하였습니다. '사람마다 해여 수비니겨 날로 쑤메 뼌한킈 하고져 할따라미니라(사람으로 하여금 쉽게 익혀 매일 쓰기 편하게 하고자 할 따름이니라)'는 세종의 의도와는 달리 훈민정음의 보급은 부진했는데 최초의 한글 갑인자인 갑인자병용한글활자를 만들게 하여 수많은 서적을 간행하여 보급합니다. 훈민정음 번역 및 보급업무는 승려였던 신미가 담당했습니다.

종교적으로는 불교를 숭상하여 1461년(세조 7년) 간경도감을 설치하고 신미에게 명하여 훈민정음으로 번역된 불경, 불서들을 대량으로 인쇄하여 전국으로 유통합니다. 특히 《월인석보》는 최초의 한글 불경이자 한글 금속활자로 인쇄한 책입니다. 《월인석보》는 세종대왕이 지은 《월인천강지곡》과 세조가 지은 《석보상절》을 합치고 수정하여 만든 책입니다.

그리고 원각사와 신륵사, 수종사 등의 중건을 지원하고, 전국의 사찰을 돌며 시주하였습니다. 아마도 조카를 죽이고 왕위를 찬탈했다는 양심의 가책 때문인 것 같습니다. 상원사를 방문하여 문수전에 들어가려고 하자 고양이가 세조의 옷자락을 물고 늘어져 들어가지 못하게 했고 이를 수상히 여긴 세조가 문수전을 수색하자 자객이 숨어있었다던가, 상원사 계곡에서 세조가 목욕할 때 문수보살이 피부병을 고쳐주었다든가 하는 야사는 이런 배경에서 나온 것입니다.

또한 스스로가 백성과 신하들의 모범이 되기 위해 열심이었습니다. 왕궁에서 무명옷을 입고 짚신을 신고 다녔으며, 궁중에 누에를 치는 방인 잠실蠶室을 두어 왕비와 세자빈에게 친히 누에를 기르는 일인 양잠을 하도록 합니다.

그러나 이러한 업적은 단종이 집현전 학자들과도 충분히 이룰 수 있었던 업적이지 않았을까요?

그는 경연을 폐지하고 6조 직계제를 시행하였습니다. 황제에게만 허용되는 원구단을 세워 명나라의 눈치도 보지 않고 하늘에 제사를 올립니다. 또한 자신의 비위에 거슬리면 정승, 판서라도 온갖 수모를 주었습니다. 그러면서도 자신을 왕위에 올린 공신들에게는 온갖 특혜와 권력을 밀어주어 큰 세력을 형성하게 합니다. 그 때문에 아버지와 형이 쌓아 올린 국가 체계를 무너트리고, 세조 사후 공신들이 국정을 농단하는 빌미를 제공합니다.

지 않고 정통제를 석방합니다. 두 명의 황제가 내분을 일으키기를 바라고 한 조치입니다. 오이라트의 바람대로 정통제는 1457년 탈문의 변을 일으켜 경태제를 내쫓고 천순제로 복귀합니다.

단종 재위 시 세조는 사신으로 중국을 다녀오며 얼굴을 알렸고, 동생의 자리를 빼앗은 천순제로서는 세조에게 전통성에 대해 시비를 걸 수 없었기 때문에 쉽게 책봉을 받았습니다.

관학파와 훈구파

조선 건국부터 단종 대까지 조선을 통치하던 관료 집단을 관학파官學派라고 합니다. 고려 말 급진파 신진사대부의 후신이라 할 수 있습니다. 관학官學이란 국가가 세운 교육 기관官에서 공부學했다는 의미입니다. 성균관에서 공부하고 과거에 합격한 다음 집현전에서 학문을 연구하였습니다. 관학파는 학문적인 지식뿐 아니라 실무적인 능력까지 갖춘 대단한 인재들이었습니다. 실제로 조선 초기 문화적 성취는 대부분이 관학파의 업적입니다.

주요 인물로는 정도전, 김사형, 조준, 남은, 윤소종, 권근, 윤회, 하륜, 황희, 맹사성, 허조, 조말생, 황보인, 김종서, 정분, 정인지, 최만리, 이순지, 성삼문, 신숙주, 최항 등이 있습니다.

하지만 계유정난으로 관학파는 몰락합니다. 수양대군에 찬동하고 계유정난에 가담한 사람들은 훈구파가 되고, 이에 반대한 사람들은 수양대군에 의해 죽음을 당합니다. 운이 좋게 살아남은 사람들은 단종 복위를 계획하다가 발각되어 죽임을 당하거나(사육신), 아예 벼슬을 던져버리고 숨어버립니다(생육신).

이로써 정도전이 꿈꾸고 세종이 실현시킨 신권과 왕권이 조화를 이룬 이상적인 유교 국가 조선은 사라져 버리고 실무적 능력을 갖춘 관학파 인재의 상당수가 사라집니다.

훈구파勳舊派는 세조 공신 세력을 중심으로 형성된 관료 집단입니다. 정인지, 신숙주, 최항, 권람, 서거정, 양성지, 이석형, 강희맹, 이극돈, 한명회, 홍윤성 등이 있습니다. 관학파와 상당히 겹치지만 한명회처럼 별 관련 없는 인물, 홍윤성처럼 전혀 관련 없는 인물도 있습니다. 여기에 양정 같은 무신도 훈구파에 해당합니다. 이들은 세조가 꿈꾸었던 강력한 왕권을 바탕으로 한 전제 정치를 현실화시킵니다.

단종 복위 운동 · 1456년

1456년(세조 2년) 성삼문은 상왕이 된 단종을 찾아와 다시 왕위에 복위시키겠다며 충성을 다짐합니다. 이에 단종은 칼을 하사하며 지지를 표명합니다.

그해 6월 명나라 사신의 환송연이 벌어질 예정이었고, 성삼문의 아버지 성승과 유응부가 칼을 차고 국왕을 지키는 별운검別雲劍으로 뽑힙니다. 이들은 이때 세조를 처치하기로 합니다. 그러나 하필이면 이때 혜성이 나타났고 불길함을 느낀 세조가 운검을 취소시킵니다. 그러자 성삼문이 별

운검을 없앨 수 없다고 반대하지만 신숙주가 찬성하는 바람에 결국 별운검은 취소됩니다. 어쩔 수 없이 세조 살해 계획을 뒤로 미루는데 같은 동지이며 집현전 출신인 김질이 겁을 먹고는 장인 정창손을 통해 단종 복위 계획을 밀고하면서 주모자들이 모두 잡힙니다.

김질이 말한 성삼문, 이개, 하위지, 유응부가 먼저 끌려오고, 성삼문에 의해서 박팽년과 유성원, 박쟁이 추가됩니다. 여기에 공조참의 이휘가 자수하면서 박중림과 권자신이 추가됩니다. 이후 박팽년을 문초하는 과정에서 김문기, 성승, 송석동, 윤영손과 박팽년의 아버지가 추가됩니다. 그리고 며칠 후 단종의 연루 사실까지 드러납니다. 그 이후에도 단종 복위 계획과 연루된 사람들이 줄줄이 나오더니 결국 70여 명에 이릅니다.

유성원은 잡히기 전에 자살하였고, 박팽년은 고문 중에 사망합니다. 나머지 인물들은 불에 달군 쇠로 맨살을 지지는 작형灼刑을 당한 후 산채로 찢어 죽이는 거열형車裂刑을 당합니다.

거열형을 당한 이들은 시장바닥에 목이 매달리게 되는데, 생육신의 한 사람이던 김시습이 새벽에 몰래 이들의 시신을 수습, 한강을 건너 노량진에 묘를 만듭니다.

그런데 이 많은 희생자 중 성삼문, 박팽년, 이개, 하위지, 유응부, 유성원이 사육신으로 불리게 된 것은 《육신전六臣轉》이라는 소설 때문입니다. 생육신 중 한 사람인 남효온의 소설 《육신전》에서 죽은死 여섯六 신하臣라는 의미의 사육신死六臣이라고 불렀습니다.

1791년, 정조는 계유정난과 단종 복위 사건 관련으로 사망하였다가 복권된 인물들을 단종의 능인 장릉에 배향하고 그 명단을 기록하도록 하는데, 이 책이 《장릉배식록》입니다. 이 책에 32명의 인물이 기록되었는데 사육신도 함께 기록됩니다.

한편 세조가 단종의 왕위를 빼앗자 벼슬을 버리고 절개를 지킨 사람들도 있습니다. 김시습, 원호, 이맹전, 조려, 성담수, 남효온을 통칭하여 생육신生六臣이라고 합니다. 사육신은 서로가 잘 아는 사이이지만, 생육신은 서로가 잘 모르는 사이이며 한데 모인 적도 없습니다.

단종 사망 ● 1457년

사육신의 단종 복위 운동은 오히려 단종의 명을 재촉하고 맙니다. 성삼문에게 칼을 주었다는 사실이 발각되면서 상왕에서 노산군으로 강등되어 강원도 영월로 유배됩니다. 당시 단종을 호송한 사람이 지었다고 전해지는 시조가 《청구영언》에 남아있습니다.

천만리 머나먼 길에 고운 님 여의옵고
이 마음 둘 데 없어 냇가에 앉았으니
저 물도 내 안 같아야 울어 밤길 예놋다.

그리고 1457년(세조 3년)에는 결국 죽임을 당합니다. 《세조실록》에는 자살하였다고 기록했지만 후대 왕들의 기록을 보면 타살이 의심됩니다.

상상이지만 아마도 사약賜藥을 주었으나 상왕인 자신이 왕이 하사下

賜하는 약藥 따위는 받을 수 없다고 거부하고는 다른 방식으로 살해당한 듯합니다. 아마도 금부도사가 가지고 간 활의 활줄로 목이 졸려 죽은 것 같습니다. 단종이 죽은 후 세조가 두려워 아무도 시신을 수습하지 않았는데 영월호장 엄홍도가 시신을 수습하고 자기 돈으로 장례를 치러준 다음 벼슬을 내려놓고 은신하여 살았다고 합니다.

할아버지와 아버지를 닮아 어려서부터 영특하였고, 죽는 순간까지도 왕으로서의 체통을 지킬 만큼 담대하였던 단종이 계속 즉위하였다면 조선은 더욱 크게 발전하였을 것입니다. 참으로 씁쓸한 느낌을 지울 수가 없습니다.

읽을거리

왕의 정식 부인은 비(妃)라고 하고 후궁은 정1품 빈(嬪), 종1품 귀인(貴人), 정2품 소의(昭儀), 종2품 숙의(淑儀), 정3품 소용(昭容), 종3품 숙용(淑容), 정4품 소원(昭媛), 종4품 숙원(淑媛)으로 불립니다.

왕비가 낳은 딸은 공주, 후궁이 낳은 딸은 옹주라고 합니다.

왕비가 낳은 아들은 대군(大君), 후궁이 낳은 아들은 군(君)이라고 합니다.

왕위를 이을 왕자는 세자(世子)라고 합니다. 세자나 세손은 군호가 없습니다. 문종은 처음부터 세자(世子)였고, 단종(端宗)은 처음부터 세손(世孫)이었기 때문에 군호가 없습니다.

단종이 노산대군이라는 군호를 받은 것은 숙종 대에 단종 복위 과정에서 받은 것입니다. 덧붙이자면 조선에서는 인조 대 이후로 대군이 없습니다. 왕의 아들이 외아들이라 바로 세자가 되거나, 서자 출신이거나, 아예 아들이 없습니다.

조선 후기에는 제사를 자주 지냈고 제사 중에는 무언가를 삼가야 했습니다. 그러므로 왕이 제대로 자식을 생산할 시간이 없어서 그렇다는 얘기가 있습니다. 어쨌거나 이 때문에 조선 말기에는 왕족의 씨가 말라버립니다. 그 때문에 세자와 대군, 심지어는 군도 아닌 철종과 고종이 왕이 됩니다.

✦ 김시습의 《금오신화》 ✦

김시습은 8개월에 글을 읽고 만 3세에 아래 시를 지을 정도로 천재였습니다.

桃紅柳綠三春暮(도홍유록삼춘모) 복사꽃은 붉고 버들은 푸르른데 춘삼월은 저물었네
珠貫靑針松葉露(주관청침송엽로) 구슬을 꿴 푸른 침은 솔잎의 이슬

소문을 듣고 당시 정승인 허조가 찾아와 내가 늙었으니 늙을 노(老)를 넣어 시를 지어보라고 하자 다음처럼 시를 지어 허조를 놀라게 합니다.

老木開花心不老 (노목개화심불노) 늙은 나무에 꽃이 피니 마음은 늙지 않았네

천재는 천재를 알아보는 법이라 세종대왕의 부름을 받고 왕 앞에서 글솜씨를 자랑하기도 했습니다. 그러나 계유정난의 소식을 듣고 보던 책들을 모두 불태운 뒤 스님이 되어 '설잠'이라는 법명을 얻고 전국을 유랑합니다. 양녕대군이 그의 재주를 귀하게 여겨 세조에게 천거하고, 세조도 몇 차례나 그를 부르지만 세조를 보기가 싫어 일부러 똥통에 들어가 버릴 정도로 완강히 거부했다고 합니다.

김시습은 금오산(金鰲山) 용장사에 7년간 은거하며 《금오신화(金鰲新話)》라는 소설을 쓰는데, 이 소설은 조선 최초의 한문 소설이며 우리 역사상 최초의 소설입니다. 여기에서 신화는 신비한 이야기란 뜻의 신화神話가 아니라 새로운 이야기란 의미의 신화新話입니다.

《금오신화》는 기이한 이야기나 남녀 간의 사랑 이야기를 모은 전기(傳奇)소설입니다. <만복사저포기(萬福寺樗蒲記)>, <이생규장전(李生窺墻傳)>, <취유부벽정기(醉遊浮碧亭記)>, <남염부주지(南炎浮洲志)>, <용궁부연록(龍宮赴宴錄)>이 실려있습니다.

이시애의 난   1467년

　이징옥의 난 이후 세조는 함길도 지역을 불신하고 차별합니다. 조정에서 관리를 보내 현지 출신 수령을 대체하고, 호패법을 강화해 함길도민은 다른 곳으로 이주하지 못하도록 통제합니다. 이에 불만을 가진 이시애는 1467년(세조 13년) 난을 일으킵니다. 사실상 함길도 지방의 토호들이 독립을 선언하고 조선에 대항한 내란이라고 할 수 있습니다.

　정부는 사령관으로 이준, 선전관으로 남이를 앞세워 3만의 군사를 보냅니다. 하지만 이시애군은 관군을 상대로 연승을 거두며 철원까지 진출합니다. 다급해진 정부는 강순과 어유소 등의 병력을 추가로 투입합니다. 결국 반란군은 국경까지 밀리게 되고 이시애는 두만강 너머 여진족 땅으로 도주하려다가 부하의 배신으로 붙잡혀 처형당합니다.

　세조는 이시애의 난이 진압된 후 명나라의 요구에 따라 강순과 남이, 어유소 등을 파저강 근처로 파견하여 여진족을 소탕하게 합니다. 이때 파

견된 군이 바로 이시애의 난을 진압한 군입니다.

반란은 진압되었지만 이성계의 고향이기도 한 함길도는 반역의 장소로 낙인이 찍혀 완전히 소외됩니다. 그래서 임진왜란 때는 피난 온 임해군, 순화군을 함경도민이 잡아 가토 기요마사에게 갖다 바치는 일까지 일어납니다.

✦ 조선 전기의 군사와 통신 ✦

조선에서는 16세에서 60세의 양인 남자는 직접 군인으로 복무하거나 이에 상응하는 군포(軍布)를 납부하였습니다. 이를 군역(軍役)이라 합니다.

조선의 중앙군은 5위(五衛)입니다. 한양과 궁궐을 수비하였습니다. 지방의 각 도에서는 병마절도사와 수군절도사가 각각 육군과 수군을 지휘하였습니다.

조선 초기의 지방 군사 체제는 진관 체제입니다. 지역 거점에다가 군사를 주둔시킨 후 근처 지역을 방위하도록 합니다. 진관 체제는 대규모 침략에 취약하다는 약점이 있지만 조선 전기에는 대규모 침략이 없어 진관 체제로도 충분히 조선을 방어할 수 있었습니다. 세조는 이 진관 체제를 사용하여 이시애의 난을 진압하고, 여진족을 토벌합니다.

통신 제도로는 봉수제가 있습니다. 봉수란 봉(烽, 횃불)과 수(燧, 연기)로써 급한 소식을 전하는 것으로 낮에는 연기로, 밤에는 불빛으로 신호하였습니다. 지방에서 병란이나 사변이 일어났을 때 이 상황을 중앙으로 신속하게 알리기 위해 봉수제를 정비합니다. 우리나라에서는 가야의 수로왕이 봉화를 사용했다는 기록이 삼국유사에 있습니다. 조선에서는 봉수의 수에 따라 상황의 정도를 전달하였습니다.

그리고 물자 수송과 통신을 위해 전국 각지에 역참과 원을 설치하였습니다.

✦ 조선백자 ✦

　분청사기(粉靑沙器)는 분장회청사기(粉裝灰靑沙器)의 준말로 회색의 태토 위에 백토로 표면을 마무리한 도자기입니다. 고려청자가 조선백자로 넘어가는 과도기의 작품으로 조선 태종 대부터 세조 대까지 유행하다가 쇠퇴합니다.

분청사기

　세조 대부터는 백자가 유행하게 됩니다. 사치를 악덕으로 여기는 유교 문화 때문에 고급 도자기뿐 아니라 평민들이 사용하는 소박한 백자들도 많이 만들어집니다.

　조선백자는 일본에서 크게 인기를 끌어서 임진왜란 때 일본군이 조선의 도공들을 납치해 갔습니다. 일본의 도자기 기술은 순전히 조선의 도공들에 의해 발달한 것입니다.

　백자는 평민들이 사용하던 그림이 없는 순백자 외에도 푸른색 이란산 코발트를 써서 그림을 그려 넣은 청화백자(靑畫白磁), 갈색 산화철을 이용한 철화백자, 붉은색의 산화구리를 이용한 동화(銅畫)백자 등이 있습니다. 철화백자는 임진왜란 이후 코발트를 구하지 못해 산화철을 이용하여 그린 것이고, 동화백자는 18~19세기에 만들어졌습니다.

청화백자

철화백자

동화백자

성종 즉위 • 1470년

세조의 자식들은 하나같이 단명합니다. 큰아들인 의경세자는 스무 살에 요절하고 둘째인 해양대군이 19세에 왕위에 올라 예종이 되는데 1년 3개월 만에 요절합니다. 해양대군은 만 10살 때 만 15살 된 한명회의 딸과 결혼하여 그해 아들을 낳습니다. 하지만 아내는 산후병으로 사망하고 아들도 2년을 못 채우고 사망합니다. 그 때문에 단종의 어머니인 현덕왕후의 저주라는 전설이 생겼습니다.

예종에게는 제안대군이라는 아들이 있었습니다. 당연히 그가 왕위를 이어야 하지만 세조의 왕비인 정희왕후는 의경세자의 차남인 잘산군_{乽山}_君을 후계자로 지명합니다. 제안대군이 당시 4살밖에 되지 않았다는 이유를 대었지만 무언가 석연치 않습니다. 의경세자의 장남인 16세 월산군이 있음에도 불구하고 14세인 잘산군이 지명된 이유는 무엇일까요?

아마도 한명회가 장인이었기 때문인 듯합니다. 잘산군은 만 10살 때 만 11살 먹은 한명회의 딸과 결혼합니다. 그러고 보니 한명회도 고려 이자겸 못지않은 외척이네요. 아무튼 이런 이유로 잘산군이 즉위해서 성종이 됩니다. 조선에서 대군이 아닌 군으로서는 최초로 왕이 된 사람이기도 합니다.

성종의 치세에 조선은 안정기를 맞이합니다. 정확하게 하자면 할아버지가 망쳐 놓은 나라를 간신히 원래 상태로 되돌렸다고 하는 것이 옳겠습니다. 세종 대에 키워놓은 집현전의 많은 인재와 김종서, 이징옥 등 대단한 장군들이 죽임을 당했음에도 다시 회복될 수 있었던 것을 보면 새삼 세종대왕이 얼마나 위대한 왕인지 알 수 있습니다. 계유정난이 일어나지 않고 단종이 온전하게 집현전 학사들과 용맹한 장수들을 기용해 국가를 다스렸다면 아마도 고려 문종 시기에 버금가는 강대국이 되었을 텐데 참으로 아쉬운 생각이 듭니다.

성종은 세종대왕을 본받아 훌륭한 왕이 되려고 열심히 일을 했고 많은 업적을 남겼습니다. 세종 대에 편찬을 시작했던 의례서 《국조오례의_{國朝}_{五禮儀}》와 세조 대에 편찬을 시작했던 《경국대전_{經國大典}》을 완성해 반포합니다.

서적도 활발히 간행했습니다. 1478년(성종 9년) 서거정에게 명하여 삼국 시대 후기부터 조선 초기까지 시문 가운데 우수한 것을 모아 《동문선東文選》을 편찬, 1481년(성종 12년) 노사신, 양성지, 강희맹 등에게 명하여 지방의 연혁, 인물, 풍속 등을 정리한 《동국여지승람東國輿地勝覽》을 편찬, 1485년(성종 16년)에 단군조선에서 고려 말까지의 역사를 편년체로 기록한 《동국통감東國通鑑》 편찬, 1493년(성종 24년)에는 성현, 유자광 등에 명해 음악서인 《악학궤범樂學軌範》을 편찬하게 합니다.

홍문관으로 집현전을 대체하였고, 독서당讀書堂제도를 시행해 인재들을 육성합니다.

한편 성종 대는 훈구파 세력들이 왕권을 억누르던 시대입니다. 성종은 훈구파 세력을 억제하기 위해 사림파를 등용합니다. 대외적으로는 북방의 여진족을 소탕하고 남방의 일본과 무역하는 등 국력을 크게 일으킵니다.

하지만 정상까지 올라가면 그다음은 내려갈 수밖에 없습니다. 성종 대에 최전성기를 맞이한 조선은 성종 때문에 쇠퇴하기 시작합니다.

여진족 소탕은 썩 만족스럽지 못했습니다. 군사력이 형편없이 약해졌기 때문입니다. 세조가 유능한 장수들을 모두 죽여버린 데다가, 15세기 말부터 군포를 받고 군역자를 돌려보내는 방군수포제放軍收布制가 시행되면서 군사의 수가 줄어들었습니다.

또 훈구파 견제를 위해 사림파를 등용하고 사헌부, 사간원, 홍문관이라는 대간臺諫 세력을 키웠는데, 이번에는 대간에 의해 왕권이 심각하게 견제받게 됩니다. 그리고 훈구파 대신大臣과 사림파 대간臺諫의 대립은 다음

세대에 사화士禍를 일으키게 됩니다.

가장 큰 실책은 두 번째 왕비인 윤씨의 폐비 사건을 제대로 수습하지 못한 것입니다. 1477년 중전(왕비)의 방에서 저주하는 방법을 적은 방양서方禳書와 독약인 비상이 묻은 곶감이 발견됩니다. 성종은 자신에게 저주를 걸어 죽이려 했다 생각하고는 격분하여 윤씨를 폐위하려고 합니다. 하지만 원자를 생산한 왕비를 폐위할 수 없다는 신하들의 반대에 막혀 왕비의 시녀들에게 죄를 씌워 죽이고 넘어갑니다. 그러나 이 사건으로 왕과 왕비 사이의 불화는 점점 깊어지더니 결국 1479년(성종 10년) 신하들의 만류와 반대에도 불구하고 기어이 중전 윤씨를 폐위하고, 3년 후에는 죽여버립니다.

윤씨를 폐한 것은 잘못이 아닙니다. 문제는 원자를 세자로 세웠다는 것입니다. 자신의 엄마가 죽었는데 이성적으로 이해할 수 있는 사람은 거의 없습니다. 게다가 최고의 권력을 가진 왕이라면 복수의 칼바람이 불리라는 것은 누구라도 예상할 수 있습니다. 그리고 역사는 예상을 한치도 빗나가지 않고 그대로 전개됩니다.

《경국대전》 반포　1470년

법은 문서로 작성된 성문법成文法, 사회의 관습을 문서로 작성하지 않고 그대로 사용하는 불문법不文法으로 나뉩니다. 헌법은 한 국가에서 모든

법의 기초가 되는 법을 말합니다.

삼권분립을 채택한 국가는 국가조직이 입법부, 사법부, 행정부로 나누어집니다. 이 중 입법부에 관한 운영 법률은 입법법, 사법에 관한 법률은 사법법, 행정에 관한 법률은 행정법이라고 합니다.

나라國를 다스리는經 큰 법전大典이라는 의미의 《경국대전經國大典》은 기존에 있던 《조선경국전》, 《경제육전》과 《속육전》을 묶어 만든 조선 최초의 성문 헌법으로 세조 대에 편찬을 시작하여 성종 대에 완성되었습니다. 대전이라는 이름에 어울리게 군법, 민법, 형법 등이 모두 들어 있습니다.

《경국대전》은 이吏 · 호戶 · 예禮 · 병兵 · 형刑 · 공工의 육전 체재에 따라 6개의 전典으로 구성되어 있습니다. 육전 체제라는 것이 행정에 따라 나눈 것이기 때문에 《경국대전》도 행정법으로서의 성격이 강합니다.

이전은 중앙 및 지방관의 관제, 관리의 등용과 면직 등에 관한 법을 다루었고 호전은 조세 제도, 관리의 녹봉, 호적, 매매, 채무, 상속 등에 관한 법을 다루었습니다. 예전은 과거 시행, 관혼상제, 외교 등에 관한 법을 다루었으며 병전은 군법, 형전은 형법을 다루었습니다. 조선은 신분제 사회이기 때문에 신분 차별에 관한 조항이 굉장히 엄격합니다.

《경국대전》은 나중에 편찬되는 《속대전》(1746년, 영조 22년), 《대전통편》(1785년, 정조 9년), 《대전회통》(1865년, 고종 2년)의 기초가 됩니다. 《경국대전》에서 내용이 수정되었거나 추가되면 《경국대전》의 내용은 큰 글씨로 쓰고 원原이라 표시하고, 나머지는 작은 글자로 적는데 《속대전》은 속續, 《대전통편》은 증增, 《대전회통》은 보補로 표시했습니다.

읽을거리

세종은 허조에게 궁중의 예례를 책으로 편찬할 것을 명하지만 완성하지 못하였고 다시 세조가 강희맹에게 편찬할 것을 명하지만 완성하지 못합니다. 그러다가 1474년(성종 5년)에 성종의 명을 받은 신숙주와 정척에 의해 《국조오례의(國朝五禮儀)》가 완성됩니다. 오례란 길례(吉禮)(제사), 가례(嘉禮)(결혼), 빈례(賓禮)(사신 접대), 군례(軍禮)(군대), 흉례(凶禮)(상喪)입니다.

《국조오례의》는 《경국대전》과 함께 국가의 기본 예전이 됩니다.

한편 사대부들은 주자가 지은 《가례(家禮)》의 예법을 따랐습니다. 《가례》는 관례(冠禮, 성인식), 혼례(婚禮), 상례(喪禮), 제례(祭禮)의 네 가지 의례로 편성되어 있습니다.

역사 속의 역사

✧ 창경궁 명명 1484년 ✧

태종은 상왕으로 물러나면서 현재 창경궁으로 거처를 옮기는데 이때 이름을 수강궁(壽康宮)이라 했습니다. 단종도 상왕으로 물러나면서 수강궁에 거처합니다.

1484년(성종 15년) 성종은 할머니 자성왕대비 윤씨, 어머니 인수대비 한씨, 숙모(예종의 부인) 인혜대비 한씨를 수강궁에 모시고 궁궐을 확장하여 창경궁이라 명명합니다. 창경궁은 창덕궁과 함께 동궐로 불렸으며 종묘와도 연결돼 있었습니다.

그런데 일제는 1909년 창경궁을 허물어버리고 유원지인 창경원으로 만들어버립니다. 창경원은 우리나라 최초의 시민 공원이자 놀이공원이며 동식물원이기도 했습니다. 그 때문에 1970년대 지방에 사는 초등학생들이 수학여행을 할 때 반드시 들리는 곳이기도 했습니다.

하지만 일본의 간계로 공원으로 전락한 창경궁을 복원해야 한다는 여론이 형성되면서 1983년 12월부터 복원을 시작합니다. 창경원에 있던 놀이기구 시설은 모두 철거되었고, 동물원과 식물원은 서울대공원으로 이전합니다. 마침내 1986년 창경원은 다시 창경궁으로 복원되어 일반에 공개됩니다. 창경궁은 지금도 복원 중이고 2022년 7월 20일에는 그동안 끊어졌던 창경궁과 종묘가 연결되었습니다.

❈ 한명회 사망 1487년 ❈

한명회는 7개월 만에 태어난 칠삭둥이입니다. 인큐베이터가 없던 시절이라 죽었을 운명이었지만 기적적으로 살아났으며 건강하게 자라납니다. 그의 집안은 고려 말기부터 시작되는 대단한 명문가 집안이었습니다. 그 덕에 과거에 번번이 낙방하고도 문음으로 벼슬길에 오릅니다.

한명회와 수양대군의 만남은 두 사람 모두에게 커다란 사건이었습니다. 한명회는 김종서와 안평대군 일파의 정보를 수집하고 깡패들을 동원해서 수양대군이 계유정난을 성공적으로 일으키도록 지원합니다. 그 덕에 한명회는 최고의 공신이 될 수 있었습니다. 이후 예종과 성종에 두 딸을 시집보내고 정승이 되면서 조선 역사상 최고의 외척이 됩니다.

말년에는 자신의 호를 따서 지은 압구정(狎鷗亭, 갈매기와 친하게 노는 정자)에서 여생을 보내다가 1487년 향년 72세로 편안히 눈을 감습니다. (압구정동이라는 이름은 여기에서 나왔습니다.)

하지만 연산군 때 갑자사화에 연루되어 무덤이 파헤쳐지고 시신의 목은 베어져 해골이 시장바닥에 내걸리는 부관참시(剖棺斬屍)를 당합니다.

사림파의 역사는 고려 말 신진사대부로부터 시작되는데 실리를 중시하는 급진파와 원리주의적 성향의 온건파로 나눕니다. 결국 이방원이 온건파의 중심인 정몽주를 죽이고 급진파인 정도전에 의해 조선이 세워집니다. 이들이 조선시대에는 관학파官學派가 됩니다.

한편 고려에 충성했던 온건파 사대부들은 지방으로 돌아가 사학私學에 힘을 씁니다. 이들이 곧 사림파士林派입니다. 그런데 계유정난으로 세조에게 충성했던 일부 관학파들만 남고 대부분이 절멸합니다. 조선의 새로운 지배 세력이 된 훈구파는 반정공신이라는 이유로 온갖 특혜를 누리면서 부패합니다.

훈구파가 마음에 들지 않았던 성종은 훈구파를 견제하기 위해 사림파를 기용합니다. 위기를 느낀 훈구파는 사림을 조정에서 몰아내기 위해 몇 차례나 사화士禍를 일으킵니다.

하지만 공훈을 다시 세울 일이 없는 훈구파의 숫자는 시간이 지날수록 줄어들었고, 지방에서 서원을 세워 계속 인재를 양성해 낸 사림파는 계속 늘어나더니 선조 대에 이르러 훈구파는 자연 소멸하고 사림의 독주가 시작됩니다.

필자는 사림의 집권을 조선 쇠퇴의 원인이라고 생각합니다. 사대부士大夫란 학문적 능력士과 실무적 능력大夫을 동시에 갖춘 사람입니다. 하지만 사림파는 학문적 능력士은 갖추었으나 실무적 능력大夫은 갖추지 못했습니다.

그 때문에 성리학적인 명분에만 집착해 당쟁만 일삼았을 뿐 정작 국가 발전을 위한 일은 하지도 않았습니다. 아니, 하고 싶어도 실무적 능력이 없어서 못했습니다. 오죽하면 수학적 지식이 부족해서 세종 대 여러 정책을 고칠 엄두도 내지 못하고 계속 사용할 정도였습니다. (물론 세종대왕이 그만큼 정교하게 정책을 만들기도 했습니다.)

임진왜란 때 명나라 장수들이 성리학은 이미 실패한 학문이니 양명학을 하라고 권했지만, 이미 종교가 되어버린 성리학만 붙잡고 늘어지다가 결국 조선이 망했습니다.

여담으로 사림파의 실무 능력이 없음을 보여주는 예시가 있습니다. 성종 대에 창경궁 통명전 연못의 나무 수통이 썩자 구리로 새 수통을 만듭니다. 하지만 대간들이 사치라고 반대하는 바람에 구리 수통을 부수고 돌 수통을 만듭니다. 그런데 제작비가 구리 수통보다 더 들었습니다.

2장

◆

네 번의
사화

세계사 이야기

우리 역사		세계사
연산군 즉위	1495년	
무오사화	1498년	
갑자사화	1504년	
중종반정	1506년	
삼포왜란	1510년	
	1517년	종교개혁
기묘사화	1519년	
을사사화	1545년	
을묘왜변	1555년	
선조 즉위	1567년	
동서분당	1574년	
니탕개의 난	1583년	
	1592년	임진왜란

1492년 콜럼버스의 항해를 시작으로 스페인, 포르투갈 등 유럽 서쪽의 나라들은 전 세계로 선단을 파견하고 정복합니다. 소위 제국주의 시대가 시작된 것이죠.

동양은 조용하나 했지만 1592년 일본의 도요토미 히데요시가 조선을 침공하며 한·중·일이 전부 참가하는 국제전이 벌어집니다.

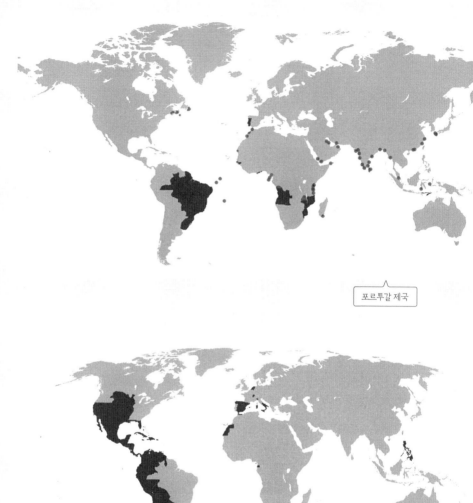

포르투갈 제국

스페인제국

연산군 즉위 • 1495년

　　연산군은 반정으로 폐위되어 묘호를 받지 못했습니다. 그는 왕자가 아니라 세자이기 때문에 군호도 없었습니다만 폐위가 되면서 단종처럼 왕王에서 군君으로 강등되어 연산군이 됩니다. 또한 연산군의 치적을 기록한 책은 실록이 아니라 일기라고 불리게 됩니다. (훗날 광해군의 치적도 실록이 아니라 일기로 불립니다.)

　　연산군은 세자 시절과 재위 초반에는 멀쩡하였습니다. 오히려 성군이 되려고 노력까지 했습니다. 1498년(연산군 4년)에 일어난 조선 최초의 사화士禍인 무오사화戊午士禍 때만 해도 삼사가 왕권을 너무 간섭하기 때문에 제압하려고 한 것이지 폭군으로서의 행동은 하지 않았습니다. 그러나 출생의 비밀(폐비 윤씨 사건)을 알게 되면서 폭군으로 돌변했고 엄청난 역사를 써내려 갑니다. 1504년(연산군 10년) 폐비 윤씨와 관련되어 수많은 선비가 숙청되는 갑자사화甲子士禍가 일어나면서 완전히 타락하고 맙니다.

　　그런데 연산군이 폐비 윤씨와 헤어졌을 때 나이는 불과 7살입니다. 그리고 폐비 윤씨가 기른 것도 아니고 유모에 의해 길러졌습니다. 그러다 보니 연산군은 친어머니보다 유모인 최씨에게 더 애착을 느꼈습니다. 연산군은 왕이 되자마자 천민이던 최씨를 종1품 봉보부인奉保夫人으로 봉하고 7명의 노비를 하사했으며, 최씨의 친척 62명을 모두 천인에서 양인으로 올려줍니다. 물론 어머니에 대한 감정이 없었던 것은 아닙니다.

즉위 직후 폐비 윤씨 사건을 알게 되고 식음을 전폐했다는 기록이 있습니다.

하지만 연산군이 10년이 지나서야 갑자기 엄마의 복수를 하겠다고 하는 것은 앞뒤가 맞지 않습니다. 아마도 무오사화로 더 이상 자신을 통제할 사람이 없어지자 권력에 취해 정신이 이상해진 것 같습니다. 아무튼 왕권 강화를 위해 무오사화를 일으켜 대간으로 대표되는 사림 세력을 쓸어버린 연산군은, 폐비 윤씨 사건을 빌미로 갑자사화를 통해 공신으로 대표되는 훈구 세력까지 쓸어버립니다.

두 번의 사화로 자신의 왕권을 방해할 세력이 사라지자 연산군은 더 이상 변명할 여지가 없는 폭군이 되어버립니다. 향락, 방탕, 패륜 등으로 성종 대에 이룩한 조선의 건실함을 근본부터 무너트립니다.

우선은 전국에 채홍사採紅使·채청사採靑使 등을 파견하여 미녀와 좋은 말을 구해오게 합니다. 미녀 중에 가무歌舞가 뛰어난 자들을 뽑아 '흥청'이라고 이름 붙이고는 집현전에서 머무르게 합니다. 백성들은 이를 보고는 "연산군이 흥청들과 놀아나다 망한다"라면서 '흥청망청興淸亡淸'이라고 수군거렸습니다. 그러고도 모자랐는지 많은 기생을 뽑았는데 이들이 머무를 숙소가 모자라자 세조가 중건한 원각사를 숙소로 만들어 버립니다. 이후 중종 대에 원각사는 완전히 헐리고 지금은 탑골공원이 되었습니다.

사간원은 폐지되고, 성균관은 놀이터가 됩니다. 그리고 경기도 일대를 출입금지지역인 금산禁山으로 정하고는 사냥터로 만들어 버립니다. 일시적이기는 하지만 훈민정음 사용도 금지시켰습니다. 게다가 신하들의 부인까지 궁궐로 불러 성폭행하는 상황에까지 이릅니다.

흥청망청하다가 경제가 무너져 빈곤에 내몰린 백성들은 엎친 데 덮친 격으로 연산군의 사치를 위해 공물과 진상품을 바치느라 허덕이게 됩니다. 백성들은 이미 연산군에게서 등을 돌렸습니다. 또한 이유도 없이 신하들을 죽여대는 바람에 신하들도 자신이 언제 죽을지 몰라 전전긍긍합니다.

결국 성희안이 박원종과 류자광을 끌어들여 반정反正을 일으켜 연산군을 끌어내리고 성종의 다른 아들인 진성대군을 왕위에 앉히게 됩니다. 연산군은 강화도 교동으로 유배를 가서 몇 달 만에 사망합니다.

읽을거리

대부분의 독재자에게는 독재자 못지않은 짝이 있습니다. 연산군의 짝은 장녹수입니다.

그녀는 연산군의 오촌 당숙인 제안대군의 노비였습니다. 노래 실력이 뛰어나 연산군의 눈에 띄어 궁중에 들어가는데 이때는 이미 유부녀였습니다.

기록에 따르면 장녹수는 미녀는 아니었으나 30대에 16세 소녀로 보일 정도의 엄청난 동안이었다고 합니다. 그리고 연산군의 비위를 맞추는 능력이 탁월했다고 합니다. 장녹수는 연산군에게 반말과 조롱을 했는데 오히려 연산군은 이를 즐겼습니다. 왕의 총애를 받은 장녹수의 권력은 그야말로 하늘을 찌를 정도였습니다.

종2품 당상관인 동지중추부사가 장녹수의 노비에게 꾸지람했다는 이유로 감옥에 갇히는 일도 있었고, 어떤 운평(연산군의 기생)은 장녹수의 치마를 밟았다는 이유로 목이 잘립니다. 하지만 연산군이 몰락하면서 장녹수 또한 목이 잘립니다.

무오사화 · 1498년

사화士禍란 '사림의 화'를 줄인 것으로 흔히 훈구파가 임금을 부추겨 사림파를 공격한 것으로 여겨집니다. 하지만 실상은 대간과 공신의 대립이었고, 대간의 간섭에 신물이 난 임금이 공신세력의 부추김을 받아 대간 세력을 쓸어버린 것입니다. 조선시대 사화는 총 네 차례 일어나는데 연산군 대에 **무오, 갑자**, 중종 대에 **기묘**, 명종 대에 **을사**입니다. 외울 때는 무오갑자기묘을사, '뭐! 갑자기 묘를 사?'로 외우시기를 바랍니다.

연산군은 즉위한 후 성종의 실록을 쓰도록 지시를 내립니다.

실록은 사초史草를 기본으로 씁니다. 사초는 사관史官이 기록합니다. 사관은 왕의 일정을 따라다니면서 일일이 기록합니다. 그리고 권력에 의해 진실이 호도되는 것을 막기 위해 사초는 실록 편찬 전까지는 심지어 왕이라고 해도 열람할 수가 없습니다.

태종 대에 있었던 일입니다. 왕이 말을 타다가 떨어진 적이 있습니다. 창피했던 왕은 당시 사관이던 민인생에게 기록에 남기지 말라고 이릅니다. 그랬더니 민인생이 "왕이 말에서 떨어졌는데 사관 보고 이를 쓰지 말라고 했다"라고 기록하였고 이는 《태종실록》에 그대로 실리게 됩니다.

성종의 실록을 만들기 위해 사국史局(실록청)에서는 사관들이 쓴 사초를 모았습니다. 이 중 김일손이 쓴 사초도 포함되어 있었는데 사건의 기록이 뒤죽박죽인 데다가, 사실史實이 아닌 소문을 근거도 없이 기록하기도 하였고, 자신의 사견私見을 잔뜩 써놓기도 하는 등 사료로서의 가치가 없어 실록청의 관리들이 아예 실록 작성의 기초 자료에서 배제해 버립니다.

그러나 1498년 실록 편찬이 마무리가 되어갈 때쯤에《성종실록》의 편찬 책임자인 이극돈이 김일손의 사초를 보게 되고는 경악합니다. 형식도 문제였지만 내용은 반역죄로 처벌해도 할 말이 없을 만큼 왕실에 대한 헛소문으로 가득했습니다. 이극돈은 이 글이 밖으로 새어 나갔다가는 김일손은 죽음을 면치 못하리라는 것을 직감하고 그를 살리기 위해 이 일을 엄중히 단속합니다. 만약 이 일이 새어나가면 실록청의 관리들까지 보고하지 않은 죄를 뒤집어쓸 수 있는 위험에도 불구하고 말입니다.

하지만 류자광은 1498년 7월 11일 연산군에게 이 일을 보고하고 연산군은 이극돈에게 김일손이 쓴 사초를 가져오라고 지시합니다. 이극돈은 임금이 사초를 직접 보는 것은 금지되어 있다며 극렬히 반대합니다. 결국 김일손의 사초에서 문제 되는 부분만 선별하여 가져오는 것으로 타협을 보는 데 이 내용만 가지고도 연산군이 크게 분노하여 김일손을 잡아 오라고 지시합니다.

7월 12일 고향으로 내려가 있던 김일손이 잡혀 오고 연산군은 직접 국문鞠問합니다. 그러나 김일손은 사태의 심각성을 파악하지도 못하고 사초에 자신의 스승인 김종직이 쓴 조의제문弔義帝文과 화술주시和述酒詩까지 실어놓았다고 자랑합니다.

조의제문은 초나라 의제義帝를 조문弔問하는 글文입니다. 초나라 의제는 항우에 의해 황제로 세워졌다가 항우에게 쫓겨나 살해당한 사람입니다. 김종직의 꿈에 초의제의 귀신이 나타났다는 이야기로 속뜻은 누가 보아도 단종을 몰아내고 왕이 된 세조를 비판하는 글이었습니다.

화술주시는 김종직이 도연명의 술주시述酒詩에 화답和答하는 글입니다. 술주시는 동진의 공제가 유송의 유유에게 선위했는데, 나중에 유유 손에 죽임을 당하는 것을 시로 적은 것입니다. 이 또한 세조의 찬탈을 비판하는 글입니다.

자신만 죽으면 되었을 사태가 김일손의 동료였던 다른 사관들의 사초까지 점검하는 사태로 번지게 됩니다. 그 결과 다른 사관들도 김일손과 비슷하게 세조를 비판하는 내용을 사초에 썼다는 것이 드러나고 줄줄이 죽임을 당합니다. 이미 죽은 김종직은 제자 때문에 부관참시를 당합니다.

역사 속의 역사

✳ 홍길동 체포 1500년 ✳

홍길동, 임꺽정, 장길산은 조선의 삼대 도적이라 합니다.

홍길동의 집안은 장흥에서 대단한 권력을 누리던 가문입니다. 그의 형 홍일동은 계유정난에 참여해 원종공신 2등훈에 책록되었으며 나중에 호조 참판에까지 올라갑니다. 홍일동의 딸은 성종의 총애를 받은 숙의 홍씨입니다.

홍길동은 이런 배경을 바탕으로 탐관오리와 결탁하여 전국 규모의 도적패를 만듭니다. 특히 주요 활동지인 충청도는 피해가 극심하여 유민이 대규모로 발생하고 세수가 안 걷힐 정도였습니다.

홍길동은 자신의 정체가 탄로 날까 봐 자신을 숨겨준 가족마저 죽여버릴 정도로 아주 극악하고 악랄한 인간입니다. 그리고 머리도 좋고 실제로 무력도 굉장해서 관군들을 농락하고 도망 다니며 강도질을 계속합니다. 이러한 행패 때문에 조선시대에는 홍길동이 욕설로 사용되었습니다. 하지만 나이는 속일 수 없어서 1500년 70이 넘은 나이에 결국 붙잡히게 됩니다. 그러나 이상하게도 그 이후의 기록이 없습니다. 나이가 많아 감옥에서 죽었거나 혹은 탈옥했을 것으로 추측됩니다.

그런데 연산군이 조선시대 최악의 폭군으로 역사에 남겨지자, 홍길동은 의적으로 잘못 알려집니다. 이 잘못된 인식을 바탕으로 소설 《홍길동전》이 지어졌는데 역사 인물 홍길동만큼이나 수수께끼인 책입니다.

책의 원본은 없고 이본(異本)만 남아있기에 원본이 한문으로 쓰였는지 한글로 쓰였는지조차 알 수 없습니다. 그리고 작가가 누군지도 모릅니다. 현재까지 가장 가능성이 높은 사람은 연산군 대 사람인 허균입니다. 《홍길동전》의 원본이 발견되어 이 수수께끼가 풀렸으면 하는 바람입니다.

갑자사화 · 1504년

무오사화가 훈구파에 의해 사림이 공격받은 사건이라면, 갑자사화는 연산군에 의해 훈구와 사림 둘 다 공격받은 사건입니다.

1504년(연산 10년, 갑자년) 3월 20일 밤 연산군은 갑자기 폐비 윤씨를 모함했다는 이유로 성종의 후궁인 귀인 정씨와 귀인 엄씨를 창경궁으로 끌고 와서 두들겨 팹니다. 그러고는 귀인 정씨의 아들이며 자신의 이복 남동생인 안양군 이항과 봉안군 이봉을 잡아 와서는 두 귀인을 죽을 때까지 때리도록 명령합니다.

연산군은 귀인 정씨와 귀인 엄씨를 죽인 후 계모인 자순대비의 방 앞에서 칼을 뽑아 들고는 빨리 나오라고 고래고래 소리를 칩니다. 왕비 신씨가 이 소식을 듣고 한달음에 달려와 울고불고하며 매달려 필사적으로 연산군을 말려 자순대비는 간신히 목숨을 구할 수 있었습니다. 연산군은 안양군과 봉안군을 끌고 할머니인 인수대비에게 가서 "어째서 내 어머니를 죽였냐"며 위협적인 말을 내뱉습니다. 이에 충격을 받은 인수대비는 한 달 후인 4월 27일 사망합니다.

그런데 귀인 정씨, 귀인 엄씨, 자순대비, 인수대비 모두 폐비 윤씨 사건과 관련이 없습니다. 순전히 연산군의 피해망상에 불과한 것입니다.

연산군은 훈구파라는 사냥개를 이용해 대간들이라는 토끼兎를 죽이는 데死 성공합니다. 그는 이제 왕권을 강화하는 데 필요 없어진 사냥개狗를 삶아烹 먹으려고 합니다. 이른바 토사구팽兎死狗烹으로 폐비 윤씨 사건을 빌미로 갑자사화를 일으킵니다. 연산군은 윤씨의 폐출에 동의한 신하들을 모두 찾아내어 사림파냐 훈구파냐를 가리지 않고 모조리 죽여버립니다. 이후로도 신하들은 별별 이유로 유배 또는 사형을 당합니다.

정광필은 연산군에게 밤늦게 사냥하는 것이 몸에 좋지 않다고 간언했다가 유배를 당합니다. 심지어 폐비에 반대한 임사홍과 무오사화의 주역인 류자광마저도 연산군의 의심을 받아 죽을 뻔합니다. 연산군의 의심은 날이 갈수록 더해갔고 폭정도 말릴 수 없는 수준에 이릅니다. 이 때문에 갑자사화 이후 간신히 살아남은 훈구파와 사림파는 힘을 합쳐 연산군을 몰아내는 반정을 일으킵니다.

이조참판이었던 성희안은 연산군에게 간언했다가 종9품 부사용으로 좌천됩니다. 이에 앙심을 품은 성희안은 박원종을 끌어들여 반정을 모의합니다.

갑자사화 이후 연산군의 폭정을 도를 넘습니다. 이제 자신에게 충성하는 신하에게도 온갖 트집을 잡아 유배를 보낸 후 사약을 내려 죽여버리기 일쑤였습니다. 연산군의 최측근이며 외척이었던 박원종마저도 생명의 위협을 느끼게 됩니다. 여기에 류순정, 류자광 등이 참여하여 거사를 일으킵니다.

반정군은 임사홍과 연산군의 처남인 신수근, 신수근의 동생인 신수겸과 신수영 등을 먼저 처치하고 궁궐로 향합니다. 의외로 연산군은 저항하지도 도주하지도 않았습니다. 《연산군일기》를 보면 반정 며칠 전 한숨을 쉬고 눈물을 흘리며 장녹수에게 말하기를 "곧 변고가 일어나고 너도 죽을 것이다"라고 했다는 기록이 있습니다. 아마도 스스로도 반정이 일어나리라 예측한 것 같습니다.

반정 당일 반정군은 진성대군을 호위하려고 집을 에워쌉니다. 진성대군은 군사가 자신을 죽일 것이라 지레짐작하고 자살하려 합니다. 이때, 부인 신씨가 "군사의 말머리가 우리 집을 향해 있으면 우리를 죽이러 온 것이고, 말머리가 궁궐을 향해 있으면 당신을 보호하기 위해 온 것"이라며 남편을 말립니다. 진성대군이 알아보니 말머리가 궁궐을 향해 있었고 진성대군은 자살할 생각을 버립니다.

반정이 일어나고 진성대군이 중종이 되어 왕위에 오릅니다. 중中이라는 묘호는 나라를 다시 일으켜 세운 왕, 국가를 위기에서 구해낸 왕에게 붙여줍니다. 적절한 묘호입니다.

조선 시대 반정을 통해 왕이 바뀐 경우는 태종, 세조, 중종, 인조, 총 네 번입니다.

이 중 신하들에 의해서 옹립된 왕은 중종이 유일합니다. 그 때문에 중종은 반정 공신들이 죽을 때까지 실권이 없는 허수아비에 불과했습니다. 그래서 자신의 자살을 막은 영리하고 헌신적인 아내가 신수근의 딸이라는 이유로 쫓겨날 때 이를 막지 못합니다.

또한 류자광처럼 연산군에게 빌붙어 오만 행패와 부정부패를 했던 인물들은 공신이 되어 살아남습니다. 이들은 사회 개혁 의지가 없었기 때문에 백성들의 삶은 나아지지 않았습니다.

연산군 시기 사치스러운 생활을 위해 급격하게 늘렸던 공물의 양은 줄어들지 않았으며, 이 때문에 양인층들이 몰락하게 됩니다. 그나마 박원종, 류순정, 성희안 3대 공신이 중종 5년, 7년, 8년에 사망하면서 왕권을 회복할 수 있었습니다.

읽을거리

중종 10년 장경왕후 윤씨가 자식(나중에 인종)을 낳은 후 사망하자 단경왕후 신씨를 다시 복위시켜야 한다는 상소가 올라옵니다. 단경왕후를 폐출시켰던 3대 공신이 모두 죽었으니 중종은 마음만 먹으면 다시 불러올 수 있었습니다. 하지만 중종은 무슨 이유인지 끝까지 신씨를 복위시키지 않았습니다.

중종반정 때 집안이 풍비박산이 난 단경왕후는 친정에서 쓸쓸하게 여생을 보내다가 중종이 죽은 지 13년이 지나 71세의 나이로 사망합니다. 그나마 의붓아들들인 인종과 명종이 자주 챙겨주었다고 합니다.

역사 속의 역사

✦ 《설공찬전》 ✦

지금까지 발견된 우리나라에서 가장 오래된 한글 언해 소설은 《설공찬전》입니다. 한글 언해 소설이란 우리나라의 작가가 한문으로 소설을 썼는데 이를 한글로 번역한 소설입니다. 그다음으로 오래된 소설은 아마도 《홍길동전》일 것입니다.

《설공찬전》의 내용은 설공침의 몸에 장가도 못 가고 병으로 죽은 사촌 설공찬의 혼령이 들어와 저승의 이야기를 하고, 설공침의 아버지인 설충수는 김석산이라는 무당을 불러 설공찬의 혼령을 쫓아내려고 하는 이야기입니다. 얼핏 보기에는 괴담류의 소설 같지만 사실은 중종반정 이후 공신들의 부정부패를 비판하는 내용입니다.

《설공찬전》의 작가인 채수는 중종반정에 참여해 정국공신(靖國功臣) 4등에 봉해진 반정공신입니다. 하지만 반정공신들의 부패와 타락을 몸소 보고는, 반정이 폭군을 몰아내고 백성들을 이롭게 하는 것이 아니라 공신들이 권력을 잡기 위해 벌인 일에 불과했다는 것을 깨닫고 실망하여 벼슬을 버리고 낙향합니다. 이때 쓴 소설이 바로 《설공찬전》입니다.

그 때문에 이 책은 금서로 지정되어 불태워지고 채수도 죽을 뻔했지만 반정공신이라 다행히 죽음은 면했습니다. 그 후 제목만 남아 전해졌는데 명종 대에 이문건이 자신의 저서인 《묵재일기》의 종이 뒷면에 몰래 필사한 것이 1997년 서경대 이복규 교수에게 발견되어 다시 알려지게 됩니다.

삼포왜란 · 1510년

1443년(세종 25년) 조선은 대마도와 계해약조를 체결하였습니다. 하지만 무역이 성행하고 교류가 늘자 왜관의 일본인 거주자 수가 늘어나더니 세종 말년에는 불법 거주자가 2000명에 육박하게 됩니다. 그러나 조선은 유화책의 일종으로 면세 등 다양한 혜택을 줍니다. 그럼에도 일본인들은 불법 어업에 해적질까지 계속합니다. 중종 때가 되자 조선은 회유책에서 강경책으로 돌아서고, 왜관에 주었던 혜택들을 줄여 나갑니다. 그리고 범죄를 저지른 일본인들을 엄하게 다루기 시작합니다.

1510년 삼포에서 대마도 도주의 지원 아래 수천 명의 일본인들이 모여 폭동을 일으킵니다. 보름 만에 진압되기는 했지만 수백 명의 조선인이 죽고 막대한 재산 피해가 발생합니다. 결국 조선 조정에서 왜관을 폐쇄하자 대마도 도주는 주모자의 머리를 바치는 등 어떻게든 교역을 재개해 달라고 간청합니다. 결국 1512년 조선은 임신약조를 맺고 교역을 재개합니다.

임신약조에는 일본인의 삼포 거주가 불허되었고, 삼포 중 제포만 개방하며 제포 외 왜인은 왜구로 간주한다는 내용이 들어있었습니다. 또한 세견선(무역선)은 25척, 대마도주에게 하사하는 세사미두(쌀과 콩)는 100석으로 계해약조의 절반으로 줄입니다.

하지만 일본인들은 여기에 불만을 품고 1544년(중종 39년) 조선의 사량진을 약탈해 수군 1명을 죽이고 10여 명의 민간인에게 부상을 입힙니다. 이를 사량진 왜변이라 합니다. 일본의 만행에 정나미가 떨어진 조선은 임신약조를 파기하고 대마도와의 관계를 아예 끊어버립니다.

　그러나 중종이 사망하자 무로마치 막부에서 문상을 오는 등 성의를 보이고 대마도주가 통교를 재개하자고 거듭 간청하자 1547년(명종 2년)에 정미약조丁未約條를 체결하고 교역을 재개합니다.

　여담으로 조선에서는 삼포왜란을 계기로 국경 변방邊의 일을 대비備하는 기관司인 비변사備邊司를 설치합니다. 이때는 변방에서 사건이 일어날 때만 설치되는 임시기구였습니다.

조광조 출사　●　1515년

　중종은 반정 세력에 의해 왕위에 앉은 사람이라 실권이라고는 전혀 없었습니다. 스스로도 반정 공신들에 의해 언제라도 쫓겨날 수 있다고 생각해서 극도로 몸을 사리며 공신들의 눈치를 봅니다. 그러나 1509년(중종 4년) 박원종, 1511년(중종 6년) 유순정, 1512년(중종 7년) 성희안이 죽으면서 서서히 정국의 주도권을 잡게 됩니다.

　조광조는 1515년(중종 10년) 34살의 나이로 증광문과에 합격하여 3사 중 홍문관에 출사出仕합니다. 이때 커다란 사건이 하나 일어납니다.

　박상과 김정이 폐비 신씨의 복위를 주장하는 상소를 올립니다. 그러자 대간들은 "종묘와 사직을 위협하는 발언"이라며 둘의 탄핵을 주장합니다. 사실은 상소의 내용이 공신들의 부정부패를 꼬집은 것이었고, 공신 세력이 장악한 대간이 이에 발끈한 것입니다. 아직 정권을 장악하지 못한 중종은 이들에게 유배형을 줍니다.

그런데 출사한 지 얼마 되지 않은 말단관리인 조광조가 "나는 저런 부정하고 부패한 것들과는 같이 일할 수 없으니 사헌부와 사간원의 대간을 전원 파직해달라"라는 엄청난 내용의 상소를 올립니다. 현대로 비유하자면 행정고시를 치고 막 정부 기관에 채용된 5급 공무원이 장, 차관이 부패했고 무능하니 파면시켜달라고 대통령에게 요구한 것입니다.

대사헌 이장곤 등은 조광조를 지지하였고, 반정 공신들은 조광조를 반대하며 조정은 둘로 갈라져 난리가 납니다. 결국 조광조의 상소가 받아들여져 대간은 교체되었고, 조광조는 1516년(중종 11년) 3월 6일에는 홍문관 부수찬, 3월 28일에는 홍문관 수찬을 거쳐 5월 22일에는 경연검토관으로 승진하였고, 11월에는 박상과 김정이 복직하게 됩니다.

조광조의 행동력을 눈여겨본 중종은 그를 중용하여 공신들을 몰아내고 정국의 주도권을 잡으려고 합니다. 한편 조광조는 왕의 후원을 등에 업고 조선을 성리학의 이상향으로 만들려고 합니다. 조광조는 경연에서 자신의 개혁안을 거침없이 밝혔고, 중종은 조광조를 전폭적으로 신뢰하며 그의 개혁안을 실행합니다.

조광조는 왕실의 도교 행사를 주관하던 소격서 폐지를 주장하고 과거제도 대신 학문과 덕행, 재주가 뛰어난 인재를 천거하는 현량과賢良科를 시행합니다. 이를 통해 신진 사류라 불리는 인재들을 적극 등용하여 왕도정치를 구현하려고 합니다. 그리고 반정에 공도 없이 공신이 된 사람들의 위훈을 삭제하려고 시도합니다.

조광조는 《소학小學》을 무척 중시하여 널리 보급했습니다. 《소학》은 천자문을 뗀 아동들이 배우는 초보적인 유학 책입니다. 아마도 기본으로 돌아가자는 의미인 것 같습니다.

또 향약鄕約을 전국적으로 권장합니다. 향약은 향촌鄕村 사회社會의 자치규약自治規約으로, 송나라의 《여씨향약》을 번역하며 보급합니다. 향약을 통해 향촌의 공동 조직을 유교 윤리를 바탕으로 재구성함으로써 사림은 농민·노비 등 하층민에 대한 지배를 강화합니다.

국가 재정 확보를 위해 노비종모법을 시행하여 노비의 숫자를 억제하고 양민의 수를 늘리며, 농장의 규모를 제한하는 균전제均田制를 시행하여 양인들이 자신의 땅을 가질 수 있도록 해야 한다고 주장합니다. 양인들이 자신의 땅에서 농사를 지으면 그만큼 세금을 더 걷을 수 있고 국가 재정이 늘어납니다.

그러나 조광조의 개혁은 너무 이상에만 치우쳐 현실성이 떨어집니다. 위훈 삭제는 공신들의 반발을 불러왔으며, 현량과는 사실상 줄과 배경으로 사람을 뽑겠다는 선언과 다름이 없습니다.

결국 조광조는 제대로 개혁도 해보지 못한 채 기묘사화에 희생됩니다.

기묘사화 1519년

중종은 처음에는 조광조의 개혁 정책을 적극 지지했지만 시간이 지날수록 조광조의 독단에 지쳐갑니다. 현량과를 통해 사림이 조정을 가득 채

우게 되면서 조광조의 권력은 오히려 왕을 능가하게 됩니다.

조광조는 중종에게 소격소의 철폐를 주장합니다. 그러자 중종은 "세종께서도 소격서를 철폐하지 않았다"라며 철폐 불가라는 의견을 내세웁니다. 그러자 조광조는 "소격서를 남긴 것은 세종대왕의 유일한 오점입니다"라는 망언을 합니다.

'소격서를 없애라는 것'이 망언이란 게 아닙니다. 왕조 국가에서 왕의 행동을 잘못했다고 하는 것은 자칫하면 역적으로 몰릴 정도로 큰 사건입니다. 하지만 결국 조광조는 아무런 처벌을 받지도 않았고 소격서는 철폐됩니다. 더구나 이 일은 신하들이 하나같이 조광조의 업적이라고 중종의 면전에서 칭송합니다. 이는 "네가 못하는 일을 조광조는 해냈다"라고 조롱하는 것과 다름없습니다.

중종은 위훈 삭제 사건이 일어나면서 조광조를 제거할 결심을 합니다.

위훈 삭제가 잘못된 것은 아닙니다. 하지만 위훈 삭제로 공신들의 모든 힘을 빼앗게 되고 정작 반정에 아무런 공이 없는 사람들에게 권력이 집중되는 것 또한 결코 정상이 아닙니다.

중종은 1519년(중종 14년) 11월 승지들에게도 알리지 않고 남곤, 심정, 정광필 등에게 입궐하라고 명령을 내립니다. 영문도 모르고 입궐한 이들 앞에서 중종은 조광조 일당은 역적이니 모조리 사형에 처하겠다고 선언합니다. 깜짝 놀란 남곤은 조광조를 두둔하며 어떻게든 중종의 마음을 돌리려고 애씁니다. (여기에서 남곤은 김종직의 제자이고 조광조의 스승인 김굉필과는 동문으로 매우 청렴하고 능력 있는 사림파 인물입니다. 자신과 원수지간임에도 불구하고 조광조를 적극 변호한 것입니다.) 하지만 한밤중에 미리 군 병력을 소집해 궁궐 내에 배치할 정도로 단단히 벼르고 있던 중종은 마음을 바꾸지 않았습니다.

조광조 일파였던 승지들을 먼저 체포하고, 임시 승지를 임명해 조광조 일당을 궁궐로 불러들인 뒤 모조리 체포해 버립니다. 왕에게 뒤통수를 맞은 조광조는 상심하여 감옥에서 고주망태가 되도록 술을 마셨고, 다음날 취조를 하는 병조판서 이장곤에게 "네가 나한테 이럴 수 있냐?"며 술주정을 부리며 대청마루를 뛰어 올라가려고 합니다.

중종은 조광조를 기필코 죽이려고 했지만, 남곤과 정광필 등 대신들이 필사적으로 말리는 바람에 조광조는 간신히 죽음을 면하고 유배형을 당합니다. 그러나 결국 한 달도 못 되어 유배지에서 죽임을 당합니다.

기묘사화 이후 조광조의 개혁 정책은 모두 이전으로 되돌아갑니다. 공신에서 삭탈 된 훈구파들은 모두 복훈되었고 빼앗긴 재산도 모두 되찾을 수 있었으며 소격서도 부활합니다. (소격서는 임진왜란 후 선조 대에 완전히 폐지됩니다.)

이미 개혁된 정책도 되돌리는 마당에 노비종모법, 균전제 같은 개혁은 아예 시도조차 하지 못합니다. 안 그래도 쇠퇴하던 조선은 바닥으로 추락하기 시작합니다. 그러나 사화는 이것으로 끝난 것이 아닙니다. 추락하는 것에는 날개가 없습니다.

읽을거리

훈구파 중 홍경주의 딸인 희빈홍씨가 궁궐에 있는 나뭇잎에 꿀로 '주초위왕(走肖爲王)(조광조가 왕이 된다)'이라고 적은 뒤, 이것을 벌레가 갉아 먹게 만들어 글자 모양을 나뭇잎에 새기고, 이를 중종에게 보여 사화를 일으켰다는 이야기가 《선조실록》에 나옵니다.

하지만 현대에 들어 몇 번이나 이 사건을 재현하려고 했지만 모두 실패로 돌아갔습니다. 정사에 기록되어 있는 사실이라도 제대로 확인해야 합니다.

✳ 신사임당 ✳

조선 전기 여성의 권리는 상당히 높았습니다. 여성들은 똑같이 재산을 상속받았고 독립적으로 재산을 처분할 수 있었습니다. 결혼해도 여자가 시집을 가는 것이 아니라 남자가 장가를 가는 일도 흔했습니다. 가장 잘 알려진 사례는 아마도 신사임당일 것입니다.

신사임당의 친가는 강원도의 대표적인 명문가였으며 외가 또한 그에 못지않은 명문가에 갑부였습니다. 우리나라 단일 주거 건축으로 역사가 가장 오래된 건물이자 보물 165호인 오죽헌은 외할아버지가 사위였던 신사임당의 아버지에게 물려준 것입니다. 구권 오천원권 뒷면에는 오죽헌의 풍경이 실렸습니다.

오죽헌

신사임당은 어린 시절 외할아버지 댁에서 교육받았는데 시, 글씨, 그림에 매우 능하였습니다. 그녀의 아버지는 이런 딸을 시집보내기가 무척 싫었던 모양입니다. 그래서 명문가이기는 하지만 가난했던 이원수를 골라 결혼시키고, 그를 데릴사위로 삼습니다. 아들인 이이도 친정인 오죽헌에서 낳았습니다.

이런 아버지 덕분에 신사임당은 38세, 혼인한 지 거의 20년(1541년) 만에 비로소 친정을 떠나 시댁으로 들어갑니다. 그렇다고 시집살이하지는 않았습니다. 앞에서도 말했듯이 조선 전기 여성의 권리는 상당히 높았기 때문에 시어머니라도 며느리에게 함부로 대하지 못했습니다. 조선에서 여권이 축소된 것은 사림이 정권을 잡고 성리학적 세계관으로 사회를 옮아매던 조선 중기부터입니다.

신사임당은 율곡의 어머니보다는 여류화가로 훨씬 유명했습니다. 후대에 송시열이나 숙종이 그림에 발문을 쓸 정도였습니다. 하지만 애석하게도 남아있는 그림이 거의 없습니다.

오만원권 앞면에 나오는 〈묵포도도〉와 〈초충도수병(草蟲圖繡屛)〉, 오천원권 뒷면에 나오는 〈초충도〉도 신사임당의 그림으로 전해질 뿐 실제 신사임당의 작품인지는 모릅니다. 다만 포도, 산수, 대나무를 잘 그렸다는 기록이 있는 것으로 보아 〈묵포도도〉는 진품일 가능성이 높습니다. 더불어 오만원권 뒷면의 그림은 어몽룡의 〈월매도〉입니다.

인종 즉위　1544년

중종은 두 번째 부인 장경왕후 윤씨가 죽자 같은 파평 윤씨 출신의 새 왕비를 들이는데 바로 문정왕후입니다. 이 두 외척 가문을 구분하기 위해 전임 왕비였던 장경왕후의 일족인 윤임, 윤여필 등을 대윤이라 하고, 후임 왕비인 문정왕후의 일족인 윤지임, 윤원형, 윤원로 등을 소윤이라 합니다.

대윤과 소윤은 사실 가까운 일가입니다. 대윤의 윤여필과 소윤의 윤지임은 7촌 간이고, 대윤의 윤임과 소윤의 윤지임은 8촌 간입니다. 하지만 권력은 친척끼리도 나눌 수 없는 법입니다. 중종 후기의 정치는 대윤과 소윤의 싸움이었고, 대윤인 세자의 측근인 김안로가 죽임을 당하면서 소윤이 먼저 승기를 잡습니다.

하지만 인종이 즉위하자 대윤은 소윤에 대한 복수에 들어갑니다. 소윤의 중심이었던 윤원로는 유관 등 대윤에게 탄핵을 당해 유배를 떠납니다.

인종仁宗이 대단히 인자仁慈한 사람이라는 것을 알고 있던 문정왕후는 자신이 살기 위해 인종이 신경증에 걸릴 정도로 몰아붙입니다. 게다가 효자였던 인종은 식음을 전폐하면서 중종의 장례 의식을 철저히 준수하는 바람에 안 그래도 허약한 몸이 완전히 망가집니다. 1545년 6월 26일 고열이 나고 혼절을 반복하는 등 몸 상태가 급격히 나빠집니다. 자신이 죽으리라는 것이라는 것을 예감한 인종은 경원대군에게 왕위를 선위한다는 뜻을 밝힙니다. 그리고 즉위한 지 8개월 만인 1545년 7월 1일 사망합니다.

인仁이라는 묘호를 사용한 왕들은 하나같이 단명하거나 수난을 겪었습니다. 가뜩이나 허약한 인종은 고집스럽게 삼년상을 하다가 삼년상도 마치지 못하고 죽었습니다.

을사사화 1545년

1545년 명종이 즉위하지만 나이가 어린 관계로 어머니인 문정왕후가 수렴청정합니다. 이때부터 대윤에 대한 대대적인 숙청에 들어갑니다. 소윤인 예조참의 윤원형과 지중추부사 정순붕, 병조판서 이기 등이 대윤인 형조판서 윤임, 이조판서 류인숙, 좌의정 류관 등을 탄핵하는 상소를 올렸고 성렬대비(문정왕후)가 이를 허가합니다. 그 결과 좌의정에 이기, 우의정에 정순붕, 예조판서는 윤원형이 되면서 소윤이 정권을 장악합니다.

을사사화는 이전의 사화와 성격이 다릅니다. 무오·갑자·기묘사화는 왕이 주도하고 측근 대신들이 찬동하여 반대파 신하(주로 대간 세력)를 몰아낸 사건입니다. 그러나 을사사화는 대비가 주도하고 소윤이 찬동하여 대윤을 몰아낸 사건입니다.

그런데 정순붕, 임백령, 최보한 등 소윤들은 명종 즉위 3년도 못 되어 모두 죽습니다. 소윤이던 허자는 윤원형의 미움을 사서 숙청당하고, 이기는 명종 7년 늙어 죽어 사실 소윤은 윤원형만 남습니다.

하지만 을사사화는 그다음에 일어날 사건의 맛보기에 불과했습니다. 1547년 경기도 과천현 양재역에 붉은 글씨로 '여주女主가 위에서 정권을 잡고 간신 이기 등이 아래에서 권세를 농간하고 있으니 나라가 장차 망할 것이다'라는 내용의 벽서가 붙은 것을 부제학 정언각과 선전관 이로가 발견하고 명종에게 보고합니다.

소윤은 이 벽서 사건을 대윤 측에서 벌인 사건으로 단정하고 대윤을 묻지도 따지지도 않고 잡아들여 숙청해 버립니다. 이때 숙청당한 인물은 종친 봉성군, 송인수, 이약빙, 이약해, 이언적, 노수신, 정황, 유희춘, 권응정, 이천제, 권벌, 백인걸 등입니다. 이 사건을 정미사화라고 하는데 정언각의 조작이라는 음모론이 당대에도 계속 나돌았습니다.

1549년에는 양재역 벽서사건으로 죽은 이약빙의 아들이자 을사사화로 처형된 윤임의 사위인 충주 사람 이홍윤이 조정을 비난하는 편지를 적었다는 신고가 들어오면서 30여 명이나 죽고, 충청도(충주와 청주)는 이름이 청홍도(청주와 홍주)로 바뀌는 일까지 일어납니다.

명明이라는 묘호는 조림사방照臨四方, 즉 밝은 빛이 사방을 비추는 것이라는 의미입니다.

암군暗君인데 명종明宗이라….

읽을거리

정난정은 아직 윤원형이 정권을 잡지 못했을 때 그의 첩실이 됩니다. 그리고 윤원형이 정권을 잡자 자연스레 권력의 핵심으로 부상합니다. 1550년 44살에 윤원형의 정실부인 김씨를 몰아내고 자신이 정실부인이 됩니다. (김씨가 김안로의 조카입니다.) 그리고 1551년에 김씨를 며칠 굶긴 후 독약 든 밥을 먹여 죽여버립니다.

정난정은 소유욕이 대단한 여자였습니다. 윤원형과 문정왕후라는 배경을 이용해 전국의 상권을 장악해 엄청난 부를 모으고도 마음에 드는 부동산이 있으면 힘으로 빼앗았습니다. 그래도 극락에는 가고 싶었는지 문정왕후와 함께 불교를 중흥시키고 열심히 베풀기도 합니다.

하지만 그 방법이 크게 삐뚤어졌습니다. 공덕을 쌓겠다고 굶주린 백성들이 보는 앞에서 쌀밥을 물고기들에게 던져주는가 하면, 왕실에서만 먹을 수 있는 우유죽인 타락(駝酪)을 자기 집 종들에게까지 배부르게 먹이는 등 도저히 일반인으로서는 이해가 가지 않는 만행을 저지릅니다.

✴ 서원 ✴

우리나라 최초의 서원은 풍기군수였던 주세붕이 안향을 추모하기 위해 1542년에 세운 '백운동서원(白雲洞書院)'입니다. 1550년 풍기 군수로 부임한 이황이 서원에 대한 국가적인 지원을 건의하였고 이에 명종은 함께 친필로 소수서원(紹修書院)이라 사액하였습니다. 사액(賜額)은 왕으로부터 서원 간판을 받았다는 의미입니다. 덤으로 노비·서적 등도 내려줍니다. 이렇게 만들어진 서원은 명종 대에는 17개소였던 것이 18세기 중반에는 전국에 700여 개소까지 확대됩니다.

처음에는 사학(지금의 사립대학)으로의 기능을 하였으나 나중에 변질됩니다. (지금의 공립대학에 해당하는 것은 향교입니다.) 사림파들이 정계에 진출하게 되자 서원은 사림파들의 연줄이 됩니다. 사림파들은 자신들의 학연, 지연을 강화하고자 서원에 많은 특혜를 부여합니다. 서원에 딸린 토지에는 세금이 부과되지 않았고, 서원의 노비는 국역을 지지 않습니다. 그러다 보니 이름있는 가문들은 너 나 할 것 없이 서원을 세워 정부로부터의 특혜를 받게 됩니다. 한 사람을 모시는 서원이 서너 군데가 되기도 하고 자신의 조상을 모시는 서원, 심지어는 산 사람을 모시는 서원까지도 등장하게 됩니다.

이러한 특혜와 비리의 끝판왕은 화양서원입니다. 화양서원은 송시열의 제자 권상하, 정호 등이 1695년(숙종 21년) 송시열을 모시기 위해 세웠습니다. 그 옆에는 송시열의 유언을 받들어 1717년 명나라 황제 의종과 진종을 모시는 만동묘가 세워집니다. 노론이 조선 정치의 가장 큰 세력이 되면서 노론의 영수인 송시열을 모신 화양서원과 임진왜란에서 재조지은(再造之恩)을 내린 명나라 황제를 모신 만동묘의 권위는 왕을 능가할 정도가 됩니다. 이들은 제수전(祭需錢)의 명목으로 화양묵패(華陽墨牌)를 발송하는데, 이 묵패를 받은 자는 관(官)과 민(民)을 가리지 않고 돈을 바쳐야만 했습니다. 심지어 왕이라도 예외가 아니었습니다. 만일 불응하면 서원에 끌려가 사형(私刑)을 당했습니다.

그 때문에 당시 '원님 위에 감사, 감사 위에 참판, 참판 위에 판서, 판서 위에 삼상(삼정승), 삼상 위에 승지, 승지 위에 임금, 임금 위에 만동묘지기'라는 노래가 퍼졌을 정도였습니다. 심지어 젊은 시절 흥선군이 이곳을 참배하려다가 만동묘지기에게 귀싸대기를 얻어 맞았다는 야사도 있습니다. 이 야사가 사실인지는 모르겠으나 흥선군이 대원군이 되면서 만동묘와 화양서원은 철폐됩니다.

실제로 흥선군이 만동묘지기에게 수모를 당하지 않았더라도, 비리와 부패의 온상으로 왕권을 위협하던 서원은, 왕권 강화를 지상목표로 하던 대원군에게는 눈엣가시였습니다. 그 때문에 화양서원을 시작으로 줄줄이 서원은 철폐되고 47개만 남게 됩니다.

을묘왜변   1555년

1555년(명종 10년) 5월, 선박 70여 척에 5000~7000명 규모의 왜구가 전라도 서남 해안에 침공하여 영망의 달량포를 공격합니다. 가리포 첨사 이세린은 병사兵使 원적에게 구원을 요청합니다. 원적은 장흥 부사 한온, 영암 군수 이덕견 등과 함께 그를 구원하러 오지만 오히려 달량에서 포위 당하고 한온이 전사합니다.

기세가 오른 왜구들은 한성까지 진격하려고 하는데, 이때 조정에서 이윤경과 이준경 형제를 내려보내 왜구를 막게 합니다. 형제는 용감하게 싸워 왜구를 물리치지만 결정적인 타격을 주지는 못합니다. 장군들이 겁을 먹고는 싸울 생각을 하지 않았기 때문입니다.

전력을 보존한 왜구들은 6월에 선박 60여 척과 1000여 명의 인력으로 제주도를 침략합니다. 제주목사 김수문과 70여 명의 치마돌격대馳馬突擊

隊는 왜구에게 용감하게 돌격해 기어이 왜구를 몰아냅니다.

세 번의 왜변(삼포왜란, 사량진왜변, 을묘왜변) 중 가장 규모가 컸던 을묘왜변은 한국사에 많은 영향을 주게 됩니다. 적의 대규모 침공을 막기 위해 제승방략制勝方略을 도입하고 삼포왜란 때 생겨난 비상 기관인 비변사備邊司는 상설 기구가 됩니다.

또한 왜변에 대비하기 위해 판옥선을 도입하고, 총통을 개량했으며, 수군을 정비하는 등의 개혁을 추진하는데 이 때문에 임진왜란 때 수군이 크게 활약하게 됩니다.

역사 속의 역사

✧ 이황 ✧

이황은 우등생은 아니었습니다. 23세인 1523년 성균관에서 공부하였고 24세부터 과거 시험에 응시하였으나 3번을 낙방합니다. 27세 때 경상도 향시에 합격한 후 28세에 진사 시험에 합격, 34세 문과 초시에 급제합니다.

이후 43세에는 종3품 성균관 대사성까지 올랐지만 45세에 을사사화에 연루되어 파직당합니다. 그 후 복귀하지만 단양군수, 풍기군수 등 외직을 전전합니다.

벼슬살이에 환멸을 느낀 그는 50세에 낙향하였고 60살에 고향에 도산서원을 지어 후학을 양성합니다.

구권 천원권 뒷면에는 도산서원의 모습이 담겼고 2023년 기준의 천원권 뒷면에는 이황의 서당을 중심으로 그린 풍경화, <계상정거도>가 실려있습니다.

도산서원

사단칠정논변 · 1558년

성리학은 이理(본질)를 어떻게 파악하느냐에 따라 주리론과 주기론으로 나뉩니다.

주리론主理論은 이기 이원론의 입장에 서서 이理가 능동적으로 움직여서 기氣(현상)을 조정한다는 입장입니다. 이는 성리학의 창시자인 주자의 주장이기도 합니다. 주리론은 이언적에서 시작되어 이황에 의해 집대성되었습니다. 그래서 퇴계 이황을 동방의 주자라고 칭합니다. 주리론은 류성룡, 김성일, 정구 등으로 이어지며 영남 학파를 형성합니다. 퇴계학은 임진왜란 이후 일본으로 건너가 일본의 관학官學이 됩니다.

그런데 이理에 인격성을 부여하면 사실상 '하나님'과 별다른 것도 없습니다. 천주교가 조선 후기 전래하면서 정약용과 같은 주리론자들은 천주교의 설명과 주리론의 사상이 매우 흡사하다는 것을 깨닫습니다. 그래서 조선 시대 내내 비주류였던 주리론자들(특히 경기도지방 남인)이 줄줄이 천주교를 믿게 되는 것입니다.

주기론主氣論은 이理는 기준이나 근거일 뿐이면 기를 통해서만 이를 파악할 수 있다는 태도입니다. 주기론은 서경덕이 주자의 학설을 비판하고 이기 일원론을 주장한 데서 비롯되었습니다. 그 때문에 서경덕은 생전에 12살이나 어린 이황과 격렬한 논쟁을 벌였습니다.

주기론은 이이에 의해 집대성되었으며 김장생, 정엽 등으로 이어져 기호 학파를 형성합니다. 조선 후기의 주기론자인 최한기는 이理를 아예 과학의 원리(原理)와 같은 것으로 여깁니다.

1558년부터 1577년까지 18년간 이황과 기대승이 편지를 통해 행하였던 사단칠정논변四端七情論辨은 주리론과 주기론적 관점의 차이입니다.

주리론자인 이황은 사단四端인 측은지심惻隱之心(불쌍한 사람을 측은히 여기는 인자한 마음), 수오지심羞惡之心(정의롭지 못함을 부끄러워하고 선하지 못함을 싫어하는 의리), 사양지심辭讓之心(겸손히 사양하는 예절), 시비지심是非之心(옳고 그름을 가릴 줄 아는 지혜)은 이理의 발현이고 칠정七情인 희喜, 노怒, 애哀, 구懼, 애愛, 오惡, 욕慾은 리理의 발현이라고 보았습니다. 즉 인간의 심성도 이(본성)는 순수한 선이지만 기(기질)는 선할 수도 악할수도 있다는 것입니다.

하지만 주기론자인 기대승은 사단칠정이 모두 이理가 기氣를 통해 발현된 것이라고 보았습니다. 인간의 심성에서도 이(본성)보다 기(기질)를 더욱 중요시하였으며, 정치 · 경제 등 현실 인식에 적극적인 자세를 취하였습니다.

읽을거리

사단칠정논변은 심성론과 이기론을 결합함으로써 조선 성리학의 독자성을 확보하였다고 평가받습니다. 그런데 성리학은 중국에서는 이미 유행이 끝난 구닥다리 학설이었고 조선과 일본에만 남아있던 학문이었습니다. 중국 명나라는 양명학파가 유행이었습니다.

서경덕이 양명학을 조선에 소개했지만 이황, 류성룡 등에게 이단으로 공격받아 제대로 뿌리를 내리지 못합니다. 18세기 초 노론에게 축출되어 강화도로 낙향한 소론 정제두가 양명학을 가르치면서 강화학파가 만들어집니다. 하지만 이때 중국 청나라에서는 양명학의 유행이 끝나고 고증학이 유행이었습니다.

✦ 임꺽정 사망 1562년 ✦

임꺽정은 경기도 양주에서 버드나무나 갈대로 생활용품을 만드는 고리백정의 아들로 태어납니다. 그는 가업을 이어 황해도 봉산 일대에서 살았는데 어느 날 생계를 위협하는 사건이 일어납니다.

16세기에 들어서 간척에 성공하면 간척지의 소유권을 인정해 주는 제도가 시행됩니다. 그러자 권문세가들이 너도나도 간척지 개발에 나서면서 임꺽정은 살던 땅에서 쫓겨나게 됩니다. 그뿐만 아니라 간척을 핑계로 농민들의 땅까지 강제로 빼앗는 일이 발생하면서 황해도 사람들은 유민이 되어 떠돌아다닙니다. 임꺽정은 이러한 사회에 불만이 많은 사람을 선동하여 황해도 및 함경도를 중심으로 각지의 관아와 민가의 재물을 훔치는 도적 떼가 됩니다. 가난한 사람들의 집은 약탈하지 않았는데 이유는 훔쳐 갈 것이 없었기 때문입니다.

임꺽정의 도적 떼는 세력을 점점 확장하더니 1559년 이후로는 황해도를 넘어 경기도 일대까지 진출하여 관아를 습격하여 관리를 살해하고 재물을 약탈합니다. 결국 조정에서는 임꺽정을 반란군으로 간주하고 토벌 명령을 내립니다. 조정에서는 평산에 집결한 임꺽정 무리를 토벌하기 위해 평산부와 봉산군의 군사 500명을 보냅니다. 하지만 임꺽정 무리가 관군을 무찌르고 군관을 살해하는 일이 벌어집니다.

조정은 이제 모든 일은 제쳐두고 임꺽정을 잡기 위해 총력을 다합니다. 1560년 남치근을 경기, 황해, 평안 3도 토포사로 임명하고 임꺽정을 추격합니다. 11월 임꺽정의 참모인 서림이 붙잡히면서 마침내 임꺽정 무리는 무너지기 시작합니다. 관군은 서림을 앞세우고 임꺽정 일당을 추격합니다. 임꺽정의 형 가도치를 시작으로 일당들이 줄줄이 체포되었지만 임꺽정은 이후로도 1년이나 도망을 다닙니다. 하지만 1562년 1월 황해도 서흥에서 체포되어 사망합니다.

문정왕후 사망 ● 1565년

조선은 숭유억불이 국시입니다. 특히나 중종은 아예 조선에서 불교를
말살하려고 합니다. 1507년(중종 2년) 승과僧科를 완전히 폐지하고, 선종
과 교종의 양종마저도 없애버립니다. 1510년에는 각 도의 사찰을 폐사로
만든 뒤 그 토지는 향교에 속하게 합니다. 1512년에는 흥천사와 흥덕사의
대종大鐘을 녹여 총통銃筒을 만들고, 원각사를 헐어 목재를 다른 곳에 이
용하고, 경주의 동불銅佛을 녹여 군수품을 만듭니다. 1516년에는 《경국대

전》에 있는 도승조度僧條를 아예 지워버립니다. 아예 법적으로 승려가 될 방법을 없애버린 것입니다.

그런데 명종 시절 독실한 불교 신자인 문정왕후에 의해 불교가 간신히 명맥을 잇게 됩니다.

문정왕후는 승려인 보우를 신임하였으며, 승려들의 과거인 승과와 승려들의 신분증인 도첩度牒을 부활시킵니다. 이때 승과에 합격한 인물이 서산대사 휴정과 사명당 유정입니다. 하지만 1565년 문정왕후가 죽으면서 불교는 또다시 시련을 맞이합니다.

그해에 성균관 유생들의 상소로 보우는 제주도로 유배를 떠났는데, 유배지에서 제주목사 변협에게 죽임을 당합니다. 그러나 변협은 어떠한 처벌도 받지 않았습니다. 그리고 보우의 거점인 양주 회암사는 유생들과 인근 농민들에 의해서 약탈당해 흔적만 남아버립니다. 회암사는 무학대사가 머무르던 조선 왕실의 원찰로 태조 대부터 세조 대까지 왕실의 비호를 받던 사찰입니다. 이런 사찰마저도 유생들에 의해 파괴되었다는 것은 왕실의 힘이 극도로 약해졌다는 증거입니다.

읽을거리

문정왕후의 사망은 윤원형과 정난정에게도 몰락을 가져옵니다. 그동안 이들의 악행에 이를 갈던 대신들은 잎에 거품을 물고 윤원형을 탄핵합니다. 하지만 명종이 차마 외삼촌을 탄핵하지는 못하고 벼슬에서 물러나게만 합니다. 그러자 이번에는 윤원형 전처 김씨를 독살한 죄를 물어 정난정을 탄핵합니다. 11월 13일 윤원형의 집 앞에 금부도사가 나타나자 정난정은 독약을 먹고 자살합니다. 이 일에 충격을 받은 윤원형도 시름시름 앓다가 5일 후 사망합니다.

그런데 반전인 사실을 금부도사는 그날 다른 일로 우연히 윤원형의 집 앞을 지나갔을 뿐입니다.

선조 즉위 · 1567년

선조는 조선 왕조 최초로 적통 출신이 아닌 국왕입니다.

원래는 명종의 아들인 순회세자가 즉위해야 하나 어린 나이에 사망합니다. 그래서 왕실 종친 가운데 후사後嗣를 정하도록 하는데 중종의 9남인 덕흥군의 3남인 하성군이 선택됩니다. 하지만 방계가 왕위를 이을 수 없으므로 명종과 인순왕후의 양자로 들어가 명종의 뒤를 잇게 됩니다.

그는 방계라는 약점 때문인지 정통성을 얻기 위해 사대에 열심이었습니다. 혹시 명나라에 흠집이 잡힐까 봐 임진왜란 때는 칠정산의 사용을 금지하였고 스스로가 최고의 업적이라고 자랑했던 것도 임진왜란 극복이 아니라 종계변무였습니다.

한편 정치적으로는 선조 대에 당쟁이 시작됩니다. 정통성이 약한 선조는 당쟁에서 동인과 서인을 번갈아 가며 편을 들어 자신에 반대하는 당파를 숙청하는 노련함을 보이기도 합니다. 1589년(선조 22년) 일어난 기축옥사도 정적을 제거하기 위한 선조의 술책입니다.

의외로 국방에서도 큰 업적을 남기는데 1583년(선조 16년) 함경도 북부의 6진에서 벌어진 니탕개의 난을 진압하고 북방을 안정시켰습니다.

조금 문제는 있지만 이 정도 업적이라면 성선문주聖善聞周로 성스럽고, 선하며, 견문이 넓다는 의미의 묘호인 선宣을 받을 만합니다.

하지만 임진왜란이 일어나면서 이미지 반전이 일어납니다.

누군가가 왕이 되었는데 그 사람의 친아버지가 세자였다면 왕으로 추존(追尊)합니다. 성종의 아버지 의경세자는 덕종(德宗)으로 추존되었고, 정조의 아버지 사도세자는 장조(莊祖)로 추존됩니다. 그리고 위의 경우에서 직위에 오른 적이 없다면 대원군(大院君)으로 추존합니다.

조선에는 총 4명의 대원군이 있습니다. 선조의 아버지 덕흥대원군, 인조의 아버지 정원대원군, 철종의 아버지 전계대원군, 고종의 아버지 흥선대원군입니다.

당쟁의 시작   1574년

조선과 중국(특히 송과 명)에서 정치적 사상이나 이해관계에 따라 이루어진 당파 집단을 붕당朋黨이라 하고 이들이 함께하는 정치를 붕당정치라 합니다. 오늘날의 정당과 정당정치와 비슷한 면이 있습니다.

하지만 오늘날의 정당정치와 확연히 다른 점이 하나 있는데, 상대 당을 아예 없애버린다는 것입니다. 당을 없애버리는 가장 좋은 방법은 그 당에 속해 있는 사람을 죽여버리는 것입니다. 실제로 붕당 정치로 수많은 정치인이 죽어 나갔습니다. 심지어 확실히 뿌리를 뽑기 위해서 아예 그 가족까지 몰살시키는 경우도 다반사였습니다.

중국의 경우 송의 구법당과 신법당, 명의 동림당과 엄당이 벌인 정쟁은 나라를 멸망시킬 뻔합니다. 그 때문에 명나라의 법전인 《대명률》 간당 조奸黨條에서는 붕당을 지으면 본인은 참수하고 처자는 노비가 되고 재산은 몰수한다고 명시했습니다. 그래서 조선에서는 붕당 대신 당쟁이라는 표현을 사용합니다.

중국보다 크기가 작은 조선의 경우는 더욱 피해가 막심합니다. 붕당을 이룰 정도라면 어찌 됐든 인재人材임이 분명한데, 붕당 때문에 벼슬길이 막히고 요행이 집권당이 되어 벼슬에 올랐다고 해도 정권이 바뀌면 상대 당에 의해 죽어버리는 일이 빈번하니 조선 후기에 와서는 인재가 남아나지를 않습니다. 그래서 결국 철종 같은 무능한 왕을 앉히고 세도정치를 하게 되는 원인이 된 것입니다. 당쟁에는 세 가지 특징이 있습니다.

첫째, 어느 당이 집권하면 상대 당은 다시 일어설 수 없도록 밟아버립니다.

둘째, 집권당은 반드시 분열합니다.

셋째, 분열을 하다가 결국은 멸망해 버립니다.

당쟁의 시작은 이조吏曹 전랑銓郎 자리를 차지하기 위한 갈등에서 시작됩니다. 이조전랑은 정랑正郎(정5품)과 좌랑佐郎(정6품)을 일컫는 말입니다. 정5품, 정6품이면 참상관 중에서도 아래 자리라 별 실권이 없어 보이지만 실제로는 삼사(홍문관, 사헌부, 사간원)의 인사권을 가진 자리입니다. 또한 천대법薦代法이라 하여 자신의 후임을 추천할 수 있는 권한도 있었습니다. 품계만 참상관이지 실권은 당상관과 맞먹는 어마어마한 자리입니다.

1572년(선조 5년) 김효원이 이조정랑으로 천거되자 심의겸은 김효원이 윤원형의 집에서 기숙했다는 이유로 반대합니다. 1574년(선조 7년) 결국 김효원은 이조정랑이 됩니다. 그런데 공교롭게도 후임으로 심의겸의 동생인 심충겸이 추천되자 김효원은 그가 인순왕후의 남동생이라는 이유를 들어 이조정랑은 척신(왕실과 혼인을 맺은 가문의 신하)의 것이 될 수 없다며 반대합니다. 실제로는 앙심을 품고 복수한 것이겠지요.

이때부터 심의겸파와 김효원파가 대립하게 되는데, 심의겸의 집은 도성 서쪽 정릉방에 있었고 김효원의 집은 도성 동쪽 건천동에 있어 서인과 동인으로 불리게 됩니다.

서인과 동인은 훈구파에 대한 의견으로 대립하게 되는데 동인들은 강경한 태도를 취했고, 서인들은 비교적 온건한 태도를 취합니다. 그런데 사실 이것은 자기 당파끼리 뭉치기 위한 핑곗거리에 불과한 것입니다. 예를 들자면 동인이 '탕수육 부먹이 좋다'고 하면 서인은 반대를 위해 '탕수육 찍먹'을 주장할 것입니다.

동인은 이황, 조식의 영남 학파, 서인은 이이, 성혼의 기호 학파로 분류됩니다. 하지만 이이는 붕당 정치 자체를 싫어하는 사람이었고 살아생전 동서의 균형을 맞추기 위해 노력했기 때문에 큰 충돌이 없었습니다. 하지만 이이가 죽자 동인이 우세를 점하게 됩니다.

✦ 이이 ✦

이황이 여러 번 과거에 낙방했던 것과 달리 이이는 13살에 진사과 초시에서 수석인 장원급제를 하며 어려서부터 두각을 나타냅니다. 그 후 과거시험을 장원만 아홉 번이나 합니다. (23살에 별시 대과에서 낙방하기도 했습니다.) 아마도 모계인 신사임당의 영민함을 그대로 이어받은 것 같습니다.

그러나 16살 때 신사임당이 사망하였고 여기에 충격을 받아 금강산에서 불법을 공부했습니다. 이 때문에 성균관에서 따돌림을 당합니다. 그리고 벼슬살이를 시작했을 때 직장 내 괴롭힘을 못 견뎌 사직하기도 합니다. 여담이지만 조선시대에 신입 관료는 면신례(免新禮)라는 신고식을 치르는데 집안이 거덜 날 정도로 상관을 대접해야 했고, 상상을 초월하는 방식으로 신입을 괴롭힙니다. 그 때문에 면신례 도중에 죽는 경우도 종종 있었습니다. 장군도 예외가 아니라 초임 장군에게 병졸이 귀싸대기를 날리는 일도 있었다고 합니다.

서인들은 이이를 자신들의 시조라고 여기지만 정작 이이는 붕당의 존재를 아예 인정하지 않았습니다. 다만 심의겸을 편들어줬다는 이유로 동인들이 맹렬히 규탄하자 서인들이 이이를 자신들의 편으로 생각한 것뿐입니다. 그리고 이황, 조식 등 쟁쟁한 유학자에 대항할 만한 사람이 이이밖에 없습니다.

이이는 실무적 능력도 뛰어난 사람이었는데 1564년 벼슬살이를 하자마자 보우와 윤원형을 탄핵하였고, 1574년 대사간이 되면서 이황, 기대승 등을 비판하기도 합니다. 1583년 니탕개의 난이 일어났을 때는 병조판서로 1년에 걸쳐 병력과 보급품을 함경도에 파견하여 결국 난을 진압합니다.

니탕개의 난 1583년

선조 16년 최대 3만여 명의 여진족들이 조선 함경도 육진 일대와 두만
강 북쪽 일부를 침범합니다. 이는 당시까지 일어난 조선 최대 규모의 전
쟁입니다.

1월 28일, 우을기내는 1만여 명의 여진족들을 이끌고 400여 명의 조선
군이 지키고 있던 경원진을 공격하여 성을 약탈합니다. 하지만 압도적인
전력차이에도 불구하고 경원 부사 김수와 안원보 판관 양사의가 무기고
및 식량 창고 등 주요 거점을 지켜냅니다.

다음날, 여진족은 무기고를 노리고 다시 공격합니다. 조선군이 강하게
저항하는 사이 온성 부사 신립이 합세하여 오히려 역공을 펼쳐 여진족은

패퇴합니다. 조정에서는 경기도 이하 5도에 징발령을 내려 군사를 모집합니다. 율곡 이이는 우선 선발대로 80명을 보내고, 이후 병력을 증강하여 8000여 명의 병력을 파견합니다.

니탕개는 조선에 귀화하고 육진지역에 머무르던 사람으로 조선에서 후하게 대접했는데도 여진족이 침공하자 율보리와 함께 이에 호응하여 2월 9일 경원부, 안원보 등을 함락합니다. 계속되는 여진족의 공격에 조선의 장군들 중 상당수는 겁을 먹고 도망칩니다. 하지만 함경 북병사 이제신, 온성 부사 신립, 조산보 만호 원균 등은 맹렬히 여진족을 공격하여 패퇴시킵니다.

2월 16일, 조선은 함경 북병사 이제신의 지휘하에 온성 부사 신립 등이 두만강을 넘어 여진족의 소굴을 불태우고 수백 명을 죽이는 보복 공격을 가합니다.

그런데 2월 26일 니탕개의 난이 소강상태에 접어들자, 선조는 경원진의 함락을 이유로 경원부사 김수와 판관 양사의를 처형하고, 처형을 3일간 연기시켰다는 이유로 함경 북병사 이제신을 파직시킵니다. 목숨 걸고 싸운 장군들을 죽이는 이유를 필자로서는 도무지 알 수가 없습니다.

5월이 되자 잠시 주춤했던 여진족들은 병력을 3만 명으로 불려 다시 조선을 공격합니다. 하지만 종성진 공격 도중 여진족 세력 사이에 불화가 생겨 효정이 니탕개를 공격하는 바람에 철수하게 되고 7월 여진족은 방원보를 공격하지만 끝내 함락시키지 못합니다. 니탕개는 얼마 후 신립에게 죽임을 당하고 니탕개의 난은 끝이 납니다.

   15세기 말부터 군포를 받고 군역자를 돌려보내는 방군수포제(放軍收布制)가 시행되면서 진에 주둔하는 군사의 수가 줄어듭니다. 이 때문에 진관체제가 무너지게 됩니다. 그래서 니탕개의 난 이후로 제승방략(制勝方略) 체제로 전환합니다.

   제승방략이란 평시에는 지휘관이 없이 군대만 유지하다가, 적의 대규모 침공이 있으면 각 지방의 군대가 지정한 장소에 모인 다음, 중앙에서 내려온 장수의 지휘를 받는 방어 체제입니다. 이 체제는 대규모 병력을 동원할 수 있으므로 외적의 대규모 침입을 효과적으로 막을 수 있습니다. 그러나 임진왜란이 일어나자 제대로 방어도 못 하고 한양까지 공격당하는 사태가 일어납니다. 지휘 체계도 없이 훈련도 받지 않은 병사를 8만 명을 모아 본들 잘 훈련되고 조직적인 지휘체계를 갖춘 1600명의 군대를 이길 수 없다는 것이 임진왜란 때 용인전투로 증명됩니다.

녹둔도 전투   1588년

   니탕개의 난 후로도 여진족의 침입은 계속됩니다. 그래서 신립과 이일이 함경 북병사, 남병사 직을 번갈아 맡으며 북방을 방위합니다.

   1587년(선조 20년) 우을기내는 녹둔도를 침략합니다. 조선인 11명이 전사하고 군민 160여 명이 납치되었으며 15필의 말을 약탈당합니다. 당시 녹둔도 둔전관 겸 조산보 만호였던 이순신은 수십 명의 병력으로 1000명 이상의 기마병을 막아내고 반격까지 하여 절반 이상의 포로를 구해냅니다.

   하지만 북병사 이일은 패전의 책임을 물어 조산보 만호 이순신과 그의 상관인 경흥부사 이경록 등을 잡아 가둡니다. 그러자 이순신은 "몇 번이나 지원 요청을 해도 도와주지도 않았으면서, 목숨 걸고 싸워 포로까지 구출한 나를 잡아 가두는가?"라며 화를 냅니다. 그러면서 "내가 지원을 요청한 문서를 내걸면 자네도 무사하지 못할 것"이라며 협박합니다.

겁을 먹은 이일은 선조에게 대충 "이순신이 졌지만 잘 싸웠다"라는 보고를 올렸고, 이순신은 곤장을 맞고 백의종군하는 것으로 마무리됩니다. (백의종군은 현대로 치면 보직해임입니다. 계급은 그대로입니다.)

1588년(선조 21년) 1월 15일 북병사 이일은 함경도의 군사 2500명을 동원해 녹둔도를 침략했던 부락을 급습하여 그들의 주거지 200여 채를 불태우고 380명을 죽입니다. 이를 녹둔도 전투라 합니다. 이때 이순신은 계략을 써서 우을기내를 건원보로 유인한 다음 생포합니다. 우을기내는 후에 참수당하고 이순신은 이 공로로 백의종군을 끝낼 수 있었습니다. 이후 여진족 침입은 잠잠해집니다.

> ### 읽을거리
>
> 1800년대 무렵부터 두만강의 퇴적작용으로 녹둔도는 연해주 방향으로 잇닿게 됩니다. 1860년 러시아는 청나라와의 조약으로 연해주를 차지한 후 녹둔도를 불법 점거합니다. 당시 녹둔도에는 800여 명 규모의 조선인 마을이 존재했습니다. 조선은 러시아에 여러 차례 영토 반환을 요청하지만 러시아는 묵묵부답합니다. 결국 조선이 일본에 의해 멸망하고, 제2차 세계대전 때 일본이 소련에 패배하면서 녹둔도는 현재 러시아 영토가 되었습니다.

3장

전쟁과
영웅의
출전

이번 세계사 이야기에서는 임진왜란 시기 이전의 일본의 역사에 관하여 알아보겠습니다.

1467년 오닌의 난應仁の亂을 시작으로 일본은 센고쿠 시대戰國時代로 돌입합니다.

숱한 전투를 치른 끝에 16세기 중엽, 이마가와 요시모토, 다케다 신겐, 우에스기 겐신이 3강을 형성합니다. 1553년부터 1564년까지 다케다 신겐과 우에스기 겐신은 카와나카지마를 두고 다섯 차례나 전투를 벌입니다. 이 때문에 이마가와 요시모토는 3강 중에서도 유리한 고지를 차지하고 있었습니다.

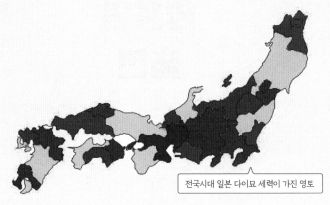

전국시대 일본 다이묘 세력이 가진 영토

하지만 1560년 오케하자마에서 오다 노부나가가 자신의 영지인 오와리를 공격한 이마가와 요시모토의 수만 대군을 2000기의 병사로 기습하여 격파하고 이마가와를 죽이면서 단숨에 3강에 들게 됩니다.

1570년 아네가와에서 오다 노부나가는 도쿠가와 이에야스와 연합하여 자신을 배신한 아자이 나가마사와 아사쿠라 요시카게 연합군을 격파하면서 세력을 넓힙니다. (아자이 나가마사는 오다 노부나가에게는 매제이자 도요토미 히데요시의 장인이며 도쿠가와 이에야스의 사돈입니다. 전쟁 중에는 인척姻戚 따위는 소용없습니다.) 위협을 느낀 다른 지방의 지배자들인 다이묘大名는 우에스기 겐신과의 전쟁을 마친 다케다 신겐을 중심으로 노부나가 포위망을 만듭니다.

1572년 미카타가하라에서 다케다 신겐과 도쿠가와 이에야스와의 전투가 벌어집니다. 압도적인 전력 차이에도 불구하고 도쿠가와 이에야스는 학익진鶴翼陣(학이 날개를 편 모양의 진)을 펼칩니다. 이를 본 다케다 신겐은 헛웃음을 칩니다. 학익진이란 상대보다 병력이 많아야 합니다. 병력이 부족하면 전선이 얇아지고 적에게 돌파당합니다.

다케다 신겐은 다른 부대보다 3배나 빠르다는 일본 최강의 붉은 기마대를 몰고 어린진魚鱗陣(물고기 비늘 모양의 진)으로 돌격해서, 한 부분을 집중적으로 공격해서 뚫어버립니다. 일단 뚫려버린 학익진은 적군에게 그냥 뒤통수가 노출된 학살진입니다.

다케다 신겐 군이 약 200인의 사상자를 낸 데 비해, 도쿠가와 이에야스 군은 2000명의 사망자를 내며 대패하고 도망칩니다. 다케다 신겐은

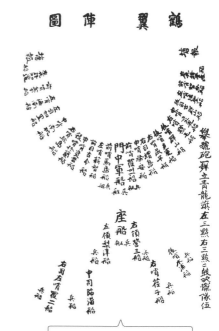

1780년 무렵 제작된 전라우수영의
《우수영전진도첩》에 수록된 학익진도

오다 노부나가의 목숨을 노리고 진격합니다. 그런데 이 절체절명의 순간 다케다 신겐이 갑자기 사망하면서 스스로 물러납니다. 긴장이 풀린 오다 노부나가는 사흘 내내 잠을 잤다고 합니다.

1575년 다케다 신겐의 아들 카츠요리가 나가시노에서 오다-도쿠가와 연합군과 대결합니다. 하지만 아버지의 재능을 물려받지 못한 카츠요리는 무모한 기마돌격을 감행했다가 노부나가의 가신인 아케치 미츠히데가 이끄는 조총수의 집중 공격을 받고 완전히 궤멸합니다. 하지만 다이묘들은 다케다 신겐의 라이벌이자, 다케다 신겐에 버금가는 장군인 우에스기 겐신을 중심으로 제2차 노부나가 포위망을 만듭니다.

1577년 데도리가와(데도리강)에서 우에스기 겐신과 오다 노부나가 군의 전투가 벌어집니다. 노부나가는 시바타 카츠이에와 하시바 히데요시가 이끄는 7만 명 정도의 대군을 파견하지만 2만 명의 겐신군을 상대하지 못합니다. 하시바 히데요시는 그대로 줄행랑을 쳤고 시바타 카츠이에는 테도리가와강 앞에 배수진背水陣을 치고 전투를 벌였지만 대부분이 물에 빠져 죽거나, 우에스기 겐신 군에 의해 참살됩니다. 다시 오다 노부나가의 목숨은 풍전등화의 위기를 맞지만 우에스기 겐신이 뒷간에서 똥 싸다가 죽는 바람에 기사회생합니다.

1576년 오다는 해군 강국이던 모리 가문을 공격합니다. 하지만 모리의 장군 무라카미가 이끄는 수군은 오다 노부나가의 전함에 수류탄의 일종인 호로쿠焙烙를 던져 불태우고, 배를 붙여 적선에 뛰어들어 백병전을 벌이고, 특공대가 끌을 가지고 잠수하여 배 밑바닥에 구멍을 내는 등의 공격에 참패합니다. 이를 제1차 키즈가와구치 해전이라 합니다.

1578년 오다의 장군인 구키 요시타카는 대형 전함인 아타케부네 선체 겉에 철갑을 둘러싼 철갑선 6척을 만들어 무라카미의 전함 600척을 박살 냅니다. 이를 제2차 키즈가와구치 해전이라 합니다. 더 이상 오다 노부나가를 막을 수 있는 다이묘는 없었고 일본은 통일을 눈앞에 두게 됩니다.

하지만 1582년 일본 교토에 있는 사찰인 혼노지에서 아케치 미츠히데가 반란을 일으켜 노부나가를 살해합니다. 또한 오다 노부나가의 장남인 오다 노부타다는 싸우다가 이길 수 없다는 것을 알고는 자살합니다.

아케치 미츠히데가 노부나가를 죽인 이유는 일본 역사 최대의 미스터리입니다. 아케치 미츠히데는 평판이 좋지 못했고 오다 노부나가와 불화하고 있었습니다. 아마도 일본이 통일되면 자신이 숙청당할 것으로 생각하고 반란을 일으킨 것이 아닐지 필자는 추측합니다.

어쨌든 오다 노부나가의 사망 소식에 전쟁터에 나가 있던 오다 노부나가의 가신들 모두가 혼란에 빠져 주저하고 있을 때, 눈치가 빠른 하시바 히데요시는 모리와 화평을 맺고 바로 회군하여 비바람이 몰아치는 도중에도 30시간 만에 70킬로미터를 달려옵니다. 하시바 히데요시는 야마자키 전투에서 승리하고 아케치 미츠히데를 제거합니다.

히데요시는 장남 노부타다의 적자인 산보시(훗날의 오다 히데노부)를 쇼군將軍의 위치에 앉히고 이에 반대하여 차남 오다 노부카츠를 옹립하려던 시바타 카즈이에를 제거하고, 오다 노부카츠는 소국의 다이묘자리를 주어 쫓아냅니다. 도쿠가와 이에야스는 도요토미 히데요시와의 싸움을 피하고 그의 여동생을 아내로 맞아 귀순합니다. 도요토미 히데요시는 일본 내에 남은 다이묘들을 모두 굴복시키고 천하를 통일한 천하인天下人이 됩니다.

센고쿠 시대를 이해하지 못하면 임진왜란을 이해할 수 없으므로 부득이 지면을 할애했습니다. 이 글에서 나오는 학익진, 기마돌격, 조총의 집중 공격, 배수진, 철갑선 등은 임진왜란에서 다시 등장합니다.

조금 더 보충하자면 임진왜란 당시 일본은 천황과 조정의 귀족들인 공가公家는 실권이라고는 전혀 없었습니다. 실제로 일본을 다스리는 사람들은 사무라이들로 이루어진 무가武家입니다. 그리고 무가의 최고 위치는 정이대장군征夷大將軍, 줄여서 일본어로 쇼군將軍입니다.

히데요시는 평민 출신이라 쇼군이 될 명분이 부족했습니다. 그래서 나이 어린 산보시를 허수아비 쇼군으로 옹립하고 자신은 일본 천황으로부터 간바쿠關白라는 직책을 받습니다. 이와 함께 도요토미라는 성을 하사받아 도요토미 히데요시가 됩니다.

임진왜란 시기 우리 역사	
1592년 4월	임진왜란 시작
1592년 4월	탄금대 전투
1592년 6월	용인전투
1592년 7월	한산도대첩
1592년 10월	진주대첩 (제1차 진주성 전투)
1593년 1월	평양성 전투
1593년 2월	행주대첩
1593년 6월	제2차 진주성 전투
1596년	이몽학의 난
1597년 7월	칠천량 해전
1597년 8월	정유재란
1597년 9월	명량해전
1598년 11월	노량해전
1604년	사명당 일본 방문

도요토미 히데요시가 임진왜란을 일으킨 이유는 지금까지도 여러 가지 의견이 분분합니다. 일본 통일 후 자신들에게 불만을 가진 무사들의 힘을 다른 곳으로 돌리려고 일으켰다는 설이 있습니다. 덤으로 조선을 정복하면 무사들에게 조선 땅을 나누어 줄 수도 있습니다.

도요토미 히데요시는 농민 출신으로 18세 때에 오다 노부나가의 하인이 되었다가 노부나가의 눈에 들어 장군이 됩니다. 1570년의 가네가사키 전투에서는 아자이 나가마사의 배반으로 퇴각하는 노부나가의 후위를 자청하여 죽음을 무릅쓰고 오다 노부나가를 지켜냅니다.

그의 신임을 얻은 도요토미 히데요시는 1577년 데도리가와 전투에서 전선을 이탈하는 큰 잘못을 저질렀는데도 무사히 넘어갈 수 있었습니다. 오다 노부나가 사망 후 일본을 통일하고 일본 최대의 세력인 도쿠가와 이에야스마저도 굴복시킨 도요토미 히데요시는 권력에 취해 자신이 세계를 정복하고 황제가 될 것이라는 망상에 빠집니다.

본인 스스로를 태양의 아들이라 칭한 도요토미 히데요시는 조선, 오키나와, 대만, 필리핀 등에 편지를 보내 자기가 명나라와 인도를 정복할 것이니 자신을 도우라고 명령하고, 안 도와주면 명나라 정복 후 멸망시켜 버리겠다는 헛소리를 늘어놓습니다.

조선은 이런 헛소리에 맞장구칠 생각이 없었습니다. 그러자 도요토미 히데요시는 계획을 바꾸어 조선을 먼저 정복하려고 합니다. 그는 조선과 명나라를 정복해서 일본 땅을 조카에게 주고, 조선 땅을 제후에게 주고, 중국 땅을 일본 왕족에게 준 뒤 자기 자신은 인도와 동남아까지 침공하겠다는 원대한 계획을 세운 후 이를 실행에 옮깁니다.

하지만 도요토미 히데요시의 계획은 애초에 실현 불가능했습니다. 비록 일본이 센고쿠 시대를 거치면서 풍부한 전투 경험이 있었고, 신무기인 조총의 숫자도 어마어마했지만, 세계 최강의 군사 대국은 여전히 명나라였습니다. 그리고 조선은 을묘왜변 이후 수군 병력을 강화해 당대 세계 최강의 해군을 보유하고 있었습니다. 게다가 임진왜란이 일어나자 도요토미 히데요시의 편지에 열받은 오키나와, 태국, 심지어 편지를 받지도 않은 후금까지도 조선에 원군을 보내려고 합니다. (선조는 조선과 명나라만으로도 충분히 막을 수 있다며 거절합니다.)

읽을거리

임진왜란은 조선, 일본, 명나라가 참전한 전근대에 동아시아에서 벌어진 최대 규모의 국제전입니다. 일본에서는 분로쿠(文禄), 케이초(慶長) 시대에 일어났다고 해서 분로쿠·케이초의 역(役)이라고 하고, 중국에서는 만력(萬曆)제 때에 일어난 일이라 만력동정(萬曆東征)이라고 합니다. 우리나라에서는 임진(壬辰)년에 일어난 왜놈들(倭)의 난리(亂)라는 의미로 임진왜란이라 합니다.

하지만 삼포왜란, 사량진 왜변, 을묘왜변처럼 왜구가 쳐들어온 것이 아니라 일본이 조선을 공격하여 일어난 전쟁이니 조일전쟁(朝日戰爭)이 바른 표현이 아닐까 합니다.

조선은 1589년 11월 18일 일본 사정을 알아보려고 조선통신사를 파견합니다.

그런데 서인이었던 황윤길이 왜군이 침입할 것이니 대비해야 한다고 주장하였고, 남인이자 이황의 수제자였던 김성일은 도요토미 히데요시는 그럴 위인이 되지 않는다고 보고합니다.

우의정이자 남인의 영수이며 이황의 제자였던 류성룡은 같은 당파인

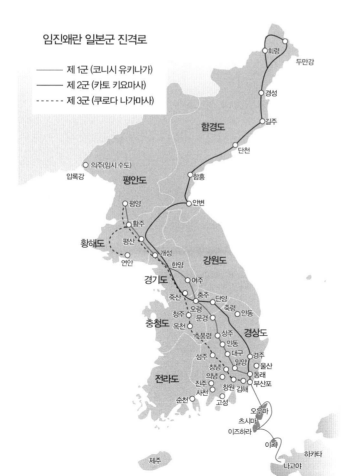

임진왜란 일본군 진격로

—— 제1군 (코니시 유키나가)
—— 제2군 (카토 키요마사)
----- 제3군 (쿠로다 나가마사)

김성일의 보고를 믿습니다. (전쟁이 나면 안 된다는 바람 때문에 판단이 크게 왜곡된 것일 수도 있습니다.)

하지만 완전히 의심을 버리지는 못해서 각 지역의 방비를 튼튼히 하였고, 이순신과 권율 등을 천거합니다.

1592년 4월 13일 선봉장 고니시 유키나가가 배 700척과 군사 1만 8700명으로 부산을 침공하면서 임진왜란이 시작됩니다.

부산진 첨사 정발은 백성들을 성안으로 대피시키고 600명도 안되는 병력으로 끝까지 싸우다 전사합니다. 부산진을 함락한 유키나가는 다대진을 공격합니다. 첨사 윤흥신과 아우 윤흥제 그리고 800명의 군사가 분전하여 첫 전투에서 일본군을 물리치지만 다음날 일본군의 재공격을 받아 모두 전사합니다. 다음날 일본군은 동래부사 송상헌이 지키는 동래성에 도착합니다. (현재는 부산광역시 동래구지만 당시는 동래도호부 부산포였습니다.) 고니시 유키나가는 '싸우려면 싸우고, 안 싸우려면 길을 비키라'는 글을 보냅니다. 길만 비켜준다면 살 수 있었습니다. 하지만 송상헌은 '싸워서 죽기는 쉬워도 길을 빌려주기는 어렵다'라고 답변합니다.

송상헌은 동래성 전투에서 10배나 많은 적과 용감하게 싸워 초전에 일본군을 물리치기도 하지만 결국은 전사합니다. 일본군은 분풀이로 동래성 주민을 무참히 학살하고 계속 진격합니다.

4월 18일 가토 기요마사가 이끄는 제2군 2만 2000여 명의 병력이 부산, 구로다 나가마사가 이끄는 제3군 1만 1000여 명의 병력이 김해에 상륙합니다. 왜군은 경상도 땅에서 큰 저항을 받지 않고 쾌속으로 진군합니다. 경상 우병사 이각, 경상 우수사 원균 등은 싸우지도 않고 도망쳤기 때문입니다.

조정에서는 조선 최강이라 평가받던 이일과 신립을 남쪽으로 급파합니다. 이일은 4월 25일 상주에서 일본군과 만납니다. 하지만 제승방략 체제에 따라 여기저기서 긁어모은 1000명의 군사로 일본의 정예병을 당해낼 수 없었고 이일은 갑옷과 겉옷까지 모두 벗어던지고 신립이 있던 충주로 줄행랑칩니다.

거침없이 진격하던 일본군은 문경새재에서 머뭇거립니다. 문경새재는 신라 초기부터 고구려의 남진을 막는 국경선으로 삼을 정도로 험준한 곳입니다. 언덕 위에서 아래쪽으로 공격한다면 일본군은 옴짝달싹 못 하고 전멸할 수밖에 없습니다. 그래서 고니시 유키나가는 분명히 조선군의 매복이 있을 것으로 생각하고는 여러 차례 정찰병을 보냅니다. 하지만 전술이라고는 기마 돌격밖에 몰랐던 신립은 이 천혜의 요충지를 포기하고 충주에 진을 쳤습니다.

4월 28일 조선의 정예 기병 8000명을 이끌고 온 신립은 충주 탄금대에서 남한강을 등 뒤에 진 배수진을 치고 고니시 유키나가와 격돌합니다. 신립은 자신의 주특기인 기병 돌격을 명령합니다. 하지만 이미 나가시노 전투에서 조총으로 기병을 상대하는 법을 익힌 고니시 유키나가군은 일제 사격으로 조선군을 저지합니다. 그 사이 가토 기요마사는 우회하여 조선군을 공격합니다.

신립은 북쪽 남한강까지 몰려 김여물과 함께 남은 전력을 이끌고 결사 항전을 벌이지만 역시나 적은 수로는 많은 적을 이길 수 없었고 김여물은 전사, 신립은 자결합니다. 이일은 간신히 살아남아 도망칩니다. 나중에 거지꼴이 되어 평양에서 선조의 몽진에 합류합니다.

신립이 패배했다는 소식이 들려오자 선조는 북쪽으로 도망칩니다. 그리고 김명원을 도원수, 신각을 부원수로 삼아 한강을 수비하고, 이양원을 수성대장으로 삼아 도성을 지키게 합니다. 하지만 일본군이 보이자마자 그대로 달아납니다.

일본군은 도성이 텅 비어있는 것을 보고는 매복이 있을 것이라 여겨 정찰을 보내지만 정말로 아무도 없자 한숨을 쉽니다. 일본에서는 다이묘가 성을 끝까지 지키다가 죽거나 항복합니다. 일본의 장수들은 왕이 도망쳐 버리는 행동을 이해하지 못합니다.

한편 전라도 관찰사 이광은 자신의 4만 군사에 전라도방어사 곽영의 2만, 충청도 윤선각 1만 5000명 등을 합쳐 8만 명 병력의 남도근왕군南道勤王軍을 편성하고 한양 탈환을 위해 진격합니다. 하지만 삼도근왕군三道勤王軍은 급하게 끌어모은 오합지졸에 불과했습니다.

전라도 광주 목사 권율은 이광에게 선불리 진격하지 말고 기다려야 된다고 했지만, 이광은 6월 5일 8만이라는 숫자만 믿고 무조건 돌격을 명령했고 결국 용인 근처에서 와키자카 야스하루가 이끄는 불과 1600여 명의 일본군에게 대패하고 맙니다. (용인전투는 한국사 5대 패전 중 하나입니다.)

읽을거리

류성룡이 도요토미 히데요시의 의도를 제대로 파악하지 못해 임진왜란을 미리 대비하지 못했습니다. 결국 1592년 인진왜란이 터졌고 선조가 도망가는 상황이 되자 간관들의 탄핵으로 인산해와 함께 파직됩니다. 하지만 조선은 류성룡의 능력이 절실히 필요했기 때문에 곧바로 그를 복직시킵니다. 이때 그가 받은 관직은 비변사의 도제조 겸 영의정 겸 도체찰사입니다. (현재로 치면 국무총리 겸 총사령관입니다.)

그는 후금이 흑심을 품고 구원병을 보내겠다는 것을 간파하고 정중하게 사양하였으며, 명의 구원군을 접대하였고, 화포를 제조하고 성곽을 수축하는 등 조선의 내정과 군사를 도맡아 처리합니다. 1593년에는 조총병 위주의 일본군에 대응하기 위해 류성룡의 건의로 훈련도감이 설치됩니다. 200여 명의 포수로 출발했지만 전쟁 중 2000여 명까지 증강되고 포수(조총수), 사수(궁수), 살수(창, 검수)로 이루어진 삼수병 체제로 개편됩니다.

전쟁이 끝난 후 류성룡은 당파싸움에 휘말려 파직되자 낙향합니다. 그 후 조정에서 다시 부르지만 사양하고 저술 활동을 하는데 이때 쓴 책 중 하나가 자신이 임진왜란 때 겪은 일을 기록한 《징비록(懲毖錄)》입니다.

선조의 도망 1592년 6월

신립이 패배했다는 소식이 들려오자 조정에서는 부랴부랴 대책 회의가 벌어집니다. 이때 선조는 회의하다 말고 점을 치고 있었다고 합니다. 점괘가 좋지 않았던지 선조는 북쪽으로 몽진蒙塵을 결정합니다. 이 소식을 들은 왕족들이 찾아와 "우리들은 어찌합니까?"하고 묻자 "과인은 여기서 죽을 것"이라고 말하고는 몇 시간 후에 도망칩니다. 게다가 도망치는 숫자가 많으면 속도가 줄어들까 봐 강을 건너고는 배를 가라앉혀 버립니다. 분노한 한양 백성들은 궁궐에 불을 지르고 궁성의 창고를 약탈합니다.

선조는 부랴부랴 개성에 도착합니다. 개성의 남대문에서 더 이상 북쪽으로 가지 않고 개성을 사수하겠다고 약속하고, 백성들의 세금과 부역을 감면해 주겠다고 약속합니다. 하지만 일본군이 한양을 점령했다는 소식이 듣자 다음날 바로 평양으로 도망칩니다.

평양까지 도망친 선조는 평양의 함구문에서 평양을 떠나지 않고 끝까지 지키겠다고 호언장담합니다. 하지만 고니시가 임진강을 넘었다 듣고는, 한양을 도망칠 때 임시 세자로 책봉한 광해군에게 모든 것을 떠넘기고 다시 도망칩니다.

백성들이 분노하여 호조판서 홍여순을 구타하고 어가를 가로막습니다. 평안감사 송언신이 병력을 동원하여 백성 두어 명을 참수한 후에야 간신히 떠날 수 있었습니다.

좌의정 윤두수, 도원수 김명원, 이조판서 이원익 등이 자청해서 평양성을 지켰지만 왕이 도망치자 조선군도 의욕을 잃고 뿔뿔이 도망을 치는 바람에 제대로 된 전투도 못한 채 결국 한양에서 그랬던 것처럼 평양성을 버리고 도망칩니다. 6월 12일 개전 60일 만에 일어난 일입니다. 광해군은 안주목으로 후퇴한 후 영변으로 이동하여 다시 선조와 합류합니다.

선조는 광해군에게 조정의 권한 절반을 넘겨주는 분조分朝를 하고 명나라로 망명하려고 합니다. 심지어는 아예 양위하려고 합니다. 광해군은 묵묵히 조정을 이끌고 왜군이 포진해 있는 남쪽으로 향합니다. (다른 아들인 임해군과 순화군은 워낙 개망나니라서 세자 책봉은 엄두도 못 냈을 뿐아니라 함경도로 도망친 후에도 온갖 횡포를 부리고 민폐만 끼치다가 결국 함경도 백성들에게 잡혀 가토 기요마사에게 인계됩니다.)

의주목까지 도망친 선조는 명나라에 망명의사를 전달합니다. 그런데 명나라는 선조가 너무나 빠르게 망명 의사를 전달하자, 조선이 일본과 내통해서 명을 치는 게 아니냐는 의심을 합니다. 그래서 선조에게 "요동에

빈집이 하나 있는데 거기를 내주겠다"라고 통지합니다. 선조는 내심 제후 대접은 받을 것이라고 기대하다가 실망스러운 답변을 받자 결국 망명을 포기합니다.

이순신의 출전

이순신은 1588년(선조 21년) '신전부락 전투'에서 공을 세우고 백의종군을 끝낸 후 가족이 있는 아산으로 내려가 지내고 있었습니다. 1589년 12월 친구인 류성룡이 천거하여 종6품인 전라도 정읍 현감이 됩니다. 이순신은 탁월한 행정력과 공평한 일 처리로 정읍 백성의 극찬을 받습니다.

녹둔도에서의 공적과 현감으로서의 능력이 마음에 들었던 선조는 1590

년 8월 이순신을 종3품의 직책인 고사리진과 만포진의 첨사로 무려 10단계나 승진시키려 합니다. 신하들이 지금까지 이런 초고속 승진 사례가 없다며 만류하자 정읍 현감에서 진도 군수로 승진시키고, 부임하기도 전에 가리포첨절제사로 전임하고, 또 부임하기도 전에 다시 전라 좌수사로 임명합니다. 드디어 1591년 47세로 정3품인 전라좌도 수군 절도사로 임명됩니다.

이순신을 이처럼 초고속으로 승진시킨 이유는 도요토미의 무례한 서신 때문입니다. 선조는 조만간 왜구들이 남해안을 공격할 것으로 예상하고 능력이 검증된 이순신을 임명한 것입니다.

그런데 선조의 이 결정은 조선을 멸망에서 구원하는 신의 한 수가 됩니다.

용맹하지만 기병돌격이라는 전술밖에 구사하지 못하던 신립과 달리 이순신은 용맹한 데다가 천재적인 전략가이기도 했습니다. 게다가 병법을 열심히 공부하는 '노력하는 천재'였습니다.

화약의 재료인 초석은 오래된 집의 지붕, 처마 밑 흙이나 마루 밑이나 아궁이의 오래된 흙, 박쥐 똥이 발효된 동굴 바닥의 흙을 가공하여 얻을 수 있습니다. 하지만 이런 식으로 얻을 수 있는 양은 제한적이었기 때문에 충분한 수량을 확보하지 못합니다. 그런데 이순신 장군은 땅에다가 똥, 오줌, 재 등을 부어 염초를 생산하는 염초 밭을 만들어 차고 넘칠 정도의 화약을 확보합니다.

당대의 동아시아 해전은 배에 갈고리를 걸어 잡아당긴 후 상대방의 배로 뛰어 들어가 백병전을 벌이는 방식이었습니다. 그러나 이순신 장군은 충분한 수량의 화약 덕분에 총통을 이용한 함대 포격전을 펼칠 수 있었습니다.

조선 수군은 학익진을 펼쳐 전 방향으로 탄망을 형성하는데 이를 교차 사격이라 합니다. 이 전술은 1차 세계대전 때 공식적으로 명명되었으니 조선 수군은 300년이나 앞선 전술을 구사한 셈입니다. 특히 배에 지붕을 씌우고 쇠못을 박아 적군의 접근이 불가능한 데다가 엄청난 화력을 보유한 거북선은 적군에게는 그야말로 공포의 사신死神이었습니다.

그리고 실전을 방불케 하는 훈련으로 전라좌도 수군들을 최정예병으로 단련시켜 놓습니다. 또한 군율을 엄격히 적용하면서도 모든 일에 솔선수범하며 신뢰를 쌓았기 때문에 이순신이 지휘하는 수군들은 이순신의 명령에 죽을 각오로 복종합니다. 그가 지휘한 전투에서 침몰선은 0척, 사상자死傷者는 100여 명에 불과합니다. 이순신이 했던 말인 필사즉생 필생즉사必死則生必生則死, '죽을 각오로 싸우면 살고, 살려고 하면 죽는다'를 실천했습니다.

이순신 장군 최초의 전투는 5월 4일 옥포 해전입니다. 이 해전에서 도도 다카토라가 이끄는 적선 26척을 격침키며 임진왜란 최초로 승리를 거둡니다. 선조는 이순신 장군을 가선대부에 봉합니다. 5월 29일 처음으로 거북선을 출전시켜 사천에서 적선 12척을 격침하고, 6월 2일 당포에서 21척을 전멸시켜 지휘관 도쿠이 미치유키를 죽였으며, 6월 4일 이억기가 지휘하는 전라 우수영과 합류한 뒤 6월 5일 당항포에서 26척을 격파하고, 6월 7일 율포만에서 3척을 격파하고 4척을 빼앗습니다. 선조는 이순신 장군에게 자헌대부 품계를 줍니다.

조선의 수영(水營)은 총 7개로 동남쪽부터 시계방향으로 경상좌수영, 경상우수영, 전라좌수영, 전라우수영, 충청수영, 경기수영, 황해수영입니다. 이중 경상우수영이 가장 강한 전력을 보유하고 있습니다. 수영의 지휘관은 정삼품 수군절도사(水軍節度使)가 맡습니다. 수군절도사는 수사라고 줄여 부릅니다.

임진왜란이 시작되면서 수백 척의 적선이 한꺼번에 몰려오자 경상우수사 원균은 방어할 수 없다고 판단하고 적군이 조선 수군의 배를 사용하지 못하도록 70여 척의 전함을 모두 자침시킵니다. 여기까지는 이순신 장군조차도 전술상 어쩔 수 없다고 인정했습니다.

그다음으로 해야 할 일은 육지로 올라와 농성전을 하며 해안을 방어해야 합니다. 경상좌수사였던 박홍은 경상좌수영이 무너지자 바로 동래성 전투에 참여합니다. 그런데 원균은 그대로 냅다 도망치려고 합니다. 하지만 부하들의 만류로 이순신과 합류합니다.

조선의 첫 승리였던 옥포해전에서는 이순신 장군의 닦달에 마지못해 느지막하게 합류해서는 이순신이 격침한 배에 올라가서 일본군을 죽이는 일에만 열중합니다. (죽인 일본군의 숫자가 전공으로 기록됩니다.) 그러다가 전라좌수군이 배에 오르려고 하자 활을 쏘아 수군 2명에게 부상을 입히기까지 합니다. (참고로 옥포해전에서 사상자는 부상자 단 1명입니다.)

그러고도 이순신에게 같이 싸워 이겼다고 장계(보고)를 올리자고 하자 이순신은 마침내 폭발합니다. 이순신은 천천히 올리자고 하고는 단독으로 장계를 올립니다. 이 일로 원균은 이순신과 철천지원수가 됩니다.

한산도 대첩 ● 1592년 7월

이순신 장군은 7월 8일 한산도 해전에서 학익진을 사용하여 승리합니다. 이 해전은 이순신의 3대 해전이자, 임진왜란 3대첩이자, 우리 역사의

3대첩(**살수, 귀주, 한산도**)이기도 합니다.

이순신 장군의 2차 출동으로 일본 함대가 일방적으로 토벌당하자 도요토미 히데요시는 6월 23일 용인에 머무르던 와키자카 야스하루를 지휘관으로 삼고, 제2차 키즈가와구치 해전에서 6척의 배로 600척을 침몰시킨 구키 요시타카 그리고 자신의 시동인 가토 요시아키 등에게 명해 조선 수군을 토벌하도록 명합니다. 일본군은 대형 전함인 아타케부네 35척, 중형 전함인 세키부네 25척, 소형 전함인 고바야부네 13척을 이끌고 견내량으로 진출합니다.

이에 조선 수군은 전라 좌수사 이순신의 판옥선 25척, 전라 우수사 이억기의 판옥선 25척, 경상 우수사 원균의 판옥선 5척까지 총 55척에 거북선 3척을 더해 맞서게 됩니다. 판옥선(배수량 약 80톤~280톤)이 아타케부네(배수량 약 75~150톤)보다 더 큰 배입니다.

전국시대 도쿠가와 이에야스는 무리하게 학익진을 쓰다가 다케다 신겐의 어린진에 당하고 맙니다. 하지만 전술의 천재였던 이순신 장군은 몽고군이 자주 사용했던 도망치면 쫓아오는 적을 매복조가 공격하는 방식을 추가하여 학익진을 업그레이드합니다. 이순신의 함대는 견내량에서 한산도 앞바다로 유인해 낸 후 학익진을 펼칩니다.

와키자카 야스하루는 어린진을 만들어 학익진을 뚫으려고 합니다. 하지만 조선 수군의 함포 사격에 접근조차 할 수가 없었습니다. 간신히 근처에 가면 이번에는 거북선이 돌진해 배를 침몰시킵니다.

이때 와키자카 야스하루가 탄 대장선을 포함 아타케부네 35척이 전부 침몰하고 세키부네와 고바야부네도 대부분 침몰합니다. 와키자카 야스하루는 쾌속선으로 갈아타고 멍하니 있던 원균의 함대 사이를 통과해 도망을 칩니다. 이순신의 선단이 뒤늦게 추격하자 부하들과 함께 무인도에 고립됩니다. 그 후 13일간 솔잎과 견내량 특산품인 돌미역을 먹으며 숨어지내다가 간신히 탈출합니다. 여담으로 지금도 와키자카 가문은 7월 8일에 집안 전체가 미역만 먹는 풍습이 있다고 합니다.

대승을 거둔 조선 수군은 7월 10일 안골포에서 구키 요시타카, 가토 요시아키 등이 이끄는 왜선 40여 척을 추가로 박살 내고 여수로 귀환합니다. 1대 100이라는 믿기지 않는 전공으로 유명했던 구키 요시다카는 이름값도 못 하고 육지로 도주합니다. (이때 자신의 배를 박살 낸 대포 화살인 대장군전을 챙기는데 현존하는 가장 보존이 잘 된 대장군전입니다.)

한산도 대첩에서 조선이 승리하면서 일본군은 수많은 물자와 인력, 식량 등을 잃어버리게 됩니다. 충격을 받은 도요토미 히데요시는 해전 금지령을 내립니다. 이로써 일본군의 수륙 병진 계획은 완전히 좌절됐으며 조선은 남해의 제해권을 장악합니다. 일본군은 서해를 통한 보급이 끊기면서 커다란 어려움에 부닥치게 됩니다.

반면에 한산도 대첩의 소식은 의병 활동의 촉매가 되어 여기저기서 의병군이 활약하게 되고, 전라도, 충청도, 황해도 등 주요 곡창 지대를 지켜냄으로써 관군과 의병에게 식량을 보급할 수 있었고 그 때문에 반격의 기회를 잡을 수 있었습니다.

8월 24일 이순신 장군은 적의 본거지가 되어버린 부산을 향해 4차 출전에 나섭니다. 부산으로 향하는 길에 일본군과 다섯 번의 교전이 있었지만 모두 격파하고 부산에서 일본 전함 100여 척을 모두 수몰시킵니다.

용인전투에서 대승한 일본군은 전라도를 점령하기 위해 남하합니다. 6군 사령관인 고바야카와 다카카게는 6군의 약 2만 병력을 둘로 나누어 1군은 자신이 이끌고 금산으로 나아갔고, 2군은 핵심 참모였던 안코쿠지 에케이에게 주어 무주로 나아갑니다.

하지만 5월 24일 안코쿠지 에케이가 선발대 2000명과 함께 경상도 의령 남강 정암진을 건너려는 찰나, 붉은 옷을 입은 10여 명의 장정이 불시에 나타나고 사방에서 화살이 날아오자 당황한 일본군은 그대로 도망치고 맙니다. 사실 50여 명의 인원밖에 없던 곽재우가 많은 숫자가 있는 것으로 보이기 위해 기만술을 썼는데 그것이 적중한 것입니다. 안코쿠지 에케이는 진격을 포기하고 금산에서 고바야카와 다카카게와 합세하는 것으로 계획을 바꿉니다.

용인 전투의 패장 이광이 팔량치에서 일본군을 방어하지만 결국 뚫리고 금산과 무주는 함락됩니다.

고바야카와 다카카게는 7월 7일 무주에서 전주로 들어오는 길인 웅치에서 정담, 이복남, 황진 등이 이끄는 조선군을 괴멸시키고 진격합니다. 이복남과 황진이 남은 군을 수습해 안덕원에서 간신히 방어에 성공합니다. 일본군은 조선군의 분전에 감동하여 시신을 수습하여 조선국충간의담弔朝鮮國忠肝義膽이라는 비석을 세우고 후퇴합니다. 그런데 웅치전투는 조공助攻이었고 주공主攻은 다음날 벌어진 이치전투입니다.

전라도 진산군과 고산현 경계의 이치에서 전라도 절제사 권율은 고바야카와 다카카게의 군과 맞붙게 됩니다. 권율 장군은 이치전투를 마치고 온 황진과 함께 목책을 세우고 장애물 지대를 만들어 전투를 준비합니다.

고바야카와 다카카게는 부대를 둘로 나누고 교대로 공격하는 전술을 구사하여 장애물 지대를 통과합니다. 이에 대항하여 조선군은 목책에 접근하는 일본군에게 화포와 화살, 돌까지 퍼부으며 방어합니다. 권율은 숨어있는 병사를 발견하면 그 병사의 군모에 몰래 표시를 한 다음 일본군의 공격이 잠시 주춤할 때 그 병사를 잡아 목을 베었다고 합니다.

하지만 일본군에 의해 목책마저 뚫릴 위기가 닥치자 권율은 황진 등에서 일본군의 측면을 공격하게 합니다. 황진은 먼 거리에서는 화살로 적을 사살하고 가까운 거리에서는 쌍칼을 휘둘러 참살하며 분전합니다. 일본군들은 황진을 죽이려 포위했으나 당해내지 못합니다. 그러자 조총으로 일제히 사격해 황진을 부상 입힙니다. 황진이 부상을 입고 물러나자 잠시 주춤했던 일본군의 공격이 다시 시작되었고 마침내 목책의 일부가 무너집니다.

권율 장군은 도망치는 조선군을 즉결 처분하며 스스로 돌격해 일본군을 베어 넘깁니다. 그리고 예비대를 투입하여 다시 일본군을 밀어내는 데 성공합니다.

고경명이 이끄는 의병대가 금산성으로 진격한다는 첩보가 들어오자, 고바야카와 다카카게는 철수를 결정하고 퇴각합니다. 이로써 일본군은 전라도를 침범하지 못합니다.

　　임진왜란 때 의병장으로 유명한 곽재우는 명문가의 태생으로 대대로 부호였습니다. 조식의 문하에서 공부하였고, 조식의 외손녀와 결혼했습니다. 곽재우가 의병장으로 활약할 수 있었던 것은 실천과 의를 중시하는 남명학파의 학풍 때문인 것 같습니다.

　　임진왜란이 터지자 곽재우는 자신의 가산을 모두 처분하여 무기와 군량을 확보하고 50여 명 남짓의 인원을 모아 4월 22일 군사를 일으킵니다. 5월 4일 낙동강 하류에서 왜선 3척을 공격했고 6일에는 같은 장소에서 왜선 11척을 공격해 쫓아내는 전공을 올립니다.

　　하지만 모자라는 무기와 군량을 확보하고자 관청 창고의 물자를 손댄 것 때문에 조정에서는 도적으로 오인하고 체포령을 내립니다. 다행히 김성일이 힘을 써 오해가 풀리고 조정에서 의병으로 인정받아 합법적으로 지원을 받을 수 있게 됩니다. 김성일은 이때 초유사(招諭使)가 되어 경상도에서 병사를 모집하고 보급을 조달하는 역할을 맡았습니다.

　　안코쿠지 에케이를 몰아내었다는 소문이 퍼지자 오운과 박사제의 병력 등이 합세하여 의병의 숫자가 3000명이 넘어가게 됩니다. 곽재우는 1592년 6월 29일 유곡찰방에 임명되고 7월에는 창녕, 현풍, 영산 3개 현의 탈환 작전에 참여하여 승리하고, 8월 16일에는 정5품 형조정랑으로 임명됩니다. 10월에는 진주 대첩에 원군으로 참여하고, 10월 23일에는 당상관인 정3품 통정대부에 제수됩니다.

금산 전투　　1592년 7월

　　조헌은 서인 내에서 주전론자의 중심으로 전쟁을 대비하자는 상소를 자주 올렸습니다. 성품이 무척 강경하여 상소를 올릴 때 도끼를 함께 가져

가서 머리에 피가 나도록 땅에 치면서 "상소를 받아들이지 않으면 내가 가져온 도끼로 죽여달라"고 소리칠 정도였습니다. 그의 우려대로 임진왜란이 일어나자 1592년 5월 옥천에서 친구들의 도움으로 1600여 명의 의병을 모집하여 7월 초부터 본격적인 의병 활동을 전개합니다.

한편 정3품 통정대부 겸 동래부사를 지내던 고경명은 건저의 문제로 파직되어 낙향해 있던 중 임진왜란이 일어났다는 소식을 듣습니다. 고경명은 6월 1일 담양에서 출병하고 각 도의 수령과 백성에게 격문을 돌려한 달 만에 6000~7000여 명의 의병을 모아 한양 탈환을 위해 진격합니다. 하지만 고바야카와 다카카게가 금산을 점령했다는 소식을 듣고는 한양 진격을 멈추고, 조헌에게 연락하여 함께 금산의 일본군을 공격하기로 계획합니다.

1592년 7월 9일 금산에서 고경명은 관군과 함께 코바야카와 타카카게가 이끄는 일본군과 대치합니다. 하지만 실전경험이 풍부한 일본군은 치고 빠지기를 반복하며 고경명군의 힘을 뺐고, 10일 새벽 마음만 앞선 고경명이 재차 공격하지만 결국 패배하고 전사합니다.

금산으로 향하던 도중 고경명의 전사 소식을 들은 조헌은 계획을 바꾸어 청주성 탈환을 시도합니다. 1592년 8월 1일 조헌의 의병 1600여 명, 충남 공주에서 온 영규대사의 승병 1000여 명, 충청방어사 이옥의 500여명은 합류하여 청주성을 공격합니다. 이길 수 없다는 것을 안 일본군은 그날 밤 도주하고 8월 2일 청주성을 탈환합니다.

자신감을 얻은 조헌은 영규대사의 만류에도 불구하고 금산 공격을 고집합니다. 아마도 자기가 늦게 오는 바람에 고경명이 전사했다는 죄책감이 있었던 모양입니다. 영규대사는 어쩔 수 없이 금산 공격에 동의합니다.

하지만 무슨 이유에선지 관군은 의병들의 가족을 인질로 잡으며 의병의 해산을 종용하였고, 금산에 도착하니 의병의 숫자는 700명으로 줄었습니다. 다행인지 불행인지 가족이 없는 승병들은 원래 인원 그대로 1000여 명이 도착합니다. 그러나 1700여 명의 병력으로 1만여 명의 적군을 이길 수는 없습니다. 결국 조헌과 영규대사의 1700여 명의 의병들은 전멸합니다.

2차 금산전투에서 순국한 700인의 의사들이 묻힌 묘역을 칠백의총七百義塚이라 합니다. 그런데 불교계에서는 칠백의총이라는 이름을 굉장히 싫어합니다. 숭유억불이 국시였던 조선에서 영규대사와 1000여 명의 승병을 무시하고 지은 명칭이기 때문입니다.

읽을거리

불교는 조선시대 내내 무시당하였음에도 불구하고 임진왜란이 일어나자 조선을 지키기 위해 불교의 오계 중에서도 가장 중요한 '살생 금지'라는 계율을 깨면서까지 승병을 조직해 목숨을 바쳐 일본군과 싸웁니다. (일본군을 무찌를 때 사용한 화포가 불상을 녹여 만든 것이니 참으로 호국불교라 아니할 수 없습니다.)

승병 중 가장 유명한 사람은 서산대사 휴정입니다. 그는 1549년 승과에 급제하고 선교양종판사가 되었으나 벼슬을 관두고 사찰로 돌아와 많은 제자를 길러냅니다. 임진왜란이 일어나자 승병을 일으키는데 이때 그의 제자들도 함께 승병을 일으킵니다. 대표적으로 사명당 유정, 영규대사 등이 있습니다.

진주 대첩 ● 1592년 10월

한산도 대첩으로 수륙 병진 계획이 물거품이 되고 전국에서 의병들이 봉기하여 일본군을 공격하자 일본군은 목표를 바꾸어 전라도를 침범하려 합니다. 7월 서진하여 진해, 고성을 점령하고 8월에 진주 근처에 도착합니다. 진주성만 점령하면 전라도로 가는 길이 뚫립니다.

진주성은 전쟁이 시작되자마자 도망쳐버린 진주 목사 이경을 대신해 김시민이 지키고 있었습니다. 김시민은 전라 의병장 최경회, 경상 의병장 곽재우 등에게 구원을 요청하며 진주성 방어 태세를 강화합니다.

왜군은 진주성을 공격하기가 쉽지 않다고 판단해 사천으로 물러납니다. 그러자 김시민은 1000명의 병력을 투입, 사천성의 일본군을 공격하여 격파하고 쫓기는 적의 무리를 쫓아 고성과 진해도 탈환합니다. 일본군은 김해까지 밀립니다. 이 공적으로 김시민은 목사로 승진합니다.

도요토미 히데요시는 진주성 함락을 명령하고 한양에 머물던 일본의 정예병들이 김해로 집결합니다. 9월 24일 3만에 달하는 일본군이 김해성을 출발합니다. 노현(현재 창원)에서 경상 우병사 유숭인이 이끄는 조선군 2000명이 일본군과 전투를 벌이지만 많은 수에 밀려 패배합니다. 일본군은 진주성까지 거침없이 진격합니다.

노현 전투에서 패배한 유숭인은 김시민에게 문을 열어달라고 요청하지만, 김시민은 자기보다 상급자인 유숭인이 지휘하게 되면 지금까지 준비한 계책을 사용할 수 없게 될 것을 두려워해 성문을 열지 않습니다. 결국 유숭인 부대는 일본군 선발대 1만여 명에 의해 전멸합니다.

10월 6일 왜군 본대가 도착합니다. 진주성 전투는 처절하기 이를 데가 없었습니다. 3만 명의 일본군이 조총으로 공격하자 진주성에서는 대포로 응전합니다. 곽재우는 성 밖에서 게릴라전을 벌여 일본군을 혼란 시킵니다.

10월 7일 진주성 공격이 효과가 없자 화가 난 일본군은 주변 민가를 약탈하고 불 지릅니다. 밤이 되자 김시민은 악공樂工을 불러 거문고를 타고 퉁소도 불게 하여 적진을 동요시키는 심리전을 구사합니다. 일본군은 이에 대항해 잡혀 온 조선 아이들에게 성을 돌게 하며 "한양이 함락되고 팔도가 무너졌어요. 아저씨들은 새장 같은 진주성을 지킬 수 없어요. 빨리 성문을 열고 항복하세요"라고 외치게 합니다.

10월 8일 왜군은 대규모 공습을 다시 시도했고 포탄과 화살이 떨어지자 대신 돌멩이를 던지며 간신히 막아냅니다. 밤이 되자 의병들이 남강 건너편에서 횃불을 들고 돌아다녀, 마치 지원병이 도착한 것으로 꾸며내어 일본군을 초조하게 만듭니다.

10월 9일 일본군은 병력을 둘로 나누어 의병과 진주성을 동시에 공격합니다. 하지만 병력이 분산되는 바람에 오히려 조선군의 반격에 밀리게 됩니다. 그날 밤 일본군은 거짓 퇴각을 하여 조선군을 유인하려고 합니다. 그러나 왜군에게 잡혀 있던 조선 아이가 탈출하여 이 사실을 알려주어 일본군의 계략은 결국 실패합니다.

10월 10일 왜군은 총공세에 들어갑니다. 결국 외벽이 뚫리지만 내벽은 온전하였고 양측은 사력을 다해 전투를 벌입니다. 앞장서서 지휘하던 김시민 장군이 적의 총탄에 맞아 쓰러졌지만, 그의 부장인 곤양 군수 이광악이 계속 지휘합니다. 마침내 일본군은 진주성을 포기하고 퇴각합니다. 애석하게도 김시민 장군은 며칠 후 사망합니다.

일본군은 3만의 병력 중 지휘관급이 300명, 병사가 1만 명이 죽었습니다. 조선군은 관군 3800명, 의병 2200명이 참전하여 800명의 사상자가 나왔습니다. 이후 일본군은 모쿠소(목사의 일본식 발음)가 두려워 전라도 진출을 포기합니다. (일본의 전통연극인 가부키에서 모쿠소는 일본군을 잡아먹는 괴물로 묘사됩니다.)

진주대첩은 임진왜란 육전 3대첩 중 하나이며, 임진왜란 3대첩 중 하나입니다.

그러나 이 엄청난 참패 소식을 들은 도요토미 히데요시는 분노하여 진주성을 함락하고 반드시 모쿠소의 목을 가져오라고 명령합니다. 그 때문에 제2차 진주성 전투가 벌어지게 됩니다.

읽을거리

제1차 진주성 전투 당시 진주성과 성 밖의 의병들은 풍등(風燈) 또는 횃불을 남강에 띄워 통신했습니다. 진주에서는 두 차례의 진주성 전투에서 순절한 사람들의 넋을 위로하기 위해 남강에 등을 띄우는 유등(流燈) 풍습이 있었는데 1949년부터 유등놀이로 정착됩니다. 2002년 진주시는 유등놀이를 유등축제로 확대하였고 현재 대한민국의 대표 축제가 됩니다.

성주성 탈환   1593년 1월

1592년 5월 11일 임진왜란 28일 만에 52세의 김면이 거병합니다.

1592년 7월 10일 왜군 제6진 고바야카와 다카카게는 우척현에서 거창을 통과하여 전라도로 진입하려고 합니다. 김면과 정인홍은 매복하여 고개를 넘어오는 적군을 상대로 활을 쏴 격멸시켜 고바야카와 다카카게의 전라도 진입을 저지합니다. 김면 최고의 공적은 성주성 전투입니다.

김성일은 김면과 정인홍에게 성주성 탈환을 요청합니다. 한편 도체찰사인 정철에게 병력 증원을 요청하여 5000명을 지원받아 병력이 2만 명에 달하게 됩니다.

8월 21일 정인홍과 김면은 성주성 남쪽으로 진출하고, 다음 날 공성기구를 마련해 대대적으로 성주성을 공격할 준비를 합니다. 이때 성주성에 있던 가쓰라 모토쓰나는 본진의 모리 테루모토에게 병력 증원을 요청합니다.

성주성 포위망을 형성하기 전에 일본 증원군이 들이닥쳐 의병의 후방을 공격하였고 조선군은 후퇴합니다. 1차 공격에 실패한 조선군은 9월 11일 다시 성주성 탈환을 시도합니다.

하지만 성안과 밖의 일본군이 호응하여 의병을 공격했고 결국 조선군의 2차 공격도 실패합니다. 이때 김면은 합천 군수 배설에게 일본 증원군을 막으라고 명령하는데 "공무원인 내가 왜 민간인 명령을 듣느냐?"며 명령에 불복종하는 바람에 크게 패배합니다. 배설은 나중에 곤장을 20대

맞습니다.

12월 7일에 3차 공격을 강행하지만 일본군은 끝내 방어에 성공하고 8일 후인 12월 14일에 다시 철수합니다. 그러나 계속되는 조선군의 공격에 상당한 전력을 잃은 일본군은 1593년 1월 15일 밤에 성주성에서 철수합니다. 조정에서는 의병도대장이던 김면에게 경상 우도 병마절도사 직위를 줍니다. 김면은 경상도의 관병과 의병을 모두 통솔하게 됩니다.

의병 도대장	김면
의병 좌장	곽재우
의병 우장	정인홍
초유사	김성일

그러나 1592년 3월 병에 걸린 상태에서도 무리하게 군무를 보다가 13일 사망합니다.

그는 "지지유국 부지유신只知有國 不知有身(다만 나라만 알았지 내 몸은 몰랐다)"라는 말을 하고는 "자신의 죽음을 알리지 말라"는 유언을 남기고 사망합니다. 김면이 죽은 후 김면을 존경하던 곽재우가 의병을 이끌게 됩니다.

읽을거리

곽재우는 1593년 4월 15일 성주목사로 임명되고 1594년 12월 진주목사로 임명되면서 낙동강 일대의 주요 산성들을 수축, 관리하는 일을 총괄합니다. 그런데 1595년 말 갑자기 벼슬을 버리고 낙향합니다.

하지만 정유재란이 일어나자 국가의 부름에 응해 1597년 경상좌도 방어사가 되어 화왕산성에서 가토 기요마사를 방어합니다. 그리고 다시 낙향합니다.

평양성 탈환   1593년 1월

선조는 명나라에 이덕형을 사신으로 파견해 원군을 요청하였고, 만력제는 요동 부총병 조승훈에게 3000~5000명의 군사를 주어 1차 원군으로 파견합니다. 명군은 조선의 도원수 김명원 휘하의 3000명 군사와 합류해 조명연합군을 조직합니다.

7월 17일 조명연합군은 평양성을 탈환하기 위해 공격합니다. 일본군은 평양성문을 열어 일부러 조명연합군을 유인했고, 계략에 걸린 조명연합군은 경솔하게 진입했다가 매복해 있던 일본군에게 전멸합니다. 이것이 제2차 평양성 전투입니다.

8월 1일 조선은 총 병력 2만을 편성하여, 순변사 이일이 동쪽에서, 조방장 김응서가 서쪽에서, 순찰사 이원익이 북쪽에서 평양성을 공격하지만 결국 패배하고 퇴각합니다. 이를 제3차 평양성 전투라 합니다.

명나라는 영하(오늘날의 닝샤 후이족 자치구)에서 일어난 보바이의 난

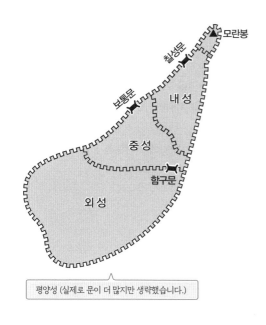

평양성 (실제로 문이 더 많지만 생략했습니다.)

을 진압한 후 1592년 12월 2차 원군을 조선에 파병합니다. 파병의 규모는 4만 3000명으로 총사령관은 이여송입니다. 12월 말 명군이 평안도 안주에 이르자 선조는 류성룡을 전쟁 중에 임명하는 최고 군직인 도체찰사로 임명합니다.

그런데 명군은 싸울 생각은 하지 않고 오히려 조선이 제대로 보급을 주지 않는다며 횡포를 부립니다. 류성룡, 이항복, 이덕형이 계속 이여송을 닦달하였고 마침내 이여송은 움직입니다.

이여송이 이끄는 명군은 류성룡이 이끄는 조선군 8000명과 서산대사, 사명대사의 승병 2200명과 함께 진격 1월 6일 평양성에 다다릅니다. 일본군은 앞의 세 차례 전투를 거치며 평양성을 요새화시켰습니다. 그리고 모란봉에는 2000명의 조총수를 배치합니다.

첫날 조명 연합군은 모란봉, 칠성문, 보통문을 공격하고 이일과 김응서가 별동대로 함구문을 공격합니다. 하지만 별 소득이 없었고 함구문에서는 적의 매복에 걸려 큰 손실을 봅니다. 이후 탐색전으로 시간을 보낸 조명연합군은 1월 8일 대규모 공격을 감행합니다.

명군이 대장군포, 위원포, 자모포, 연주포, 불랑기포 등 수많은 대포로 집중 포격을 하는 동안 조명연합군은 평양성의 모든 문으로 돌진합니다. 함구문은 명군의 조승훈과 조선의 이일, 김응서가 이끄는 8000명이, 칠

성문은 장세작이, 보통문은 양호가, 모란봉은 오유충과 사명대사의 승병 2200명이 공격합니다. 드디어 중성과 내성이 함락되자 일본군은 풍월정 아래에 굴을 파서 참호를 만들고 최후의 저항을 합니다.

양측의 사상자가 늘어나자 조명연합군은 철수합니다. 고니시 유키나가는 상황이 불리하다는 것을 깨닫고 협상을 통해 이여송에게 추격하지 않는다는 약속을 받은 뒤 그날 밤 평양성에서 철수합니다. (드디어 이일이 승리했습니다.)

그런데 이여송은 약속을 파기하고 추격에 나서 수백 명의 적군을 사살합니다. 그러고는 남진하여 한양으로 향하던 도중 벽제관 전투에서 고바야카와 다카카게의 기습에 패배합니다. (벽제관 전투는 임진왜란 일본군 3대첩 중 하나입니다.)

그 후로는 평양성에 틀어박혀 식량과 물자를 현지 조달한다는 명목으로 근처의 민가를 약탈하며 시간을 보냅니다. 이 때문에 평양성 주위에서는 "명군이 왜놈보다 더하다", "왜놈이 얼레빗이면 명군은 참빗"이라며 원망합니다. 이 소식을 들은 명나라는 이여송을 소환하고 대신 유정을 지휘관으로 보냅니다. 이여송은 1598년 토만이 이끄는 차하르부를 토벌하다가 포로로 붙잡혀 처형당합니다.

> **읽을거리**
>
> 옛날이야기에 단골로 등장하는 오성과 한음은 백사 이항복과 한음 이덕형입니다. 이항복은 오성부원군이라는 봉호를 받아서 오성이라고 알려졌습니다.
>
> 이항복 집에서 기르던 감나무의 감이 옆집으로 넘어가자 옆집 하인들이 우리 집으로 넘어온 감은 우리 집 감이라며 행패를 부리자 이항복이 옆집에 가서 주인 할아버지 방에 주먹으로 구멍을 내고 "이 팔이 누구의 팔입니까?"라며 따지는 일화

가 있습니다. 이 일화에 나오는 옆집 할아버지는 권율 장군의 아버지인 권철이고 나중에 이항복은 권율의 딸과 결혼합니다. 임진왜란 당시 피난 간 선조를 호종(扈從, 임금이 탄 수레를 호위하여 따르다)했으며 선조가 망명을 요청할 때 보낸 사신이 바로 이항복입니다.

한음 이덕형은 이항복보다 다섯 살 아래로 둘은 과거 시험장에서 처음 만나 죽을 때까지 우정을 이어갑니다. 오성과 한음은 명나라를 설득하여 원병을 얻어오는 데 성공하고 임진왜란 중에 병조판서를 번갈아 가며 역임하며 조선의 승리에 크게 이바지합니다.

하지만 두 사람 모두 광해군 때 정치적 사건에 연루되어 사망합니다. 이덕형은 1613년 영창대군의 사형을 반대하다가 삭탈관직 되고는 실의에 빠져 2개월 후에 사망합니다. 이항복은 1617년 영창대군의 어머니인 인목대비 폐비에 반대하는 상소를 올렸다가 60 넘은 나이에 함경도 북청도호부로 유배를 떠난 뒤 5개월 만에 사망합니다.

행주대첩 · 1593년 2월

조명연합군이 평양성을 탈환하자 남쪽에서는 한양탈환을 위해 행주산성으로 조선군을 소집합니다. 한편 남쪽으로 후퇴하던 일본군은 벽제관 전투에서 승리하면서 다시 기세를 올립니다. 그리고 기세를 몰아 행주산성을 공격해 한양탈환계획을 분쇄하려고 합니다.

일본군은 우키타 히데이에를 총대장으로 고니시 유키나가, 이시다 미츠나리, 구로다 나가마사, 킷카와 히로이에, 모리 히데모토, 고바야카와 히데카네, 우키타 히데이에 등의 장수가 지휘하는 총 3만의 군세로 행주산성을 공격합니다. (일본 역사를 아는 사람이라면 이 장수들이 얼마나 쟁쟁한 장수들인지 아실 것입니다.)

반면에 전라도 순찰사 권율이 지휘하는 행주산성에는 김천일과 승병장 처영의 의병을 포함하여 2880명에 불과한 병사들만 있었습니다.

2월 12일 일본군은 권율을 얕잡아보고 무턱대고 돌격을 명령합니다. 조선군은 신기전, 총통, 비격진천뢰 등 온갖 화기를 동원하여 일본군을 공격합니다. 그 결과 일본 1군은 궤멸하고 2군도 상당한 피해를 보고 후퇴합니다.

비격진천뢰는 1592년(선조 25년) 임진왜란 중에 화포장 이장손이 개발한 시한폭탄입니다. 완구(현재 박격포)에 넣어 발사합니다.

중완구

3군의 구로다 나가마사가 누각을 세우고 총병과 궁병을 올려 공격합니다. 그러자 조선군은 천자총통을 발사하여 누각을 박살 냅니다. 우키타 히데이에가 4군을 이끌고 직접 진격하여 바깥쪽 목책을 뚫으며 선전하지만 조선군이 변이중화차를 앞세워 공격하자 부상을 입고 물러납니다. 여기서 변이중화차는 변이중이 문종화차를 개량하여 승자총통 40개를 동시에 발사하도록 만든 화차입니다.

5군의 킷카와 히로이에가 안쪽 목책에 불을 지르려 했지만, 조선군이 미리 물에 적셔놓은 바람에 실패하고 도리어 반격까지 당합니다. 6군의 모리 히데모토와 고바야카와 히데카네가 서쪽의 비탈면에서 공격을 시도하지만 승병들이 석회 주머니를 터뜨려서 뿌리고, 혼란한 틈에 반격을 가해 격퇴당합니다.

마침내 이치전투에서 권율과 전투를 벌였던 7군의 고바야카와 다카카게가 꾀를 써서 몰래 서북쪽으로 침투합니다. 조선군과 일본군은 백병전을 개시합니다. 하지만 수적으로 불리했던 조선군은 밀리게 되고 결국 화살이 다 떨어져 돌멩이를 던져가며 싸우는 지경에 이릅니다.

바로 그때 충청 수사 정걸이 배 2척에 1만 개가 넘는 화살을 싣고 한강을 거슬러 옵니다. 이를 본 일본군들은 이순신이 구원온 것으로 착각하고는 혼비백산하여 달아나기 시작하면서 행주 대첩은 조선의 승리로 끝이 납니다.

행주대첩은 임진왜란 3대 대첩(**한산도대첩, 진주대첩, 행주대첩**)중 하나입니다.

제2차 진주성 전투   1593년 6월

조선의 반격으로 일본군은 밀리게 되고, 남의 나라에서 전쟁하기 싫었던 명군은 이해가 맞아떨어져 타협을 시도합니다. 한편 그동안 도망치기만 했던 선조는 전세가 역전되자 일본군을 전멸시킬 때까지 전쟁을 계속하겠다고 합니다.

일본의 고니시 유키나가와 명나라의 심유경은 이런 선조를 제쳐두고 용산 강가에서 만나 강화 협상을 합니다. 안전이 보장되자 일본군은 1593년 4월 한양에서 철수합니다. 그런데 도요토미 히데요시는 철수하는 일본군들에게 모두 진주성으로 모이라는 명령을 내립니다. 진주대첩에서 당한 패배에 앙심을 품고 설욕하려는 심산이었습니다. 이 소식을 들은 명나라는 강화 협상이 깨질 것을 우려하여 구원을 포기합니다.

그러나 의병장 김천일, 경상 우병사 최경희, 충청 병사 황진 등은 진주성과 함께 죽겠다는 결의를 다지고 군사를 이끌고 진주성에 입성합니다. 도원수인 권율과 의병장 곽재우가 진주성을 포기하라고 간청하지만 그들은 결사 항전을 주장합니다.

1593년 6월 21일 센고쿠 시대 일본을 누비던 대부분의 장수와 9만 2972명의 일본군이 진주성을 포위합니다. 이때부터 29일까지 9일간 처절한 전투가 벌어집니다. 일본군은 진주성의 해자를 메꾼 후 작은 언덕을 쌓고 언덕 위에서 사격합니다. 하지만 조선군의 격렬한 저항으로 실패하자 귀갑차를 동원해 성벽을 부수려고 합니다. 6월 29일 마침내 성벽이 부서지고 일본군이 성 내로 홍수처럼 밀려오며 대학살이 벌어집니다. 관군과 의병 약 6000명과 일반 백성 약 2만 4000명 중 불과 수백 명만 남강을 넘어 도망쳤고 나머지는 모두 살해당합니다.

이몽학의 난 · 1596년

임진왜란 내내 도망만 쳤던 선조는 모든 사태의 책임을 조선을 위해 헌
신한 광해군과 장수들에게 떠넘깁니다. 광해군은 선조를 대신해 전국을
돌며 민심을 수습하고 조선군의 사기를 회복시키는 데 전력을 기울였습니
다. 이 때문에 백성들은 광해군을 지지했고 신하들과 명나라는 은근히 선
조에게 양위를 압박하기도 합니다.

열등감에 폭발한 선조는 양위를 내세우며 임진왜란 7년 동안 무려 열
다섯 차례나 어지를 부립니다. 전쟁이 발발한 1592년에만 다섯 차례나 어
지를 씁니다. 차라리 "성은이 망극하옵니다"라며 덥석 받았으면 좋으련만
광해군은 그때마다 신하들과 함께 하루 종일 마당에 꿇어앉아 "통촉하옵

소서"라며 선조를 달래야만 했습니다.

비단 광해군만 괴롭힌 것이 아닙니다.

1596년 전주 이씨 서얼 출신의 이몽학이 반란을 일으킵니다. 이몽학이라는 인간은 변변치 않은 인간이었지만 선조가 미웠던 백성들이 호응하며 제법 큰 난리로 번집니다. 그런데 이몽학의 난을 처리하는 과정에서 의병장 김덕령이 연루되었다고 트집을 잡아 고문을 하여 죽여버립니다.

읽을거리

1593년 7월부터 정유재란이 일어나는 1597년 7월까지 휴전 상태였던 조선은 전국 각지에서 일어난 도적들과 전쟁을 벌입니다.

1594년 여름 조선 각지에서 도적 떼들이 휩쓸고 다니는데, 규모가 작게는 1000명에서 많게는 1만 명이나 되었고 그들의 기세가 워낙 강해서 관아에서도 막지 못했다고 합니다. 조정에서는 이들을 진압하기 위해 전라 병사 김응서와 상주 목사 정기룡 등을 동원하여 1595년 봄에야 도적들을 평정합니다.

칠천량 해전 · 1597년 7월

일본군이 일본으로 철수했지만 전쟁의 불씨는 여전히 남아있었습니다.

1596년 명나라는 도요토미 히데요시를 일본 국왕으로 책봉하고 전쟁을 마무리 지으려고 합니다. 하지만 도요토미 히데요시는 "명나라 황녀를 일본 천황의 후궁으로 삼는다", "조선 8도 가운데 4도를 일본에 이양

한다" 등 도저히 받아들일 수 없는 조건을 내걸며 고집을 부립니다. 결국 협상이 결렬되고 도요토미는 호시탐탐 조선을 재침할 기회를 노립니다.

1월 12에서 14일, 가토 기요마사의 일본군 410척이 조선에 재상륙합니다. 일본의 이중간첩인 요시라로부터 이 정보를 받은 조정에서는 이순신에게 출격 명령을 내립니다. 하지만 이순신은 일본이 장악한 경상우도에서의 작전에 신중을 기하다가 가토 기요마사를 잡는 데 실패합니다. 조정에서는 어쩔 수 없는 상황이었다는 것을 알고 불문에 부치려 했지만, 선조는 책임을 물어 이순신을 파직합니다. 자칫하면 참수당할 뻔도 했지만 도원수 권율이 적극적으로 구명하여 백의종군白衣從軍(벼슬 없이 군대를 따라 싸움터로 감)으로 풀려납니다. 권율은 자기 휘하에서 백의종군하는 이순신에게 여러 가지 편의를 봐줍니다. (권율이 한산도의 수군 몇 명을 빼서 이순신의 수발을 들게 해주었는데 이순신은 수군 전력을 깎을 수 없다며 거절합니다.)

한편 선조는 '저라면 우두머리를 잡을 수 있습니다'라는 요지의 장계를 올린 원균을 삼도수군통제사로 임명합니다. 하지만 첫 출전이던 3월 9일 거제도 기문포에서 일본군 3척과 교전하여 판옥선을 빼앗깁니다. 지난번의 전쟁을 교훈 삼아 수군을 강화한 일본군을 사령관들의 신망을 잃은 원균의 수군이 이길 수가 없었습니다.

6월 18일 원균은 함대 100여 척을 이끌고 가덕도에 주둔 중인 일본군을 몰아내기 위해 2차 출정을 나서지만, 이기지 못하고 한산도로 물러납니다. 7월 8일, 원균은 부산 절영도(현재 영도) 방면으로 진출했다가 일본 수송선단 수백 여척을 보고는 곧바로 도망칩니다. 이때 판옥선 20여 척과 승무원 3000명이 표류하다가 전멸합니다.

　이 보고를 받은 권율은 분노가 폭발하여 원균을 소환해서 곤장을 치고 는 똑바로 처신하라고 호통을 치고 돌려보냅니다. 이후 원균은 7월 11일 한산도에서 전 수군을 출진시킵니다. 하지만 14일 가덕도에서 일본군의 기습을 받자 물을 실으려고 상륙한 수군 400명을 버려두고 그대로 거제도로 도망칩니다. 그러나 거제도에도 일본군이 있다는 것을 알고는 다시 칠천량으로 도망칩니다.

　한편 거제도와 가덕도에 있던 일본 수군들은 조선 수군의 동태를 부산포에 긴급 보고합니다. 일본 수군 지휘관인 도도 다카토라와 이순신 때문에 조선의 특산물인 돌미역을 원 없이 먹었던 와키자카 야스하루 그리고 나머지 장수들은 운항할 수 있는 배를 다 긁어모아 칠천량으로 향합니다. 자는 도중 기습을 받은 조선 수군은 제대로 싸우지도 못하고 허둥거릴 뿐입니다. 뒤늦게 상황을 파악한 수군이 반격하지만 이미 때가 늦었습니다. 전라 우수사 이억기와 충청 수사 최호는 교전 중에 전사합니다.

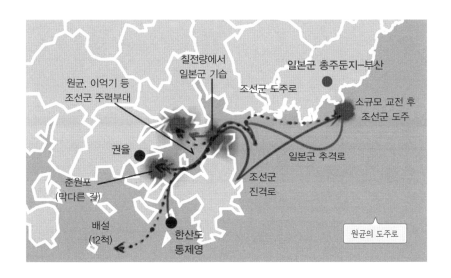

원균은 후퇴 명령을 내립니다. 하지만 이 명령마저도 제대로 전달 되지 않아 배설 등이 이끄는 함대는 한산도로 후퇴하고, 원균이 이끄는 함대는 진해만과 춘원포로 후퇴했지만 그곳은 막다른 곳이었습니다. 원균은 배를 불사르고 지상으로 도망칩니다. 그 후 원균의 행방은 알 수 없습니다.

이로써 이순신이 온갖 공을 들여 만들었던 160여 척의 전함은 배설이 끌고 도망친 12척을 제외하고 모두 사라집니다. 그뿐만 아니라 유능한 장수였던 이억기와 최호마저도 전사합니다. 칠천량 해전에서 패배한 조선은 다급히 명나라에 지원을 요청하고, 경상, 전라, 충청도 지역을 비우는 전략을 택합니다. 이렇게 정유재란이 시작됩니다.

읽을거리

임진왜란 당시 1592년 4월 13일에 부산에서 첫 봉화가 올랐는데 나흘 뒤인 4월 17일에 한양까지 일본군의 친입 소식이 전달됩니다. 1597년(선조 30년) 봉화를 대신해 명나라로부터 파발(擺撥) 제도를 도입합니다. 이 때문에 상세하고 정확한 내용을 전달할 수 있게 됩니다.

이를 위해 주요 교통 거점마다 역참을 설치하고 파발마를 두었고, 파발꾼이 역참에서 말을 갈아타며 공문서를 전달했습니다. 역참에서 말을 빌리기 위해 관리는 마패를 이용했습니다. 빌릴 수 있는 말의 숫자는 마패에 있는 말의 수와 같습니다.

남원 전투 • 1597년 8월

도요토미 히데요시는 임진왜란 중 전라도를 점령하지 못해 일본군이 승리하지 못했다고 판단하고 전라도를 우선 점령하라는 명령을 내립니다. 이에 따라 8월 일본군은 우군과 좌군으로 나누어 전라도로 진격합니다.

우군은 총사령관 모리 히데모토, 선봉장 가토 기요마사와 구로다 나가마사, 쵸소카베 모토치카가 이끄는 총 7만 3700명의 군사로 서생포에서 출발해 밀양, 합천을 거쳐 황석산성으로 진군합니다. 좌군은 총사령관 우키다 히데이에, 선봉장 고니시 유키나가와 시마즈 요시히로, 하치스카 이에마사가 이끄는 군사로 편성되어 웅천에서 출발해 진주를 거치던 중 사천에 상륙한 와키자카 야스하루 등이 이끄는 수군과 합류해 총 5만 6000명의 인원으로 구례를 거쳐 남원으로 진군합니다. 남원은 경상도에서 전라도로 넘어가는 관문입니다. 남원성에는 전라 병사 이복남이 이끄는 1000명의 조선군, 명나라 양원이 이끄는 3000명의 명군 그리고 6000명의 백성이 있었습니다.

8월 12일 시작된 전투는 일본군의 조총과 조선군의 총포가 불을 뿜으며 한 치의 양보도 없이 물고 물리는 싸움을 계속합니다. 8월 14일 일본군은 남원성을 완전히 포위한 다음 주변에 있는 민가와 절을 부숴 나온 재목으로 사다리를 만들고 민가 초가지붕에서 나온 짚으로 짚단을 만들어 참호를 메웁니다. 8월 15일 일본군은 잡초와 벼를 이용해 큰 풀단을 만들기 시작합니다. 그날 저녁 고니시 유키나가가 군사 5명을 양원에게 보내 항복을 설득합니다. 하지만 양원은 단호히 거부합니다. 그날 밤 일본군은 풀단으로 해자를 메우고 성벽에 쌓기 시작합니다. 풀단이 성벽 높이에 이르자 일본군은 풀단을 딛고 성벽 위로 오르기 시작합니다. 조명 연합군과 백성들은 격렬하게 저항했으나 압도적인 일본군의 군세를 당해내지 못합니다.

8월 16일 양원은 남원성에서 탈출하지만 조명연합군과 백성들은 이복

남의 지휘 아래 일본군과 맞서 싸우다가 결국 전멸합니다. 남원에서는 이 때 순국한 사람들을 기려 충렬사를 세우고 만인의총萬人義塚이라는 무덤을 만들었습니다.

한편 같은 날 일본군 우군을 맞아 치열한 방어전을 펼치던 황석산성에서는 백사림이라는 인간이 저 혼자 살자고 밤 중에 성문을 열고 가족과 함께 탈출하는 바람에 일본군이 성안에 돌입하여 황석산성은 함락되고 성안의 사람들이 전멸합니다.

이로써 정유재란 초기 전라도는 일본군에 의해 완전히 장악됩니다.

읽을거리

도요토미 히데요시는 죽은 조선 백성들의 머리를 가져오라고 명령합니다. 하지만 머리가 너무 무거워서 대신 코와 귀를 소금에 절여 나무통에 담아 바칩니다. 도요토미 히데요시는 일일이 그 숫자를 센 뒤 코 영수증을 써주고 감사장도 보내었습니다. 그런 다음 일본 전국을 순회하며 자랑한 뒤 교토에 묻었는데 지금도 일본 교토에 가면 코 무덤이 있습니다. 이 코 무덤에는 조선인 12만 6000명분의 코가 묻혀 있다고 합니다.

명량해전 1597년 9월

칠천량 해전에서의 패배로 조선 수군이 궤멸에 가까운 피해를 보자 조정에서는 이순신 장군을 전라 좌수사 겸 삼도수군통제사로 복직시키자는 논의가 나옵니다. 선조는 조정에서 회의 도중 나가버리고 대신들이 복직을 결정합니다. 게다가 이순신 장군에게 복직교서에서 미안하다고 하고는 강등되었던 계급은 그대로 둡니다. (정2품 정헌대부가 아닌 정3품 절충장군)

하지만 애국심의 화신이며 참 군인이었던 성웅聖雄 이순신은 전혀 개의치 않고 일본군을 막을 준비를 합니다. 셋째 아들인 이면이 고향 아산을 습격한 일본군과 맞서다 전사한 것도 하나의 이유입니다. 그는 초계 모여곡에서 전라 우수영까지 이동하며 흩어진 장병들을 모으고 군량과 무기들을 입수합니다. 다행히 일본군은 뜻밖의 대승을 거둔 터라 후속 조치를 취하지 않고 있다가 9월이 되어서야 조선 수군을 공격하기 위해 준비를 합니다.

우수영에는 경상우수사 배설이 끌고 온 12척의 배가 있었습니다. 배설은 성주성 전투에서 상관인 김면에게 대들다가 곤장을 맞기도 했지만 실제로는 유능한 군인이었습니다. 칠천량 전투에서도 전석 8척을 대파하고 자신의 함대를 온전히 보존하여 후퇴했습니다. 하지만 칠천량 해전에서 얻은 PTSD(외상 후 스트레스 장애) 때문에 명량해전 직전에 탈영하고 나중에 붙잡혀 적전도주죄로 사형당합니다.

9월 15일 이순신은 장수들을 모두 불러놓고 연설합니다.

"병법에 이르기를 필사즉생必死則生 필생즉사 必生則死(죽고자 하면 살고, 살고자 하면 죽는다)라고 했으며, 또한 일부당경一夫當逕 족구천부足懼千夫(한 사람이 길목을 지키면 천 명도 두렵게 할 수 있다)라 했다. 그대들은 살려는 마음을 가지지 말라. 만약 군령을 조금이라도 어긴다면 즉시 군법으로 다스리겠다."

　9월 16일 이순신은 13척의 배(배설의 12척＋전라 우수사 김억추의 1척)로 명량(울돌목)에서 도도 다카토라와 와키자카 야스하루, 구루지마 미치후사 등이 이끄는 133척의 일본군을 맞이합니다. 이순신이 명량을 선택한 이유는 명량이 좁은 해로이기 때문입니다. 적선이 아무리 많아도 해로가 좁아서 실제 교전에서는 서너 척의 배들끼리만 교전할 수 있습니다. 학익진과 반대로 소수의 전함으로 다수의 전함을 상대할 최적의 전술입니다. 그리고 이순신 장군은 조선의 지리를 잘 모르는 일본군은 절대로 알 수 없는 비장의 패를 숨겨둡니다.

　전투 초기 명량의 해류는 일본 수군 쪽에서 조선 수군 쪽으로 흘렀습니다. 조선의 수군이 겁을 먹고 뒤로 물러났지만 이순신 장군이 탄 배만은 역류에 맞서 명량에 버티고 서서 일본 수군을 저지합니다. 일본 수군들은 이순신의 모습이 보이자 겁을 먹어 감히 앞으로 나오지를 못합니다.

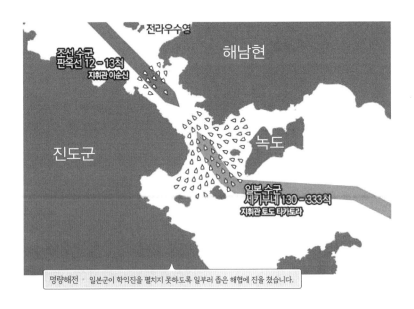

명량해전 · 일본군이 학익진을 펼치지 못하도록 일부러 좁은 해협에 진을 쳤습니다.

명량의 해류가 바뀔 조짐이 보이자 이순신은 전선을 모두 호출합니다. 자신의 안위를 걱정하느라 쭈뼛거리던 거제 현령 안위의 배가 마지못해 이순신의 전함으로 다가옵니다. 그러자 이순신이 호통을 칩니다. "내가 어제 말하지 않았는가? 죽도록 싸워서 살 텐가? 아니면 살려고 도망치다 내 손에 죽을 텐가!"(실제로 이순신 장군은 군령을 어긴 장수는 군법에 따라 가차 없이 죽였습니다.) 드디어 안위가 자신의 안위는 걱정하지도 않고 공격을 시작합니다. 이순신 장군의 호통을 받은 중군장 김응함도 전투에 뛰어듭니다.

이순신에게 겁을 먹었던 일본 전함들은 만만해 보이는 안위의 전함으로 몰려듭니다. 하지만 이순신 전함의 포격으로 격침됩니다.

바야흐로 해류가 조선군 쪽에서 일본군 쪽으로 바뀌면서 조선 수군은 해류를 타고 공격을 개시합니다. 조선군의 함포사격으로 일본 전함들이 대파되고 후퇴하려는 전선 전방의 일본 전함이 후방의 전함과 충돌하면서 침몰합니다. 일본군 지휘관인 도도 다카도라는 부상을 입었고, 와키자카 야스하루는 도망쳤으며, 구루지마 미치후사는 죽었습니다. 일본은 수군이 붕괴할 정도로 대패를 당합니다.

이순신 장군은 조선 수군의 함대를 이끌고 우수영에서 고군산도까지 북상하며 서해안의 제해권이 조선 수군에게 있다는 것을 일본군에게 확실하게 알립니다. 그 결과 충청도 직산까지 진격했던 왜군은 어쩔 수 없이 순천, 울산 등지로 퇴각합니다. 그리고 여기저기 숨어있던 수군 장수들이 병력을 이끌고 이순신과 다시 합류하면서 원균이 망쳐놓은 조선 수군을 60퍼센트 수준까지 회복합니다.

정유재란이 시작되자 일본군은 경상, 전라, 충청을 석권하고 경기도까지 올라옵니다. 이를 저지하기 위해 마귀가 이끄는 명군이 9월 7일 충청도 직산에서 구로다 나가마사의 일본군과 전투를 벌입니다. 이 전투 이후로도 일본군은 계속 한양으로 진격하였고 조정은 다시 몽진을 계획합니다. 하지만 명량해전의 승리로 일본군이 철수합니다.

그런데 이순신을 미워하는 선조는 일본군이 물러간 것을 명군이 직산전투에서 승리한 것 때문이라고 합니다. 명군 장수인 양호는 선조의 이런 언행이 민망하여 "큰공을 세운 장수는 이순신이니 이순신의 품계를 올리라"는 요청을 합니다.

왜성 공략

이순신이 노량해전에 승리하면서 일본군은 전면적으로 후퇴하여 해안가에 왜성을 쌓고 농성에 돌입합니다. 조명 연합군은 왜성을 공격하여 아예 일본군을 끝장내기로 작정하고 최우선으로 울산 왜성을 공격합니다. 울산 왜성은 부산과 가까워 조선군이 점령한다면 부산으로부터의 일본군 증원을 차단할 수 있습니다. 또한 조선인이 가장 무서워하는 가토 기요마사가 주둔하는 성이라는 이유도 있었습니다. 12월 23일 권율, 정기룡 등이 이끄는 조선군 1만 1500명과 양호, 마귀 등이 이끄는 명군 3만 6000명은 1만 6000명이 주둔 중인 순천왜성을 포위하고 공격합니다. 하지만 조명연합군의 공격에도 울산 왜성은 끄떡도 하지 않습니다. 왜성은 센고쿠 시대에 방어력을 극한으로 끌어올리도록 개량된 성이기 때문입니다.

연합군 총사령관 양호는 전략을 바꾸어 고사 작전을 펼칩니다. 연합군은 성 주변의 우물을 모조리 묻어버리고 태화강의 물줄기까지 막아버립니다. 시간이 지나며 식량과 물이 떨어져 말을 죽여 먹고, 피와 오줌으로 갈증을 해결하는 정도에 이릅니다. 가토 기요마사는 물을 구하기 위해 밖으로 일본군은 보내지만 겹겹이 쌓인 포위망을 뚫지 못하고 사로잡히거나 죽어버립니다.

한편 연합군은 쉬지 않고 울산 왜성을 공격해 마침내 28일 외성을 함락시키고 내성으로 진입합니다. 가토 기요마사는 할복할 준비를 합니다. 그때 6만~8만에 달하는 구원군이 울산 왜성으로 달려옵니다. 심지어 가토 기요마사와 사이가 나쁜 고니시 유키나가마저 구원하기 위해 순천에서 달려왔습니다. 결국 조명 연합군은 1만 명이 넘는 사상자를 내며 후퇴합니다.

이 전투 이후 조명 연합군은 일본군을 각개 격파시키려는 작전을 버리

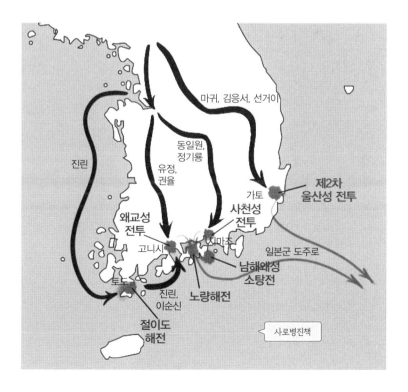

고 군을 넷으로 나누어 전 동시에 총공세를 펼쳐 전멸시키는 사로병진작전四路竝進作戰을 내세웁니다.

1598년 9월 18일 정기룡이 지휘하는 조선군 2215명과 제독 동일원이 지휘하는 명군 2만 6800명은 시마즈 요시히로가 지휘하는 7000여 명의 일본군이 지키는 사천 왜성을 공격하지만 1만 명 가까운 전사자를 내고는 결국 퇴각합니다. 이로써 사로병진작전은 실패로 끝이 나고 일본군은 무사히 퇴각합니다. (임진왜란 3대첩은 **벽제관, 울산성, 사천성 전투입니다**)

성공한 왜성 공격도 있습니다. 1598년 9월 조명연합군은 울산 왜성을 다시 공격합니다. 이때는 이미 일본군이 후퇴할 생각이었기에 미련 없이 성에 불을 지르고 도망가는 바람에 쉽게 점령합니다.

왜성에 관한 이야기를 덧붙이자면 조선에 만들어 둔 왜성은 건축 연대가 정확한 데다가 그 후로 수리보수가 되지 않아 당대의 일본 건축양식을 고스란히 보존하고 있습니다. 오히려 일본에서는 당대의 건축물이 파괴되거나 개보수되는 바람에 건축 양식이 보존된 경우가 극히 드뭅니다. 그래서 일본의 학자들이 연구를 위해 대한민국의 왜성을 자주 찾아옵니다.

노량해전 · 1598년 11월

명량해전 이후 사로병진작전에 따라 명나라 진린이 수군 5000명을 이끌고 이순신 함대에 합류합니다. (육지 삼로는 이미 실패했습니다.) 안하

무인인 성격의 진린이 공명정대하고 엄격한 성격인 이순신과 합류한다는 소식에 조정의 대신들은 조선과 명나라군 간에 갈등이 생길까봐 노심초사합니다. 하지만 진린은 이순신이 명량 해전에서 거둔 승리를 알고 있었기 때문에 호의적이었습니다. 게다가 이순신 장군이 진린의 수군을 푸짐하게 대접하고 진린에게 일본군 40명의 목을 선물로 주자 이순신을 깊이 존경하여 두 살이나 어린 이순신에게 라오예老爺라는 극존칭으로 부를 정도였습니다.

진린이 얼마나 이순신을 존경했는지에 대한 일화가 있습니다.

명 수군이 조선 백성들을 상대로 약탈 등을 하며 괴롭히자 이순신은 이 삿짐을 싸고 떠나려고 합니다. 깜짝 놀란 진린이 왜 그러느냐고 묻자, 이순신은 명 수군들이 조선 백성을 괴롭히니 나 또한 당할까 봐 그런다고 대답합니다. 그러자 진린은 "명 수군이 행패를 부리면 라오예께서 직접 다스려도 된다"라면서 명 수군의 지휘권까지 일부 넘겨줍니다.

1598년 8월 18일 도요토미 히데요시가 사망하면서 일본 장수들에게 철수 명령이 떨어집니다. 오랜 전쟁으로 지친 일본 장수들은 서둘러 철수하기 시작합니다. 하지만 이순신 장군은 고이 보내줄 생각이 없었습니다. 그는 진린과 함께 고니시 유키나가가 주둔 중인 순천왜성을 공격하고 다급해진 고니시 유키나가는 산불을 내 구원을 요청합니다. 이를 본 시마즈 요시히로는 그를 도와주기 위해 노량으로 진출합니다.

하지만 이는 시마즈 요시히로를 유인하기 위한 위장이었고 명나라 수군 본대는 죽도에서 매복하고 있다가 기습합니다. 시마즈 요시히로는 후퇴하느니 관음포 쪽으로 빠지는 것이 낫다고 생각해 빠른 속도로 도망칩니다.

그러나 이 모든 것이 이순신 장군의 계략이었습니다. 이순신 장군은 관음포에 숨어있다가 허겁지겁 도망치는 시마즈 요시히로 선단의 옆구리를 어린진으로 파고듭니다. 일본 수군은 혼란에 빠졌고 조선군과 뒤따라온 명나라 수군 사이에서 옴짝달싹 못 한 채 공격을 받습니다. 하지만 이 전투에서 이순신 장군이 적의 총탄에 맞습니다. 이순신 장군은 위급한 상황에서도 "나의 죽음을 절대로 적에게 알리지 말라"라고 유언하였고, 손문욱이 지휘를 이어서 합니다.

일본 전함 200여 척이 부서지고 병사 1만~2만 명이 전사합니다. 50척가량은 관음포에서 탈출에 성공해 외해로 도주합니다. 시마즈 요시히로도 이때 작은 배로 갈아타고 간신히 도망칠 수 있었습니다. 100척가량은 관음포에서 탈출에 실패해 남해도에 상륙한 후 급히 뗏목을 만들어 탈출합니다. 하지만 미처 도망치지 못한 일본군 1000여 명은 이틀 뒤 남해왜성 소탕전에서 모두 죽습니다. 이로써 임진왜란은 끝이 납니다.

이순신 장군을 저격한 왜병은 자기도 모르게 수만 명의 일본인을 구한 영웅이 되었습니다.

만약 이순신 장군이 전사하지 않았다면 틀림없이 노량에서 일본군을 전멸시킨 후 부산포로 가서 탈출하는 일본군을 전멸시켰을 것입니다.

읽을거리

손문욱은 임진왜란 발발 후 경산에서 일본군에 잡혀 일본으로 끌려갑니다. 그 후 능력을 인정받아 첩자가 되어 조선에 들어옵니다. 하지만 손문욱은 자신이 거짓으로 첩자가 되었다고 밝히고 오히려 조선에 일본군의 상황을 알려줍니다. 이 공을 인정받아 이순신 장군 휘하에서 수군으로 종군하게 됩니다. 그는 임진왜란 이후 조정의 명을 받아 일본을 오가며 국교회복에 중요한 역할을 합니다.

✦ 한석봉 ✦

임진왜란 승리의 숨은 주역 중 한 명은 석봉 한호입니다. 한석봉의 서예 실력은 조선에서는 안평대군과 맞먹는다는 평가를 받았으며, 명나라에서도 '왕희지 및 안진경과 겨룰 만하다'라는 평가를 받습니다. 하지만 한석봉은 서예 실력만 뛰어날 뿐 시문이나 행정에는 전혀 재능이 없었습니다. 그래서 벼슬은 공문서의 글씨를 깨끗하게 정리하는 하급 관리인 사자관(寫字官)에 머물렀습니다.

그런데 임진왜란 때 한석봉의 글씨가 명나라 관리 접대용으로 사용되면서 그 공로를 인정받아 1599년(선조 33년) 경기도 가평군수가 됩니다. 하지만 행정에 재능이 없던 한석봉은 가평을 제대로 다스리지 못했고 결국 탄핵을 받아 강원도 통천현감으로 좌천됩니다.

한석봉은 자신이 무능해서 탄핵당했다는 사실에 자괴감이 들어 괴로워하다가, 임진왜란 공신의 교서와 녹권을 아무렇게나 휘갈기는 짓을 벌여 1604년에 파직당하고 이듬해 63세를 일기로 사망합니다.

읽을거리

석봉 한호의 작품 중 가장 유명한 것은 선조의 어명으로 1583년(선조 16년)에 쓴 《한석봉 천자문》입니다. 1601년 처음 간행되었고 그 후 여러 차례 중간되었습니다. 《한석봉 천자문》의 보급으로 한석봉의 글씨는 조선 글씨의 기준이 됩니다.

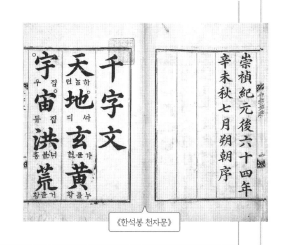

《한석봉 천자문》

✦ 임진왜란의 영향 ✦

　임진왜란으로 조선의 많은 문화재가 사라졌습니다.

　경복궁, 창덕궁, 창경궁이 방화로 없어졌고 일부 사찰들도 불에 타버렸습니다. 《고려실록》은 모두 소실되었으며 《조선왕조실록》은 전주 사고의 판본 1질만 남기고 춘추관, 충주, 성주에 있던 판본은 소실됩니다. 《승정원일기》와 《비변사등록》도 사라집니다. 우리나라 말에도 변화가 생겨 반치음(△)이 사라집니다.

　농업 및 산업 기반도 대거 파괴되었습니다. 임진왜란 전까지 150만 결에 달했던 경작지가 임진왜란 후엔 30만 결로 줄어듭니다.

　많은 사람이 죽거나 일본으로 끌려가면서 인구도 줄고 신분 질서도 흔들립니다. 이때 끌려간 조선 도공에 의해 일본의 도자기 기술이 발달하고, 유학자들에 의해 성리학이 전파됩니다.

　조선인 출신 도공 중 가장 유명한 사람은 이삼평입니다. 이삼평은 포로로 끌려간 것이 아니라, 임진왜란 시절 일본에 부역했다가 일본으로 도주한 인물입니다. 일본으로 건너간 그는 아리타현에서 고령토를 발견하고 백자를 생산합니다. 이삼평은 이 공로로 잘 먹고 잘 살았습니다. 이름도 카나가에 산베에(金ヶ江 三兵衛)로 바꿉니다. 아리타는 일본 최고의 도자기 생산지가 되었고, 1650년에는 네덜란드 동인도 회사가 145개의 일본 자기를 구매하면서 일본 최초로 해외에 수출된 자기가 됩니다.

　납치된 성리학자 중 유명한 인물로는 강항이 있습니다. 강항은 임진왜란 때 형조 좌랑을 지낸 인물로 군량을 수송하는 일을 하다가 명량해전이 끝난지 불과 며칠 후 가족과 함께 일본군의 포로가 되어 일본으로 끌려갑니다. 강항이 대단한 성리학자라는 것을 알아본 일본의 후지와라 세이카는 강항에게 가르침을 청해 성리학을 전수받고 일본 최초의 성리학자가 됩니다. 강항은 세이카의 도움으로 귀국할 수 있었습니다.

　한편 투항한 일본인인 황왜(降倭)가 조총과 탄약 제조 기술 등을 전합니다. 항왜 중 가장 유명한 사람은 김충선(金忠善)입니다. 사이고는 임진왜란 당시 가토 기요마사의 좌선봉장을 맡아 조선에 상륙합니다. 하지만 경상도 병마절도사 박진에게 투항의사를 밝히고 투항합니다. 조선에서는 그에게 김충선이라는 이름을 하사하고 일본군과 맞서 싸우게 합니다. 김충선이 이끄는 조총부대는 임진왜란에서 크게 활약했으며, 그에 의해 조선에 조총이 보급됩니다. 김충선은 병자호란 때에도 크게 활약하며 조선에 충성하다가 사망합니다. 사성 김해 김씨는 김충선의 후손입니다.

임진왜란 때 일본군에 의해 담배, 고추 등이 들여옵니다. 그 때문에 호랑이 담배 피우던 시절과 빨간 김치를 먹게 되는 것도 임진왜란 이후입니다.

읽을거리

유럽이 아메리카 대륙을 발견하면서 아메리카의 작물이 유럽을 거쳐 중국과 일본으로 전래됩니다. 그리고 다시 조선으로 전래됩니다.

옥수수는 16세기, 호박은 17세기, 감자는 19세기 초반 중국에서 전래됩니다. 고구마는 1763년(영조 39년)에 조선 통신사 조엄이 일본 쓰시마 섬에서 고구마를 기르는 것을 목격하고 이듬해 제주도와 동래부(지금의 부산) 영도에서 기르기 시작했습니다.

도요토미 히데요시가 사망하자 도쿠가와 이에야스는 일본의 정권을 잡기 위해 여러 가지 계략을 세워 시행합니다. 먼저 가토 기요마사 등 도요토미 히데요시에게 불만이 있던 다이묘들을 포섭합니다. 도쿠가와 이에야스의 이런 움직임에 친 도요토미 파인 이시다 미츠나리 등이 반발합니다.

결국 도쿠가와 이에야스, 가토 기요마사, 구로다 나가마사 등이 뭉친 8만 2000명의 동군과 이시다 미츠나리, 모리 데루모토, 고니시 유키나가, 우키다 히데이에, 시마즈 요시히로 등이 뭉친 12만 명의 서군이 세키가하라에서 격돌합니다. 그런데 서군 진영의 와키자카 야스하루 등이 이끄는 2만 2000명의 군사가 배신하고 동군 진영에 가담하면서 도쿠가와 이에야스가 승리합니다. 그는 1603년 세이이다이쇼군征夷大将軍(정이대장군)에 취임하고 에도에 바쿠후幕府(막부)를 수립하는데, 향후 265년간 일본을 지배합니다.

1604년(선조 37년) 사명당은 손문욱 등과 함께 국서를 가지고 일본에 가서 도쿠가와 이에야스를 만납니다. 조선과 관계를 회복하고 싶었던 도쿠가와 이에야스는 사명당을 극진히 대접하며 강화를 맺고 포로 3500명을 풀어줍니다.

도쿠가와는 1607년 대마노주인 소 요시토시를 시켜 조선에 편지를 보내 사죄하고 '임진왜란은 도요토미 히데요시가 독단적으로 벌인 일이며 자신과는 아무 관련이 없고, 자신은 오히려 도요토미 히데요시의 잔당을 쓸어버렸다'라고 강조한 후에 '임진왜란 시 납치된 조선인과 약탈품들을 가능한 한 송환하도록 하겠다'라고 전합니다. 이에 조선 조정도 화답하면서 양국 관계는 점차 회복됩니다.

그런데 사실 도쿠가와가 보낸 편지에는 '사죄한다'라는 내용이 없었습니다. 도쿠가와 이에야스는 조선에 출병하지 않았으니 사죄할 일이 없다고 생각했습니다. 하지만 조선으로서는 일본이 침략한 것이니 일본의 지배자가 사죄해야 한다고 여겼습니다. 이 편지를 전달하던 대마도주는 국서에 사죄한다는 내용을 슬그머니 위조해서 보냅니다. 대마도주는 조선에서 '사죄한다니 받아주겠다'라는 답신이 오자 이것도 위조해서 도쿠가와 이에야스에게 보냅니다.

참으로 위험천만한 행동이었지만 결과는 좋았습니다.

읽을거리

에도 시대 히라도의 번주 마쓰라 기요시의 수필 〈갑자야화(甲子夜話)〉에 오다, 도요토미, 도쿠가와의 성격을 적절히 비유한 이야기가 실려있습니다. "만약 두견새가 울지 않으면 어떻게 하겠느냐?" 라고 물었더니 다음과 같이 대답합니다.

오다는 울지 않으면 새를 죽여버린다고 하고 도요토미는 울지 않으면 울려 보인다고 하며 도쿠가와는 울지 않으면 울 때까지 기다린다고 합니다.

아무튼 끝까지 참은 도쿠가와가 승리자입니다. 그래서 일본에는 '오다가 열심히 농사지은 쌀을 도요토미가 수확하여 정성껏 밥을 지었더니 도쿠가와가 맛있게 먹었다'라는 이야기가 있습니다.

✦ 사명당 ✦

사명당 유정은 1561년(명종 16년) 17세의 나이로 승려 공시험인 선과(禪科)에 급제합니다.

1575년(선조 8년)에는 묘향산에 들어가 서산대사 휴정에게서 가르침을 받고 1592년 (선조 25년), 49세 나이에 임진왜란이 일어나자 승병을 모집합니다. 그리고 스승인 휴정의 휘하에서 의승도대장으로 활약합니다. 휴정이 늙어서 물러나자 승군을 통솔합니다. 사명당은 체찰사 류성룡을 따라 조명 연합군과 협력하여 평양을 회복하고, 도원수 권율과 함께 경상도에서 많은 전공을 세워 당상의 지위에 오릅니다. 임진왜란이 끝날 즈음에는 벼슬이 종2품 가선대부 동지중추부사에 오릅니다.

1594년에 울산에 있던 가토 기요마사를 세 번 방문합니다. 이때 가토 기요마사와 나눈 문답은 유명합니다. 가토가 사명당에게 "조선의 보배가 무엇이냐"라고 묻자 사명당은 "당신의 머리가 보배입니다"라고 대답합니다. 깜짝 놀란 가토가 그 이유를 묻자 "당신의 목을 베어 바치면 조선에서는 아낌없이 부귀영화를 누릴 수 있을 것입니다"라고 대꾸합니다. 이 기막힌 대답에 가토는 화를 내지 않고 오히려 감탄하게 됩니다. 이 문답은 일본에도 널리 알려져 사명당이 일본에 갔을 때 일본인들이 "당신이 보배 이야기를 한 그 스님이시냐"라고 물어보았다고 합니다.

왕이 여러 차례 환속을 권했지만 끝내 승려로 남았으며 1610년(광해군 2년) 가야산에 들어가 입적합니다. 광해군은 사명당이 입적하자 홍제존자비(弘濟尊者碑)를 세웁니다. 현재 해인사 홍제암에 있는 홍제존자비는 숭유억불이 국시인 조선에서 무려 200년 만에 세워진 고승비입니다. 홍제존자비 이후 고승비가 다시 세워지면서 19세기

자통홍제존자 사명대사 석장비(慈通弘濟尊者 四溟大師 石藏碑) 보물 제1301호
1943년에 일본인 합천 경찰서장이 파손하였던 것을 1958년에 복원하였습니다.

까지 170여 개가 세워집니다.

덧붙이자면 사명당은 당호이고 유정은 법명입니다. 당호(堂號)란 집(堂)의 이름(號)을 뜻하지만, 그 집에 사는 사람의 호로도 쓰입니다. 유명한 당호로는 혜경궁 홍씨, 사임당 신씨, 난설헌 허씨 등이 있습니다. 사명당의 경우는 이여송의 뒤를 이어 명군의 총병이 된 유정의 이름과 법명이 같으므로 당호를 사용하여 구별합니다.

✷ 조선통신사 ✷

조선은 일본과 국교가 재개된 후 포로 교환 및 정보 수집 목적으로 3회에 걸쳐 사명당이 포함된 '회답겸쇄환사(回答兼刷還使)'라는 사절을 파견합니다. 이후 사절은 (조선)통신사(通信使)라는 이름으로 바뀌어 1811년까지 아홉 차례 파견됩니다. 통신사의 규모는 평균 400명으로 한양에서 에도까지 왕복하는데 짧게는 5개월에서 길게는 1년이 걸립니다.

도쿠가와 막부는 쇄국정책을 펼쳤기 때문에 통신사는 외국의 문물을 접할 수 있는 거의 유일한 국제적인 행사였습니다. 막부는 권위를 과시하기 위해 통신사들을 극진히 대접합니다. 초기에 쇼군이 조선통신사를 맞이하기 위해 사용한 비용이 100만 냥이었다고 합니다. 이는 당시 막부의 1년 수입인 76만~77만 냥보다도 많은 돈입니다. 일본인들의 관심도 대단해서 통신사들이 지나갈 때마다 우루루 몰려들어 글이나 그림을 달라고 하는 통에 제대로 잠도 자지 못할 정도였다고 합니다.

이들을 기억하는 의미로 매년 5월 첫째 주 금요일부터 일요일까지 부산광역시 중구 광복로 일대 및 용두산공원에서는 조선통신사 행렬을 재현하는 조선통신사 축제를 개최합니다.

반면에 일본에서도 조선으로 사신단을 보냈습니다. 하지만 임진왜란의 기억 때문에 도쿠가와 정권을 믿지 못하던 조선 정부는 이들을 한양까지 들어오게 하지 않았습니다. 일본의 사신은 부산 동래부까지만 왔다가 갔습니다.

4장

혼돈과
투쟁의
시기

17세기에 중국은 명에서 청으로 나라가 교체됩니다. 청의 북쪽에는 러시아 제국이 세력을 확장해 1689년에는 러시아와 국경을 확정 짓는 네르친스크 조약을 체결합니다.

중동은 무굴, 사파비, 오스만튀르크 제국이 번성합니다. 이 세 제국은 이슬람을 믿는 튀르크가 화약 무기를 이용해 주변 국가들을 정복했기 때문에 화약제국이라고 불립니다.

유럽은 30년 전쟁으로 혼란한 가운데 프랑스가 강대국으로 성장하고, 스페인과 신성로마제국이 쇠퇴합니다. 영국은 청교도 혁명과 명예혁명을 겪으며 세계 최초로의 입헌군주제 국가가 됩니다.

아메리카 대륙은 유럽의 식민지가 만들어지며 바야흐로 세계사에서 모습을 드러냅니다.

그리고 17세기에서 19세기까지는 지구의 평균 기온이 1℃ 정도 떨어지는 소빙하기 기후였기 때문에 전 지구가 대기근에 시달리던 시대입니다.

광해군 즉위   1608년

    1592년(선조 25년) 왕세자로 임시 책봉되었던 광해군은 조선 최초의 서자 출신 세자입니다. 임진왜란 때 분조分朝를 이끌며 조선의 종묘사직을 훌륭하게 지켜낸 광해군이 다음 왕이 되는 것은 모두가 당연하다고 여겼습니다.

    하지만 광해군이 28세인 1600년(선조 33년)에 51세인 선조가 19세의 인목왕후를 맞이하여 영창대군을 낳으면서 상황이 급변합니다.

    선조는 백성들에게 자기보다 더 존경을 받는 광해군을 미워했고 어떻게든 영창대군을 세자로 세우려고 합니다. 유영경이 이끄는 탁소북은 그런 선조에게 비위를 맞추며 광해군의 지위를 위협합니다. 세자가 자리에서 내려오는 것은 단순히 왕자로 돌아가는 것이 아닙니다. 인조 때 소현세자의 가족이 그랬던 것처럼 왕권에 위협이 되는 폐세자와 그의 가족은 대부분 죽임을 당합니다. 광해군도 매일 죽음의 공포에 떨었을 것입니다.

    선조는 늙고 병들어 병상에 드러누워서도 후계자를 확정 짓지 않다가 죽을 때가 되어서야 어쩔 수 없이 광해군에게 왕위를 물린다는 교지를 내립니다. 유영경은 이 교지를 자신의 집에 숨기면서까지 살기 위해 필사적으로 몸부림을 쳤지만 인목왕후가 언문 교지로 광해군의 후계를 인정하면서 광해군은 즉위할 수 있었습니다.

조식은 실천과 의를 중시하였습니다. 그 때문에 임진왜란 때 조식 학파의 제자들인 정인홍, 곽재우, 김면 등은 전략과 전술을 짜서 일본군에 무찔러 큰 공을 세웁니다. 그리고 그 공로에 힘입어 선조 말년에 북인이 정계를 장악합니다.

하지만 권력을 잡으면 반드시 분열하는 것이 당파의 특징입니다. 북인은 정인홍이 영수가 되고 기자헌, 유몽인, 이이첨 등이 속해있는 대북과 유영경이 영수가 되고 박홍구, 유희분, 박승종 등이 속해있는 소북으로 나뉩니다.

유영경은 영창대군을 지지하며 선조의 총애를 받아 정계를 주도합니다. 그러자 소북은 다시 갈라지는데 유영경파는 탁소북(濁小北), 류희분, 남이공 등 반유영경파는 청소북(淸小北)이 됩니다.

대동법　1608년

조선 후기 인물 중 역사에 가장 큰 영향을 미친 사람을 꼽으라면 필자는 이원익과 김육을 꼽겠습니다. 왜냐하면 이원익이 1608년 대동법을 건의하여 시행하도록 하였으며, 김육의 건의로 1651년(효종 2년) 충청도에서, 1658년 전라도에서 대동법이 시행되었기 때문입니다.

대동법大同法이 그리도 중요하냐 하겠지만, 세금만큼 민감한 문제는 없는 법입니다. 사실 미국에서 가장 힘이 강한 권공시가 FBI나 CIA 혹은 NSA가 아니라 국세청인 IRS라는 것만 봐도 알 수 있습니다.

조선의 세금 제도는 중국의 조용조租庸調 제도를 그대로 본떴습니다.

조租는 토지세, 용庸은 요역과 군역, 조調는 지역 토산물을 공납하는 것입니다. 하지만 토지를 가진 지방 지주들의 지속적인 요구로 토지세는 점점 줄게 됩니다. 그러자 세수 확대를 위해 지역 토산물 공납은 계속 늘리게 됩니다. 결과적으로 일반 평민들의 세금만 늘어납니다.

더욱 악랄한 것은 조調에 정부의 무지와 탐관오리들의 협잡이 들어간다는 것입니다. 정부에서는 강원도 산골에 전복을 요구하는 등 도저히 준비할 수 없는 토산물을 공물로 바치라고 요구하거나, 시도 때도 없이 공물을 바치라고 합니다. 탐관오리들은 멀쩡한 물건을 퇴짜 놓거나 하는 식으로 아예 평민들이 직접 내는 토산물을 받아주지 않습니다. 그러면 평민들은 어쩔 수 없이 탐관오리와 결탁한 방납업자에게서 비싼 값으로 사서 바치게 됩니다. 그러면서 방납업자와 탐관오리들이 막대한 이득을 챙길 수 있었습니다. 물론 이것은 당연히 불법입니다. 그래서 납세納稅를 방해防害한다는 의미로 방납防納이라고 하는 것입니다.

대동법이란 지방특산물調을 받지 않고 쌀租로만 세금을 내도록 하는 제도입니다. 즉 토지세만 내는 것이기 때문에 백성들은 환영했고 지방 지주들은 반대합니다. 하지만 김육과 같은 중앙 관료들이 적극적으로 밀어붙였기 때문에 대동법은 정착됩니다.

하지만 이마저도 시간이 지나면서 정부와 탐관오리들은 새로운 수탈의 방법을 찾게 되고 결국 조선 말기에는 삼정의 문란이 발생하게 됩니다.

이원익은 임진왜란이 일어나자 정2품 이조판서 겸 평안도 도순찰사로 선조를 호종하였으며, 이후 도체찰사에 임명되어 임진왜란 극복에 커다란 공헌을 합니다. 이순신이 삭탈관직당하고 사형당할 뻔할 때 정탁, 권율과 함께 적극적으로 변호하여 구해내기도 했습니다.

광해군 때는 영의정이 되어 대동법, 군사 제도 개혁 등 백성들의 생활을 안정시킬 수 있는 정책을 펼칩니다. 1615년에는 인목대비의 폐모(廢母)론을 반대하다 유배당하기도 합니다.

1623년 인조반정 직후 77세의 고령에도 불구하고 다시 영의정 직에 올라 활동하다가 80이 넘어서야 사직하고 오리곡(지금의 경기도 광명시 소하동)으로 낙향합니다. 그래서 오리 대감이라고 불립니다.

《동의보감》 완성 · 1610년

광해군은 전후 복구를 위하여 큰 노력을 하였습니다. 토지 대장과 호적을 정비하여 국가 재정 수입을 늘렸으며, 기록물 편찬과 보존에도 열심이었습니다. 1610년(광해군 2년)에는 무주군의 적상산성을 수리하면서 적상산 사고를 설치해 《조선왕조실록》을 보관합니다. 그 밖에도 《국조보감》, 《용비어천가》, 《동국신속삼강행실도》, 《신증동국여지승람》 등을 재간하고 보급합니다.

무엇보다 큰 업적은 《동의보감》의 편찬과 완성을 후원한 것인데 그 제작은 선조 때로 거슬러 올라갑니다. 1596년 선조는 당대의 왕실 전용 의

사인 어의御醫와 의료 전문 관리인 유의儒醫들에게 중국과 한국의 의학 서적을 하나로 의서를 만들 것을 명령합니다. 양예수가 총책임자로 연구, 편집 등 작업을 하다가 허준이 이어받아 1610년(광해군 3년)에 《동의보감》을 완성하고 1613년(광해군 5년)에 간행하게 됩니다.

《동의보감》이라는 이름은 동국東國 즉 조선의 실정에 맞는 의서라는 의미입니다. 당대는 물론 그 이후에도 최고의 의학서적으로 한의학을 한 단계 상승시켰으며, 중국과 일본 등에서도 불티나게 팔리는 명작이 됩니다. 청나라 서점에서 가장 많이 팔리는 조선 서적이 《동의보감》이었습니다.

조선통신사가 병이 나자 일본 의사가 치료하러 오는데, 통신사가 일본 의학을 믿지 못하겠다고 하자, 일본 의사가 "나는 《동의보감》으로 공부한 진짜 의사입니다"라며 화를 내었다는 기록이 남아있습니다.

읽을거리

허준은 1539년 허륜의 서자로 태어납니다. 그는 과거시험 잡과 중 의과에 합격하여 벼슬살이하였고, 1575년부터 선조를 진료하는 어의가 됩니다.

허준의 실력은 무척이나 뛰어나 1587년에는 어의 양예수와 선조를 치료한 공로로 호피를 하사받았고, 1590년에는 광해군의 두창을 치료하고 그 공로로 1591년 당상관에까지 오릅니다. 임진왜란 때는 선조를 호종해서 호성공신 3등에 제수되었고, 1596년에는 세자 광해군의 천연두를 고쳐 종2품의 가의대부에 제수됩니다. 이때 선조가 허준에게 《동의보감》을 편찬하라는 명을 내립니다.

1600년(선조 33년) 내의원의 우두머리인 양예수가 병사함에 따라 허준이 내의원 우두머리가 됩니다. 1604년 종1품 양평군의 지위에까지 오르는데, 잡과 급제자는 정3품 당하관이 승진의 한계라는 한품서용의 원칙을 깬 유일한 사례입니다.

광해군은 외적을 방어하기 위해 적상산성과 남한산성 등을 개축합니다. 그뿐만 아니라 후금의 침입 가능성을 대비해 북방 지역 성벽을 강화했으며 강화도에는 진지를 구축합니다. 또 한양이 방어에 취약하다고 느껴 파주의 교하로 천도하려는 생각도 했습니다. 하지만 신하들의 반대로 뜻을 이루지 못합니다. 그리고 왕실의 권위를 바로 세우려고 불에 타버린 궁궐을 재건합니다. 그런데 광해군의 궁궐 건축은 도가 지나쳤습니다.

1609년 먼저 중건된 창덕궁이 마음에 들지 않았던 광해군은 정릉동 행궁을 경운궁으로 승격시켜 계속 거처합니다. 정릉동 행궁은 임진왜란 때 도망쳤다가 환도한 선조가 경복궁, 창덕궁, 창경궁 등이 모두 불타버려 지낼 곳이 없자 월산대군의 저택을 개·보수해 임시 궁궐인 행궁行宮으로 사용한 것입니다. 경운궁은 대한제국 시절 고종에게 왕위를 물려받은 순종이 창덕궁으로 옮겨가면서 고종의 장수를 비는 뜻으로 덕수궁으로 불리게 됩니다.

광해군 7년에는 창경궁이 중건되는데 여기서 만족하지 못하고 새로운 궁궐을 세 개나 짓습니다. 경복궁을 능가하는 조선 최대 규모의 궁궐을 만들기 위해 1616년 인정전 공사가 시작되었지만 완성되기 전에 인조반정이 일어나 중단됩니다.

자수궁은 문종 때 만들어진 별궁으로 집터만 남있던 것을 광해군 때 새로이 지었습니다. 인조반정이 일어나면서 광해군은 사용하지도 못한 채 쫓겨났고, 자수궁은 '자수원慈壽院'으로 이름이 바뀌어 비구니들을 위한 전용 공간으로 활용되다가 1661년(현종 2년) 폐지되고 전각은 헐려 1663년(현종 4년) 성균관 서쪽에 있는 비천당, 일량재, 벽입재를 만들 때 건축자재로 사용됩니다.

경덕궁은 인조의 아버지 정원군의 저택을 몰수해 지은 궁궐입니다. 1617년 건립하여 1623년(인조 원년)에 완성되었습니다. 경덕궁은 1760년 영조에 의해 경희궁으로 이름이 바뀝니다. 경희궁은 흥선대원군 시절에 경복궁 중건을 위한 자재를 확보하기 위해 90퍼센트 이상이 헐렸고, 나머지 전각 5개는 일제 강점기에 매각되면서 지금은 흔적만 남았습니다.

광해군의 건축에 대한 집착은 몰락의 원인 중 하나입니다. 전쟁 후 인력과 물자가 부족한 상태에서 강행된 건축은 백성들의 원성을 불렀고 결국 자기 집이 헐리는 원한을 가진 인조에 의해 왕위에서 쫓겨납니다. 이후 인조는 인정전을 백성의 고혈을 빨아 만든 궁전이라는 이유로 허물어버립니다.

역사 속의 역사

✥ 《난설헌집》 출간 1608년 ✥

허균의 누이인 허난설헌은 우리 역사에서 최초로 문집이 간행된 여성 시인입니다. 시서화에 엄청난 재능이 있었지만 못난 남편을 만나고 고된 시집살이를 하다가 자식 2명이 연이어 죽는 불행까지 당하며 1589년 27세로 다음과 같은 시를 남기고 요절합니다.

今年乃三九之數 (금년내삼구지수) 금년이 곧 3·9수구나.

今日霜墮紅 (금일상타홍) 오늘 서리 맞아 (연꽃) 붉구나.

(필자는 신사임당이 처가살이의 끝을 상징하는 인물이고, 허난설헌이 시집살이의 시작을 상징하는 인물이라고 생각합니다.) 허난설헌은 사망할 때 허균에게 자신이 쓴 문집을 전부 불태워버리라고 합니다. 하지만 허균은 이를 듣지 않고 문집을 보관합니다.

허균의 노력으로 1598년에는 명나라에서 편찬한 《조선시선》, 《열조시선》 등에 허난설헌의 시가 실리며 커다란 명성을 얻게 되고, 1606년 명나라 사신에게 허난설헌의 시집을 주어서 중국에서 간행될 수 있도록 합니다. 1608년에는 허균에 의해 《난설헌집》이 출간됩니다. 그녀의 문집은 조선과 중국뿐 아니라 일본에서 크게 인정받습니다.

계축옥사 1613년

그동안 생명의 위협을 받았기 때문인지 광해군은 즉위 후 복수귀로 변해 인목왕후와, 영창대군을 괴롭히기 시작합니다.

1612년(광해군 4년) 군역을 피하려고 공문서를 위조한 사기꾼 김제세를 황해도 봉산에서 체포합니다. 그런데 이 사기꾼은 자신의 죄를 조금이라도 가볍게 하려고 "평산의 대장 김백함이 역모를 일으키려 한다"라고 무고합니다. 이 때문에 수십 명의 사람들이 연루되어 궁궐까지 끌려와 고문당합니다.

그런데 광해군은 실제 역모가 없었다는 것을 알면서도 자신이 싫어하는 사람의 이름이 나올 때까지 왕이 직접 신문하는 친국親鞫을 합니다. 고문에 못 이겨 광해군이 지목한 사람의 이름을 대면 다시 그 사람을 끌고

와 고문하는 방식으로 7개월에 걸쳐 340명이 체포되고, 수십 명이 죽고 100개의 가문이 파멸됩니다. 이 때문에 영창대군을 지지하던 탁소북은 청소북에 의해 사라져 버리고, 기자헌과 이이첨이 이끄는 대북과 광해군의 처남인 류희분이 이끄는 청소북이 정계를 주도합니다.

1613년 서얼이라 관직에 오르지 못한 서양갑 등 7명이 강변칠우를 만들어 살인강도를 저지르는 일이 발생합니다. 대북은 이 사건을 이용해 영창대군과 그 추종 세력을 제거하기 위해 살인강도 사건을 영창대군의 어머니인 인목왕후의 아버지인 김제남이 주도한 역모 사건으로 조작합니다. 김제남과 그의 세 아들이 죽임을 당하였고 영창대군은 폐서인이 되어 강화도로 유배를 간 뒤 다음 해인 1614년 8살의 나이에 의문의 죽임을 당합니다.

이덕형은 김제남의 사형을 반대하다가 탄핵당해 쫓겨납니다. 이제 대북이 아닌 당파는 모두 몰락해 버리고 대북에 의한 전횡이 시작됩니다.

광해군의 복수는 이제 인목왕후에게로 향합니다. 광해군은 허균, 이이첨 등의 주장을 받아들여 인목왕후에게 내려졌던 태후太后라는 존호를 삭제하고 서궁西宮(현재 덕수궁)에 유폐시킵니다. 이항복은 1617년 인목대비 폐비에 반대하는 상소를 올렸다가 함경도로 유배를 가게 되고 그곳에서 사망합니다.

대북은 인목왕후와 영창대군의 처리를 놓고 다시 분열합니다. 이를 '어머니를 폐하고 동생을 죽인다'라는 의미로 폐모살제廢母殺弟라고 합니다.

영창대군만 죽여야 한다는 골북骨北, 인목왕후도 죽여야 한다는 이이첨

계통의 육북肉北, 둘을 모두 살려야 한다는 기자헌, 유몽인, 정창연 계통의 중북中北이 있습니다.

✦ 허균 사형 1618년 ✦

허균은 문장가, 관료, 외교관, 학자, 사상가라는 참으로 다채로운 이력을 가진 사람입니다. 그는 동인의 실세인 허엽의 아들인데 형제로는 허성, 허봉, 허난설헌이 있습니다. 본인뿐 아니라 아버지와 형제들이 모두 문장에 재능이 있어 당대에는 '허씨 5문장'이라고 불렸습니다.

허균은 임진왜란 때 분조를 맡은 세자 광해군과 동행하여 공을 세우고 1606년 명나라 사신을 접대하는 외교관의 역할을 합니다. 허균은 성리학자이면서 사명당의 제자이기도 합니다. 그래서 사명당의 비인 홍제존자비의 비문을 쓰기도 했습니다. 또한 사회 개혁에도 관심이 많아서 서자는 아니지만 적서차별을 반대하였습니다.

허균은 이이첨과 함께 폐모살제를 주장하였습니다. 그래서 인목왕후를 암살하려고 계획까지 짰지만 되려 이 때문에 죽임을 당하게 됩니다. 그의 일당 중 한 명이 불심검문에 걸리면서 인목왕후 암살 계획이 탄로 납니다. 뒤에서 몰래 도와주던 이이첨은 자신에게까지 불똥이 튈까 봐 허균을 배신합니다.

이이첨은 의금부를 들락날락하며 허균을 안심시킵니다. 허균은 그 어떤 심문도 받지 않았습니다. 그런데 갑자기 끌려 나와 사지를 찢어 죽이는 거열형(車裂刑)을 낭해 죽게 됩니다.

선조는 조선 왕조 최초로 적통 출신이 아닌 국왕입니다. 그 때문에 집권 초기 자신의 지위가 흔들릴까 봐 불안해했습니다. 이때 선조가 취한 방법은 옥사를 벌여 동서 분당을 골고루 밟아주는 것이었습니다. 동인이 세력을 키운다 싶으면 옥사를 벌여 동인을 밟아버리고, 서인이 세력을 키운다 싶으면 옥사를 벌여 동인을 밟아버립니다. 그러면 서로가 싸우기에 여념이 없어서 선조의 지위를 흔들지 못했습니다.

하지만 광해군은 당파 중에서도 대북, 대북 중에서도 이이첨에게만 모든 권력을 집중시킵니다. 이이첨은 광릉에 있는 세조능을 지키던 능참봉이었습니다. 임진왜란 때 세조의 어진御眞(임금의 초상화)을 화재에서 지켜낸 공로로 승진을 거듭합니다. 또한 임진왜란 대에는 광해군과 함께 전국을 누비며 민심을 수습하여 광해군의 신임을 얻습니다. 광해군이 즉위하자 그의 정책을 맹목적으로 지지하며 최측근의 자리에 올라갑니다. 그런데 높이 올라오자 이이첨은 모든 권력을 독점하려고 욕심을 부립니다.

탁소북의 영수 류영경, 광해군의 동생 임해군, 영창대군, 인조의 동생 능창군이 이이첨의 선동으로 죽습니다. 이원익, 이덕형, 이항복 등 다른 당파의 거물 정치인들을 모두 내쫓아버립니다. 심지어 인목왕후의 폐비를 반대한다는 이유로 당의 영수인 기자헌을 유배 보내고, 자신과 함께 인목대비를 암살하려던 허균의 계획이 들통나자 허균에게 모든 죄를 뒤집

어찌워 죽여버리기까지 합니다. 이쯤 되자 광해군도 더 이상 이이첨을 믿지 못하게 됩니다.

이미 조정에서는 인목대비의 일로 관리들이 태업을 벌이고 있었고, 백성들 또한 궁궐을 짓느라 세금과 노동력을 너무 많이 뺏기어 불만이 하늘을 찌를 듯했습니다. 광해군은 뒤늦게 이이첨을 견제하고 다른 당파를 골고루 기용하는 정책을 펼칩니다. 하지만 때가 너무 늦었습니다.

1623년(광해군 15년) 김류, 이귀, 신경진, 이서, 최명길, 김자점, 이괄 등 서인들은 광해군을 몰아내고 새로운 왕을 세우려고 모의합니다. 능양군(후에 인조)은 모의 사실을 알고 이들을 찾아가 자신을 다음 왕으로 세워달라며 적극 참여합니다.

그런데 반정 계획이 발각되어 이귀가 잡혀가는 일이 발생합니다. 더 이상 거사를 미룰 수 없다고 판단한 반정 세력은 이괄을 대장으로 삼아 창의문으로 진군합니다. (원래 계획은 김류가 대장을 맡기로 했으나 겁을 먹고 나오지 않아 이괄을 대장으로 세웠습니다.) 당시 창의문을 지키던 사람은 훈련대장 이흥립이었는데 저항하지 않고 창의문을 열어줍니다.

반정군은 도끼로 돈화문을 부수고 창덕궁으로 진입합니다. (이 과정에서 창덕궁에 불이 나 전소되는 사태가 벌어집니다.) 광해군은 궁궐을 도망쳤지만 결국 반정 세력에 의해 붙잡힙니다.

한편 반정군은 서궁에 유폐 중이던 인목왕후를 찾아갑니다. 인목왕후는 자신을 해치려는 음모가 아닌가 생각하고 궐문을 걸어 잠갔지만, 능양군이 직접 와서 반정이 성공했다고 알려주자 문을 열고 반정 세력을 맞이합니다.

능양군은 인목왕후에게 옥쇄를 넘겨받아 왕위에 즉위합니다. 광해군은 서인庶人으로 강등당해 부인, 아들 부부와 함께 강화 교동도로 유배되고, 이이첨, 정인홍, 유희분, 유몽인 등 당대 권신들은 모조리 죽임을 당합니다.

이괄의 난   1624년

인조는 조선의 네 번째이자 마지막 반정으로 왕으로 즉위합니다. (앞선 세 번의 반정은 1398년 1차 왕자의 난, 1453년 계유정난, 1506년 중종반정입니다.) 그리고 반정을 주도한 서인들이 집권합니다. (반정 공신인 김류, 최명길, 김자점 등은 공서파, 반정에 참여하지 않은 김상헌 등은 청서파라고 합니다.)

하지만 '폐모살제'와 '명을 멀리하고 짐승 같은 후금과 친하게 지내기 때문에 반정을 일으켰다'라는 명분이 무색하게 명나라로부터 책봉을 받지 못합니다. 책봉을 받으러 간 사신들은 오히려 자신들의 왕을 몰아낸 '짐승 같은 것들'이라는 욕만 바가지로 먹습니다. 인조는 국고를 탕진할 정도로 어마어마한 양의 뇌물을 써서 1625년(인조 3년)이 되어서야 간신히 책봉을 받을 수 있었습니다.

책봉만 문제가 된 것이 아닙니다. 국내에서도 반정 공신들끼리 다툼이 일어납니다. 인조 즉위 후 후금의 낌새가 심상치 않자 조정은 이괄에게 조선 대부분의 군사를 주어 북방으로 보냅니다. 고려 말 위화도로 이성계를 보내는 수준으로 위험한 결정이었지만, 그만큼 인조와 반정 공신 중에서도 으뜸인 김류가 이괄을 깊이 신뢰했기 때문에 내려진 결정이었습니다.

그런데 문회, 이우, 권진 등이 "이괄이 반란을 꾀하고 있다"라고 고변하는 일이 일어납니다.

문회는 자신의 출세를 위해 명망 있는 사람들을 역모로 무고하던 사기꾼으로 나중에 무고라는 것이 들통나 유배까지 갔던 인간입니다. 그 때문에 인조는 문회의 말을 신뢰하지 않았습니다. 하지만 일단 고변이 접수된 이상 조사를 아니 할 수는 없는 일이라, 이괄의 아들만 체포하여 국문하기로 합니다.

이괄의 아들인 이전은 이괄과 같이 있었기 때문에 금부도사와 선전관은 이괄의 진영으로 찾아와 이전을 압송하겠다고 얘기합니다. 조선시대에는 역모로 고변을 당하면 자신이 반군이 아님을 증명하기 위해 순순히 압송되어 심문받는 것이 일반적입니다. 그리고 심문도 고문받는 것이 아니라 형식적인 조사에 불과합니다. 그런데 이괄은 금부도사와 선전관을 죽여버리고 바로 난을 일으킵니다. (정말로 역모를 꾀한 것인지 아니면 충동적으로 난을 일으킨 것인지는 알 수 없습니다.)

이괄은 1월 24일 항왜 100여 명과 휘하 병사 1만여 명을 모두 통솔하여 영변에서 남하합니다. 조정에서는 급히 이원익을 도체찰사로 삼고 임진왜란 때 활약한 이시발을 부체찰사로 삼아 반란군을 토벌하게 합니다.

반란군의 상황은 좋지 못했습니다. 이괄은 압송 중이던 한명련을 구출해 진군하였지만, 후방에 남겨둔 김효신이 투항해 버렸고, 이괄의 중군

이윤서도 병력을 이끌고 이탈해 버립니다. 황주 전투에서도 1000명이 넘는 병력이 관군에게 투항합니다. 그럼에도 불구하고 이괄은 2월 2일 황주 전투에서 승리합니다. 반란군이 투항하려고 몰려오자 반란군의 공격으로 착각하고 관군이 도망쳤기 때문입니다.

이괄은 신속하게 움직여 관군이 방어선을 형성하기 전에 예성강 상류인 마탄馬灘까지 이동합니다. 2월 7일 아직 전열을 갖추지 못한 관군을 기습하여 장수 7명을 죽이고 관군에게 전멸에 가까운 피해를 줍니다. 이때 이시발 등은 도망쳐 목숨을 구합니다.

조정에서는 임진강을 최후 방어선으로 설정하고 임진강의 요충지인 청석령에는 이서, 상류에는 이홍립, 임진강 하류에는 이귀를 보냅니다. 그러나 이괄은 청석령에 항왜 병사들을 보내 밤중에 소리를 지르게 해 많은 군사가 있는 것처럼 속입니다. 이 때문에 이서군은 감히 나서지를 못했고 그 사이 반란군은 샛길을 통과해 이홍립 군과 교전합니다. 이홍립 군은 반란군을 보자마자 도망쳐버렸고, 아직 이귀가 군사를 배치되지 못한 하류를 신속하게 도강합니다.

인조는 내통 위험이 있다는 김류의 주장에 따라 기자헌 외 37명의 잔존 북인을 모두 죽이고 2월 8일 밤에 공산성으로 도망쳤고, 이괄은 2월 10일 한양에 입성합니다.

그런데 이괄은 인조를 추격하지 않고 한양에 머무르는 결정적인 실수를 합니다. 그날 밤 정충신의 부대가 병사 2000명을 동원해 안령(무악재)을 점령하고 한양을 포위합니다. (안주 목사 정충신은 이괄과 내통한다는 모함을 받자 자신의 결백을 증명하기 위해 도원수인 장만에게 합류했었습니다.)

다음날 이괄은 반란군의 숫자를 믿고 관군을 공격합니다. 그런데 하늘이 관군을 도와 관군에서 반란군 쪽으로 돌풍이 붑니다. 관군은 바람에 고춧가루를 날려 반란군이 눈을 뜨지 못하게 하였고 이 틈에 공격합니다. 관군 장군인 남이흥이 기지를 발휘해 한명련이 죽었고 이괄은 도망치고 있다고 소리를 지릅니다. 수세에 몰려 사기가 뚝 떨어진 반란군은 전투를 포기하고 돈의문 쪽으로 도망치기 시작합니다.

사태를 관망하던 한양의 백성들은 반란군에게 동조했다는 혐의를 받을까 봐 돈의문으로 몰려가 성문을 지키던 반란군을 몰아내고는 성문을 잠가버립니다. 반란군들은 숭례문으로 입성하지만 숫자가 대폭 줄어 한양을 지킬 수 없음을 알고는 다시 성 밖으로 나와 도망칩니다.

결국 이괄과 한명련은 경기도 광주에서 부하 장수이던 기익헌, 이수백에게 배신당해 죽임을 당합니다.

정묘호란 1627년

파죽지세로 요동에서 세력을 넓히던 후금은 1626년 산해관 앞을 버티고 있는 영원성을 공격합니다. 후금군이 산해관을 넘으면 명나라는 멸망합니다. 누르하치는 그동안의 연승으로 쉽게 영원성을 함락할 수 있다고 여겼습니다. 하지만 영원성에는 명나라 최후의 충신이자 명장인 원숭환이 최첨단 무기인 홍이포紅夷砲를 곳곳에 배치하여 후금의 침략을 대비하고 있었습니다.

누르하치는 16만 대군으로 영원성을 공격하지만, 원숭환은 2만도 안 되는 병력으로 후금을 막아냅니다. 산해관을 함락시키지 못한 누르하치는 분통이 터져 얼마 뒤 사망합니다. 누르하치의 뒤를 이어 후금의 황제가 된 홍타이지는 원숭환과 휴전을 합의하고 명나라 공격을 중단합니다.

홍타이지는 명나라를 공격하기 전에 후방을 정리해야 한다 생각하고 사르후 전투 때 항복한 강홍립과 한명련의 아들 한윤을 앞세워 1627년(정묘년) 1월 8일 조선을 침략합니다. 후금군은 쾌속 진격하여 보름 만에 평양성에 도착합니다.

조선에서는 장만을 도원수로 정충신을 부원수로 삼아 후금군에 대항합니다. 하지만 이괄의 난으로 조선군 상당수가 손실을 입었기 때문에 남이흥은 안주성에서 전사하고 조선군은 개성까지 밀립니다. 그나마 정충신 덕분에 상당수의 주력군과 물자를 보존할 수 있었습니다.

인조는 다시 도망치면서 강화도로 피하고 소현세자는 전주로 내려가서 분조 활동을 합니다.

후금은 명나라와 최후의 결전을 하기 전 후방을 안정시킬 목적으로 쳐들어온 것입니다. 그 때문에 강홍립을 보내 배상금을 내고 왕자를 인질로 보낼 것 등의 조건으로 강화를 요청합니다. 이에 조선은 후금군은 즉시 철병할 것이며 다시 압록강을 넘지 말 것, 양국은 형제국으로 정할 것 등을 조건으로 걸고 강화를 받아들입니다. 그런데 조선은 배상금은 냈지만 왕자는 보내지 않았습니다. 대신 종실 중 별볼일없던 원창군을 왕의 동생으로 속여 인질로 보냅니다. 다행히도 원창군은 몇 년 후 무사히 귀환합니다.

정묘호란의 명분은 광해군의 원수를 갚겠다는 것이었습니다. 그러나 이는 허울이었을 뿐, 실제로 정묘호란 이후 광해군의 지위는 조금도 나아지지 않았습니다. 하지만 차라리 광해군이 복위하는 편이 우리나라를 위해서는 더 나았을 것입니다.

조선은 정치적인 숙청이 일어날 때마다 능력 없는 쪽이 살아남는 경향이 있습니다. 세조 대에 실무적인 관학파가 몰락하고, 인조 대에는 사림 중 그나마 실천을 중시하던 북인들이 몰락하고 명분을 중요시하는 서인들이 집권합니다.

정묘호란은 전초전이고 본격적인 침략이 일어날 것이 불 보듯이 뻔한 상황에서도 인조는 전혀 대비를 하지 않았습니다. 신하들도 마찬가지라 말로만 명에 사대하고 후금을 물리쳐야 한다고 떠들어댈 뿐 대책을 하나도 세우지 않았습니다. 결국 정묘호란과는 비교도 할 수 없는 큰 전쟁을 맞이하게 됩니다.

후금이 조선을 공격한 이유 중 하나는 모문룡입니다. 명나라 장수인 모문룡은 평안도 철산 앞바다인 가도에 진을 설치하고 후금에 넘어간 요동의 해안지방을 공격했습니다. 조선에서는 모문룡군을 먹이려고 평안도에 모량미毛糧米라는 세금을 따로 거두어 모문룡군에게 바쳤습니다. 그런데 후금군이 쳐들어오자 모문룡군은 후금의 후방을 칠 수 있었음에도 전혀 도움을 주지 않았습니다. 심지어는 평안도 정주에 피난 갔던 조선 백성 1만여 명을 공격하여 몰살시키고는 전공을 세웠다고 명나라에 허위보고를 하기도 했습니다.

그 후에도 모문룡은 두고두고 조선에 행패를 부립니다. 해적 짓을 하기도 하고, 평안도의 마을을 약탈했으며, 조선에 뇌물을 바치라고 으름장을 놓고, 명나라에 바치는 공물을 가로채기까지 합니다. 원숭환은 이런 모문룡을 못마땅하게 여겨 군사 관련 문제를 논의하겠다고 요동 반도의 쌍도로 불러내서는 1629년 6월 죽여버립니다.

그런데 말입니다. 모문룡은 사라졌어도 모량미는 사라지지 않고 계속 거두었습니다.

읽을거리

원숭환의 행적은 묘하게 이순신 장군과 비슷합니다. 둘 다 조국의 충성스러운 신하이자 명장이었고 최신 무기와 천재적인 전술로 적군을 물리쳤습니다. 이순신이라는 영웅에게 원균이라는 악당이 있다면, 원숭환에게는 모문룡이 있습니다. 또한 악당을 좋아하고 영웅을 싫어하는 군주의 부하였다는 것도 공통점인데 이순신에게는 선조가 있고 원숭환에게는 숭정제가 있습니다.

그나마 두 사람의 최후에 있어 이순신은 전투 중 전사하여 사후 공신으로 추대됩니다. 원숭환은 후금의 모략으로 후금과 내통하는 역적이라는 소문이 퍼지고 결국 모문룡을 좋아하는 숭정제에 의해 능지처참당합니다.

✳ 박연의 귀화 1627년 ✳

얀 얀서 더벌터브레이(Jan Janse de Weltevree)는 네덜란드의 선원으로 1627년 일본으로 항해하다가 식수가 떨어지자 근처에 있던 제주도에 부하 두 명과 함께 상륙했는데, 배 안에서 반란이 일어나 이들만 남겨두고 떠나버립니다.

조선은 중국, 일본 등 가까운 국가 출신의 표류자는 직접 송환하고, 그렇지 않을 경우 명나라에 처리를 맡겼는데 당시 망해가는 도중이라 명나라로 보내지 못합니다. 그래서 일본으로 보내려고 하지만 기독교를 박해하던 일본은 더벌터브레이가 기독교인이라는 이유를 들어 거절합니다. 조선은 얀 얀서 더벌터브레이를 귀화시키고 박연이라는 이름을 줍니다. 이로써 박연은 조선에 정착한 최초의 유럽인이 됩니다.

박연은 서양식 무기에 관한 해박한 기술을 가지고 있었습니다. 조선에서는 그를 훈련도감에 배치하고 상당히 높은 벼슬까지 줍니다. 박연도 조선이 마음에 들었는지 네덜란드로 돌아갈 생각을 하지 않았습니다. 조선 여자와 재혼해서 1남 1녀를 두었으며 병자호란에 참전하기도 했습니다.

✳ 조선 후기의 불교 건축 ✳

임진왜란 때 승병이 열심히 싸운 덕분인지 조선 후기가 되면 규모가 큰 불교 건축물이 세워집니다.

보은 법주사 팔상전은 임진왜란 때 불탄 것을 1624년(인조 2년)에 다시 지었습니다. 근대 이전에 지어진 목탑 중에 유일하게 현존하는 건물입니다. 김제 금산사 미륵전은 1635년(인조 13년)에 지어졌으며 현존하는 유일한 3층 건물입니다. 단, 내부는 통층입니다.

구례 화엄사 각황전(覺皇殿)은 장육전(丈六殿)이 임진왜란 때 불타 사라지자 이후 재건하면서 이름 붙인 것입니다. 1697년(숙종 23년)에 제작하였고 숙종이 직접 이름을 짓고 편액까지 하사했습니다.

법주사 팔상전

금산사 미륵전

구례 화엄사 각황전

병자호란 1636년

명나라는 1627년 이자성의 난이 일어나 멸망으로 치닫고 있었으며, 명나라 최후의 충신인 원숭환은 1630년 암군인 숭정제에 의해 능지처참을 받습니다.

1636년 4월 후금의 홍타이지(청 태종)는 국호를 다이칭 구룬

，즉 대청국大淸國으로 개칭합니다. 그리고 타타라 앙굴다이(용골대)를 보내 조선에 이 사실을 알립니다. 하지만 조선 조정은 국제 정세 따위는 전혀 알지도 못한 채 사신의 접견을 거절하고 국서國書를 받지 않았습니다. 심지어 청나라 사신들을 죽이려고까지 합니다.

목숨의 위협을 느낀 사신들은 청나라로 도망쳐 조선의 상황을 보고했고 화가 머리끝까지 난 홍타이지는 청나라에 대한 무례를 사과하지 않으면 조선을 침공하겠다고 경고합니다. 하지만 정신을 못 차린 윤집, 오달제, 홍익한 등은 청나라에 맞서 싸워야 한다고 주장합니다. 반면에 사태를 제대로 파악하고 있던 최명길 등은 지금이라도 화해를 요청해야 한다고 주장합니다.

게다가 삼학사(윤집, 오달제, 홍익한)는 말로만 주전론을 펼쳤을 뿐 실제로는 아무런 준비도 하지 않았습니다. 이괄의 난 이후 반란을 두려워한 조정에서는 군비는커녕 제대로 된 군사훈련조차 하지 않았습니다. 정충신, 남이홍 등 임진왜란 때부터 활약한 유능한 장군들마저 반란을 감시하는 용도로만 사용했습니다. 엎친 데 덮친 격으로 정충신, 남이홍은 병자호란이 일어나기 전에 사망합니다. 병자호란이 터질 때까지 몇 달의 시간이 있었지만 그마저도 주화主和(화해 한다)냐 척화斥和(화해 안 한다)냐를 두고 입씨름하다가 모두 낭비합니다. 1636년 12월 인조는 최명길의 주장을 받아들여 박로를 화해의 사신으로 보내지만, 청군은 이미 얼어붙은 압록강을 건너고 있었습니다.

홍타이지는 12월 1일 타타라 잉굴다이와 마푸타 등의 장수와 함께 청군 7만, 몽골군 3만, 한군漢軍 2만 등 도합 12만의 대군을 이끌고 조선을 침입합니다. 12월 9일 청군은 압록강을 넘었는데 의주부의 백마산성에는 임경업이 지휘하는 4000여 명 군사가 있었지만 청나라는 이를 무시하고 신속히 남하합니다.

조선군에게 퇴로가 막힐 위험에도 그대로 신속히 진격한 이유는 조선의 군사가 형편없다는 것을 미리 파악하고 있었기 때문입니다. 이때의 진격 속도는 하루에 78킬로미터로 제2차 세계대전 때 나치의 전격전 속도보다 빠른 것입니다.

조선군도 가만히 있지는 않았습니다. 이완이 황주에서 마푸타군의 선봉대를 유인해 물리치는 전과를 올립니다. 그러나 이 작은 전과는 조선군의 실책이었습니다.

이완은 황주에 매복해 있다가 선발대가 지나간 뒤 본군을 치자는 당연한 계책을 도원수 김자점에게 올렸지만, 전술에 대한 개념조차 없던 김자점은 눈에 보이는 선발대를 치라고 칼까지 빼 들고 협박하여 어쩔 수 없이 시행한 작전이었습니다. 다음날 김자점은 똑같은 곳에서 똑같은 작전을 감행합니다. 이완은 어제의 전투로 이미 계획이 탄로 났다며 작전을 바꿀 것을 간청하지만 김자점은 고집을 부리며 강행하였고 결국 실패합니다. 김자점은 작전을 바꾸어 5000명의 병력으로 정방산성을 지킵니다. 사실은 지키는 것이 아니라 그냥 대책 없이 틀어박혀 있었습니다.

한편 14일 청군의 선발대는 이미 한양에 도착했습니다. 급보를 받은 조정에서는 봉림대군 등 왕족들을 먼저 강화도로 보내고 인조도 따라가려고 합니다. 하지만 청군이 이미 강화도로 가는 길을 차단하는 바람에 어쩔 수 없이 인조는 12월 15일 남한산성으로 도망치고, 한양은 청군에게 함락됩니다.

남한산성 공방전

12월 16일 남한산성에 도착한 인조는 김자점에게 구원을 요청합니다. 인조의 명을 받은 김자점은 남한산성을 향해 남하하여 12월 30일 양평 미원에 도착합니다. 하지만 김자점은 양평에서 인조가 항복할 때까지 나오지 않습니다. 아마도 청군과의 압도적인 전력 차이에 싸우기를 포기한 것 같습니다.

19일 청군은 명나라로부터 뺏은 홍이포까지 동원하여 남한산성을 공격합니다. 하지만 조선군은 천자총통으로 홍이포를 저격하여 격퇴하는 등 분전합니다. 그러나 1만 2000명의 군대가 주둔한 남한산성에는 50여 일분의 식량밖에 없었습니다. 남한산성을 축성할 당시 광주 목사 한명욱이 남한산성 외부에 식량창고를 만드는 말도 안 되는 짓을 벌였기 때문입니다. 청군도 20일 치의 식량밖에 없었지만 남한산성 외부 식량창고를 차지하면서 편안하게 포위전을 계속합니다.

해가 바뀌어 경상도 속오군 4만 명이 인조를 구원하기 위해 북상합니다. 그런데 1월 3일 민영과 허완이 이끄는 2000명 정도의 선발부대가 경기도 광주 쌍령에서 청의 기병대 6000기와 갑자기 맞닥뜨립니다. 청군의 악다귀가 조선군을 향해 돌격하고 조선군은 경황이 없는 와중에도 포수들이 분전하여 청군을 패퇴시킵니다. 특히 김충선이 이끄는 황왜부대는 청나라군 500기를 진멸시키기까지 합니다.

청군의 실투가 2차 돌격을 시도하여 간신히 승리하지만 이번에는 총지휘관인 아이신기오로 요토가 퇴각을 명합니다. 조선군은 퇴각하는 청군의 배후를 공격하였고 이때 실투가 낙마하여 사망하는 등 청군에게 커다란 피해를 줍니다. 그러나 중과부적의 상황에서 조선군은 전멸하고 경상도 속오군 4만 명도 돌아가 버립니다.

(이렇게 훌륭하게 싸운 전투인데도《연려실기술》에는 4만 조선군이 청나라 기병 300기에 의해 괴멸된 패전이라고 엉터리로 기록되어 있습니다. 그 때문에 한국사 5대 패전 중 하나로 알려졌지만 잘못된 상식이니 고쳐져야 합니다.)

1월 2일 이귀의 아들인 전라감사 이시방과 전라병사 김준룡이 지휘하는 전라도 근왕병 6000명과 화엄사 승려 벽암 각성이 이끌던 승병 2000명 도합 8000명이 남한산성을 구하기 위해 경기도 용인까지 올라옵니다. 이시방은 김준룡에게 병력 2000명을 주고 먼저 남한산성으로 진군하게 합니다. 김준룡은 광교산에서 청나라 3000명의 군사와 맞붙어 홍타이지의 매부이며 청나라의 명장인 슈무루 양구리를 전사시키는 등 선전했지만, 김준룡과 연락이 끊긴 이시방이 패배했다 생각하고 후퇴하는 바람에 남한산성 구원에 실패합니다.

강화도 방어전   1637년 1월

1월 21일 청나라는 수군을 동원하여 강화도로 건너갑니다. 갑곶진에 주둔해 있던 충청수사 강진흔이 배를 이동시켜 청군을 저지하면서 광선진에 있던 강화도 유수 겸 주사대장인 장신에게 지원을 요청합니다. 하지만 장신은 썰물 때문에 배가 제대로 움직이지 못하자 그대로 퇴각합니다. 강진흥은 사력을 다해 싸웠으나 결국 청군에 의해 격파당하고 강진흔 외 수십 명의 장졸들만 간신히 월곶 방면으로 후퇴합니다.

강화도를 지키던 장수는 강도검찰사 김경징이었습니다. 그는 무능한데다 보초조차 세우지 않는 태만한 태도를 보였습니다. 보다 못한 원로 대신 김상용이 나무라자 군사 업무용 관인을 땅에 내팽개치고는 "맘대로 하시오"라고 씩씩거릴 정도로 무책임한 행동을 합니다.

1월 22일 청군이 상륙하자마자 김경징은 살기 위해 도망칩니다. 하지만 100여 명의 장졸들은 죽음을 각오하고 5000명의 청군을 저지합니다. 화약이 떨어지자 총을 버리고 백병전까지 벌였지만 100여 명의 장졸들은 장렬하게 전사합니다.

청군은 강화성을 둘러싸고 항복을 권유합니다. 그러나 김상용은 항복을 거부하고 끝까지 싸우다가 이길 수 없음을 알자 화약에 불을 질러 자폭합니다. 그리고 봉림대군과 왕족들은 청나라에 붙잡힙니다. 식량마저 바닥이 나서 더 이상 버틸 기력이 없던 인조는 강화도 함락 소식을 듣자 완전히 전의를 상실하고 1월 27일 항복문서를 보냅니다.

삼전도의 굴욕 • 1637년

중국에서 패배한 왕은 스스로 염을 하고 머리를 풀어 헤친 후 관을 들고 나와 국쇄를 바칩니다. 이를 함벽여츤街壁輿櫬(옥을 입에 물고 관을 등에 지다)이라고 하는데 머리를 풀어 헤친 것은 자신이 죄인이라는 의미이고 염을 하고 관을 들었다는 것은 죽이든 살리든 승자의 처분에 맡긴다는 의미입니다.

그런데 청나라는 항복이 아니라 삼전도로 와서 삼궤구고두례三跪九叩頭禮를 올리라고 요구합니다. 삼궤구고두례는 3번 무릎 꿇고 9번 머리를 조아리는 인사로 황제를 알현하는 신하는 예외없이 해야 하는 인사일 뿐입니다. 청나라로서는 많이 봐준 것입니다.

삼전도는 한양과 남한산성을 이어 주던 나루로 현재 서울 송파구 삼전동입니다. 인조와 세자는 1월 30일 성문을 열고 삼전도에 설치된 수항단에서 홍타이지에게 갓에 철릭 차림으로 삼궤구고두의 항복 의식을 치릅니다. 청나라와 조선은 다음과 같은 강화 조약을 체결합니다.

- 명나라와의 국교를 끊고 청나라와 군신 관계를 맺을 것.
- 명나라의 연호 대신 청나라의 연호를 쓸 것.
- 세자, 왕자 및 대신의 자제를 청나라의 수도인 심양에 인질로 보낼 것.
- 조선의 인질이 조선으로 도망할 경우 무조건 심양으로 송환할 것.
- 정기적으로 조선은 청나라에 사신을 파견할 것.
- 조선은 매년 예물을 청나라에 세폐로 보낼 것.
- 청나라가 명나라를 공격할 때 원병을 보낼 깃.
- 성곽을 보수하거나 새로 짓지 말 것.

그리고 이때의 굴욕은 1639년 삼전도비에 새겨져 지금도 자리를 지키고 있습니다. 청의 요구에 따라 비문은 조선에서 짓게 되었는데 장유 · 이

경전 · 조희일 · 이경석이 글을 쓰게 됩니다. 네 사람은 글 쓰는 법을 잃어버렸다며 완강히 거부하지만 결국 이경석이 비문을 적게 됩니다. 이경석은 이 때문에 평생을 트라우마에 시달립니다. 말년에는 송시열에게 수이강壽而康(비겁하게 잘 먹고 잘살았다)이라는 조롱까지 듣습니다.

(삼전도비에는 같은 내용을 좌측에는 만주 문자, 우측에는 몽골 문자, 뒷면에는 한문으로 새겨놓았는데, 이 때문에 17세기 세 나라의 언어 연구에 중요한 자료가 됩니다. 동아시아의 로제타스톤이라 할 수 있습니다.)

역사 속의 역사

❖ 속환 ❖

포로를 돈을 주고 데려오는 것을 속환(贖還)이라고 합니다. 속환의 가격은 실제로 높지는 않았습니다. 그런데 병조판서를 지낸 이성구가 아들을 구하기 위해 1500금을 주는 바람에 속환가가 높아져 돈을 구할 수 없는 애꿎은 백성들은 가족을 구하지 못하게 됩니다.

백성들이 속환할 때 유용하게 사용한 것이 담배입니다. 만주에서는 담배가 자라지 않았는데 흡연 인구가 폭증해서 담배가격이 조선보다 수십 배나 비싸게 거래되었습니다. 그러므로 담배를 한 짐 마련해 가면 가족을 속환해 올 수 있었다고 합니다. 그러나 너도나도 담배를 짊어지고 가는 바람에 나중에는 담뱃값이 폭락해 서너 명을 속환할 수 있던 분량으로 한 명밖에 속환할 수 없게 됩니다. 청으로 끌려간 어머니, 아우, 아들을 속환하려고 담배 짐을 가지고 청에 갔다가 담뱃값이 떨어져 죽은 어머니의 위패와 아우만 속환해온 사례가 있습니다. (유교 사회 조선에서는 산 자식보다 죽은 어머니가 더 중요합니다.)

헌데 이렇게 구해온 남자는 그나마 문제가 없지만 여자의 경우는 정조를 잃었다고 멸시를 받습니다. 조정에서는 중국 사신들의 숙소로 쓰이는 홍제원(지금의 홍제동에 있었음)의 물에 씻으면 깨끗해진 것으로 간주하고 절대로 이혼하지 못하게 방침을 정합니다.
하지만 당시 영의정이었던 장유는 며느리가 정조를 잃었다면서 이혼을 허가해달라고 했고, 반대로 승지를 지냈던 한이겸은 사위가 자신의 딸을 버리고 새장가를 들려 한다며 조치를 취해달라고 요청합니다. 최명길은 "전쟁 통에 끌려가지 않았다고 모두 정조를 지킨 것도 아니고, 끌려갔다고 모두 정조를 잃은 것도 아니다"라고 아주 현실적인 주장을 하며 이혼을 금지해야 한다고 말합니다. 하지만 결국 사대부집 자제들은 모두 새장가를 들었다고 합니다.

명나라 멸망   1644년

1644년 이자성의 농민 반란군이 북경을 함락합니다. 숭정제가 목을 매고 자결하면서 명나라는 사라집니다. 원숭환의 뒤를 이어 산해관을 지키던 오삼계는 이 소식을 듣고 청나라에 투항합니다. 이자성의 군은 산해관으로 달려가 청군과 오삼계의 연합군과 싸우지만 대패합니다. 이자성은 자금성으로 돌아와 황금을 긁어모은 후에 궁궐에 불을 지르고 도망치지만 1645년 6월 40세의 나이로 구궁산에서 죽습니다.

이로써 청나라는 중국 본토를 차지하고 중국 역대 왕조 중 가장 강력한 왕조가 됩니다.

한편 오삼계는 귀주성과 운남성의 왕인 평서왕平西王으로 봉해집니다. 오삼계는 명의 남은 황족들이 세운 남명을 공격하고 멸망시켜 명나라의 씨를 말려버립니다. 오삼계는 강희제가 즉위하자 다시 건국한다는 명분으로 난을 일으킵니다.

1678년 오삼계는 주周나라를 세우고 스스로 황제가 됩니다. 그는 능력 있는 장군이었기에 진압군을 격파하며 승승장구하며 장강 남부를 점령하지만, 그해 8월 67세의 나이로 사망하면서 주나라는 흔들리기 시작합니다. 급기야 1681년 손자 오세번이 자살하면서 주나라는 멸망합니다.

소현세자 사망 • 1645년

정묘호란 때 분조를 훌륭하게 이끌었던 소현세자는 병자호란이 끝나자 아우인 봉림대군과 청나라로 끌려갑니다. 그는 청나라에 인질로 있으면서도 시련에 굴복하지 않고 오히려 성장의 기회로 삼습니다. 자신과 동갑이었던 청나라의 실권자인 섭정왕 아이신기오로 도르곤과 접촉하며 친분을 쌓고 고급 정보를 얻어내 조선에 알려주었습니다.

또한 외교관으로 해야 할 역할도 톡톡히 해내는데 임경업이 명나라와 밀통한 사건도 소현세자가 직접 도르곤을 찾아가 담판한 결과 무사히 넘어갈 수 있었습니다. 그리고 예수회 소속 아담 샬 신부와 교류하며 천주교에도 깊은 관심을 두게 됩니다. 소현세자의 아내 강빈은 심양 근처에 농장을 만들고 장사를 하여 상당한 재물을 얻습니다. 이때 얻은 재물로 끌려온 조선인들을 속환하였습니다.

하지만 인조는 소현세자가 자기를 몰아내고 왕이 될 것이라는 망상에 사로잡힙니다. 엎친 데 덮친 격으로 심기원이 역모를 꾸미다 발각되는 사건마저 터지자 인조는 망상이 폭증하여 아예 소현세자를 없애버리려고 합니다.

1645년(인조 23년) 도르곤은 소현세자의 영구 귀국을 허용합니다. 하지만 인조는 세자와 세손들에게 환영 잔치는커녕 위로의 말 한마디 던지지 않습니다. 그리고 귀국한 지 석 달도 못 되어 학질로 사망합니다. 학질로 위장한 독살이라는 추측도 있습니다.

소현세자가 죽자 인조는 기다렸다는 듯이 왕위 계승 1순위인 세자의 아들 석철을 제쳐두고 봉림대군을 후계자로 선정하려고 합니다. 이시백, 이시방 등 많은 신하가 반대했지만 인조는 오히려 노발대발하며 신하들을 나무랍니다. 인조의 의중을 짐작한 김자점이 김류 등을 끌어들여 인조에 찬성하면서 결국 봉림대군이 후계자가 됩니다.

하지만 인조는 이 정도로 만족하지 못합니다. 1646년(인조 24년) 1월 자신의 수라에 올라온 전복에 독을 탔다는 이유로 강빈의 궁녀들을 무고합니다. 그리고 세자빈이 지시했다는 소리가 나올 때까지 고문합니다. 하지만 궁녀들 10명 중 7명이 고문당해 죽으면서도 인조는 원하는 대답을 듣지 못합니다. 인조는 거짓 자백을 받아내지 못했음에도 불구하고 온갖 누명을 씌워 강빈을 쫓아내려고 합니다. 신하들이 "강빈은 전하의 자식이 아니지만 며느리이니 전하의 자식과 마찬가지 아닙니까?"라며 반대하자 다음처럼 말했다고 실록에 실려있습니다.

狗雛强稱以君上之子, 此非侮辱而何?
개새끼가 억지로 임금의 자식이라 칭하니 이게 모욕이 아니면 뭔가?

실록에서 '개새끼'라는 욕이 그대로 실린 것은 인조가 유일합니다. 결국 강빈은 폐서인되어 쫓겨난 뒤 그날 바로 사약을 내려 죽임당합니다. 그리고 강빈의 친정 식구들 또한 갖가지 구실을 붙여 전부 죽여버립니다. 인조는 자기 손자이기도 한 소현세자의 세 아들까지 죄인의 아들이라는 이유로 제주도로 유배 보냅니다. 장남 이석철은 열 살, 차남 이석린은 여섯 살, 삼남 이석견은 두 살이었습니다. 장남과 차남은 3년 후 전염병으로 사망합니다.

효종(봉림대군)도 정통성이라는 약점 때문에 형수인 강빈을 역적으로 몰아세우며 철저하게 배척합니다. 그나마 양심은 있었는지 죽기 전에 조카인 이석견을 경안군으로 복권시켜 줍니다. 하지만 그동안 고생을 많이 해서 그런지 경안군은 22세로 요절합니다. 그런데 경안군은 자식들이 있었고 그들이 오히려 효종의 혈족보다 더 번창하여 지금까지 내려옵니다.

김자점 사형 1651년

인조 대에 정권을 잡은 서인은 분열에 분열을 거듭합니다. 인조반정 때 공을 세운 김류·심기원·이귀·김자점·신경진 등은 공서功西, 인조반정에 참가하지 않은 김상헌 등은 청서淸西라고 합니다. 정권을 잡은 공서는 다시 김류가 이끄는 노서老西와 이귀가 이끄는 소서少西로 나뉩니다. 김자점은 공서파 편에 서서 청서파를 탄압하는데 앞장섭니다.

인조 대의 말이 되면 서인은 다시 넷으로 갈라집니다. 노서는 친청파인 낙흥부원군 김자점이 이끄는 락당落黨과 친청도 아니고 반청도 아닌 원두표가 이끄는 원당原黨, 소서는 명분보다는 현실을 중요시하는 한당漢黨이 됩니다. 한당이라는 명칭은 한강 주위에 모여 살았기 때문이며 대표적인 인물로는 김류와 김육 등이 있습니다. 청서는 산당山黨이 됩니다. 반청이며 강빈의 사면을 주장했습니다. 김집, 송시열 등이 대표적 인물입니다.

인조 즉위 시기 최고의 권신은 김자점입니다. 강빈 사사를 찬성하여 인조 최고의 총신이 되었고, 자신의 손자인 세룡을 인조의 딸인 효명옹주와 혼인시켜 왕가와 인척 관계를 맺었습니다. 그 때문에 인조가 죽기 전에 "김자점과 이시백을 나처럼 대하라"고 유언을 남겼습니다. 하지만 온갖 비열한 방법으로 권력을 잡은 김자점을 좋아하는 대신은 아무도 없었습니다. 인조가 죽고 일주일도 되지 않아 김자점을 파직시키라는 여론이 들끓기 시작합니다. 효종도 김자점의 후원으로 왕이 되었기 때문에 딱히 김자점을 경계하지는 않았습니다. 하지만 나날이 거세지는 여론에 결국 김자점을 삭탈관직하고 한양 도성 밖으로 쫓아냅니다.

그런데 1650년 3월 청나라에서 사신을 보내옵니다. 청나라가 사신을 보낸 이유는 섭정왕이었던 도르곤과 조선 왕실과의 혼사를 주선하기 위함이었습니다. 그러나 세간에서는 친청파이던 김자점이 삭탈관직 된 것에 앙심을 품고 효종이 청나라 몰래 북벌을 계획한다고 밀고했다는 소문이 돌게 됩니다. 사실과는 관계없이 김자점은 전라도 광양으로 유배를 가게 됩니다.

하지만 추락하는 것은 날개가 없습니다. 1651년에는 김자점의 사돈인 소용 조씨가 효종과 왕후를 저주하는 일이 벌어집니다. 사건은 점점 확대되어 김자점이 역모를 일으키려 했다는 결론에 이르고 결국 김자점과 그의 가족은 멸문당합니다. 김자점의 죽음에 대한 사람들의 반응은 '축하와 환희'였습니다.

인조의 총애를 받던 소용 조씨는 전복 독살 조작 사건 이전에 민회빈 강씨가 자신을 저주한다고 무고를 했습니다. 이때에도 강빈의 궁녀들이 고문을 받다가 사망했습니다. 김자점은 뒤에서 민회빈 강씨를 죽여야 한다고 부추긴 인간입니다. 결국 자신들이 쓰던 방식에 그대로 걸려들어 죽임을 당했으니 참으로 자업자득自業自得이라 할 수 있습니다.

효종의 즉위와 북벌론 · 1649년

효종은 전통성이 부족한 왕입니다. 정통성의 부족은 왕권의 약화로 이어지고 왕권의 약화는 대신들의 세력을 키워줍니다. 그래서 효종은 자신을 즉위시키는 데 지대한 공헌을 한 김자점 일파부터 제거합니다. 그리고 김집, 송시열, 송준길 같은 산당山堂을 불러들입니다. 하지만 김자점을 제거하기 위해 불러들인 산당이 다시 왕권을 위협할 수 있습니다. (이런 형태는 조선 시대 내내 반복되었습니다.)

이전의 왕들은 사화를 일으켜 대신들을 몰살했습니다. 그러나 서인들이 명분에 살고 명분에 죽는다는 것을 안 효종은 북벌北伐이라는 새로운 명분을 내세웁니다. 청나라는 당대 최강대국으로 조선이 아무리 애를 써도 이길 수 없는 상대입니다. 청나라를 갔다 온 효종이 이를 모를 리 없습니다. 그 때문에 북벌은 명분에 불과하였고 실제로는 군사력 증강이 목적이었습니다. 군사력이 바로 왕권이기 때문입니다. 이렇게 확장한 전력은 청나라를 공격하는 데 사용된 것이 아니라 오히려 청나라를 도와주는 데 사용됩니다.

1654년과 1658년 두 차례에 걸쳐 '청-러시아 국경분쟁'에 조총병을 파견합니다. 조선에서는 이 파병을 나선(러시아)을 정벌征伐했다고 '나선정벌'이라고 과장했습니다. 나선정벌에서 조선의 군대는 눈부신 활약을 하였고 러시아군은 결국 북쪽으로 후퇴합니다.

✳ 대동법 확대 ✳

효종 대에 김육의 주도로 1651년에는 충청도에서, 1658년에는 전라도 연해에 시행되면서 전국적으로 대동법이 확대됩니다. 대동법의 시행이 이렇게 늦어진 것은 교통이 발달하지 않았기 때문입니다. 조선시대에는 각지에서 거두어들인 대동미를 지방에서 한양까지 운송했습니다. 현대와 달리 자동차나 기차를 이용할 수도 없고 도로나 철도가 있는 것도 아니었기에 대부분은 배를 이용해 수송하였습니다. 이를 조운(漕運)이라고 합니다. 배를 댈 수 있는 주요 나루터에는 곡식을 수납 보관하는 조창(漕倉)이 세워집니다.

처음에 경기도에서 대동법을 시행한 이유도 한강을 이용해 대동미를 수송할 수 있었기 때문입니다. 그다음으로는 북한강과 남한강 수로를 이용할 수 있는 강원도와 충청도로 확대되었고, 그다음으로 바닷길을 이용할 수 있는 전라도에서 대동법이 시행됩니다. 경상도는 숙종 대에야 시행되고, 의외로 한양과 가까운 황해도가 가장 마지막에 시행됩니다. 황해도가 늦었던 이유는 대동미를 운송하는 조운선이 물살이 험했던 옹진반도를 거쳐야 했기 때문입니다.

벼농사가 되지 않는 함경도·평안도·제주도는 잉류지역이라하여 대동법을 시행하지 않았습니다. 그리고 일부 산간 지방에서는 쌀 대신 베(대동목)나 동전(대동전)으로 걷기도 하였습니다. 조선 후기 화폐가 보급되면서 대동미는 점차 대동전으로 대치됩니다.

대동법 시행으로 왕실과 관청에서 쓸 물품을 대량으로 구매하여 조달하는 공인(貢人)이 등장합니다.

✳ 신분제의 혼란 ✳

조선 초기 양천이원제이던 조선의 신분제는 사회가 안정되면서 양반, 중인, 상민, 천민의 네 계층으로 나뉩니다. 하지만 조선 후기 당쟁이 계속되면서 정권에서 밀려나 몰락한 양반들이 생겨납니다. 부농들은 경제력을 이용해 향촌을 지배하려고 합니다. 위기를 느낀 양반들은 같은 성씨끼리 모여 사는 집성촌(集姓村)을 만들거나 친족 집단인 문중(門中)의 결속을 강화하여 세력을 유지하려 합니다.

문중의 결속을 강화하기 위해 가문의 시조나 훌륭한 인물을 모시고 제사를 지내는 사우(祠宇)나 서원을 세우고, 문중의 일원이라는 것을 확인시켜 줄 족보를 간행합니다. 기술직인 중인은 전문적인 능력과 경제력을 바탕으로 시사(詩社)를 조직하여 시를 짓고 감상하거나 역대 시인의 시를 모아 시집을 간행하기도 하며 양반 수준의 문화생활을 즐깁니다.

한편 재산을 축적한 일부 농민이나 상인들은 공명첩을 사서 양반이 되기도 합니다. 공명첩이란 정부가 재정을 보충하기 위해 돈이나 곡식 등을 받고 발행하는 관직 임명장입니다. 이름(名)을 쓰는 부분이 비어(空) 있어서 공명첩(空名帖)이라 합니다.

아예 호적을 고치거나 족보를 위조하여 양반이 되는 예도 있었습니다. 노비도 돈을 주고 노비에서 벗어나는 납속(納贖)을 하거나 군공을 세워 천민의 신분을 면하는 면천(免賤)을 하기도 했습니다. 아예 노비 신분에서 벗어나려고 도망치는 사람도 있었습니다.

1655년(효종 6년)에는 노비추쇄도감을 설치하여 도망친 노비를 잡기도 했습니다. 1801년(순조 1년)에는 공노비 제도도 폐지됩니다. 이와 같은 변화로 조선 후기 상민과 천민의 수가 줄고 양반의 수가 많이 늘어납니다.

현종 즉위 1659년

효종은 39세에 얼굴에 종기가 납니다. 어의였던 신가귀는 침으로 피와 고름을 빼서 치료하자고 주장했고, 유후성은 머리에 경솔히 침을 놓을 수 없으니 다른 방법을 쓰자고 주장합니다. 효종은 신가귀의 의견을 받아들여 침을 맞습니다. 그런데 침이 깊이 들어가 동맥을 뚫어버리는 바람에 과 다출혈이 일어나 사망하고 맙니다. 효종이 사망하면서 세자가 왕위에 오르니 현종입니다.

현종은 오가작통법을 강화하여 백성들을 효율적으로 통제했고, 수리 시설과 양전 사업에 힘써 농업 생산량을 늘렸으며, 신기전을 개량하여 대량 생산하고 군사 훈련을 자주 시켜 군사력을 증강했습니다. 오래 살았다면 명군이라 불렸겠지만 아버지처럼 종기로 고생하다 향년 33세로 사망합니다.

예송논쟁   1659년/1674년

현종이 왕위에 즉위하자마자 예송논쟁禮訟論爭이 일어납니다.

장렬왕후는 인조의 두 번째 왕비로 의붓아들인 효종보다 5살이나 어렸습니다. 의붓아들인 효종이 사망했으니 상복을 입어야 하는데 1년짜리 상복인 기년복朞年服을 입어야 하는가 3년짜리 상복인 참최복斬衰服을 입어야 하는가에 대한 논쟁이 벌어집니다. 이를 기해예송이라 합니다.

현대인으로서는 쓸데없는 논쟁이지만 유교 국가인 조선에서는 먹고사는 문제보다도 더 큰 문제였습니다. 서인의 영수이던 송시열은《국조오례의》에 나오는 체이부정體而不正(적장자가 아니면 기년복을 입어야 한다.) 항목에 따라 기년복을 입어야 한다고 주장했고 그대로 마무리되는 듯했습니다. 하지만 남인인 윤선도가 핵폭탄급 상소를 올리며 조정이 발칵 뒤집힙니다. 그 내용은 '효종이 적장자가 아니면 소현세자 자식들이 적장자라는 것인가?'라며 '송시열은 효종의 정통성을 인정하지 않는 역적이다'라고 몰아세웁니다. 일단은 정권을 잡고 있던 서인의 주장이 받아들여졌지만, 남인들은 이 문제를 가지고 몇 년 동안 집요하게 서인을 공격합니다. 결국 진저리가 난 현종이 예송논쟁 금지령을 내립니다.

1674년(현종 15년) 효종의 부인이자 현종의 어머니인 인선왕후가 사망합니다. 이때도 장렬왕후가 살아 있었기 때문에 또 예송논쟁이 벌어집니다. 이를 갑인예송이라 합니다.

송시열은 《주례》·《의례》에 따라 9개월짜리인 대공복大功服을 입어야 한다고 주장합니다. 서인들의 최종 병기인 윤선도는 3년 전 사망했기 때문에 쉽게 넘어갈 것으로 생각했습니다. 하지만 이번에는 현종이 송시열에게 딴지를 겁니다. "기해예송 때는 《국조오례의》를 근거로 예법을 주장하더니 이번에는 왜 《주례》·《의례》에 근거해서 예법을 주장하는가?"라고 따집니다.

송시열의 주장은 은근히 효종과 현종이 정통성이 없다는 내용을 담고 있었기 때문에 기해예송 때부터 감정이 상했던 현종은 갑인예송을 기회 삼아 서인들이 득세하던 조정을 남인과 서인의 균형을 맞추도록 조정합니다. 이를 갑인甲寅년에 정치의 국면局面을 전환轉換했다고 하여 갑인환국甲寅換局이라 합니다. (조선 전기에 임금이 정치 세력을 바꾸려고 사용한 방법이 사화士禍라면, 조선 후기에는 환국을 사용했습니다.) 그리고 두 달도 되기 전에 현종이 사망합니다. 현종은 예송과 함께 즉위하여 예송과 함께 재위를 마쳤습니다.

✵ 《하멜 표류기》 ✵

1653년(효종 4년)에는 네덜란드 동인도 회사에 근무하던 하멜 일행이 제주도로 표류하고 70세가 넘은 박연이 통역을 위해 제주도로 오면서 둘은 만나게 됩니다. 박연은 "여기는 한번 오면 못 나가는 곳이니 귀화하라"고 설득합니다.

하지만 부잣집 자식이었던 하멜은 조선에 적응하지 못했고 탈출할 기회만 엿보다가 1666년 일본 나가사키 데지마로 탈출에 성공합니다. 귀환한 하멜은 네덜란드 동인도 회사에서 13년간 받지 못한 임금을 청구했고, 이에 대한 증거로 써서 낸 것이 스페르베르호의 불운한 항해 일지(Journal van de Ongeluckige Voyagie van 't Jacht de Sperwer)입니다. 우리나라에서는 《하멜 표류기》라고 부릅니다.

《하멜 표류기》는 유럽에서 크게 히트를 쳐서 각 나라의 언어로 번역되었으며 1885년까지 계속 인쇄될 정도로 베스트셀러가 됩니다. 덕분에 유럽인들에게 조선이 제법 정확하게 알려집니다. 그런데 내용은 그리 우호적이지는 않습니다. 13년이나 여기저기 끌려다니며 노예처럼 일을 해야 했으니 감정이 좋을 리가 없습니다.

경신대기근 · 1670년

1670년(현종 11년)인 경술庚戌년부터 1671년(현종 12년)에 신해辛亥년에 걸쳐 대기근이 발생합니다. 이를 경술과 신해의 앞 글자를 따서 '경신대기근'이라 합니다. 조선에서만 일어난 사건이 아니라 전 세계적으로 일어난 사건입니다.

인도는 1630년에서 1632년 데칸 대기근으로 최소 300만에서 최대 700만 명이 사망했습니다. 일본에서는 1640년부터 1643년까지 칸에이 대기근, 1674년부터 1675년까지 엔포 대기근이 일어났습니다. 중국에서는 1628년에 관중 일대에 대기근이 일어나면서 대규모 농민 반란이 일어났고 결국 명나라가 망하게 됩니다.

유럽에서도 대기근이 일어났고 그 여파로 면역력이 떨어지자 페스트가 다시 유럽을 강타합니다. 기근과 역병은 유럽인들의 광기를 불러일으켰고 마녀사냥이 극에 달합니다.

1670년 새해부터 냉해, 가뭄, 수해, 풍해, 병충해, 구제역, 전염병이 쉴 새 없이 몰아치며 조선 전체에 굶지 않는 사람이 없을 정도가 됩니다. 7월에 최초로 아사자가 보고되었고, 8월부터는 부지기수의 사람이 굶어 죽는다는 보고가 한양으로 올라옵니다. 조정에서는 기근이 심해지자 그동안 금지되었던 소의 도축을 허용합니다. 그런데 잔뜩 굶었다가 갑자기 쇠고기를 먹는 바람에 사망한 사람도 셀 수 없을 정도가 됩니다.

1671년 상황은 더욱 악화됩니다. 보리농사마저 망쳐버리며 굶어 죽는 사람이 늘어나 길바닥에 시체조차 치우지 못할 지경이 됩니다. 전염병의 유행은 오히려 더욱 거세져 궁궐에서 지내는 군인과 궁녀들까지 사망합니다. 조선은 이제 생지옥으로 변합니다. 부모가 아이를 버리고 자식이 부모를 버리는 일이 속출합니다. 심지어는 자식이 죽자 삶아 먹는 일까지 생깁니다.

경신대기근으로 죽은 사람은 100만 명 정도로 추산됩니다. 당시 조선의 인구가 대략 1500만 명 정도로 추산되니 6~7퍼센트가 죽은 셈입니다. 임진왜란을 겪은 노인들은 차라리 임진왜란이 더 나았다는 소리를 하였습니다.

> **읽을거리**
>
> 일본 고추는 대단히 매워서 사람이 먹을 수 없을 정도입니다. 일본군은 임진왜란 때 고추를 태운 연기를 최루탄처럼 사용했습니다. 그 때문에 임진왜란 이후에도 식용으로 사용되지는 않았습니다. 그런데 우리나라에 자라는 고추는 인간이 먹을 수 있는 수준의 맵기를 가졌기 때문에 식용으로 사용됩니다. 다만 이때는 고춧가루가 아니라 실고추를 이용했습니다.
>
> 지금 같은 고춧가루를 이용한 김치는 경신대기근 때부터입니다. 당시에는 바닷물을 끓여 소금을 만들었는데, 기근으로 나무들이 말라버려 땔감의 가격이 치솟자 소금 가격도 치솟게 됩니다. 백성들은 소금값을 아끼려고 대용품으로 고춧가루를 이용하게 됩니다.

숙종의 즉위 • 1674년

현종이 죽고 14살의 세자가 즉위하여 숙종이 됩니다. 숙종은 적자, 적손, 장자, 장손에 '원자-왕세자-왕'이라는 단계를 거친 오래간만에 정통성에 문제가 없는 왕입니다. (조선 역사에서 가장 정통성 있는 왕은 적자, 적손, 장자, 장손에 '원손-세손-세자-왕'이라는 단계를 거친 단종입니다. 참고로 단종을 복권 시킨 왕이 숙종입니다.)

그리고 외척들도 전혀 문제가 없었습니다. 게다가 머리도 좋고 능력까지 상당하다 보니 어린 나이에도 불구하고 수렴청정 없이 바로 정치를 시작합니다. 그 때문에 왕권이 세종 때만큼이나 강력했습니다.

하지만 성격이 지랄 같고 냉혹한 인간이다 보니 안으로는 왕비를 네 번이나 바꾸며 평지풍파를 일으켰고 밖으로는 환국을 숱하게 벌여 수많은 신하를 숙청합니다. 재위 기간도 무려 47년(조선 역대 두 번째)이나 되다 보니 우리나라 사극에 단골로 출현하는 왕이 되었습니다. 숙肅이라는 묘호의 의미는 강덕고취剛德克就, 굳센 덕으로 이겨내며 나아가고 집심결단執心決斷, 마음을 굳게 잡고 일을 결단하다라는 뜻입니다.

환국 정치

1680년(숙종 6년) 명성왕후(숙종 어머니)의 사촌오빠 김석주의 사주를 받은 정원로가 "허견(허적의 서자)이 역모를 일으켜 복선군(현종 사촌)을 옹립하려 한다"라고 고변합니다. 숙종은 허견, 복선군뿐 아니라 복선군의 형제인 복창군, 남인의 영수인 허적, 윤휴, 심지어 고변자인 정원로까지 전부 죽여버립니다. 이로써 정국은 서인의 손으로 들어갑니다. 이를 경신환국이라 합니다.

1689년(숙종 15년) 숙종은 장희빈의 아들(훗날의 경종)을 원자元子로 삼으려고 합니다. 원자란 왕비에게서 난 임금의 맏아들입니다. 서자를 원자로 세우는 것은 전례가 없는 일이었습니다. 송시열, 김수항, 김만중 등

서인이 극렬히 반대합니다. 송시열, 김수항은 사약을 받고 김만중은 유배를 보냅니다. 그리고 아예 인현왕후를 폐비시키고 장희빈을 왕비로 삼습니다. 이로써 서인이 물러나고 남인이 정권을 잡습니다. 이를 기사환국이라 합니다.

1694년(숙종 20년) 우윤 겸 포도대장이자 중전 장씨의 오빠인 장희재가 역모를 꾀한다는 고변이 들어옵니다. 중전 장씨가 지겨웠던 숙종은 장희재를 삭탈관직하고 내쫓고, 중전 장씨는 도로 장희빈으로 강등시키고 인현왕후를 복위시킵니다. 장희빈과 유착했던 남인들이 몰락하고 서인(특히 소론)들이 다시 정권을 잡습니다. 이를 갑술환국이라 합니다.

1701년(숙종 27년) 다시 중전이 된 인현왕후는 시름시름 앓더니 1701년 8월 사망합니다. 숙빈 최씨(훗날 영조의 어머니)는 숙종에게 장희빈이 중전을 저주한 것이라고 고변합니다. 숙종은 장희빈의 궁녀들을 고문하였고, 궁녀들은 장희빈이 중전에게 저주를 걸었다고 자백합니다. 숙종은 10월 장희빈에게 사약을 내리고 제주도에 유배 간 장희재도 처형시킵니다. 이를 신사의 옥이라 합니다.

1710년(숙종 36년) 소론이던 최석정은 《예기》를 분류하여 1693년 《예기유편禮記類編》을 간행합니다. 그런데 노론에서 《예기유편》이 주자의 학설에 어긋난 것이라며 불태워 버려야 한다고 주장합니다. 숙종은 최석정을 삭탈관직하고 《예기유편》을 소각하며 노론이 정권을 잡습니다.

1716년(숙종 42년) 숙종이 회니시비에서 노론의 편을 들어주며 소론의 세력은 약화하고 노론이 정계를 완전히 장악합니다. 이를 병신처분이라 합니다.

당파의 분화

남인은 갑인예송을 기점으로 서인에 맞서 예송을 주도한 윤휴, 허목 등의 청남淸南과 서인과 결탁한 허적 등의 탁남濁南으로 분열됩니다. 하지만 환국을 몇 번 거치면서 청탁을 불문하고 사라집니다. 탁남인 허목은 송시열과 서로 증오하는 사이였습니다. 한번은 송시열을 만나러 갔다가 문전박대당하자 다음과 같은 시를 남기기도 했습니다.

步之華陽洞 보지화양동   걸어서 화양동에 왔는데,

不謁宋先生 불알송선생   송선생을 보지 못하네.

결국 서인과의 당쟁에 패배하고 사약을 받고 죽임을 당합니다. 죽은 후에도 노론으로부터 성리학을 비판하는 사문난적斯文亂賊으로 찍혀 매도당합니다.

허목은 다방면에 재능이 있는 사람으로 역사서인 《동사東事》와 《단군세가》를 짓기도 했고, 서화에도 능해 자신만의 서체를 만들었고 지도를 그리기도 했습니다.

임진왜란과 병자호란을 거치면서 줄어들었던 인재들은 쓸데없는 예송 논쟁이나 회니시비로 서로를 잡아먹어 조선의 인재들은 더욱더 줄어들게 됩니다. 서인은 송시열과 그의 제자인 윤증의 회니시비懷尼是非로 분열합니다.

회니시비란 충청도 회덕懷德에 살던 송시열과 이산尼山에 살던 윤증이 옳고 그름是非을 가린다는 의미입니다. 시빗거리는 별것도 아닙니다. 송시열이 독단적으로 정치를 하자 윤증이 똑바로 정치를 하라고 편지를 보낸 것입니다. 그런데 송시열 측에서는 제자가 싹수없이 스승을 모욕했다며 윤증 측을 공격하고, 윤증 측에서는 스승이라도 잘못되었으면 지적하는 것이 옳다며 반격합니다.

경신환국 때 송시열을 비롯한 노장들은 남인을 강경하게 대해야 한다고 주장했고, 윤증을 비롯한 소장들은 온건하게 대해야 한다고 주장합니다. 노장파는 명분과 민생 중시하는 노론이 되고, 소장파는 실용과 북방 개척을 중시하는 소론이 됩니다.

노론의 영수 송시열은 인조부터 숙종까지 4대조를 섬긴 원로대신으로 사후에도 노론이 계속 집권하면서 해동성인海東聖人이며 송자宋子라고 높여 불립니다. 하지만 반대당인 남인들은 키우는 개의 이름을 시열이라고 지을 정도로 싫어했습니다.

김만중도 노론으로 분류됩니다. 김만중의 아버지 김익겸은 김만중이 태어나기도 전에 병자호란 때 강화도를 지키다 자폭했습니다. 그리고 김익겸의 묘비명을 써준 것이 송시열입니다. 그 때문에 김만중은 송시열의 열렬한 신봉자였습니다. 송시열과 함께 남인 탄핵에 앞장섰고 장희빈을 왕비로 세우는 데 반대하다가 여러 차례 유배를 당했고 1692년 끝내 유배지에서 사망합니다.

김만중은 정치인보다는 문학가로 널리 알려졌습니다. 대표적인 작품은 《구운몽》과 《사씨남정기》입니다.

《구운몽》은 1687년 집필한 소설로 삼국유사에 실려있는 '조신의 꿈'을 뼈대로 이야기를 만들었습니다. 조설근의 《홍루몽》과도 줄거리가 비슷한데 홍루몽은 1740년에 쓰였으니 어쩌면 청나라에 수출된 《구운몽》으로부터 영향을 받아 쓰였을 수도 있습니다.

《사씨남정기》는 숙종, 인현왕후, 장희빈을 각각 연수, 사씨, 교씨에 빗대어 쓴 풍자소설이라는 설이 있습니다. 결론이 사씨를 다시 맞이하고 교씨를 죽이는 것으로 끝나는데 김만중이 죽고 2년 후 현실에서 똑같은 일이 일어납니다. 소설이 아니라 예언서라고 해야겠네요.

《구운몽》은 한글로 쓴 소설인지 논란이 있지만 《사씨남정기》는 한글로 쓴 소설이 확실하다는 증거가 있습니다.

소론의 영수 최석정은 최명길의 손자로 명분에 집착하지 않고 실용을 중시한 정치가입니다.

훈민정음을 열심히 연구하여 《경세정운經世正韻》이라는 책을 썼으며 수학에도 조예가 깊어 《구수략九數略》이라는 수학책을 쓰기도 했습니다. 《구수략》에 나오는 9차 직교라틴방진 만드는 법은 오일러보다도 오래된 것입니다. 최석정은 마법진을 좋아했는지 지수귀문도地數龜文圖라는 육각 마법진도 만들었습니다.

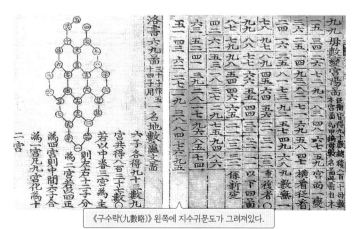

《구수략(九數略)》 왼쪽에 지수귀문도가 그려져있다.

✤ 상평통보 유통 1678년 ✤

숙종은 대동법을 평안도, 함경도, 제주도를 제외한 전국에 시행하였습니다.

또한 1633년(인조 11년) 최초로 시험 주조되었던 상평통보(常平通寶)를 1678년(숙종 4년) 유통합니다. 통보(通寶)는 동전을 뜻하고 상평(常平)은 '상시평준(常時平準)'의 준말로 화폐의 가치를 항상 일정하게 한다는 의미입니다.

상평통보

✤ 안용복과 울릉도 ✤

1693년(숙종 19년) 안용복은 일본인들이 울릉도에서 조업하는 것을 보고 일본으로 넘어가 울릉도가 조선 땅이니 조업을 금지하고 울릉도와 독도가 조선 땅이라는 것을 확인해달라고 요청합니다. 당시 울릉도는 왜구의 약탈을 막기 위해 공도정책(空島政策)을 시행하여 무인도였습니다. 그 때문에 일본이 울릉도를 임자 없는 섬이라고 생각하고는 개척하려고 했던 것입니다. 그런데 난데없이 조선의 사신이라는 사람이 나타나 울릉도는 조선 땅이라고 주장하니 황당하고 당황스러웠을 것입니다.

안용복은 이후에도 여러 차례 일본을 왕래하며 1696년 마침내 막부로부터 울릉도가 조선 땅이라는 확인을 받아냅니다. 안용복은 공무원 사칭 및 공도 정책 위반으로 사형을 당할 위기에 처하지만 울릉도를 우리 땅으로 확인한 공을 크게 여겨 유배로 감형됩니다.

5장

끝을
향해 가는
조선

세계사 이야기

우리 역사		세계사
	1707년	대영제국 성립
영조 즉위	1724년	
정미환국	1727년	
임오화변	1762년	
	1769년	뉴질랜드 영국령
	1770년	호주 영국령
정조 즉위	1776년	
	1789년	프랑스 대혁명
신해박해	1791년	

18세기의 세계는 서양의 서쪽 끝에 있는 영국이 주도합니다.

1707년 잉글랜드 왕국과 스코틀랜드 왕국이 합쳐져 그레이트브리튼 왕국(대영제국)이 성립됩니다. 영국은 18세기 초 정치적으로 입헌군주정을 정착시키고, 18세기 후반에는 산업 혁명이 일어나 서양이 동양을 압도적으로 추월하는 계기를 마련합니다.

서양은 전 세계로 뻗어나갑니다. 아메리카와 동남아시아를 침략해 식민지를 만들었습니다. 1769년과 1770년 영국의 제임스 쿡은 뉴질랜드와 호수에 발을 늘이고 멋대로 영국령이라고 선포합니다.

한편 18세기 후반은 절대왕정이 무너지고 민주주의가 시작됩니다.

1783년 미국의 13개 주가 대영제국으로부터 독립하고 최초의 대통령제

국가가 되고 1789년 프랑스 혁명이 일어나 민중에 의해 루이 16세와 마리 앙투아네트가 처형당합니다.

그러나 증기 기관을 동력으로 삼은 서양은 18세기에도 인력을 동력으로 삼은 중국을 이기지 못합니다. 청나라는 중국 역사상 최고의 성군인 강희제-옹정제-건륭제로 연이어 통치하는 140년간의 전성기가 계속되고 있었습니다. 청나라는 동아시아의 최강일 뿐 아니라 확고한 세계 최강국입니다.

더불어 18세기는 전 세계적으로 장수한 왕들이 많습니다. 영국의 조지 3세는 81세를 살고 60년을 재위하고 프랑스의 루이 14세는 76세를 살고 73년을 재위합니다.

청나라의 강희제는 69세를 살고 62년을 재위하였으며 청나라의 건륭제는 89세를 살고 61년을 재위합니다. (강희제의 기록을 넘을 수 없다며 물러났습니다.)

조선에서도 숙종이 59세를 살고 46년을 재위했고, 영조가 81세를 살고 52년을 재위합니다.

대영제국의 영토

장옥정의 친가는 대대로 역관을 지낸 중인 집안이었는데 역관은 대부분 사무역私貿易도 함께 했기 때문에 조선에서도 손꼽히는 갑부 집안이었습니다. 외가 쪽도 육의전에서 면포를 거래하는 대상인이라 역시 갑부였습니다. 때문에 내어물전 상인들이 장옥정을 후원한 남인과 유착한 것입니다. 장옥정을 현대식으로 말하자면 재벌 2세입니다. 인간이란 돈이 있으면 권력을 잡기 마련입니다. 그래서 장희빈의 친가는 장희빈을 궁녀로 입궁시킵니다.

장옥정은 조선왕조실록에 미녀라는 기록이 존재하는 몇 안 되는 인물 중 한 명입니다. 이 미모를 바탕으로 자신보다 나이가 어린 숙종의 총애를 받아내어 자식을 낳고 희빈이 되었고, 나중에는 인현왕후를 몰아내 왕비가 됩니다. 하지만 숙종의 애정이 식으면서 빈으로 강등되고 결국 숙종에게 죽임을 당합니다.

장희빈이 죽으면서 세자의 자리는 위태로워집니다. 세자는 허약한데다 자식도 없었습니다. 하지만 숙빈 최씨에게서 난 연잉군은 건강한데다 총명하기까지 했습니다. 노론은 세자를 연잉군으로 바꾸려고 하고 소론은 지금의 세자를 끝까지 지키려고 다투었습니다. 숙종은 여기에 대해서 아무밀도 하지 않다가 1717년 노론 이이명을 불러 독대합니다. 이를 정유독대丁酉獨對라 합니다. 독대란 사관 없이 왕과 신하가 만나는 것입니다. 때문에 둘 사이에 무슨 말이 오갔는지는 알 수 없습니다. 아무튼 1720년 숙종이 사망하면서 세자가 즉위하여 경종이 됩니다.

하지만 언제 죽어도 이상하지 않을 정도로 병약했던 경종은 정권을 장악하지 못합니다. 정권을 장악한 노론은 연잉군의 왕세제 책봉을 관철합니다. 게다가 세제에 의한 대리청정까지 주장합니다. 노론의 이러한 도를 넘는 행동에 소론이 행동에 나섭니다.

1722년(경종 2년) 목호룡은 노론이 경종을 살해하고 이이명을 옹립하려 한다고 고변하고 크게 분노한 경종은 묻지도 따지지도 않고 대리청정 논란으로 유배되어 있던 노론 4 대신(이이명·김창집·조태채·이건명)을 유배지에서 죽여버립니다. 이를 경종 1년 신축辛丑과 2년 임인壬寅 두 해에 걸쳐 일어난 일이라 하여 신임사화辛壬士禍라고 합니다.

신임사화로 정권을 잡은 소론은 내친김에 연잉군의 왕세제 추탈을 주장합니다. 하지만 형제간의 우애가 각별했던 경종은 오히려 화를 내며 소론을 나무랐고 연잉군은 왕세제 자리를 지킬 수 있었습니다. 결국 1724년 경종이 병사하며 왕세제인 연잉군이 왕위에 오릅니다. 경景은 '사색思索을 좋아하고 국사를 크게 염려함'입니다.

읽을거리

연잉군은 경종이 병중에 있을 때 어의의 경고를 무시하고 인삼과 부자를 올립니다. 그리고 경종이 사망합니다. 이 때문에 소론은 영조가 경종을 독살했다고 단정 짓고 영조 재위 시절 계속 영조를 공격합니다.

영조 즉위 · 1724년

왕위에 오른 연잉군, 즉 영조는 여러모로 특이한 기록을 많이 가지고 있습니다. 30살이라는 늦은 나이에 왕위에 올랐음에도 불구하고 52년이나 조선을 다스렸고 향년 81세로 조선 역대 왕 중 최장수 기록을 가지고 있습니다.

가야의 김수로왕(157년), 고구려 태조왕(93년)처럼 신화와 역사가 뒤섞인 왕을 제외하면 고구려 장수왕(79년), 발해 문왕(56년)에 이어 우리 역사에서 3번째로 긴 재위 기간입니다. 영英은 재주와 공덕이 많다는 의미입니다.

정미환국 · 1727년

영조의 아버지인 숙종은 조선 역사상 두 번째로 확실한 정통성을 가진 왕이었습니다. 하지만 영조는 무수리에게서 태어났으며, 배다른 형의 뒤를 이었기 때문에 조선 역사에서 유일하게 왕세자子가 아닌 왕세제弟로서 왕위에 올랐습니다. 물론 태종이 정종의 동생이기는 하지만 태종은 정종의 왕세자 자격으로 왕위에 올랐습니다. 그 때문에 정통성이 상당히 약했습니다.

영조는 즉위하자마자 신임사화의 빌미를 제공한 목호룡부터 불러서 죽여버립니다. 이때 소론은 둘로 갈라지는데 영조에게 싹싹 빌며 목숨을 구걸해 생존하게 되는 이들을 완소라 하고, 영조가 경종을 독살했다고 주장하며 생존을 포기한 사람들은 준소라 합니다.

노론은 자신들의 세상이 왔다며 소론을 깡그리 없애려고 하지만 각 당파의 균형을 맞추어 왕권을 강화하려고 생각하고 있던 영조는 노론과 소론(완소)을 골고루 등용합니다. 이를 정미환국이라 하며 조선 시대 마지막 환국입니다.

현종 갑인환국, 숙종 경신환국·기사환국·갑술환국, 경종 신축환국, 영조 정미환국으로 기억하시길 바랍니다.

역사 속의 역사

❖ 탕평책 ❖

탕평책(蕩平策)이란 당쟁을 완화하기 위해 붕당을 골고루 등용하는 것입니다. 숙종 대에 박세채가 주창한 '황극탕평(皇極蕩平)'에서 유래합니다.

탕평을 최초로 시행한 것은 숙종입니다. 환국으로 왕권을 키운 후 노론과 소론를 번갈아 가며 관직에 기용하는 탕평을 시행합니다. 당파를 가리지 않고 온건하고 타협적인 인물을 등용하는데 이를 '완론탕평(緩論蕩平)'이라 합니다. 영조는 정국의 안정을 위하여 적극적으로 탕평을 시행합니다.

이름이 비슷한 탕평채(蕩平菜)는 영조의 탕평책을 상징하는 궁중요리입니다. 동인, 서인 남인, 북인을 상징하는 색깔에 맞는 음식 재료를 한데 섞어 만듭니다.

동의 푸른 미나리, 서의 하얀 청포묵, 남의 붉은 쇠고기, 북의 검은 김과 중앙의 노란 달걀까지 그 의미를 담았습니다. 갖가지 재료들이 한데 섞여 맛있는 음식이 되는 것처럼 당파의 화합하기를 바라는 영조의 마음이 담겨있습니다.

이인좌의 난 • 1728년

정계에서 완전히 축출된 준소는 1728년 반란을 일으킵니다. 반란군은 소현세자의 자손인 밀풍군 이탄을 왕좌에 앉히기로 정한 뒤 이인좌를 대원수로 추대합니다. 이때 이유익이 괘서(지금의 대자보)를 씁니다.

이인좌는 관 안에 무기를 가득 숨기고 군사를 장례 행렬로 위장하여 청주성으로 들어간 다음 관군이 눈치를 챌 사이도 없이 기습하여 순식간에 청주성을 점령합니다. 당시 충청병사는 이순신 장군의 5대손인 이봉상이 었는데 조상에게 능력을 물려받지 못해 무능한 사람이었지만 충성심만은 확실히 물려받아 반란군의 회유를 거부하고 죽임을 당합니다.

하지만 반란군은 초기부터 커다란 난관에 부딪힙니다. 소론 완소들은 자신들이 반란과 연루되지 않았다는 것을 증명하기 위해 적극적으로 토벌에 참여합니다. 이광좌가 반란군 일당인 평안도 관찰사 이사성과 포도대장 남태징이 체포하여 평안도의 원군과 한양 내부의 호응을 기대할 수 없게 됩니다. 또한 박문수 등도 직접 출군합니다.

조정은 오명항을 도순무사에 임명하고 오군영 소속 정예 병력으로 구성된 토벌군을 이끌게 합니다. 오명향은 토벌군이 직산으로 향했다는 소문을 퍼트립니다. 이인좌는 이 소문에 속아 별다른 준비도 하지 않고 진격하다가 경기도 안성에서 토벌군과 정면으로 맞닥트립니다. 당시 비가 내렸는데 토벌군은 미리 우천 장비를 준비했지만 반란군의 총기는 비에 젖어 무용지물이 되었습니다. 결국 반란군은 대패하고 근처 산에 올라가 최후의 저항을 하지만 결국 토벌되고 이인좌는 생포 당했다가 나중에 처형됩니다. 줄을 잘못 선 밀풍군도 나중에 처형당합니다.

전라감사 정사효는 반란군에게 내응하기로 했지만 이인좌가 체포되었다는 소식을 듣고는 박필현의 호남 방면군이 전주성으로 오자 문을 열어주지 않습니다. 결국 박필현은 경상도까지 달아났다가 붙잡혀 참수됩니다. 담양부사 심유현도 전주 삼천에서 궤멸합니다.

정희량의 영남 방면군은 7만 명이라는 군세로 합천·함양 등 4개 군현을 점령하며 기세를 떨치지만 안동, 상주에서 저지되었으며 몇 달을 끈질기게 버텼지만 결국 관군에게 토벌당하고 정희량도 처형됩니다. 그 후에도 남은 준소의 잔당들은 남인과 손을 잡고 난을 일으키려고 합니다. 특히 정사효는 처가 식구까지 끌어들였다가 수십 명을 죽게 만듭니다.

1755년(영조 31년) 준소인 윤지는 나주의 객사에 영조를 비방하는 괘서를 걸었고, 준소와 남인들이 과거 시험에서 영조를 비방하는 답안지를 쓰는 등 살기를 포기한 무모한 행동을 하면서 대거 처형당해 준소와 남인은 더 이상 정계에 발을 들이지 못합니다.

✷ 암행어사 ✷

　암행어사(暗行御史)는 왕의 명을 받아 몰래 움직이며(暗行) 임금의 명령(御)을 수행하는 관리(使)입니다. 주로 지방을 돌며 부패한 관리를 잡아내는 임무를 맡게 됩니다. 성종 10년에 처음으로 파견되었고 인조 때에 활성화됩니다. 암행어사는 왕이 직접 임명하는데, 대개 당하관이면서 젊고 충직한 신하들이 발탁됩니다. 직위는 지방 수령보다 높은 종2품 또는 정3품에 해당합니다. 단숨에 당하관에서 당상관이 되는 셈입니다.

　왕은 암행어사로 임명된 사람에게 到南某處開拆(도남모처개탁) 즉 남쪽 모처에서 열어보라고 적힌 서류봉투와 보따리를 줍니다. 영문도 모르고 서류봉투를 받은 당사자는 숭례문을 나간 후 편지를 뜯어보는데 거기에는 '자네는 암행어사다. OO지역에 가서 수령과 관리들의 동태를 감시하고 보고하라'라고 적혀있습니다. 한편 보따리에는 신분증 겸 역마와 역졸을 이용할 수 있는 마패(馬牌), 도량형을 속이지 않는지 판단하기 위한 자인 놋쇠로 만든 자인 유척(鍮尺) 등이 들어있습니다.

　암행어사는 지방 관리의 비리가 있다고 판단되면 '출도'를 통해 정체를 밝히고 관리를 왕명으로 처벌합니다. 관인을 빼앗고 봉고(封庫)(관청의 창고를 닫음)하여 업무를 정지시킵니다. 그리고 지역의 민심을 어느 정도 수습한 후에 왕에게 보고서를 올립니다. 이 보고서에 따라 관할 감영에 끌려가 수감 중인 부패 관리의 처벌이 결정됩니다.

　암행어사를 했던 인물로는 이황, 박문수, 심환지, 정약용, 김정희 등이 있습니다. 암행어사로 유명한 박문수는 이인좌의 난이 있기 전 해에 영남에 파견된 것이 전부입니다. 아마도 암행어사들과 각 지방 사또의 일화가 암행어사 박문수라는 이름 아래 모이면서 암행어사 박문수라는 설화로 재탄생한 것 같습니다.

❋ 금주령 1756년 ❋

영조는 왕위에 오르자마자 쌀을 축내면 안 된다는 이유로 금주령을 선포합니다. 그러나 정작 영조 자신이 술고래인지라 어영부영 흉내만 내는 데 그쳤습니다. 그러다가 1756년 (영조 32년)에 아주 강력한 금주령을 내립니다.

술집들은 영업이 금지되고, 제사에서도 술 대신 단술을 써야 했습니다. 금주령을 위반한 관리는 유배, 선비는 과거 시험의 자격 박탈, 중인과 서얼은 수군으로 강제 입영, 서민과 천민은 노비가 돼야 했습니다. 함경도 북청의 병마절도사 윤구연은 금주령을 어겼다가 탄핵당하고 결국 남대문 앞에서 참수당합니다.

하지만 술을 끊을 수 없어서 목숨 걸고 마시는 사람은 여전히 있었습니다. 심지어 술을 만들다 적발되자 '술이 아니고 식초'(실제로 술로 식초를 만들 수 있습니다.)라고 박박 우겨 무죄가 되는 일도 있었습니다. 게다가 영조 본인도 신하 몰래 소나무 가지(松節)(송절)로 만든 송절차나 송절주를 마시다가 들키는 일도 있었습니다. 결국 1767년(영조 43년) 영조는 금주령을 해제합니다.

❋ 조선 후기의 회화 ❋

명나라가 멸망하면서 조선의 산수화(山水畫)에도 변화가 일어납니다. 이전까지는 세계의 중심인 중화(中華)의 산수화를 따라 그리거나 혹은 상상해서 그리는 것이었습니다. 그런데 명나라가 청나라에 의해 멸망하자 '중화는 조선밖에 남지 않았다'라고 조선의 화가들은 생각합니다. 그 때문에 오랑캐의 땅이 되어버린 중국이 아니라 조선의 실제 풍경을 그리는 진경산수화가 유행하게 됩니다.

진경산수화라는 화풍은 겸재 정선에서부터 시작됩니다. 정선 그림의 특징은 실제보다

<인왕제색도(仁王霽色圖)>

더 과장해서 그린다는 점입니다. 그런 점에서 정선의 그림은 현대의 극사실주의(極寫實主義, hyperrealism)와도 통합니다.

필자가 좋아하는 정선의 그림은 1751년(영조 27년)에 소나기가 지나간 후의 인왕산을 그린 <인왕제색도(仁王霽色圖)>입니다. 청와대에서 인왕산을 보고는 그림과 너무나 흡사해서 깜짝 놀란 적이 있습니다.

한편 청나라에 들어와 있던 서양화를 통해 명암법, 원근법 등의 기법이 조선에도 전해집니다. 정선의 화풍을 계승한 강세황은 서양화법을 접목하여 <영통동구(靈通洞口)>라는 그림을 그렸습니다. 강세황은 단원 김홍도의 그림 스승입니다.

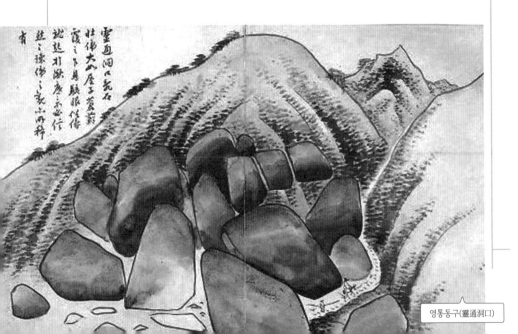

영통동구(靈通洞口)

임오화변 1762년

영조는 26살에 장남을 가집니다. 영조의 장남은 영조가 왕이 되고 1년 후 세자가 되는데 이 사람이 효장세자입니다. 하지만 갑자기 병에 걸려 9세에 사망합니다. 그리고 7년 후인 1735년(영조 11년) 42세의 고령에 아들을 낳습니다.

영조는 아들의 탄생이 너무나 기뻐 태어나자마자 즉시 정실인 정성왕후의 양자로 공식 입적한 후 '원자元子'로 정하고, 이듬해 원자를 왕세자로 정식 책봉합니다. 세자에 대한 기대가 컸던 영조는 세자를 위해 밤을 새우며 필사筆寫해서 책을 만들었고, 세자가 성균관에 입학할 때 이를 기념하여 성균관에 탕평비를 세웠습니다.

하지만 세자에 대한 기대가 너무 컸던 탓인지 아니면 선조宣祖로부터 전해 내려온 아들을 미워하는 저주받은 유전자 탓인지 4살 때부터 아동학대를 시작합니다. 총명하던 세자는 주눅이 들어 아버지를 무서워하더니 결국은 정신병으로까지 발전합니다.

1749년(영조 25년) 영조는 세자에게 대리청정시킵니다. 하지만 "알아서 결정하라"고 해서 알아서 결정하면 "왜 네 마음대로 결정하느냐?"라며 화를 내고, 영조에게 물어보면 "그딴 것도 혼자 처리를 못 하느냐?"라며 화를 냅니다. 세자는 이러지도 저러지도 못하며 스트레스를 받다가 마침내 미쳐버립니다. 정신이 불안정해 몇 번이나 자살을 기도하고, 성격도

난폭해져 주변에 폭력을 행사합니다. 심지어 1757년 6월 어느 날 하루에 내시와 나인을 6명이나 살해하기도 합니다.

옷을 갈아입지 못하는 의대증이라는 강박장애 때문에 나인과 내관들이 옷시중을 기피하자 부인인 혜경궁 홍씨가 옷시중을 드는데 어느 날은 세자가 바둑판을 집어던져 눈알이 빠질 뻔합니다. 세자가 사랑하던 후궁인 박빙애(후에 경빈 박씨)는 옷 시중을 들다가 맞아 죽습니다.

1761년 세자는 영조 몰래 관서 지방(지금의 평안도)으로 놀러 갔다가 돌아옵니다. 이러한 세자의 비행에 영조의 후궁이던 숙의 문씨의 이간질까지 더해져 영조는 결국 아들을 죽일 결심을 합니다.

1762년(영조 38년) 5월 13일 세자를 부릅니다. 아버지가 자신을 죽이리라는 것을 직감한 세자는 애걸복걸하며 살려달라고 빕니다. 그러자 영조는 곡식을 담아 두는 뒤주를 가져와서 안에 들어가라고 명령합니다. 혹시라도 마음이 풀리면 살려줄 수도 있다는 생각에 세자는 들어갔지만 영조는 끝내 뒤주를 열지 않았고 세자는 8일 만에 사망합니다.

세자가 사망한 후에도 영조는 슬퍼하지 않았습니다. 다만 추회전과왈사追悔前過曰思(전의 과오를 뉘우침은 사), 연중조요왈도年中早夭曰悼(한 해의 중간에 일찍 죽음은 도)라는 시법에 따라 사도思悼라는 시호를 내렸습니다. 임오년 일어난 사건이라 임오화변壬午禍變이라 합니다.

아들을 미워한 영조는 손자까지는 미워하지 않았습니다. 손자가 자신의 뒤를 이을 수 있도록 죽은 백부인 효장세자의 양자가 되는 방식으로 왕위 계승권을 유지하게 합니다. 또한 손자를 보호하기 위해 홍국영, 김종수, 정민시, 홍대용, 서명선 등을 측근으로 붙여줍니다. 할아버지의 노력으로 손자는 간신히 왕위를 계승하여 정조가 됩니다.

정조 즉위 당시 노론은 두 파벌이 존재했습니다. 정조는 역적 사도세자의 아들이니 임금의 자격이 없다고 주장하는 청명당–벽파僻派와 정조는 영조의 손자이니 정당한 계승자라고 주장하는 탕평당–시파時派입니다. (벽파는 노론 일색이지만 시파는 노론, 소론, 남인이 섞여 있습니다.)

정조는 즉위하자마자 "과인은 사도세자의 아이"라고 당당하게 천명합니다. 그리고 '잘못을 반성하고 일찍 죽었다'는 의미인 사도思悼 대신 무예에 능하고莊 총명하다獻는 의미의 장헌莊獻이라는 존호를 올립니다. 더불어 영조 말년에 권세를 휘두르며 자신의 즉위를 반대하던 오촌당숙 홍인한과 화완옹주의 양자 정후겸부터 숙청합니다.

위기를 느낀 벽파이자 정조의 외가인 홍씨 가문에서는 자객을 보내어 정조를 죽이려 하지만, 독서를 좋아하는 정조가 자지 않고 밤새 글을 읽는 바람에 실패하고 도망칩니다. 홍국영은 경비를 강화하여 다시 암살하러 들어온 자객을 잡았고 홍씨 가문은 대대적으로 숙청당합니다.

정조는 당파의 옳고 그름을 명백히 가리는 적극적인 '준론탕평峻論蕩平'

을 시행합니다. 정正이라는 묘호는 이정복지以正服之, 정도正道로써 복종
시킨다는 의미입니다.

읽을거리

　바둑에서 최고 단인 9단은 입신(入神)이라고 합니다. 여기에 빗대어 정치를 잘하
는 사람을 정치 9단이라고 표현합니다. 조선시대 정치 9단은 누구일까요?

　예전 정조를 다룬 사극에서 정조의 숙적으로 등장하는 인물은 심환지와 정순왕
후였습니다. 이른바 노론 음모론입니다. 인조반정을 주도한 서인 세력이 회니시비
를 계기로 노론과 소론으로 분리되었는데, 노론이 사도세자를 모함해서 영조가 임
오화변을 일으켜 사도세자를 죽이게 했으며, 이후 노론 벽파가 정조를 독살하고 세
도정치 이전까지 계속 정권을 유지했다는 음모론입니다.

　심환지의 경우는 정조가 정치 9단이라는 것을 알려주는 사람입니다. 그는 노
론 벽파의 강경파였으며 협력관계였던 소론 서명선을 탄핵하는 등 비타협적이고
수구적이라는 평가를 받는 사람입니다. 말하자면 정조의 최대 숙적이라 할 수 있
습니다. 그러므로 위에서 말한 것처럼 정조 독살설의 주인공 자리를 차지합니다.

　하지만 2009년 공개되어 2016년 보물 제1923호로 지정된 《정조 어찰첩》이 나
오면서 그동안의 오해가 완전히 풀려버립니다. 《정조 어찰첩》은 정조가 심환지에
게 1796년 5월부터 1800년 4월까지 보낸 300여 통의 비밀 편지입니다. 편지의 내
용은 심환지에게 정국 운영을 위해 여러 가지 행동을 지시하는 것들입니다. 그중
에는 이런 내용도 있습니다.

　　내일 있을 사안에 대해서 머리를 찢으며 반대를 하고는 사표를 내겠다고 하
시오. 그러면 내가 사표를 수리한 다음에 다시 부르겠소. 그렇게 해야 그 사안
이 통과될 것이고 중론이 잠잠해질 것이오. 머리 찢으려면 몹시 아프겠지만 영
감이 아니면 내가 부탁할 곳이 없다는 점을 양해 바라오.

　한마디로 정조가 각본을 쓰고 심환지가 연기한 정치쇼에 다른 사람들이 놀아
났다는 얘기입니다. 이 정도면 정조를 정치 9단이라 불러도 손색이 없다는 생각
이 듭니다.

✦ 《대전통편》 편찬 1785년 ✦

《대전통편》은 정조 9년(1785년)에 편찬된 법전으로《속대전》을 보완하고《국조오례의》와 통합시킨 사실상 조선 최후의 법전입니다. 대원군 때 나온《대전회통》은《대전통편》에 몇몇 조항을 추가한 정도입니다. 'ㅌ' 다음 'ㅎ'이라고 기억하시기를 바랍니다.

✦ 장용영 설치 1788년 ✦

정조는 많은 암살 위협에 시달렸습니다. 그래서 잠을 못 자고 책을 읽다 보니 다독가가 되었다는 이야기가 있습니다. 하지만 계속 밤샘을 할 수는 없습니다. 그래서 정조는 자신을 지킬 친위군을 만들기로 합니다.

1784년(정조 8년), 무과에서 2000명의 합격자를 배출시킵니다. 이후 홍복영의 역모 사건을 계기로 1785년(정조 9년) 장용위를 설치하고 1788년(정조 12년) 장용위를 장용영으로 개칭하며 자신의 직속 친위 부대를 가지게 됩니다. 이로써 왕권이 크게 강화됩니다.

장용영 출신 중 유명한 사람으로는《무예도보통지》의 편찬에 참여한 백동수가 있습니다. 부대의 규모가 커지자 1793년에는 한양의 내영(內營)과 수원 화성의 외영(外營)으로 나누게 됩니다.

정조는 장용영을 통해 국방체제 개혁과 군영통합을 도모합니다. 당시의 오군영은 방만하고 비효율적인데 다가 재정도 제대로 확보하지 못했습니다. 오군영의 재정을 확보하려다 보니 죽은 사람과 노인, 어린이에게도 군포를 부담시키게 됩니다. 이러한 문제점을 개선하기 위해 정조는 오군영을 장용영 하나로 통폐합하고자 한 것입니다.

그래서 기존의 군영이 지니고 있던 조세권을 모두 장용영으로 몰아줍니다. 그 때문에 장용영에는 돈이 넘쳐났습니다. 심지어는 화성 건축의 경비를 모두 장용영에서 대었습니다. 하지만 이런 재정의 비대화와 정조의 친위대라는 태생적 한계 때문에 정조가 사망 2년 후 대왕대비였던 정순왕후에 의해 폐지됩니다.

정조 대에 남인은 천주교 신봉을 묵인하는 신서파信西派와 천주교를 탄압하는 공서파攻西派로 갈라집니다. 신서파에는 체제공, 정약용 등이 포함되어 있었고, 공서파에는 홍의호, 홍낙안 등이 속해있었습니다.

윤지충은 1789년 사촌인 정약용의 권유로 중국에 갔다가 거기서 세례를 받고 천주교 신자가 됩니다. 조선으로 돌아온 윤지충은 1791년 모친상을 당합니다. 그는 유교적 관습에 따라 상을 치렀는데, 또 다른 사촌인 천주교 신자 권상연이 천주교인이 유교식으로 상을 치르는 것은 잘못된 것이라고 지적합니다. 그러자 윤지충은 신위를 불태우고 조상의 위패까지 전부 없애버립니다. 얼마 뒤 권상연도 모친상을 맞는데 그는 처음부터 조문객도 받지 않고 천주교 방식으로 장례를 치릅니다.

성리학이 국시인 조선에서는 신위를 고의로 훼손하면 사형입니다. 도저히 있을 수 없는 일이 일어났음에도 이들을 수사하던 진산 군수 신사원은 윤지충과 권상연에게 다시 상복을 입고 유교적 예를 갖추면 죄를 묻지 않겠다고 합니다. 하지만 이들은 자신들의 뜻을 꺾지 않았고 사태가 심각하다고 판단한 신사원은 전라 감사 정민시에게 압송합니다. 정민시 앞에서도 우상숭배는 할 수 없다고 버티자 결국 정조에게 사건선발을 남은 상계를 올립니다. 장계를 받은 정조는 한탄하였고 심지어 신서파인 체체공마저도 엄히 다스려야 한다고 간언합니다.

결국 윤지충과 권상연은 정조의 명에 따라 전주의 풍남문에서 참수형을 당합니다. 진산군은 진산현으로 강등되고 진산 군수 신사원은 이 일에 책임을 지고 유배당합니다. 이 사건에 연루된 조선 최초의 천주교 영세자인 이승훈과 그의 처남 정약종, 정약용 등은 다른 종교로 바꾸거나 무종교인이 되면서 처벌을 피하게 됩니다.

이것이 조선 최초의 천주교 박해인 신해박해입니다.

수원화성 건설 1794년

정조는 한양을 좋아하지 않았습니다. 아버지가 죽은 곳이며 항상 암살 위협에 시달렸고 신하들도 말을 듣지 않으니 정나미가 떨어질 만도 합니다. 그래서 그는 자신의 이상적인 도시를 만들 결심을 합니다.

정조는 장헌세자의 묘를 이장한다는 명분으로 수원에 화성을 계획했으며, 정약용에게《기기도설》을 하사해 거중기를 만들게 하여 화성을 건축합니다. 정약용은 기하학을 이용하여 견고하고 아름다운 성을 만들었을 뿐 아니라 성문 앞 적의 공격을 방어하기 위해 옹성甕城, 적이 성벽을 기어오르지 못하도록 하는 포루砲壘와 적루敵壘, 적의 동태를 살피는 현안懸眼, 적의 화공火攻을 방비하기 위해 물을 쏟아붓는 누조漏槽 등을 갖추어 화성을 난공불락의 성으로 만듭니다.

옹성

포루

현안

누조

또한 거중기, 활차滑車(도르래) 고륜鼓輪(바퀴 달린 달구지) 등의 기구를 이용해 인력과 경비를 절약하고 공사 기간 또한 크게 앞당겼습니다.

화성은 일제강점기와 한국전쟁을 거치면서 파괴되어 버립니다. 하지만 설계 도면과 건축 방법이 완벽하게 실린 《화성성역의궤》가 온전히 남아있어, 과거 건축 방법 그대로 재연해서 복원합니다. 그 때문에 복원된 건물 중에서는 드물게 유네스코 세계유산으로 지정될 수 있었습니다.

거중기

효심이 지극했던 정조는 화성 근처에 아버지 장헌세자의 무덤인 융릉을 만듭니다. 그리고 주변에 소나무 · 잣나무 · 참나무 · 밤나무 등 여러 수종을 심어 훌륭하게 숲을 조성합니다. 그런데 소나무 숲에 송충이가 만연하여 피해를 보자 융릉에 참배 하러 갔던 정조가 화가 나서 송충이를 잡아 씹어 죽였다고 합니다. 그 후로는 융릉에 송충이가 없어졌다는 전설이 있습니다.

하지만 이는 전설이 아니라 사실일 수도 있습니다. 정조를 수종하던 관리들은 정조가 송충이를 씹는 순간, 다음에 참배 왔을 때 또 송충이가 있다면 아마 자신들도 정조에게 죽을 것이라는 공포를 느꼈을 것입니다. 아마 화성 시민들을 총동원해 송충이를 잡아서 박멸시켰을 것입니다.

역사 속의 역사

✦ 김만덕 ✦

1795년 태풍이 제주도를 강타하면서 제주도에는 굶어 죽는 사람이 속출합니다. 조정에서는 2만 섬의 곡식을 보내지만 엎친 데 덮친 격으로 제주도로 오던 중 운반선이 침몰합니다.

이때 여성 상인으로 엄청난 부를 소유한 김만덕은 자신의 재산을 털어 육지에서 쌀 500섬을 사와 제주도민의 구호에 써달라고 관가에 헌납합니다.

이 소식은 조정에도 전해졌고, 정조는 제주목사를 통해 김만덕의 소원을 묻습니다. 제주도에서 태어난 사람들은 1629년(인조 7년)에 내려진 출륙금지령 때문에 평생 섬을 나갈 수가 없었습니다. 그 때문에 김만덕은 "한양에 가서 왕을 만나고 금강산을 유람하고 싶다"라는 소원을 말합니다. 정조는 그녀의 소원을 흔쾌히 허락했고 한양으로 불러 명예 관직인 의녀반수에 봉하며 금강산 유람도 시켜줍니다.

실학

    실학이란 조선 후기에 나타난 학문으로 성리학을 보완하여 경세치용과 이용후생, 실사구시를 추구한 학문입니다. 경세치용經世致用은 학문은 세상을 다스리는 데에 유용한 것이어야 한다는 뜻이고, 이용후생利用厚生은 편리한 기구를 잘 사용하여 먹고 입는 것을 풍부하게 한다는 뜻이며, 실사구시實事求是는 사실에 기초하여 진리를 탐구한다는 뜻입니다.

    그런데 실학이라는 개념은 당대에 있었던 것이 아니라 20세기 들어 조선에서도 근대화를 추구한 인물들이 있을 것으로 생각하고, 실사구시를 추구했던 인물들을 모아 실학자라고 하고 그들의 주장을 실학이라고 이름 붙인 것입니다.

    대표적인 실학자로 알려진 정약용도 엄연히 성리학자입니다. 정약용은 평생 500여 권의 책을 저술했는데 이 중 실학에 관한 책은《목민심서》, 《흠흠신서》,《경세유표》세 권뿐입니다. 게다가 실학자의 주장이 정책으로 받아들여진 적도 없습니다.

    실학에서 18세기 전반은 중농학파, 18세기 후반은 중상학파가 나타납니다. 중농학파는 경세치용학파 또는 성호학파라고도 하는 데 토지의 분배와 관련이 있습니다.

    반계 유형원은 그의 저서《반계수록》에서 균전론均田論을 주장합니다. 균전론이란 국가가 토지를 국유화시켜서 백성들에게 균등하게 나누어주고 생산물의 10분의 1을 세금으로 걷는 것입니다. 성호 이익은 매매를 금지하는 영업전永業田을 나누어 주어 기초 생활을 보장해 주고, 나머지 토지는 매매를 허용하는 한전제限田制를 주장합니다.

정약용은 토지를 공동소유하고 공동생산하는 여전론閭田論을 주장합니다. 하지만 여전론이 비현실적이라고 비판을 받자 생각을 바꾸어 자신의 책《경세유표》에서 정전론井田論을 주장합니다. 정전론이란 모든 토지는 국가가 소유하며 9등분하여 8가구에 주고 8가구는 각각 가장자리의 사전私田을 경작합니다. 가운데 있는 공전公田은 공동으로 경작하고 여기서 나오는 생산물을 세금으로 내는 것입니다. (이미 중국 주나라 때 시행된 방법입니다.) 하지만 애초에 실학이라는 것 자체가 애매모호한 개념이었고 중농학파가 대부분 정권을 잡지 못한 남인이다 보니 실제로 시행되지는 않았습니다.

중상학파重商學派는 상공업을 중시한 실학의 학파입니다. 이용후생학파利用厚生學派라고도 하며, 서양과 청나라의 선진 문물에 영향을 받았다고 하여 북학파北學派라고도 합니다. 대표적인 중상학파는 홍대용, 박제가, 이덕무, 유득공, 박지원, 유수원 등이 있습니다.

사전	사전	사전
사전	공전	사전
사전	사전	사전

정전제(井田制)

중상학파의 시조는 유수원입니다. 그는 자신의 책《우서迂書》에서 신분제 철폐와 직업의 전문화를 주장했습니다.

홍대용은 박지원, 박제가 등과 교류하였고, 1775년 세손을 가르치는 세

양금

자익위사라는 직을 맡으며 벼슬살이를 시작합니다. 노론이면서도 과학 탐구와 서양 문물에 관심이 많았던 그는 연행사로 청나라에 가서 독일 출신의 선교사이자 천문 관측 관청인 흠천감의 관리인 폰 할러슈타인과 교류하며 많은 서양 문물을 보고 기술을 배웁니다. 지구가 자전한다는 것을 알았고 외계인의 존재 가능성을 주장하기도 했습니다. 또한 서양악기인 덜시머와 하프시코드를 모방해 만든 양금洋琴을 국내에 소개했고, 독학으로 연주법을 익혀 연주도 합니다. 청에서 귀국하여 한성에 들어갈 때 홍대용은 말을 타고 선글라스를 끼고 양금을 들고 와 장안의 화제가 되기도 했습니다. 귀국 후에는 천문시계인 통천의를 만들었습니다.

홍대용은 과거의 철폐와 공거제(공정한 추천)를 통한 인재 등용, 신분 관계없이 8세 이상 의무교육 등 혁신적인 주장을 합니다. 정조도 즉위한 후 홍대용을 중용합니다. 하지만 1783년 뜻을 펼치지도 못하고 사망합니다.

박지원은 수레와 선박의 이용과 화폐의 유통을 강조했습니다.

박제가는 박지원에게서 공부했으며 이덕무, 홍대용, 유득공과 절친한 사이었습니다. 《북학의》를 집필했으며 청과의 통상을 확대하고 선진문물을 받아들여야 한다고 주장합니다.

이덕무는 청나라에서 여러 문학 자료와 고증학 자료를 가져와 학문을 발전시켰고, 류득공은 역사에 관심이 많아《발해고》,《이충무공전서》등을 저술합니다. 특히《발해고》는 한국사로에서 처음으로 '남북국 시대'라는 용어를 사용하며 발해를 우리 역사로 끌어들인 책입니다.

실학파는 우리의 역사, 지리, 국어 등을 연구하는 국학파로 계승됩니다.

안정복은 1778년에《동사강목》을 저술하였습니다. 기자조선부터 고려 공양왕까지의 역사를 기록하였으며, 단군조선, 기자조선, 마한, 통일신라, 고려 순으로 정통성이 이어진다고 본 것이 특징입니다. 유득공과 달리 발해를 우리 역사로 인정하지 않았습니다.

이중환은 1751년 30여 년간 전국을 유람하며 직접 현지를 답사하고 각 지방의 자연환경과 인물, 풍속, 물산 등을 소개한《택리지》를 저술합니다.

정상기는 최초로 백리척百里尺(1백 리를 1척으로 나타내는 축척법)을 사용하여 동국지도를 만듭니다. 축척과 방위가 매우 정확하여 영조가 감탄하여 베끼어 비치하라고 했으며, 나중에 김정호가 〈대동여지도〉를 제작할 때 중요한 자료로 삼았습니다. 아쉽게도 원본은 사라졌습니다.

신경준은 1750년 훈민정음의 발음을 설명한《훈민정음운해》를 지었고, 유희는 1824년 국어 문자·음성 연구서인《언문지》를 편찬합니다.

이제마는 조선의 독자적인 의학인 사상의학을 완성하고 1894년《동의수세보원》을 저술합니다.

서유구는 벼슬에서 물러난 1806년부터 아들 서우보의 도움을 받아 36년간 농촌林園의 살림살이經濟에 관한 백과사전인《임원경제지林園經濟志》를 지었습니다. 총 113권 54책, 252만 7083자로 개인이 저술한 단일 저작물로는 국내 최대 규모다 보니 아직도 번역 중입니다.

✴ 박지원 ✴

박지원은 노론 중에서도 노른자에 해당하는 가문에서 태어났습니다. 하지만 박지원의 아버지 대에는 가세가 기울어 가난한 소년 시절을 보냅니다.

대단히 비상한 사람이며 가문의 배경도 있으므로 과거 시험만 쳤다면 당연히 급제할 수 있었겠지만, 절친이었던 이희천이 당쟁에 휘말려 죽는 것을 본 후 아예 과거를 보지 않았습니다. 대신에 인재들을 가르치는 일에 주력하는데, 4대시가(四大詩家)로 불리는 이덕무, 유득공, 이서구, 박제가가 모두 그의 제자입니다.

1780년 청나라 건륭제의 70살 생일을 축하하기 위해 진하겸사은사(進賀兼謝恩使)를 파견했는데 사신단장으로 박지원의 8촌 형인 박명원이 파견됩니다. 박명원은 박지원을 자신의 자제군관(子弟軍官)으로 임명하여 데리고 갑니다. 박지원은 청나라의 수도 북경으로 가는데, 당시 건륭제는 청나라 황실의 휴양지인 열하에 있었습니다. 그래서 다시 열하로 가게 됩니다. 이때의 경험이 그를 북학파의 시조가 되게 만들었습니다.

이때의 일을 기록한 것이 《열하일기》인데 단순한 일기가 아닙니다. 《호질(虎叱)》, 《허생전(許生傳)》 등의 소설도 들어 있고 청나라의 풍속·제도·문물에 대한 소개 및 조선의 제도·문물에 대한 비판 등이 들어있는 문명비평서로 박지원 최고의 역작입니다.

1786년 처음 벼슬에 올랐고 1799년에는 정조의 명령에 따라 농업 서적인 《과농소초(課農小抄)》를 짓기도 했습니다. 박지원의 손자가 조선 후기 개화파 박규수입니다.

✴ 문체반정 ✴

정조 시절 청나라식의 구어체를 사용하는 패관(稗官) 문체가 유행했습니다. 요즘 식으로 하면 두 가지 이상의 언어가 섞인 듯한 국적 불명의 어투를 말합니다.

정치적으로는 개혁적이지만 사상적으로는 투철한 성리학자였던 정조는 이러한 어투를 무척이나 싫어하였고 아예 패관 문체 사용을 금지합니다. 이를 문체반정이라 합니다.

그리고 당대의 인기 도서인 《열하일기》에 패관 문체가 사용되었다며 박지원에게 반성문을 쓰라고 명령합니다. 하지만 이에 발끈한 박지원은 "죄가 너무 커서 도저히 반성문을 쓸 수 없습니다"라며 거부합니다. 정조가 사망한 후 패관 문체는 다시 유행합니다.

❋ 서민 문화의 발달 ❋

조선 후기 서민의 경제력과 사회적 지위가 높아지며 서당이 보급되고 훈민정음 사용이 늘어나면서 서민 문화가 발달합니다.

문학에서는 한글 소설이 크게 유행합니다. 한글 소설이 인기를 얻으면서 도시에서는 돈을 받고 책을 빌려주는 책 대여점이 등장했고, 책을 읽어 주거나 이야기를 들려주는 전기수(傳奇叟)라는 직업도 생겨납니다.

서민들은 문학 작품을 소비할 뿐 아니라 창작까지 합니다. 대표적인 것으로는 형식에 구애받지 않는 사설시조가 있습니다. 양반들의 작품과 달리 서민들의 솔직하고 소박한 감정을 자유롭게 표현한 것이 특징입니다.

> 모란은 화중왕이요, 향일화는 충효로다.
> 매화는 은일사요, 행화는 소인이요, 연화는 부녀요, 국화는 군자요,
> 동백화는 한사요, 박꽃은 노인이요, 석죽화는 소년이요, 해당화는 계집애로다.
> 이 중에 이화는 시객이요, 홍도, 벽도, 삼색도는 풍류랑인가 하노라.
> – 김수장

공연예술로는 탈춤과 판소리가 유행합니다. 탈춤 인기의 비결은 해학과 풍자로 양반 사회를 비판하였기 때문입니다. 판소리는 17세기에 등장합니다. '소리꾼'이 북(鼓)을 치는 '고수(鼓手)'의 장단에 맞추어 소리(노래), 아니리(말), 너름새/발림(몸짓)을 섞어 이야기를 풀어냅니다. 서민 문화로 시작되었지만 18세기에는 양반 계층에게까지 받아 들여집니다.

신재효는 12마당의 판소리를 양반들의 취향에 맞추어 <춘향가>, <심청가>, <흥보가>, <적벽가>, <변강쇠가>, <수궁가>의 6마당으로 정리합니다. 흥선대원군은 신재효의 판소리를 좋아해서 자주 운현궁으로 불렀고, 벼슬까지 받아 가선대부 호조참판에까지 오릅니다.

회화에서는 서민의 모습을 표현한 풍속화가 유행합니다. 김홍도, 신윤복, 김득신을 조선 3대 풍속 화가라 합니다. 세 명 모두 도화서 화원입니다.

김홍도는 농촌 서민의 일상생활을 잘 표현하였고, 신윤복은 양반층의 풍류와 부녀자들의 생활 모습을 잘 표현하였습니다. 김득신은 해학적 분위기를 잘 표현한 화가입니다.

이 외에 서민들이 즐기던 놀이로는 바둑, 장기, 고누 등이 있고, 운동으로는 씨름과 택견이 있습니다.

신윤복 <월야밀회>

김득식 〈야묘도추(野猫盜雛)〉

씨름과 택견

김홍도 〈고누〉

6장

조선에서
대한제국으로

세계사 이야기

우리 역사		세계사
순조 즉위	1800년	
신유박해	1801년	
	1805년	트라팔가르 해전 넬슨 나폴레옹 격퇴
병인갱화	1806년	나폴레옹 신성로마제국 해체
홍경래의 난	1811년	
	1812년	나폴레옹 러시아 원정
헌종 즉위	1834년	
	1839년	아편전쟁
철종 즉위	1849년	
	1853년	일본 개항
	1861년	미국 남북전쟁
임술농민봉기	1862년	
고종 즉위	1864년	
제너럴 셔먼호 사건, 병인박해, 병인양요	1866년	
	1868년	메이지 유신
신미양요	1871년	독일 제국 건국
운요호 사건	1875년	
강화도 조약	1876년	빅토리아 여왕 인도제국 황제 등극
임오군란	1882년	
갑신정변	1884년	
동학 농민 혁명, 갑오개혁	1894년	청일전쟁
을미사변	1895년	

아관파천, 독립협회 설립	1896년	
대한제국 선포	1897년	
	1904년	러일전쟁
을사늑약	1905년	
신민회 설립, 헤이그 특사, 정미칠조약	1907년	
안중근 의사 하얼빈 의거	1909년	
경술 국치	1910년	

19세기가 되면 마침내 서양이 동양을 앞서기 시작합니다.

대서양에서는 미국이 서부로 뻗어나가며 남북전쟁이 일어났지만 발전은 점점 더 가속되었고 태평양까지 진출하여 마침내 1898년 하와이를 연방에 편입시키면서 미국 국기의 별이 50개가 됩니다.

서양에서는 자유주의와 민족주의 등 다양한 사상이 만발하였습니다. 독일과 이탈리아가 통일 국가로 거듭납니다. 그리스도 오스만 퀴르크로부터 독립합니다. 산업 혁명으로 경제적으로도 커다란 부를 쌓게 된 유럽은 '백년 평화'의 시대를 맞이합니다.

유럽이 너무나 급격하게 발전했기에 동양은 그에 비하면 쇠퇴처럼 느껴지게 됩니다.

오스만 튀르크의 중앙정부는 지방을 통제하지 못할 수준으로 전락합니다. 이미 영국의 반식민지 상태였던 인도는 무굴제국의 황위를 영국의 빅토리아 여왕에게 뺏기면서 대영제국의 식민지가 됩니다. 이에 질세라 프랑스도 동남아시아를 식민지로 삼기에 열을 올립니다. 결국 태국을 중심으로 동쪽은 프랑스, 서쪽은 영국의 식민지가 됩니다.

　서양과 대서양은 거침없이 동양으로 진격했고 서양은 이미 종이호랑이가 된 청나라를 공격합니다. 미국은 일본에 함선을 보내 대포를 쏘아 강제로 개항시킵니다.

　일본은 재빨리 서양의 문화를 받아들여 탈아입구脫亜入欧합니다. 탈아입구란 아세아亞細亞(아시아)를 벗어나 구라파歐羅巴(유럽)에 들어간다는 뜻입니다. 서양처럼 식민지가 갖고 싶었던 일본은 옆 나라인 조선을 공격하여 마침내 식민지로 만드는 데 성공합니다.

루이지애나 매립과 영토확장

벽파였던 정순왕후는 수렴청정하자마자 시파를 공격할 거리를 찾습니다. 정약용의 형 정약종은 신해박해 때 배교(믿던 종교를 배반하거나 무종교인이 됨)를 선언했음에도 불구하고 몰래 천주교를 믿고 있다가, 정순왕후 때문에 천주교가 탄압받게 될 것이 두려워, 자신이 보관하고 있던 천주교 교리서와 천주교 도화, 신부의 편지 등을 책을 보관하는 농짝인 책롱에 넣어 친구 집에 보냅니다. 그러나 친구도 이를 불안하게 여겨 되돌려 보냅니다. 그런데 이 책롱이 불법 도살 단속반에 걸립니다. 게다가 책롱 속의 문서에는 정약종이 쓴 '국유대구군야가부대구부야國有大仇君也家有大仇父也(나라에 큰 원수가 있으니 임금이다. 집안에 큰 원수가 있으니 아버지다)'라는 낙서가 있었습니다. 이 정도 되면 정통 성리한 입장에서 천주교인을 충분히 역적으로 보아도 될 수준입니다.

이 사건으로 정약종은 참수당하고 정약전과 정약용은 끌려옵니다. 이미 배교를 한 정약용은 주문모 신부의 존재를 실토하고 정약종의 사위인 황사영과 매부인 이승훈을 이단의 무리라고 저주합니다. 그리고 천주교인을 색출하는 방법까지 알려줍니다. 그 덕분인지 정약용과 정약전은 사형당하지 않고 귀향을 가게 됩니다.

신유박해를 피해 숨어있던 황사영은 중국 북경에 있는 구베아 주교에게 도와달라는 편지를 씁니다. 2자가량 되는 명주 천帛에 1만 3311자를 썼습니다書. 하지만 이 백서帛書를 가지고 국경을 넘던 황심이 검문을 받으면서 발각됩니다.

백서의 앞부분은 박해당해 힘들다는 내용과 신자들의 신상입니다. 그리고 조선 신자들에 대한 물질적인 도움을 요청하고 있습니다. 그다음부터 이상해집니다. 청나라의 황제에게 청원하여 조선의 천주교를 합법화해 달라고 합니다. 사실 이 정도는 괘씸하지만 봐줄 만합니다. 그런데 첫 번째 계획이 실패했을 경우를 가정해 만든 두 번째 계획은 청나라에 의한 조선의 속국화입니다. 세 번째 계획은 서양 군대를 불러 조선을 점령하게 해달라는 것이었습니다. 변명의 여지가 없는 매국 반역 행위에 조정에서는 황사영과 황심은 거열형에 처하고 천주교는 대대적인 탄압을 받아 수백 명이 처형당합니다. 게다가 천주교인을 제외한 조선 백성들의 여론까지도 전부 돌아서 버립니다. 이를 '황사영 백서 사건'이라 합니다.

✂ 역사 속의 역사

✦ 정약용과 정약전 ✦

조선 최고의 천재 중 한 명이자 다재다능했던 정약용은 열여덟 살 때 성호 이익에게 공부하였으며, 스물세 살 때 이벽을 만나 서양과학과 천주교 신앙을 공부합니다. 1794년 암행어사로 경기도 연천지역을 돌아보며 백성에 대한 국가의 책임을 깊이 숙고하게 됩니다.

과학지식을 이용하여 한강 배다리, 수원 화성 설계, 거중기 등을 만들었고, 1797년에는 의학서적인 《마과회통》을 저술하고, '종두법'을 소개했습니다.

하지만 1801년 신유박해로 귀양을 가게 됩니다. 당시 이미 배교한데다가 적극적으로 수사에 참여했음에도 불구하고 노론들의 정치보복을 받아 18년이나 유배 생활을 합니다. 하지만 정약용은 유배생활 중에도 좌절하지 않고 강진 만덕산 기슭 다산초당에서 저술활동에 열중해 500여 권의 책을 저술합니다.

정약용의 형인 정약전은 1801년 신유박해 때 신지도에 유배를 갔다 우이도를 거쳐 황사영 백서 사건으로 다시 흑산도로 유배됩니다. 정약전은 1814년(순조 14년) 흑산도 연안에 서식하는 동물들의 생태와 특징 등을 상세히 서술한《현산어보(茲山魚譜)》를 저술합니다. 현산(茲山)은 '흑산'의 '검을 흑(黑)'자가 나쁜 의미가 있으므로 꺼려 비슷한 의미인 검을 '현(茲)'을 쓴 것입니다. 그런데 茲은 '현'보다 '자'로 더 많이 읽습니다. 그래서 '현산어보'보다《자산어보》로 더 많이 알려졌습니다.

병인갱화 1806년

1805년(순조 5년) 벽파인 정순왕후가 사망하자 시파이자 왕의 장인인 김조순은 순조의 외가인 반남 박씨와 손을 잡고 벽파를 공격합니다. 왕의 처가와 외가의 합동 공격에 1806년 병인년 벽파는 역사 속으로 사라집니다.

조정에 남은 당은 노론 시파만 남게 되면서 길었던 조선의 당쟁은 끝납니다. 하지만 이때부터 당쟁과는 비교도 할 수 없는 극도로 부패한 세도정치가 시작되면서 조선이 끝을 향해 나아갑니다.

19세기 조선의 재정 수입은 전정田政 · 군정軍政 · 환정還政에서 나왔습니다. 그런데 이 삼정이 올바르게 운용되지 않으면서 백성들은 심한 수탈을 당하게 됩니다.

전정은 농사짓는 땅에 매기는 토지세입니다. 조선 후기 토지세는 생산량의 10퍼센트 정도로 많은 편은 아닙니다. 하지만 지방의 향리들은 온갖 편법을 써가며 전세를 수취합니다. 실제 토지가 없는데 있다고 조작하거나, 생산이 되지 않는 황무지에 과세하는 백지징세白地徵稅, 반대로 토지를 토지 대장인 양안量案에 등록하지 않고 자신들이 세금을 속여 뺏는 은결隱結, 토지세를 감가상각 등의 이유로 부풀려 받는 도결都結 등이 있습니다.

군정軍政은 군역을 지지 않는 16세~60세의 남성丁들이 내는 군포軍布를 말합니다. 이 또한 다음과 같은 방법으로 과중한 징수를 합니다.

죽어 백골白骨이 된 사람에게 포布를 징수徵收하는 백골징포白骨徵布, 16세가 안 된 어린이를 뜻하는 황구黃口의 나이를 허위로 올려서 16세 이상의 정丁으로 만들어 징수하는 황구첨정黃口簽丁, 반대로 60이 넘은 노인의 나이年를 낮추어降 징수하는 강년채降年債, 도망친 친족親族의 군포를 대신 징수하는 족징族徵, 도망친 이웃隣의 군포를 대신 징수하는 인징隣徵 등이 있습니다. 정약용의 《목민심서》에는 서류를 위조해서 딸을 아들로 바꾸거나 강아지, 심지어 절구를 정丁으로 서류에 올려 징수한 경우도 있다고 기록되어 있습니다.

　정약용은 황구첨정과 백골징포를 동시에 당해 소까지 빼앗긴 백성이 아이를 낳은 죄라고 울부짖으며 자신의 양물陽物(음경)을 자르는 것絶을 보고 슬퍼하며哀, 〈애절양哀絶陽〉이라는 시를 짓기도 합니다. 이 시는《다산시문집茶山詩文集》권4에 수록되어 있습니다.

　환정은 세금이 아닙니다. 지방 관청에서 보관하는 묵힌 곡식을 봄에 나누어주고 가을에 새 곡식으로 받아내려는 환곡還穀의 목적으로 만들어진 제도입니다. 봄에 양식이 없을 때 곡식을 나누어 주었다가 가을에 새 곡식으로 받을 뿐 아니라 이자까지 쳐서 받으니, 굶주린 백성을 도와줬다고 생색도 내고 관청의 이익도 얻을 수 있는 제도였습니다. 그런데 16세기 중엽인 명종 대에 중앙재정이 파탄 나자 환곡에서 얻은 이득의 10퍼센트를 국가에 내도록 합니다. 현대식으로 하자면 지방세를 국세로 뜯어가는 셈입니다.

　대한민국은 정부가 지방자치단체의 재정을 지원하기 위해 교부금을 주지만, 조선에서는 지방에서 알아서 재정을 확보해야 했습니다. 그러다 보니 환정을 통해 더 많은 재정을 확보하려고 안간힘을 씁니다.

　빌려 간 곡식에 높은長 이자利子를 물리는 장리長利, 곡식에다 쌀겨分, 모래, 돌石 등을 섞어서 주는 분석分石, 아예 빌리기를 거부하는 백성에게 억지로勒 빌려주는貸 늑대勒貸, 창고에 있지도留 않은虛 곡식을 빌려주었다고 가을에 곡식을 걷어가는 허류虛留와 번질反作 등이 있습니다.

　삼정의 문란으로 살기가 어려워진 백성들은 농민 봉기를 일으키거나 도적이 되기도 합니다.

홍경래의 난 • 1811년

조선 시대 서북지방의 차별은 무척이나 심각했습니다.

애초에 농사가 잘 안되는 지역인데, 그나마 농사를 지었다 하면 북방에서 여진족들이 쳐들어와 쑥대밭으로 만들어 놓기 일쑤였습니다. 그러다 보니 조정에서는 서북지역을 유배지 정도로나 생각했습니다. 게다가 청나라로 가는 길목에 있다는 이유로 청나라로 가는 사신들의 여행 경비까지 떠맡다 보니 가뜩이나 힘든 경제 사정이 좀처럼 나아지지 않았습니다.

또한 서북지역의 양반들도 차별받았습니다. 영조 이후 한양을 제외한 지역 중 가장 많은 문과 급제자를 배출한 곳은 평안도로 문과 급제자의 16퍼센트가 평안도 출신입니다. 하지만 평안도 출신이 고위직에 올라가는 경우는 없었습니다. 당상관 후보자의 명부인 도당록都堂錄에 이름을 올린 서북 출신은 조선 후기에 단 한 명도 없습니다. 그 때문에 서북지역은 다른 지역과 다르게 향리들과 상인들이 세력을 형성하고 있었습니다.

평양에서 치르는 향시는 합격했지만 사마시에서 떨어진 홍경래는 이게 다 서북지방의 지역 차별 때문이라고 여깁니다. 그리고 서북지방을 아예 조선에서 독립시키려는 야망을 품고 1800년 무렵부터 반란을 준비합니다.

1809년 대흉년이 발생합니다. 굶주린 삼남지방 사람들은 서북지방에 금광이 발견되었다는 소문을 듣고 요행을 바라고 몰려듭니다. 하지만 금광은 발견되지 않았고 도리어 몰려든 사람들 때문에 서북지방의 경제 사정은 바닥으로 떨어지고 백성들의 불만은 하늘을 뚫을 정도로 올라갑니다.

홍경래는 때가 되었다 생각하고 1811년 12월 마침내 반란을 일으킵니다. 조정에 불만이 많던 향리들이 자발적으로 성문을 여는 등 적극적으로 반란에 호응하여 봉기군은 순식간에 서북지방 대부분을 장악합니다. 홍경래는 점령한 지역의 향리들을 수령에 임명하여 민심을 안정시켰습니다. 그뿐만 아니라 홍경래의 사상에 호응하여 상인들이 지원하고 또 자발적으로 반란군에 참여하는 사람이 늘어나며 1000명으로 시작한 봉기군은 5000명으로 늘어납니다.

하지만 바로 이 순간 반란군에서 내분이 일어납니다. 반란군은 영변과 안주 중 어디를 먼저 공격할 것인지를 놓고 우군칙과 김대린이 다툽니다. 홍경래는 우군칙의 편을 들어 영변을 먼저 공격하기로 합니다. 그러자 김대린은 이에 앙심을 품고 홍경래를 배신하고는 이인배와 함께 홍경래를 밤중에 습격합니다. 우군칙이 신속하게 대응하여 김대린과 이인배는 죽고 습격은 실패로 끝나지만, 홍경래가 부상을 입는 바람에 반란군의 활동이 멈추게 됩니다.

한편 서북출신의 거상 임상옥은 자신의 재산을 지키기 위해 반란군에 대항하는 의병을 지원합니다. 그리고 조정에서도 관군을 파견합니다.

관군은 12월 29일 박천, 송림 전투에서 대승을 거두었고 반란군은 정주성으로 퇴각합니다. 관군은 승리의 여세를 몰아 의주로 진격합니다. 의

주에서는 반란군의 북진군이 민병대의 저항으로 고전 중이었습니다. 엎친 데 덮친 격으로 관군의 공격을 받은 북진군 2000~3000명의 병력은 그대로 궤멸합니다. 결국 반란군의 주요 인물들은 정주성으로 도망쳐 최후의 저항을 하게 됩니다.

이대로 정주성을 공격했다면 홍경래의 난은 진압되었을 것입니다. 하지만 관군은 반란군에 가담하지 않은 지역의 주민들까지 남녀노소 가리지 않고 살육을 자행합니다. 관군이 자기들 편이 아니라는 것을 다시 확인한 서북지방의 농민들은 정주성으로 들어가 홍경래 군과 함께 농성을 시작합니다. 지방의 향리와 상인이 중심이던 반란군은 이제 농민 봉기군으로 성격이 바뀝니다. 이미 보급도 끊기고 외부의 원군도 없는 상황이지만 어차피 항복하더라도 죽을 것이라는 알고 있는 농민군은 무려 석 달이나 더 저항합니다.

효명세자 사망 ▸ 1830년

정조는 죽기 전에 김조순의 딸을 순조의 배필로 간택하는데 그녀가 순원왕후입니다.

순원왕후는 1809년(순조 9년) 원자를 생산합니다. 왕비의 원자 탄생은 명성왕후가 숙종을 낳은 이래 150년 만의 일입니다. 원자에 대한 기대가 컸던 순조는 4살 때 세자로 책봉합니다. 세자는 아버지의 기대대로 잘 자랐으며 능력도 출중했습니다. 11살 때는 풍양 조씨 세력인 조만영의 딸을 세자빈으로 맞이하며 19살에는 아들을 가지게 됩니다.

1827년(순조 27년) 병이 난 순조는 19살인 효명세자에게 대리청정代理廳政을 명령합니다. 조선에서는 대리청정이나 양위는 대부분 '나 삐졌으니 눈치껏 행동하라'라는 의미입니다. 그 때문에 대리청정이나 양위 소리가 나오면 세자와 대신들이 궁궐 앞마당에 모여 피가 날 때까지 맨땅에 헤딩하며 "저희가 잘못했습니다. 뜻을 거두어 주옵소서"라며 통곡해야 했습니다. 하지만 효명세자의 경우는 신하들이 만장일치로 환영했다고 합니다.

효명세자는 문종의 대리청정 시절만큼이나 훌륭하게 국정을 다스립니다. 이대로 효명세자가 왕이 되었다면 조선은 세종, 정조 대에 이어 세 번째 중흥하였을 것입니다. 하지만 효명세자는 갑자기 병에 걸려 1830년(순조 30년) 22살의 나이로 사망합니다. 충격을 받은 순조는 병이 더 깊어져 자리에 눕더니 1834년 사망합니다. 순純의 의미는 덕업수비德業粹備, '덕과 업적이 순수하게 갖추어지다'입니다.

덧붙이자면 효명세자가 죽자 후계자가 끊어질 수도 있다고 생각한 순조는 4촌인 은언군의 아들 이광을 강화도에서 방면하여 두 아들 이원경, 이욱과 함께 한성으로 불러들입니다. 이광은 1831년에는 3남 이원범을 얻고 자식들을 키우다 1841년 사망합니다.

✳ 세도정치 ✳

세도정치란 조선 말, 신 안동 김씨, 풍양 조씨, 반남 박씨 등 소수의 외척 가문이 정치를 전횡하는 것을 말합니다.

보통 세도정치라고 하면 순조, 헌종, 철종 3대 63년을 얘기합니다. 하지만 세도 정치의 시작이라고 하는 신 안동 김씨 김조순은 공명하고 겸양하는 인물로 세도 정치를 하지 않았습니다. 실제로 세도정치는 1832년 김조순이 죽고 자식들이 조정부의 요직을 차지하면서부터입니다.

정치는 백성을 위한 것이 아니라 세도 가문들을 위한 것이 되고 비변사는 세도 가문들의 사랑방이 되어 국가의 부를 세도 가문들에게 나누어주는 역할을 하게 됩니다. 부정부패가 만연하다 보니 국방, 외교, 경제, 복지 등의 체계가 제대로 작동하지 않습니다.

윗물이 흐린데 아랫물이 맑을 수 없습니다. 지방의 사또들도 온갖 불법과 편법을 이용해 백성들을 쥐어짜 내고 그 결과 곳곳에서 민란이 발생합니다.

고종 대에 대원군에 의해 세도정치가 끝나지만 이미 조선의 정치, 경제 등의 체계가 완전히 무너져버려 복구할 수 없을 지경에 이릅니다. 결국 얼마 못가 조선은 망하게 됩니다.

✳ 김정희 ✳

추사 김정희는 고증학, 역사학, 금석학 등 여러 분야를 연구한 학자이자 시서화(詩書畫)에서 최고 경지에 이른 예술가이며 당상관까지 오른 관리이기도 합니다. 1816년 북한산에 있는 비가 진흥왕 순수비라는 것을 고증했고, 황초령 진흥왕 순수비 보존에도 힘을 썼습니다.

김정희는 평생 벼루 10개에 구멍을 내고 붓 1000자루를 닳게 했다고 합니다. 오랜 노력과 연구의 결과로 얻어진 '추사체'는 예술성과 독창성에서 우리 역사 최고의 명필로 인정받습니다. 그림도 잘 그렸는데 난초 그림으로 유명한 흥선대원군이 김정희에게 그림 그리는 법을 배웠습니다.

하지만 관직 생활은 그리 잘 풀리지 않았습니다. 노론 벽파였던 김정희는 신 안동 김씨에게 미움을 받아 탄핵과 유배를 반복합니다. 김정희의 작품이 인정받는 이유는 모진 관직 생활에서도 꺾이지 않는 예술혼 때문이 아닐까 합니다.

그의 작품과 관련한 다른 이야기도 있습니다.

김정희는 제주도 유배 시절 겨울철 소나무를 그렸는데 그 그림이 <세한도(歲寒圖)>입니다. 북경에서 귀한 서책을 구해 제주도까지 방문 온 제자 이상적에게 고마움의 표시로 그려준 것입니다.

<세한도>와 다른 추사의 작품은 일제강점기에 그의 작품을 너무나 좋아했던 일본의 고미술 수집가 후지츠카 치카시가 소유하게 됩니다. 서예가 소전 손재형이 후지츠카를 찾아가 추사의 작품은 조선의 보물이니 돌려주기를 간곡하게 부탁합니다. 후지츠카는 손재형의 정성에 감동하여 추사의 작품을 손재형에게 양도하기로 하고 약속의 증거로 <세한도>를 건네줍니다. 하지만 석 달 뒤인 1945년 3월 도쿄 대공습으로 후지츠카의 집이 불타버리면서 그가 수집한 추사의 작품들도 모두 소실됩니다.

읽을거리

이광사는 조선 후기 서예의 대가로 해남 대흥사의 대웅보전(大雄寶殿) 현판 글씨를 썼습니다. 그런데 1839년 제주도로 유배를 떠나던 김정희가 이 글씨를 보고는 조선의 글씨를 망친 원흉이라며 자신이 대웅보전 현판 글씨를 다시 써주겠다고 합니다. 주지였던 초의선사는 김정희의 극성에 못 이겨 글씨를 받았는데 김정희는 덤으로 무량수각(無量壽閣) 현판도 써줍니다. (초의선사는 우리나라의 다도를 정립한 스님입니다.)

그런데 유배에서 돌아온 김정희는 다시 대흥사에 들러 초의선사에게 이광사가 쓴 대웅보전 현판을 다시 달아달라는 부탁을 합니다. 이유는 잘 모르겠습니다. 어쨌든 대흥사에 가면 이광사의 글씨와 김정희의 글씨를 함께 볼 수 있습니다.

이광사 글 대웅보전(大雄寶殿)

김정희 글 무량수각(无量壽閣)

헌종 즉위 • 1834년

순조의 사망으로 왕세손이 즉위하게 되는데 그가 헌종입니다. 즉위할 때 헌종의 나이는 고작 8살로 조선 역대 왕 중 최연소입니다. 왕대비인 신정왕후가 수렴첨정하면서 헌종 즉위 초에는 안동 김씨 대신 신정왕후의 친정인 풍양 조씨가 실권을 잡습니다.

신정왕후는 천주교를 박멸하라는 명령을 내리고 이에 따라 1839년(헌종 5년)에 프랑스인 앵베르 주교, 모방 신부, 샤스탕 신부, 평신도 정하상 등 70명이 순교합니다. 이를 기해박해라 합니다.

1846년(헌종 12년)에는 한국 최초의 사제 김대건 등이 순교합니다. 김대건은 한국어, 영어, 스페인어, 라틴어, 중국어, 프랑스어까지 6개 국어를 능통하게 구사하는 인재였습니다. 조정에서 김대건의 능력을 아깝게 여겨 "배교만 하면 살려줄 뿐 아니라 높은 벼슬과 후한 포상을 내리겠다" 라고 설득했으나 끝내 거부하고 순교합니다.

헌종의 나이 15세 때에 수렴청정이 끝나고 친정을 합니다. 이때 첫 왕비인 효현왕후가 죽으면서 할머니 순원왕후의 의중에 따라 남양 홍씨 홍재룡의 딸을 두 번째 왕비로 맞이해 효정왕후가 됩니다. 헌종은 나름 안동 김씨(할머니), 풍양 조씨(어머니), 남양 홍씨(아내)를 견제하며 왕권을 세우려고 안간힘을 썼지만 1834년 향년 21세로 자식도 없이 사망합니다.

헌憲의 의미는 박문다능博聞多能, '견문이 넓고 재능이 많다'입니다.

철종 즉위   1849년

헌종이 자식도 없이 죽자 왕실에서는 가장 가까운 친척인 이원범을 후계자로 결정합니다. 이원범은 숙종의 서자인 영조의 서자인 사도세자의 서자인 은언군의 서자인 이광(전계군)의 서자입니다.

왕실에서는 이원범을 왕으로 옹립하기 위해 강화도로 갑니다. 이원범은 한양에서 관리들이 왔다는 소리를 듣자 대경실색하여 형과 함께 산으로 도망칩니다. 할아버지와 큰형이 역모로 몰려 죽었기 때문에 이번엔 자신을 잡으러 왔다고 생각했습니다. 영의정 정원용과 강화도 주민들이 설득하자 그제야 산에서 나와 한양으로 가서 즉위하니 곧 철종입니다.

신 안동 김씨 가문에서는 김문근의 딸을 철종의 왕비로 삼아 세도정치를 확고하게 굳힙니다.

즉위 초기에는 나름대로 개혁을 시도하려고도 합니다. 진주민란이 일어나자 철종은 삼정三政의 잘못을 바로잡으려고 안핵사 박규수의 의견을 받아들여 삼정이정청三政釐整廳을 만듭니다. 하지만 세도정치의 반발로 넉 달 만에 철폐됩니다. 철종은 결국 정치를 포기하고 방탕하게 살다가 일찍 죽습니다.

철哲은 명지연심明知淵深, '밝은 지혜가 연못처럼 깊다'입니다. 무난해 보이는 묘호지만 사실은 꺾을 절折이 들어있어 능력도 보여주지 못하고 요절한 왕에게 붙이는 묘호입니다.

철종의 죽음으로 효종부터 내려오는 조선의 모든 직계 왕통은 단절됩니다. 그리고 철종은 조선왕조실록에 기록된 마지막 왕입니다.

〈대동여지도〉 제작   1861년

    필자가 초등학교 다닐 적에 강당에 학생들 모아놓고 환등기로 사진이나 그림을 보여주는 경우가 있었습니다. TV는 흑백이고, 비디오는 없고, 영화관도 가기 힘든 시절이라 그것만으로도 감지덕지하면서 보았습니다. 아직도 기억나는 것은 '김정호의 대동여지도'이야기입니다.

    우리나라에 정확한 지도가 없는 것이 아쉬웠던 김정호가 정확한 지도를 만들기로 결심하고 전국 팔도를 몇 차례나 누비고, 백두산도 여러 번 올라간 끝에 〈대동여지도〉를 만들어서 대원군에게 바칩니다. 대원군은 이런 정확한 지도가 적국의 손에 넘어가면 큰일난다고 생각하고는 대동여지도의 판본은 불태워버리고, 김정호는 곤장을 맞은 후 감옥에 가둬져 결국 옥사한다는 내용입니다.

    그런데 그때 의문이었던 것이 그럼에도 '대동여지도 전도'가 왜 남아있느냐는 것입니다. 누군가가 몰래 빼돌렸나 하는 생각이 들었습니다. 중고등학생이 되어서 듣기로는 지도를 만들 때는 삼각측량을 이용해야 하는데 어찌 빌로 직접 걸어서 그렇게 정교한 지도를 만들 수 있느냐는 이야기까지 들었습니다. 나중에는 김정호가 누구냐는 논쟁까지 가세합니다. 심지어 '김정호와 대동여지도' 이야기 자체가 아예 꾸며낸 이야기라는 소문까지 있었습니다.

필자는 궁금한 것을 보면 참지 못하는 성격입니다. 스스로 조사해 보았습니다. 그랬더니 초등학교 때 보았던 내용이 전부 엉터리라는 것을 알게 되었습니다. 이를 밝힐 중요한 자료가 있습니다. 〈대동여지도〉를 만들 당시 강화도 총융사였던 신헌이 쓴 《대동방여도서大東方輿圖序》에 다음과 같은 글이 있습니다.

나(신헌)는 일찍이 우리나라 지도에 뜻을 두고 비변사와 규장각에 소장된 것, 오래된 집안에 좀먹다 남은 것들을 널리 수집하여 증정하고, 여러 본들을 서로 참고하고, 여러 책들에 근거하여 합쳐서 편집하였다. 이리하여 김백원(정호)에게 물어 그것을 맡겨 만들게 하였다. 가리켜 증명하고 입으로 전해주기를 수십 년이나 하여 비로소 한 부가 만들어졌는데 모두 23권이다.

이를 근거로 하나씩 살펴보겠습니다.

첫째, 김정호는 개인적 호기심으로 지도를 만든 것이 아닙니다. 위에도 나오듯이 국가의 지시를 받아 비변사, 규장각 등의 중요 자료를 수집해 만든 지도가 〈대동여지도〉입니다.

둘째, 김정호는 직접 답사하며 지도를 만든 것이 아닙니다. 위에도 나오듯이 이전에 있었던 여러 지도를 수집하고 비교하여 편집한 것이 바로 〈대동여지도〉입니다.

셋째, 대원군이 대동여지도의 판본은 불태워버리고, 김정호는 곤장을 맞은 후 감옥에서 옥사했다는 것도 거짓입니다. 애초에 국가의 지시로 만든 지도를 불태울 리가 없습니다. 더구나 필자가 어렸을 때 가졌던 의문처럼 현대에도 멀쩡하게 박물관에서 볼 수 있습니다.

넷째, 〈대동여지도〉는 그리 정교한 지도가 아닙니다. 당시에도 오류가 많이 있었으며, 특히 북쪽으로 갈수록 지리 정보가 부족해서 오류가 더 많습니다. 일제 강점기에 일본이 만든 지도보다 정확하다는 헛소리도 있지만, 실제로 김정호는 여생을 지도를 제작하고 수정하는 데 보냈습니다.

그렇다면 우리가 알고 있는 저 엉터리 이야기는 어디서 어떻게 만들어진 걸까요?

이 이야기의 근원은 1925년 10월 8일과 9일 동아일보에 실린 논설입니다. 여기에 우리가 잘못 알고 있는 이야기와 거의 똑같은 이야기가 실려있습니다. 이 이야기는 조선총독부가 1934년 발간한 '조선 지도자들이 얼마나 글러 먹은 나라인지를 알려주기 위해 만든 책'인《조선어독본》에 실리게 되고 마치 사실인 것처럼 전해 내려온 것입니다.

임술농민봉기 • 1862년

세도정치 시기 지방관들의 부패는 극에 달합니다.

백낙신은 1858년 전라 좌수사로 임명되어 탐관오리 짓을 하다가 처벌을 받았습니다. 하지만 윗선에 뇌물을 바쳤는지 복직되어 1861년 경상우도 병마절도사에 임명됩니다. 백낙신은 진주목사 홍병원과 결탁하여 환곡으로 이익을 얻고 세곡을 착복하는 등의 방법으로 1년 만에 1만 5000

석을 부정 축재합니다. (당시 진주의 일 년 치 세금이 4만 석이었습니다.)

백낙신의 탐학에 진주의 민심은 폭발 직전에 이릅니다. 그런데 욕심은 많지만 눈치는 없던 백낙신은 기어이 민심을 폭발시키는 짓을 저지르고 맙니다. 백낙신은 역대 진주목사들이 빼돌린 세곡 2만 8000석과 경상 우병영의 밀린 환곡과 군포 2만 4000석을 일시에 내라고 명령합니다. 몰락 양반 출신인 유계춘, 김수만, 이귀재 등은 진주 백성 8만 명을 모아 농민군을 조직한 후 1862년 2월 14일 봉기합니다. 이를 진주민란이라 합니다.

봉기군은 진주 전역을 돌아다니면서 탐관오리, 향리, 부자, 양반 등의 집을 파괴하고 방화합니다. 시간이 흐를수록 더 많은 백성이 봉기에 참여하거나 지원하였습니다. 당황한 홍병원은 봉기를 진압하라고 포졸들을 보내지만 포졸들까지도 봉기군에 가담해 버립니다.

2월 18일 봉기군은 진주목사 홍병원을 찾아가 세곡 2만 8000석은 관청에서 훔친 것이니 관청에서 해결하라고 요구합니다. 겁을 먹은 홍병원은 봉기군의 요구조건을 받아들이고 문서까지 작성합니다.

봉기군은 백낙신이 있는 병영으로 향합니다. 백낙신은 모든 책임을 서리인 김희순에게 돌려 그를 곤장으로 때려죽이고 시정 개선 문서를 작성해 줍니다. 하지만 백낙신의 이런 뻔뻔한 태도에 봉기군은 더욱 분노합니다. 백낙신은 봉기군에게 붙들려 감금당하고 아전들은 봉기군에게 맞아 죽습니다.

조정에서는 박규수를 안핵사按覈使로 파견합니다. 박규수는 백낙신의 재산을 몰수하고 귀양을 보내야 한다고 조정에 주청했고, 조정은 그의 의견대로 백낙신의 재산을 몰수해 전라도 강진현 고금도로 귀양을 보냅니다. 그리고 박규수는 민란의 책임을 물어 유계춘, 김수만, 이귀재를 사형시키고 효수합니다. (백낙신은 1년 후 풀려나 복권되어 또 탐관오리 짓을하며 잘 먹고 잘살다가 73세로 사망합니다.)

진주민란이 도화선이 되어 1862년에는 전국 팔도에서 농민 봉기가 끊이지 않고 일어나게 됩니다.

동학

1855년 한 승려가 금강산에서 찾아와 책 한 권을 전해주고 사라집니다. 최제우는 이 책을 연구하다가, 1859년 고향인 구미 용담으로 돌아와서 입구에 '도기장존사불입道氣長存邪不入 세간중인부동귀世間衆人不同歸'라써 붙이고 수도에 매진합니다.

1860년 최제우는 한울님을 만나는 체험을 했고 한울님으로부터 세상을 다스리는 권한을 받았다고 합니다. 이때 최제우는 동학東學을 창건합니다. 동학의 의미는 유교(북학), 불교(남학), 기독교(서학)와 같이 외래에서 들어온 종교가 아닌 우리나라 고유의 종교라는 의미입니다. 동학이백성들 사이에 퍼지기 시작하자 조정에서는 세상世을 어지럽히고惑 백성民을 속인다誣는 뜻의 혹세무민惑世誣民으로 1864년 최제우와 추종자들을 처형시킵니다.

하지만 2대 교주 최시형은 숨어다니면서 동학의 포교에 힘썼고 동학의 교세는 점점 불어납니다. 동학은 서서히 사회 개혁적인 모습을 띠게 됩니다. 1869년부터 1871년까지 동학교도인 이필제가 최시형의 지원을 받아 반란을 일으키기도 합니다. 1890년대 최제우는 죄가 없다는 뜻을 펼치는 교조신원운동이 시작되어 1892년 삼례에서 첫 대규모 집회가 열렸고, 1893년에는 광화문에서 복합 상소를 합니다.

세력이 커진 동학은 조직을 북접과 남접으로 나뉘는데 북접은 최시형 등이 이끄는 온건파 세력들이 이끌었으며, 남접은 전봉준 등이 이끄는 신진 급진파 세력들입니다.

고종 즉위   1864년

철종이 자식을 남기지 못하고 죽자 왕실은 또다시 후계자를 정하기 위해 골머리를 앓습니다.

사도세자의 후손들은 결격사유가 있어 선택에서 제외됩니다. 이들을 제외하고 나니 철종과 가까운 친척은 인조의 아들인 인평대군의 후손들입니다.

사도세자의 아들인 은신군은 자식이 없어 인평대군의 후손인 남연군을 양자로 들입니다. 남연군의 아들이 이하응이고 이하응의 아들이 이명복입니다.

결국 철종과 혈통으로는 17촌, 양자 제도에 따른 법적 촌수는 9촌인 이명복이 다음번 왕으로 결정됩니다. 이명복은 효명세자와 신정왕후의 양자로 정식 입적되어 '익성군翼成君'으로 봉해지고 곧바로 조선 제26대 임금으로 즉위하니 그가 고종입니다.

흥선대원군의 섭정

　　대원군大院君은 왕의 친아버지가 왕이나 세자 직위에 오른 적이 없을 때 주는 작호입니다. 조선에는 총 4명의 대원군이 있습니다. 선조의 아버지인 덕흥대원군, 인조의 아버지인 정원대원군, 철종의 아버지인 전계대원군 마지막으로 고종의 아버지인 흥선대원군입니다.

　　그런데 앞의 세 명은 죽은 후 작호를 받았지만 흥선대원군은 살아있을 때 작호를 받았습니다. 게다가 고종이 즉위하였을 때 나이는 고작 12살이었습니다. 그 때문에 흥선대원군은 고종을 대신하여 정치를 하게 됩니다. 어쩌면 섭정攝政은 대원군의 노림수였는지도 모르겠습니다.

　　그러나 고종이 즉위하자마자 섭정을 할 수는 없었습니다. 그동안의 관례에 따라 신정왕후가 수렴청정하였습니다. 신정왕후는 조선시대에 성인으로 인정되는 15세가 되는 3년 후에 수렴청정을 서두었고 이때부터 대원군의 섭정이 시작됩니다.

　　대원군은 삼정의 문란부터 개혁합니다. 양전사업을 시행하고, 은결을 색출해 전정을 개혁합니다. 군정을 개혁하여 사람이 아니라 집을 기준으로 호포제를 시행합니다. 환곡제는 완전히 폐지하고 지역의 추천을 받은 양반이 곡식을 빌려주게 하는 사창제社倉制를 시행합니다.

대원군은 비변사를 폐지하고 의정부와 삼군부를 부활시켜 세도정치 세력을 몰아냅니다. 대신에 왕가의 종친들로 하여 그 자리를 채웁니다. 그리고 온갖 비리의 온상이었던 서원을 철폐시키며 600여 개의 서원 중 47개소만 남깁니다. 화양서원과 만동묘도 이때 철폐됩니다.

대외적으로는 통상 수교 거부 정책을 펼쳤습니다.

제너럴 셔먼호 사건   1866년

고종 대부터 서양에서는 조선과 접촉을 시도합니다. 미국의 무장상선인 제너럴 셔먼은 평안도 용강현 주영포 앞바다에 도착한 뒤 대동강을 거슬러 평안까지 올라와 통상을 요구하지만 조선의 통상 금지 방침에 따라 거부합니다. 평양 백성들이 거절하자 제너럴 셔먼호는 해적으로 변합니다.

대동강 물이 장마로 불어나자 만경대 한사정閑似亭까지 거슬러 올라와 약탈을 자행하고 이를 막으러 온 조선군에게 포격하여 여러 명의 사상자가 발생합니다. 조선군 중에서도 대응 포격을 하지만 조선의 구식 대포에서 발사된 포탄은 제너럴 셔먼호에 닿지 않습니다.

왼쪽부터 불랑기포, 소포, 홍이포

서양의 암스트롱포

당시 평안 감사 박규수는 중군 이현익을 보내 돌아가라고 하지만 제너럴 셔먼호는 도리어 이현익을 잡아 가두고 통상을 요구합니다. 인내심의 한계에 도달한 평양 백성과 조선군은 배를 포위하고 활과 화승총을 쏘아대고 돌멩이까지 던지며 위협합니다. 사태가 심각하다는 것을 느낀 제너럴 셔먼호는 도망치려고 하지만 이때는 대동강 수위가 낮아져 배가 옴짝달싹도 못 하게 됩니다.

평안 감사 박규수는 기름과 짚을 가득 실은 목선에 불을 질러 제너럴 셔먼호 쪽으로 보내 불태워 버립니다. 제너럴 셔먼호의 선장과 선원들은 분노한 평양 백성들에게 맞아 죽습니다. 이 사건은 우리 역사상 최초의 서양과의 무력 충돌 사건입니다.

병인박해 · 1866년

대원군은 천주교에 적대적이지 않았습니다. 아내, 큰딸, 자식(고종)의 유모까지 천주교 신자였습니다. 대원군도 조선에 들어온 파리외방전교회 소속 프랑스인 사제들을 통해 유럽과 접촉을 시도합니다. 프랑스도 러시아 제국의 조선 남하정책을 막기 위해 대원군과 베르뇌 주교의 만남을 추진합니다.

그런데 무슨 이유인지 베르뇌 주교가 만남을 거부합니다. 그리고 프랑스의 베트남 침공 때 베트남에 있던 천주교인들이 프랑스를 편들었다는 소식이 들려오면서 대원군은 천주교인들을 내부의 적으로 간주하고 고종 3년 베르뇌 주교를 체포하면서 박해가 시작됩니다.

일반 신자는 배교하면 살려주고, 사제는 원할 경우 처벌 없이 본국으로 돌려보내 주겠다고 합니다. 하지만 이들은 조정의 제안을 단호히 거부하고 순교를 택합니다.

잠두봉에서 8000여 명의 천주교 신자들이 목이 잘리고 시신은 한강에 던져집니다. 잠두봉은 이때부터 머리頭 자르는切 산山이라는 뜻인 절두산切頭山이라고 불리게 됩니다.

이후 천주교는 교세가 크게 위축되어 나중에 들어온 개신교에도 신도 수가 밀리게 됩니다.

조선의 천주교 박해는 총 5번으로 정조 15년에 신해, 순조 원년에 신유, 헌종 5년에 기해, 헌종 12년에 병오, 고종 3년에 병인입니다.

병인박해에서 살아남은 펠릭스 클레르 리델 신부는 베이징에 주둔하고 있던 로즈 제독의 프랑스 극동 함대에 조선의 상황을 알립니다. 프랑스 극동 함대는 이를 항의하기 위해 함대를 출진시킵니다.

1866년 8월 프랑스군은 리델 신부와 조선인 신자 3명을 길잡이로 삼아 인천 앞바다에 도착합니다. 프랑스군은 조선군의 저지도 받지 않고 한강을 타고 한양 근교 양화진 일대까지 진출했다가 정탐만 하고 청으로 돌아갑니다.

9월 프랑스는 본격적으로 조선을 침공합니다. 프랑스는 1차 침입 때처럼 한강을 타고 한양까지 이동하려고 합니다. 이번에는 조선군도 프랑스의 침공을 대비하고 기다립니다. 프랑스군은 우선 인천 앞바다에 있는 영종도, 월미도, 제물포부터 노리면서 영종진을 포격합니다. 영종진도 포격으로 대응했지만 조선군의 구식 화포로는 프랑스군의 신식화포를 당해내지 못합니다.

1시간의 포격으로 영종진을 무력화한 프랑스군 200여 명이 영종도에 상륙합니다. 조선군은 백병전으로 프랑스군과 전투를 벌이지만 고작 몇백미터(유효사거리는 100미터 정도) 날아가는 구식 조총으로는 프랑스군의 미니에탄을 이용하는 라이플을 이길 수 없습니다.

프랑스군은 강화성과 문수산성, 갑곶진, 광성진까지 함락하며 강화도를 장악합니다. 국왕의 임시 거처인 강화행궁에 불을 지르고 외규장각을 약탈합니다. 계속된 승리에 방심한 프랑스군은 당나귀에 술과 음식을 잔뜩 싣고 설렁설렁 나들이 나온 것처럼 정족산성을 공격하러 갑니다. 그런데 정족산성을 지키던 양헌수는 매복해 있다가 프랑수군이 들어오자 기습을 가합니다. 프랑스군은 예상 못 한 공격에 상당한 사상자를 내고 퇴각합니다. 프랑스군은 그 후 청으로 돌아갑니다. 양요洋擾란 서양西洋 오랑캐가 일으킨 소요騷擾라는 의미입니다.

읽을거리

외규장각에는 5000여 점의 문서들이 있었는데 프랑스군은 화려하게 채색된 의궤 297권을 제외한 나머지 소중하고 가치 있는 책들은 전부 불태웁니다.

재불 역사학자 박병선 박사는 외규장각 의궤를 찾는 것을 목표로 프랑스로 떠납니다. 1967년 프랑스국립도서관 사서가 된 그는 국립도서관 베르사유 별관에서 마침내 의궤를 찾아냅니다. 1985년 박병선 박사는 외규장각 도서 191종 297책의 목록을 소개하는 《조선조의 의궤》를 발간합니다. (그 사이에 세계에서 가장 오래된 금속활자본 직지심체요절도 찾아냈습니다.) 대한민국에서는 줄기차게 의궤 반환을 요구하지만 프랑스는 자기 나라의 공공재산이라는 이유로 반환요청을 거부합니다.

1992년 한국 고속철도 사업이 시작되면서 프랑스 대통령은 자기 나라의 고속전철인 테제베(TGV)를 팔아먹으려고 의궤를 돌려줄 수도 있다고 얘기합니다. 그리고 1993년 대한·프랑스 정상회담 때 2권을 가져와 1권을 반환합니다. 마침내 2011년 사르코지·이명박 합의에 따라 의궤 전권이 영구 임대 형식으로 전부 고국으로 돌아옵니다.

경복궁 중건 완료 · 1867년

1865년 흥선대원군은 왕실의 권위를 세우기 위해 경복궁 중건에 착수하고 이에 필요한 자금을 조달하기 위해 원납전을 걷습니다. 원해서願 납부하는納 돈錢이라 원납전願納錢이라 이름 붙였지만 사실상 강제로 뜯어가는 돈이었습니다. 그래서 백성들은 원망하며怨 납부하는納 돈錢이라 원납전怨納錢이라고 불렀습니다.

원납전은 첫해에 500만 냥을 거두었습니다. 당시 상평통보의 총유통량이 1000만 냥 정도였으니 자국 내 화폐유통 총액의 50퍼센트를 거둔 셈입니다. 하지만 경복궁을 중건하기에는 여전히 부족했습니다. 대원군은 원납전을 많이 내는 사람에게 벼슬을 주면서 장려하여 250만 냥을 더 걷었습니다. 그리고 도성 사대문을 통과할 때 통행료인 문세를 받았습니다.

그런데도 경복궁 건설 중 몇 차례나 화재가 일어나며 자금은 여전히 부족했습니다.

대원군은 액면가 100냥짜리 당백전을 발행합니다. 하지만 이 때문에 초인플레이션이 일어나 조선 경제가 엉망이 됩니다. 우여곡절 끝에 1867년 마침내 경복궁 중건이 완료되고 이때 사용한 돈은 조선 1년 예산의 10배가량 됩니다.

그런데 결과적으로 고종은 경복궁을 좋아하지 않았습니다. 그래서 1873년에 고종은 흥선대원군 몰래 경복궁 북쪽 구석에 민가 형태의 건청궁을 지은 후 아관파천 때까지 그곳에 줄곧 거처합니다.

오페르트 도굴 사건 1868년

병인양요로 조선에서 서양에 대한 인식이 무척이나 나빠졌습니다. 그런데 1868년 서양에 대한 평판을 바닥을 뚫고 지하로 떨어트리는 사건이 일어납니다.

프로이센 출신의 유대인 장사꾼 오페르트는 독일인 뮐러, 미국인 젠킨스, 프랑스인 페롱 신부, 조선인 최선일과 중국인 선원들 등 150명의 사람을 모아 무장 범죄 조직을 구성한 후 대원군의 아버지인 남연군의 묘를 파고 시체를 훔치려 합니다. 시신 반환을 조건으로 통상을 허락받을 생각이었습니다.

하지만 조선식 묘 구조도 파악하지 못한 오페르트의 도굴 시도는 실패합니다. 남연군의 묘는 회곽묘(灰槨墓)입니다. 회곽묘는 관을 보호하기 위해 관 주위에 석회를 들이붓습니다. 석회가 굳으면 강도가 어마어마하므로 삽질로는 도저히 뚫을 수가 없습니다. 밤새도록 삽질만 하던 오페르트 일당은 날이 새고 관군이 출동하자 그대로 도망칩니다.

격노한 대원군은 통상 금지 정책을 더욱 강화합니다.

신미양요 · 1871년

1853년 미국의 매튜 페리 제독이 이끄는 함대는 일본으로 가서 개항을 요구하며 함포를 발사합니다. 미군의 무력시위에 놀란 일본은 결국 개항합니다. 여기에 재미를 붙인 미국은 조선에서도 똑같은 짓을 합니다.

제너럴 셔먼호 사건에 대한 항의라는 핑계로 강화도를 침공합니다. 미군은 먼저 강화도와 본토 사이의 수로인 손돌목으로 접근하며 시비를 겁니다. 강화도의 조선군이 미군 함정에 발포합니다. 그러자 미군 함정에서도 발포하며 응전하다가 물러납니다.

전쟁의 핑계를 만든 미군은 며칠 후 본격적인 공격을 시작합니다. 병인양요를 통해 서양의 무기가 조선군 무기를 압도한다는 것을 알고 있던 조선군은 덕진진과 초지진에서의 포격전을 포기하고 산속으로 흩어져 게릴라전을 준비합니다. 하지만 조총의 사거리가 미군에게 미치지 못해 게릴라전은 실패합니다.

미군은 병인양요에도 참전했던 어재연 장군이 지키던 광성보를 공격합니다. 인디언 전쟁과 남북전쟁 등을 거치며 단련된 미군은 조선군을 학살합니다. 조선군은 총알이 떨어지자 칼과 창을 휘두르며 저항했고 칼과 창

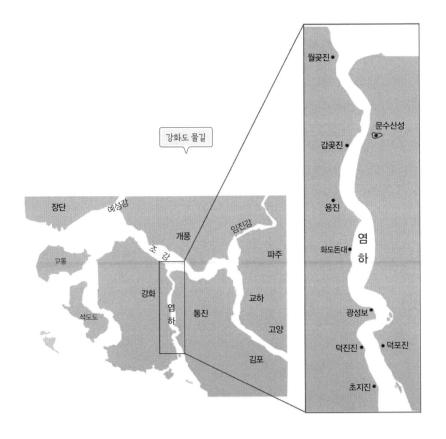

이 부러지자 돌멩이를 던지고 그마저도 없으면 맨주먹 붉은 피로 미군을 막아냅니다. 하지만 이길 수 없자 발을 굴러 땅을 치며 의분에 떨다가 항복하기를 거부하고 바다로 뛰어들어 자살합니다.

전투 결과 조선군은 어재연 장군을 비롯한 전사자가 243명, 바다에 뛰어들어 자살한 사람이 100여 명, 심한 부상을 입어 죽여달라는 소리를 못해 포로로 잡힌 20명의 막대한 피해를 보았습니다. 그뿐만 아니라 불랑기포를 대략 500문, 총기는 2만 정을 빼앗깁니다. 반면에 미군은 전사 3명, 부상 12명의 가벼운 피해를 보았습니다. 그러나 조선군의 격렬한 저항에 놀란 미군은 철수를 결정합니다. 철수하면서 빼앗은 무기는 전부 파괴하고 갑니다. 미군은 조선의 구식무기가 필요 없었기 때문입니다.

전투 이후 대원군은 전국에 척화비斥和碑를 세워 서양과의 결사 항전의 의지를 드러냅니다. 그리고 그동안 미루었던 서원철폐도 단행합니다.

참고로 척화비 내용은 아래와 같습니다.

洋夷侵犯非戰則和主和賣國

서양 오랑캐가 침범할 때 싸우지 않음은
곧 화친을 주장하는 것이요,
화친을 주장함은 곧 나라를 파는 것이다.

戒我萬年子孫丙寅作辛未立

우리 자손 만대에 훈계하노라.
병인년(1866)에 만들고
신미년(1871)에 세우다.

척화비

병인양요 이후 대원군은 서양 소총의 총알을 막기 위해 13겹의 삼베를 겹쳐 방탄조끼를 만듭니다. 이를 면제배갑(綿製背甲)이라 하고 신미양요 때 실전에서 사용되었습니다.

어재연의 장군기인 수자기는 미군이 전리품으로 가져가 미해군사관학교 박물관에 보관되어 있다가, 2007년 임대 형태로 대한민국에 돌아옵니다. 2023년 기준 임대 기간이 지났음에도 반환되지 않고 강화전쟁박물관에 전시되어 있습니다. 반환되기 전에 관람하기를 바랍니다.

면제배갑

수자기(帥字旗)

대원군 실각 • 1873년

서원 철폐와 경복궁 중건으로 대원군은 양반들의 원망을 받게 됩니다. 이항로는 1866년(고종 3년)에 두 차례나 상소를 올려 만동묘 복구 등을 주장하며 대원군을 강하게 비판합니다. 1868년(고종 5년)에는 이항로의 제자 최익현이 상소를 올려 경복궁 중건, 원납전, 당백전 등을 비판합니다. 하지만 대원군의 위치는 요지부동이었습니다.

1873년(고종 10년) 최익현은 다시 상소를 올려 대원군을 공격합니다. 대원군의 섭정이 지겨워진 고종은 최익현을 만고의 충신이라고 격렬하게 칭찬합니다. 그리고 얼마 되지 않아 대원군은 운현궁을 떠나 양주의 별장에 칩거합니다. 이때부터 고종의 친정이 시작됩니다.

명성황후

명성황후는 민치록의 딸로 대원군에 의해 고종의 왕비로 간택되었습니다. 1866년(고종 3년) 결혼 당시 명성황후는 14살, 고종은 13살이었습니다. 고종은 이미 9살 연상의 영보당 이씨와의 사이에서 완화군을 낳았습니다.

1871년(고종 8년) 명성황후는 첫아이를 낳습니다. 그런데 아기가 항문 없이 태어나 4일 뒤 사망합니다. 그러자 대원군은 완화군을 원자元子로 책봉하려 했고 이 때문에 명성황후는 대원군을 적대시합니다. 명성황후는 최익현을 포섭하여 대원군의 퇴진을 요구하는 상소를 계속 올리게 합니다. 마침내 대원군이 퇴진하였고 명성황후 일족인 민씨들이 정권을 장악합니다.

운요호 사건 • 1875년

조선을 침략하려고 시빗거리를 찾던 일본은 8월 20일 일부러 운요호를 조선의 영해인 강화도 초지진 앞바다로 보냅니다. 운요호는 단정短艇을 띄워 초지진 쪽으로 보냅니다. 일본군 단정을 발견한 조선군은 귀환 명령과 함께 경고 포격을 했고 단정은 이에 맞서 소총으로 응사한 후 운요호로 돌아갑니다.

전투의 핑곗거리를 만든 운요호는 다음날 초지진에 함포를 발사하며 파괴합니다. 그리고 해군 육전대를 영종도에 기습 상륙시킵니다. 신미양요에서 큰 피해를 보고 제대로 복구조차 되지 않았던 조선군은 35명이 전사하고 16명이 포로로 잡히는 피해를 봅니다. 일본군의 피해는 수병 2명이 상륙하다가 발을 삔 것이 전부입니다.

일본은 뻔뻔하게도 조선이 먼저 일본을 공격해서 응전한 것이라며 일본에 배상하라고 협박합니다. 힘이 없던 조선은 어쩔 수 없이 다음 해 강화도 조약을 체결합니다.

읽을거리

운요호 사건에서 사용한 방법은 강대국이 약소국에 시비를 걸 때 흔히 사용하는 방법입니다. 미국은 베트남에 개입하기 위해 1964년 통킹만에 전함을 고의로 침입시킵니다. 베트콩과 미군이 교전하면서 핑곗거리를 얻은 미군은 베트콩과의 전쟁을 선포합니다. 이렇게 베트남 전쟁이 시작됩니다.

강화도 조약   1876년

1876년 일본은 조선에 운요호 사건을 빌미로 통상 조약을 맺기를 요구합니다. 최익현 등이 반대상소를 올렸지만 고종은 박규수, 오경석 등 개화파의 주장을 받아들여 조일수호조규朝日修好條規를 맺습니다. 강화도 조약이라고도 불리는 이 조약은 조선과 일본이 맺은 5번째이자 마지막 조약입니다.

계해약조	임신약조	정미약조	기유약조	조일수호조규
1443년	1512년	1547년	1609년	1876년
세종 25년	중종 7년	명종 2년	광해군 원년	고종 13년
대마도 정벌	삼포왜란	사량진왜변	임진왜란 후 관계회복	운요호 사건

조약 내용 중 1관은 '조선국은 자주 국가로서 일본국과 평등한 권리를 보유한다'입니다. 조선을 인정한다는 의미가 아니라 청나라가 더 이상 조선을 간섭하면 안 된다는 의미입니다. 그 외에 몇몇 내용은 아래와 같습니다.

4관: 부산 외에 2개의 항구를 개항한다.

5관: 2개의 항구는 일본이 지정한다.-원산(1880년)과 인천(1883년)

7관: 일본이 조선의 해안을 측량하여 지도를 만들 수 있다.

0관: 개항한 곳의 일본인 범죄는 일본에서 재판한다. (치외법권)

그리고 무역규칙도 정했는데 양곡의 무제한 유출이 허용되고 일본 상인들이 무관세로 무역을 할 수 있도록 정해집니다. 조선은 근대적인 조약에 무지했기에 이처럼 불평등한 조약을 맺었습니다. 이후에 다른 나라도 일본과 똑같은 최혜국 대우最惠國待遇를 요구했고 그 때문에 타국과의 조약도 전부 다 불평등 조약이 됩니다.

미국(1882년), 영국(1883년), 독일(1883년), 이탈리아(1884년), 러시아(1884년), 프랑스(1886년), 오스트리아(1892년), 벨기에(1901년) 등과 수호통상조약을 맺으면서 외세가 물밀듯 들어오게 되고 조선의 멸망은 가속화됩니다.

읽을거리

강화도 조약은 1858년 일본과 미국이 맺은 미일수호통상조약(美日修好通商條約)과 거의 똑같습니다. 일본은 이때부터 근대화의 길로 나아가 1868년 메이지 유신이 일어났으며 1899년 미일통상항해조약을 체결하면서 불평등 조약은 효력을 잃습니다.

그러나 조선은 근대화로 나아가지 못했고 1884년 갑신정변에 실패하며 1910년 멸망합니다.

❋ 방곡령 1889년 ❋

강화도 조약에 따라 양곡의 무제한 유출이 허용되고 일본 상인들이 무관세로 무역을 할 수 있도록 정해집니다. 이 때문에 일본이 조선 농촌에서 쌀·콩 등을 매점하고 일본으로 반출하는 일이 벌어집니다. 1888년 흉년이 들면서 조선에 식량난이 가중됩니다. 1889년 함경도 관찰사 조병식은 방곡령(防穀令)을 내려 원산항에서 반출을 금지합니다.

일본은 강화도 조약에 어긋난다며 방곡령을 풀 것을 강력히 요구했지만 상황이 워낙 나빠서 1890년에는 황해도에서도 방곡령이 시행됩니다. 하지만 일본의 압력으로 1894년 1월 조정은 방곡령 금령(防穀令 禁令)을 내려 방곡령을 전면 해제합니다. 그리고 일본 측에 배상금까지 지급합니다. 일본의 경제적 침탈은 계속되었고 조선의 백성들은 이를 막기 위해 안간힘을 씁니다.

시찰단 파견

강화도 조약 체결 이후 조선은 일본을 배우기 위해 수신사修信使를 파견합니다. 통신사通信使가 조선의 문물을 일본에 알리는 목적이었다면, 수신사는 반대로 일본의 문물을 배우기 위한 목적입니다.

1876년 조선은 김기수를 수신사로 임명하고 75명의 사절단을 일본에 파견합니다. 김기수 일행은 20일간 도쿄에 머물며 메이지 천황, 이토 히로부미 등 일본의 주요 인사를 만나고 일본의 각종 시설을 시찰합니다. 김기수는 이때의 경험을 《일동기유》라는 기행문으로 남깁니다. 여기에서 김기수는 일본과 서양의 문물을 받아들일 것을 주장합니다.

1880년 김홍집을 수신사로 임명하고 2차 사절단을 보냅니다. 김홍집은 황쭌셴의 《조선책략》을 가져옵니다. 이 책에는 러시아를 방어하기 위해 친중국 · 결일본 · 연미국 해야 한다는 주장이 담겨있었습니다. 이 책의 의견에 반대하여 1881년 영남 출신 유학자 1만 명이 정부를 향해, 정도正道(성리학)를 지키고衛, 사악한 서양 학문인 사학邪學을 물리치자斥는 뜻의 위정척사衛正斥邪를 주장하는 상소를 올린 영남만인소嶺南萬人疏 사건이 일어나기도 하고, 이 책의 의견을 받아들여 1882년 조미수호통상조약이 체결되기도 합니다.

1881년 강화도 조약의 무관세 문제를 해결하기 위해서 조병호를 수신사로 삼아 일본에 파견하지만 목적을 이루지 못합니다. 1882년 조선은 임오군란에 대한 책임 문제로 일본과 제물포 조약을 체결하였고, 조약에 따라 박영효, 김옥균, 서광범 등을 4차 수신사로 파견합니다. 박영효는 일본으로 향하는 도중에 태극기를 제작하여 최초로 공식 석상에서 사용하였습니다.

조선은 수신사 외에도 선진국 시찰을 위한 시찰단을 여러 나라로 파견했습니다. 1881년 4월 수신사와 별도로 박정양, 어윤중, 홍영식, 김옥균, 윤치호, 유길준 등 조정朝 관료士들로 구성된 조사시찰단朝士視察團을 파견합니다. 예전에는 신사유람단紳士遊覽團이라고도 불렸습니다.

1881년 9월 김윤식을 대표로 청나라에 영선사領選使라는 근대화 사절단을 파견하여, 한참 서양을 따라잡기 위해 양무운동을 벌이던 청나라에게

서양의 문화와 제도, 기술, 무기 제
조법 등을 배우도록 합니다. 하지만
1882년에 임오군란이 일어나자 조
기 귀국하면서 폐지됩니다.

1883년 조미수호통상조약(1882
년)에 의해 특명 전권 대사 루시어
스 푸트를 파견한 답례로 보빙사報聘
使를 미국에 파견합니다. 민영익, 홍
영식, 서광범, 유길준 등이 사신단의 일원으로 미국을 방문합니다.

박영효가 만든 최초의 태극기

별기군 창설 1881년

강화도 조약 이후 조선은 개화 정책을 추진하기 위해 국가의 군사 업무
와 일반 국정인 군국기무軍國機務를 총괄하는 통리기무아문統理機務衙門을
설치합니다. 그리고 일본 육군 공병소위 호리모토 레이조를 훈련교관으
로 삼고 80명의 양반 자제들을 훈련병으로 삼아 신식 군대인 별기군을 창
설합니다. 교련소의 당상(오늘날의 훈련소장)은 민영익, 간부 중 한 명은
참령관(현재 소령에 상당) 우범선이었습니다.

별기군은 기존의 조선군에 비해 급료나 피복 등에서 엄청난 대우를 받
았습니다. 하지만 실력은 구식 군대보다도 못했습니다. 양반인 생도들의

계급은 참위(현재 소위에 상당)입니다. 하지만 생도들은 양반이라는 이유로 중인 신분 상관인 참령관 우범선에게 반말했습니다. 훈련도 가관이었습니다. 훈련이 힘들다고 하인을 대신 보내는가 하면, 직접 나오라고 하자 하인 등에 업혀서 훈련받는 인간도 있었습니다.

심한 모욕감을 느낀 우범선은 결국 별기군을 그만둡니다.

임오군란 ● 1882년

고종 대에 기존의 오군영은 무위영 · 장어영의 2영으로 통폐합됩니다. 그리고 별기군을 신설하며 기존의 군대를 차별합니다. 게다가 임금을 13개월이나 지급하지 않았습니다.

1882년 6월 9일 선혜청에서 체납되었던 급료가 쌀로 지급됩니다. 그런데 민씨 척신 정권이 좋은 쌀은 빼돌리고, 썩은 쌀에 겨나 모래를 절반이나 섞어서 그것도 체불된 급료의 절반만 주었습니다. 분노한 군인들은 선혜청 관리들을 구타하고 기물을 파괴하는 등 격렬하게 항의합니다. 그러나 이미 권력에 취한 선혜청 제조 민겸호는 사태를 제대로 파악하지 못하고 주동자들을 구속합니다.

마침내 군인들의 분노가 폭발하고 맙니다. 군인들은 민겸호의 자택을 습격합니다. 그동안 민씨 척신 정권에 고통받던 백성들도 가세합니다. 군인들은 운현궁에 있는 흥선대원군을 찾아가 협조를 요청합니다. 대원군은 다시 정권을 찾을 기회로 여기고 기꺼이 협조합니다.

군인들은 부대 내의 무기고를 부수고 병장기들로 무장하고 3개 분대로 나누어 행동합니다. 1개 분대는 포도청과 의금부를 습격하여 구속된 군인들과 대원군 지지파, 위정척사파 인물들을 모두 석방합니다. 다른 1개 분대는 명성황후의 오빠인 민겸호, 민태호 등 민씨 척신들과 개화파 인물들의 자택을 습격하고 파괴합니다. 또 다른 1개 분대는 일본 공사관과 별기군을 습격합니다. 별기군 교관이었던 호리모토 레이조와 별기군 일부가 살해당합니다. 다음날 군인들과 백성들은 민씨 척신 정권의 원흉인 명성황후를 처단하기 위해 궁궐로 진격합니다.

민겸호는 내시로 위장해 도망치다가 발각되어 살해당합니다. 명성황후는 궁녀로 변장하여 궁궐을 빠져나가려다가 군인들과 마주칩니다. 절체절명의 순간 무예 별감으로 있던 홍계훈이 자신의 누이 동생인 홍 상궁이라고 속이고 탈출을 도와줍니다. 명성황후는 충주 장호원에 있는 충주 목사 민응식의 자택으로 피신합니다.

고종은 사태 수습을 위해 대원군을 다시 부릅니다. 대원군은 민씨 일파를 파면하고 자기 일파 사람들을 조정에 복귀시킵니다. 그리고 실종된 명성황후를 공식적으로 사망 처리합니다. 그러나 대원군의 재집권은 불과 한 달 만에 끝납니다. 고종과 명성황후는 비밀리에 청나라에 군대 파병을 요청합니다. 사정을 몰랐던 대원군은 7월 13일 청군의 군영을 방문하는데 그 자리에서 위안스카이에게 납치되어 톈진으로 끌려갑니다. 7월 16일 청군은 구식 군인들을 습격하여 170명을 체포하고, 주동자 11명을 처형합니다. 이후 위안스카이는 조선에 남습니다.

임오군란 이후 조선의 중앙군은 전영, 후영, 좌영, 후영의 4군으로 개편됩니다.

한편 일본은 자국민의 피해 보상을 요구했고 조선은 일본과 제물포 조약을 체결하여 모든 피해를 보상해 줍니다. 이 조약에 의해 일본에 사과하기 위해 제4차 수신사를 보내게 됩니다. 그리고 일본 공사관을 지키기 위해 일본은 경비병을 주둔시킬 수 있게 됩니다.

읽을거리

임오군란은 우리 역사상 처음으로 우리나라의 군대와 백성들이 궁궐을 기습한 사건입니다.

그 정도로 명성황후는 백성들에게 미움을 받고 있었습니다.

명성황후는 고종이 집권을 하자마자 자신의 친척들을 대신으로 임명해 조정을 완전히 장악하고 세도정치를 부활시킵니다. 고종과 민씨 일파는 부정부패를 일삼으며 이미 망해가던 조선의 망국을 앞당겼습니다.

왕실은 매관매직과 당백전, 당오전 발행을 통해 막대한 부를 축적합니다. 이렇게 마련한 돈은 나중에 고종의 비자금이 됩니다. 반대로 백성은 매관매직한 관리들의 수탈과 당백전, 당오전 발행 때문에 발생한 인플레이션으로 큰 고통을 당합니다.

명성황후는 백성들의 분노와 자신의 정치적 위기를 외세를 끌어들여 해결합니다. 청, 일본, 러시아 등을 그때그때 끌어들여 사용하다가 결국 일본에 의해 비참한 최후를 맞이하게 됩니다.

✦ 학교의 설립 ✦

우리나라 최초의 근대사립학교는 원산학사로 민간에서 자발적으로 기금을 모아 1883년 설립했습니다. 서당을 개량서당으로 발전시키고 다시 근대 학교로 발전시켰습니다. 일제 강점기에 원산보통학교로 나중에 원산제일국민학교가 되어 1945년까지 지속되었습니다.

이후 배재학당, 경신학교, 이화학당 등이 줄줄이 설립됩니다.

배재학당은 미국 감리회 선교사인 헨리 아펜젤러가 1885년 서울에 세운 우리나라 최초의 근대식 중등교육기관입니다. 현재 배재중학교, 배재고등학교로 이어집니다.

경신학교는 미국 개신교 장로회 선교사 호러스 그랜트 언더우드가 1885년 서울에 세운 한국 최초의 고아원입니다. 현재 경신고등학교로 이어집니다. 언더우드는 1917년 연희전문학교도 설립합니다.

이화학당은 미국 감리회 선교사 메리 스크랜튼이 1886년 서울에 세운 우리나라 최초의 여성교육기관입니다. 현재 이화여대로 이어집니다.

최초의 근대공립학교는 1886년 설립된 육영공원입니다. 고위급 양반 자제만을 대상으로 했으며 강의는 영어로만 했습니다. 1894년 폐교되었고, 이후 관립영어학교를 거쳐 한성외국어학교로 통합되었습니다.

덧붙이자면 우리나라 개신교의 역사는 선교사들이 학교와 병원을 세우면서 시작됩니다. 학교는 위에 소개하였고 병원은 호러스 뉴턴 알렌이 세운 제중원이 있습니다. 우리나라 최초의 개신교 교회는 호러스 그랜트 언더우드가 1887년에 세운 새문안교회입니다.

고종 대에 개화파들은 급진과 온건으로 나뉘어 있었습니다.

김윤식, 김홍집 등의 온건개화파는 조선東의 법과 제도道를 유지하면서 서양西의 과학기술器만 받아들이자고 주장합니다. 이를 동도서기東道西器라 합니다. 동도서기는 중국을 몸통中體으로 하고 서양을 이용한다西用는 중체서용中體西用이나 일본정신和魂에 서양기술洋才이라는 화혼양재和魂洋才와 같은 의미입니다. 하지만 기술에는 정신이 함께합니다. 그 때문에 분리하는 것은 불가능합니다. 끝까지 중체서용을 주장한 청나라의 양무운동은 결국 실패했고, 화혼양재를 포기하고 탈아입구를 추진한 일본은 개화에 성공했습니다. 온건개화파의 실패는 이미 예정되어 있었습니다.

그 때문에 김옥균, 박영효 등의 급진개화파는 일본의 메이지 유신처럼 서구의 근대적인 사상과 제도까지도 적극적으로 도입할 것을 주장합니다. 하지만 급진개화파를 지지하는 민씨 척족들에 의해 번번이 좌절됩니다. 임오군란 이후 민씨 척족들은 청나라 군대를 끌어들여 급진개화파를 탄압합니다.

그런데 1884년 여름 청불전쟁이 일어나면서 조선주둔 청군의 절반인 1500명이 베트남으로 파병됩니다. 일본은 조선에서 주도권을 잡을 절호의 기회라 생각하고 군대 지원을 약속하며 급진개화파를 부추깁니다.

1884년(갑신년) 10월 17일 우리나라 최초로 우편 사무를 관장하는 우정국이 세워집니다. 김옥균 일당은 우정국 연회에 참석한 민씨 척족 세력을 암살하고 정변을 일으키려고 합니다. 하지만 혼란을 일으키려 장치한 폭탄이 불발되자, 옆집에 불을 질러 혼란을 일으킵니다. 자객들이 전영사 한규직, 후영사 윤태준, 우영사 민영익, 좌영사 이조연 등 주요 인사를 암살하려고 했지만 민영익에게 중상을 입히고 나머지는 달아나 실패합니다. 홍영식은 차마 민영익을 죽이지 못하고 독일인 묄렌도르프에게 넘겨서 탈출시켜 줍니다.

계획이 차질을 빚자 김옥균은 창덕궁에 있던 고종을 일본 공사관의 경비병과 박영효의 군을 시켜 경운궁으로 옮기게 한 후 온건개화파 요인들을 거짓으로 입궐하게 하여 사영위인 한규직 · 이조연 · 윤태준을 죽이고, 민씨 척족 세력인 민영목 · 민태호 · 조영하를 죽입니다. 10월 18일 급진개화파는 정강 14조를 발표하고 내각을 개편합니다. 서광범, 윤치호, 박영교, 서재필과 온건파이지만 정변에 반대하지 않았던 김홍집 등이 주요 자리를 차지합니다.

그러나 조선에 남아있던 청군이 창덕궁을 공격합니다. 전황이 불리해지자 김옥균은 고종을 데리고 인천으로 도망치려 하지만 마음이 바뀐 홍영식과 박영교가 고종을 보호하는 바람에 실패합니다. 일본 공사의 경비병들은 창덕궁에서 철수합니다.

10월 20일 백성들이 일본 공사관을 공격합니다. 일본 공사는 문서를 소각하다 공사관에 불까지 내고는 인천으로 도망칩니다. 곧이어 급진개화파도 변장하고 인천으로 도망칩니다. 10월 21일 우정국은 폐지됩니다. 김옥균 등 급진 개화파 9명과 일본 공사 일행은 10월 23일 일본으로 도망치는데 김옥균은 10여 년 후 상하이에서 고종이 보낸 자객 홍종우에게 암살당합니다.

박영효는 청일 전쟁 이후 귀국해 갑오개혁을 주도하고 서재필은 미국으로 망명하여 한국인 최초의 미국 시민권자 필립 제이슨이 됩니다. 한국에 김홍집 내각이 들어서자 미국인으로 조선에서 활동하다가 다시 미국으로 돌아갑니다. 서광범은 미국으로 망명하여 미국 시민권자가 됩니다. 한국에 김홍집 내각이 들어서자 시민권을 버리고 귀국하여 내각에서 활동하다가 다시 미국으로 건너갑니다.

홍영식과 박영교(박영효의 형)는 청군에게 살해당합니다. 아버지 홍순목과 박원양은 아들이 부끄러워 자살합니다.

중상을 입었던 민영익은 미국인 의사 호러스 뉴턴 알렌에게 치료받고 기적적으로 살아납니다. 이를 계기로 알렌은 왕실의 신임을 얻어 1885년 한국 최초의 서양식 병원인 제중원을 개원합니다. 제중원은 1917년 세브란스의학전문학교로 이름을 바꾸었고 1957년 연희대학교와 합쳐지면서 연세대학교가 됩니다.

동학농민혁명　1894년

1862년 임술농민봉기 이후에도 조정은 탐관오리의 부정부패를 막을 시도조차 하지 않았고, 농민들은 전국에서 끊이지 않고 민란을 일으킵니다.

전라 고부 군수(지금 정읍시의 일부) 조병갑은 만석보라는 대형 저수지를 축조하여 사용료를 부과하였고, 인근 태인 군수를 지냈던 아버지의 공덕비를 세우겠다며 강제로 돈을 걷고 노역을 시킵니다. 그리고 무고한 백성에게 없는 죄를 뒤집어씌워 재산을 빼앗는 아주 파렴치한 짓까지도 자행하였습니다.

견디다 못한 고부 백성들은 전창혁을 대표로 삼아 탄원서를 제출하지만 그는 오히려 매를 맞고 돌아옵니다. 전창혁이 보름도 안 돼 사망하자 아들인 전봉준은 분노하여 봉기를 계획합니다. 전봉준은 '고부 관아를 점령하고 조병갑을 처형한다', '전주성을 점령하고 한양으로 상경한다'라는 계획을 세우고 사발통문沙鉢通文을 돌려 사람들을 모집합니다. 사발통문이란 어떤 일을 함께하고자 하는 사람 이름을 사발 모양으로 돌려 적어 누

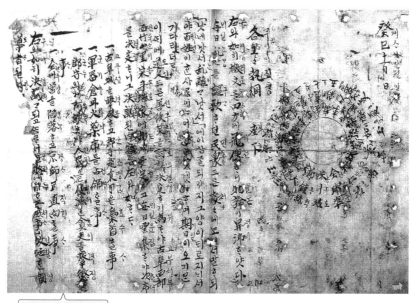

동학농민혁명 사발통문

가 주동자인지 알 수 없게 한 문서입니다.

그런데 조병갑이 익산으로 발령받으면서 봉기는 실행되지 않을 뻔합니다. 그러나 1894년 1월 9일 조병갑의 발령이 취소되어 고부로 돌아오고 1894년 음력 1월 10일 전봉준은 1000여 명의 고부 백성들을 모아 봉기를 일으킵니다.

농민들은 만석보를 파괴하고 고부성과 고부 관아로 몰려갑니다. 놀란 조병갑은 잽싸게 전주로 도망을 칩니다. 농민들은 감옥을 부수어 억울하게 갇힌 죄수들을 풀어주고, 창고를 열어 조병갑이 착복한 곡식과 재물을 나누어 가집니다. 그리고 관아의 무기고와 백산 무기창에서 조총과 탄약을 비롯한 무기들을 꺼내어 무장합니다.

조정에서는 이용태를 안핵사로 파견하여 사태를 수습하려 합니다. 이용태가 지금까지처럼 탐관오리를 파면시키고, 봉기 주동자는 사형시키고 나머지는 죄를 묻지 않았다면 사태는 수습되었을 것이고, 역사책에는 짤막하게 '1894년 고부 민란'이라고 소개되는 데 그쳤을 것입니다. 하지만 이용태는 모든 사태를 농민들에게 떠넘기며 반란군 취급하며 혹독하게 다룹니다.

전봉준은 태인 접주 김개남과 무장 접주 손화중을 포섭하여 대규모의 민란을 일으킵니다. 고부민란이 동학농민운동으로 바뀌었습니다. 무장현에서 봉기한 4000명의 동학 농민군은 백산으로 이동합니다. 봉기의 소식을 듣고 모인 백성들로 동학 농민군은 어느덧 1만 명이 넘어갑니다. 동학 농민군은 전봉준을 대장으로 추대하고 목표와 행동지침을 포괄적으로 제시하는 4대 강령을 발표합니다.

첫째, 不殺人不殺物 불살인불살물

사람을 함부로 죽이거나, 백성의 재물을 빼앗지 않는다.

둘째, 忠孝雙全濟世安民 충효쌍전제세안민

충과 효를 온전히 하며, 세상을 구제하고 백성을 편안케 한다.

셋째, 逐滅倭夷澄淸聖道 축멸왜이징청성도

왜적과 오랑캐를 몰아내 없애고, 깨끗하고 거룩한 길을 밝힌다.

넷째, 驅兵入京盡滅權貴 구병입경진멸권귀

군사들을 이끌고 한양으로 들어가, 권세를 부리는 귀족들을 모두 멸한다.

당황한 조정에서는 이용태를 파면하고 홍계훈을 양호초토사로 임명하여 800명의 왕의 호위군인 경군京軍을 주어 전라도로 내려보냅니다. 관군은 독일제 마우저 소총과 크루프 야포, 미국 레밍턴 롤링블록 소총, 회선포(개틀링 기관총)를 보유하고 있었습니다. 조총과 죽창으로 무장한 농민군으로서는 도저히 상대할 수준이 아니었습니다.

크루프 야포

회선포(개틀링 기관총)

4월 6일 오후 2시, 황토현에서 동학군은 전라 감영군과 전투를 벌이다 일부러 인근 사시봉으로 후퇴합니다. 이겼다고 생각한 전라 감영군은 경계도 풀고 쉬고 있다가 4월 7일 새벽 4시 동학군에게 기습당해 전멸합니다. 이를 황토현 전투라 합니다.

동학군은 전주로 북상하지 않고 남하하고 홍계훈 군이 동학군을 추격합니다. 사실 전봉준은 병법 36계 중 4계인 이일대로以逸待勞, '지친 적을 편안하게 기다린다'를 사용한 것입니다. 동학군은 고창, 영광, 함평을 지나 장성 황룡촌에서 경군을 기다립니다. 목적지도 모른 채 동학군을 추적하던 경군은 이미 지칠 대로 지친 상태였습니다. 동학군은 고지로 올라가 경군의 동태를 살핍니다. 경군은 300명의 군사로 고지를 점령하기 위해 올라옵니다. 전봉준은 장태(닭장)를 만들라고 지시합니다. 여러 개의 장태가 만들어지자 동학군은 이 장태 속에 짚을 넣고 밖에 칼을 꽂아 경군을 향해 위에서 아래로 굴립니다.

경군들은 총과 포를 쏘며 진격하지만 장태에 가로막혀 무용지물이 됩니다. 경군은 장태를 따라 내려온 동학군에게 패배하고 후퇴합니다. 동학군은 경군이

대나무를 엮어 만든 원통인 장태

보유한 레밍턴 소총 다수와 크루프 야포 1문, 회선포 1문을 노획합니다. 이를 황룡촌 전투라 합니다.

4월 27일 동학군은 전라감영이 있는 전주성으로 진격합니다. 전라감사 심문현은 도망쳤고 농학군은 부혈입성합니다. 하지만 완산에 진을 치고 있던 홍계훈은 군사들을 수습하고 병력을 보강하여 5월 초에 전주성을 공격하여 8일 만에 탈환합니다.

그런데 자기 나라 백성은 물론 자기 나라 군대도 믿지 못한 고종은 청나라에 파병 요청을 합니다. 영의정이던 김병시가 '일본은 조선에 대해 청과 동일한 파병권을 갖는다'는 톈진 조약에 따라 일본군도 진입할 것이라고 강력하게 반대하지만, 고종은 민씨 일족의 실권자인 민영준의 부추김에 기어이 위안스카이에게 파병 요청을 합니다. 5월 5일 아산만에 청군이 상륙하자마자 다음 날인 5월 6일 일본군이 톈진조약에 의거 제물포에 상륙합니다.

동학군은 청군과 일본군이 아산만과 인천항에 진주했다는 소식을 듣고 그들에게 주둔의 명분을 주지 않기 위해 홍계훈과 '전주 화약'을 맺고 동학농민운동은 동학농민혁명이 됩니다.

전주 화약에 따라 조정에서는 개혁을 위한 관청인 교정청을 세웠고, 농민들은 전라도 53개 군에 농민 자치 행정 기구인 집강소를 세웁니다.

갑오개혁 · 1894년

6월 25일 김홍집 내각은 교정청을 폐지하고 왕도 간섭할 수 없는 막강한 권위를 가진 군국기무처를 설치합니다. 군국기무처는 조선의 근대화를 위해 다음과 같은 개혁안을 발표합니다.

- 개국기원 연호 사용

- 정부를 궁내부(왕실사무 관장)와 의정부(국정사무 관장)로 구분

- 의정부는 6조를 8아문(내무·외무·탁지·군무·법무·학무·공무·농상)으로 개편하고 3정승제을 없애고 총리대신 1명만 둠

- 관료제도를 18품급에서 11품급으로 축소 개편

- 과거제 폐지, 유교 경전이 아닌 실무 과목으로 시험하여 관리를 선발하는 전고국관제 제정

- 전주 화약을 반영하여 문벌 폐지, 연좌제 폐지, 조혼 금지, 과부의 재가 허용, 신분제 철폐

- 조세를 곡식이나 베로 내지 않고 돈으로만 냄

- 도량형을 통일하고 은본위 화폐제 시행

- 경무청을 설치하여 경찰제도 시행, 포도청 폐지

역사 속의 역사

✦ 대원군, 고종 그리고 명성황후 ✦

고종은 아내와 힘을 합쳐 아버지를 몰아냅니다.

대원군은 갑신정변을 뒤에서 주도하며 며느리를 몰아냅니다.

명성황후는 청의 힘을 빌려 시아버지를 몰아냅니다.

청에서 돌아온 대원군은 자신을 납치했던 위안스카이와 힘을 합쳐 아들을 몰아낼 계획을 꾸밉니다. 1887년 고종을 폐위시키고 자신의 장남 이재면을 옹립하려다 실패합니다. 동학농민운동 때는 동학군과 결탁하여 손자인 이준용을 왕으로 추대하려다 실패합니다. 이 때문에 이준용은 사형당할 뻔했지만 대원군의 필사적 구명 활동으로 유배형으로 감형됩니다. 며느리가 미웠던 대원군은 1895년 끝내 큰 사고를 치고 맙니다.

동학 농민군을 막겠다는 명분으로 들어온 일본군은 전주 화약으로 농민군이 해산하였음에도 일본으로 돌아가지 않습니다. 사실 동학 농민군을 막겠다는 것은 허울일 뿐입니다. 정말로 그럴 목적이었다면 한양과 가까운 제물포가 아니라 동학 농민군의 본거지와 가까운 아산으로 들어왔을 것입니다.

조선의 경군이 동학농민운동 진압을 위해 한양을 비운 사이 일본군은 경복궁을 공격하여 고종을 사로잡습니다. 그리고 김홍집의 친일 내각을 구성하고 고종의 이름을 빌려 조선은 청나라와의 모든 관계를 끊는다고 선언합니다.

6월 23일 황해 아산만 부근 풍도(현재 경기도 안산시 단원구 풍도동)에서 도고 헤이하치로가 이끄는 일본 해군(순양함 3척)이 청 해군(순양함 2척, 포함 1척, 상선 1척)을 기습 선제공격합니다. 일본군은 단 한 명의 사상자도 없었던 반면 청군은 순양함 1척과 상선 1척이 격침되고, 순양함 1척은 대파, 포함은 나포되었으며 1100명의 사상자가 발생하는 완벽한 패배를 당합니다.

7월 29일 성환에서 대기 중인 청군 3500명을 일본 육군 4000명이 공격합니다. 청군은 500명이 전사하고 평양으로 퇴각합니다. 8월 16일 일본군 1만 7000명은 평양성에 주둔한 청군 1만 4000명을 공격합니다. 일본군의 사상자는 180여 명에 불과했지만 청군은 2000여 명이 전사하고 4000여 명이 부상을 입었으며 나머지 2000명은 압록강변으로 퇴각합니다.

8월 18일 압록강 앞바다에서 청나라의 북양함대는 일본 해군과 전투를 벌입니다. 이홍장이 서양 해군과 맞서기 위해 육성했던 북양함대는 전력 면에서 일본군을 능가하였지만, 관리들의 부정부패와 무능한 장교, 해군의 훈련 부족 등 삼박자가 맞아 떨어지며 속 빈 강정이었다는 것만 증명합니다. 복양함대는 대패하고 웨이하이 요새로 도망칩니다.

일본 육군은 9월 12일 압록강을 넘어 만주로 진격하였고, 10월 24일 뤼순을 함락하고 민간인 수천 명을 학살합니다. 그나마 남아있던 복양 함대는 1895년 1월 18일 웨이하이 요새가 함락되면서 궤멸합니다.

더 이상 버틸 수 없던 청나라는 3월 23일 시모노세키에서 정전 협정을 맺습니다. 이홍장은 이토 히로부미가 원하는 조건을 다 들어줄 수밖에 없었습니다. 엄청난 전쟁 배상금과 요동, 대만 등의 영토 할양, 조선의 자주국 인정 등. 그나마 러시아, 프랑스, 독일 3국이 일본에 압력을 가해 요동반도는 돌려받았습니다.

일본연합함대 기함 마쓰시마(松島)

조선인 병사와 중국인 포로

우금치 전투 ▶ 1894년

전주 화약으로 해산했던 동학 농민군은 청일전쟁이 터지자 일본군 타도를 외치며 2차 동학농민운동을 일으킵니다. 최시형이 이끄는 북접은 대원군과 결탁한 남접을 탐탁지 않게 여겨 오히려 군사를 일으켜 남접군을 몰아내려고 했지만, 청일전쟁이 일어나자 손병희를 지휘관으로 삼아 협력합니다. 손병희의 북접과 전봉준의 남접은 논산에서 만나 2만 대군을 형성하고 동학 농민군은 한양으로 북상합니다.

조선군과 일본군은 연합하여 공주 우금치에서 동학군과 전투를 벌입니다. 근대화된 무기와 체제를 갖춘 일본군에 맞서 동학군은 용감하게 싸웠으나 1만 7000명이 전사하는 대패를 당합니다. 전봉준을 비롯한 지휘관들이 체포되고 처형되면서 동학농민혁명은 끝납니다.

손병희는 간신히 도망쳐 최시형 등과 원산에서 숨어지내는데 동학 2대 교주인 최시형이 붙잡혀서 처형당한 후 동학 3대 교주가 됩니다. 손병희는 1906년 동학을 천도교로 개칭합니다.

나철이 1909년 설립한 단군교(나중에 대종교)와는 다릅니다.

읽을거리

김구는 동학 접주로 동학군에 참여했다가 다른 접주의 공격을 받아 조직은 와해되고 도망쳐야만 했습니다. 동학군을 진압하는 쪽이었던 안태훈은 적이지만 동년배였던 자기 아들이 생각나 김구를 숨겨줍니다.

김구는 1년간 안태훈의 집에서 숨어 살며 안태훈의 아들 안중근과 서로 얼굴을 익히게 됩니다. 김구는 《백범일지》에서 안중근을 '안씨 집안의 총 잘 쏘는 청년'으로 표현했습니다.

2차 갑오개혁

일본이 청일 전쟁에서 승기를 잡자 당시 일본 공사였던 이노우에 가오루는 20개의 조항을 요구하며 노골적으로 조선의 내정에 간섭합니다. 일본의 입김에 의해 갑신정변으로 일본으로 도망친 박영효가 내무 대신으로 임명되면서 2차 갑오개혁이 시작됩니다. 김홍집·박영효 연립 내각은 먼저 이노우에 가오루의 20개 조항이 대부분 반영된 홍범 14조를 발표합니다. 그리고 다음과 같이 개혁을 시행합니다.

- 의정부 8아문을 내각 7부(외부, 내부, 탁지부, 군부, 법부, 학부, 농상공부)로 개편
- 궁내부 관제 대폭 간소화, 왕실 존칭 격상 (주상 전하에서 대주군 폐하로 변경)
- 전국 8도를 23부로 개편 - 의주부(義州府), 강계부(江界府), 갑산부(甲山府), 경성부(鏡城府), 함흥부(咸興府), 평양부(平壤府), 해주부(海州府),

개성부(開城府), 한성부(漢城府), 인천부(仁川府), 춘천부(春川府), 강릉부(江陵府), 홍주부(洪州府), 공주부(公州府), 충주부(忠州府), 전주부(全州府), 남원부(南原府), 나주부(羅州府), 안동부(安東府), 대구부(大邱府), 진주부(晉州府), 동래부(東萊府), 제주부(濟州府)

- 사법권 독립, 각종 재판소 설치, 치안과 행정 분리, 경찰권 일원화
- 한성 사범 학교 관제, 외국어 학교 관제 공포, 신교육 시행
- 3도 통제군과 각 도의 병영, 수영, 각 진영과 진·보 폐지, 시위대, 훈련대 신설

을미사변 1895년

청나라는 시모노세키 조약으로 요동반도를 넘겨주었다가 3국 간섭으로 되찾게 됩니다. 고종과 명성황후는 러시아를 통해 일본을 견제할 수 있다고 생각하고 인아거일引俄拒日 정책을 적극 추진합니다. 이에 따라 어윤중, 김윤식, 박영효 등이 축출되고 이완용을 중심으로 한 친러 성향의 관료들이 중용됩니다. 이를 3차 김홍집 내각이라고 합니다.

박영효는 명성황후의 암살을 모의하다가 유길준의 고발로 들통이 나자 일본으로 도망칩니다. 그는 조선이 러시아와 손을 잡고 일본을 몰아내려 한다고 주장하였고, 일본은 명성황후를 살해하여 조선–러시아 관계를 끊을 계획을 세웁니다.

9월 2일 새벽 4시 일본 공사관 일본군 수비대와 일본에 의해 창설된 조선인 훈련대 병력 등 수백여 명과 일본인 낭인 3~40여 명은 경복궁을 공격합니다. 궁을 지키던 조선군 시위대는 목숨을 걸고 저항하지만, 일본이 포섭한 대원군이 나타나자 저항을 포기합니다.

낭인들은 건청궁으로 몰려가고 왕태자와 태자비가 폭행당합니다. (이때의 폭행으로 태자비는 시름시름 앓다가 사망합니다.) 궁내부 대신 이경직은 낭인들을 막다가 권총에 맞고 칼에 양팔이 잘려 사망합니다.

옥호루에 있던 명성황후는 궁녀로 위장하고 다른 궁녀들 사이에 숨습니다. 낭인들이 들이닥쳐 누가 왕비냐고 묻자 궁녀들이 일어나 "내가 왕비다. 나를 죽여라"라고 소리칩니다. 낭인들은 궁녀들을 한 명씩 죽여 옥호루 창밖으로 집어던져 가며 명성황후를 찾습니다. 그사이 황후는 옥호루를 뛰쳐나와 장안당으로 도망을 치다가 결국 낭인들에 의해 살해당합니다.

미우라 고로 일본 공사는 아침에 경복궁에 들어와 직접 황후의 시체를 확인한 뒤 낭인들에게 증거를 인멸하기 위해 불태우라고 명령합니다. 이후 미우라, 고종, 흥선대원군이 3자 회담을 진행하는 동안 낭인들이 시체에 기름을 끼얹고 불태워 버립니다.

을미개혁과 을미의병 1895년

을미사변 이후 김홍집, 유길준, 조희연 등은 4차 김홍집 내각을 조직하고 개혁을 추진합니다.

- 태양력(그레고리력)의 채용-음력 1895년 11월 17일이 양력 1896년 1월 1일이 되었다.
- 종두법의 시행
- 중앙군으로 친위대, 지방군으로 진위대 설치
- 단발령의 시행
- 소학교의 설치
- 건양 연호 사용
- 우체사에서 우편 제도 시행
- 민비 폐서인

을미사변으로 가뜩이나 분노한 백성들은 '민비 폐서인' 시도에 부글부글 끓어오릅니다.

와중에 21세의 열혈 청년 김구는 1896년 3월 9일 아침 7시경 황해도 안악군 치하포의 한 주막에서 조선에서 약재류를 판매하던 일본인 상인 쓰치다 조스케를 일본군으로 오인하고 살해합니다. (김구는 사형 선고를 받았다가 나중에 고종이 사흘 전에 개통된 우리나라 첫 시외전화로 통화를 해서 사형 직전 감형됩니다.)

게다가 갑자기 단발령까지 실행하면서 민심은 폭발하고 맙니다. 최익현은 오두가단차발불가단吾頭可斷此髮不可斷(내 머리는 자를 수 있어도 이 머리카락은 자를 수 없다.)이라는 내용으로 상소를 올립니다. 그깟 머리카락 자르는 일에 왜 백성들의 분노가 폭발했는지 이해하기 어려운 분들도 있을 것입니다. 하지만 성리학을 신봉하는 사람들에게는 단발령이 단순히 머리카락을 자르는 것이 아니라 자신의 목을 자르는 것과 같습니다.

17세기 일본에서는 가톨릭 교인을 가려내어 죽이기 위해 길바닥에 성모 마리아의 그림繪을 놓고 밟고踏 지나가라고 합니다. 이를 답회踏繪(후미에)라고 합니다. 많은 가톨릭 교인은 밟고 지나가기를 거부하고 순교했습니다.

동학 농민군 진압으로 실전경험을 쌓은 민간 군대 조직인 민보군民堡軍과 해산된 지방 구식군인들로 이루어진 을미의병은 동학 농민군보다도 오히려 더 강력한 전투력을 지녔습니다. 의병은 지방의 주요 도시를 공격하여 관리와 일본인, 스스로 단발을 한 인물들을 살해합니다.

결국 김홍집이 민비 폐서인을 취소하고, 고종이 아관파천 이후 단발령을 취소하자 목적을 이룬 의병들은 고종의 의병 해산 권고 조칙에 따라 대부분 자진 해산합니다.

읽을거리

을미의병은 음력으로는 을미년(1895년) 12월, 양력으로는 1896년 1월에 일어났습니다.

지금까지 이 책에서 사용한 날짜는 모두 음력입니다. 을미년 이후인 1896년부터는 양력을 사용합니다.

아관파천 · 1896년

　을미사변이 일어난 후 일본과 친일 세력으로부터 경복궁에 감금당한 고종은 명성황후처럼 죽을지도 모른다는 두려움에 살기 위해 탈출을 시도합니다.

　1895년(고종 32년) 11월 28일 이범진, 이재순, 호러스 언더우드와 러시아 대사인 카를 이바노비치 베베르 등의 도움을 받아 미국 공사관으로 피신하려고 했으나 친위대장 이진호가 밀고하는 바람에 경복궁 북쪽에 있는 춘생문을 넘지 못하고 실패합니다. 이를 춘생문 사건이라 합니다.

　1896년이 되자 을미의병을 진압하기 위해 조선군과 일본군은 지방으로 내려가 경복궁의 경비가 허술해집니다. 이범진, 이완용 러시아 공사 베베르 등은 고종을 러시아 공사관으로 옮길 계획을 세웁니다. 1896년 2월 2일, 니콜라이 2세는 조선왕실 보호를 위해 러시아 해군 파견을 승인합니다. 2월 10일 어드미럴 코르닐로프 호가 인천항에 입항합니다. 2월 11일 중무장한 러시아 해군의 호위하에 고종 일행은 러시아 공사관으로 망명합니다.

　이 사건을 러시아俄羅斯(아라사) 공사관公使館으로 파천播遷했다고 하여 아관파천俄館播遷이라고 하는데, 이는 친일파들이 만들어 낸 잘못된 표현입니다. 파천播遷이란 '임금이 난리 때문에 수도를 떠나는 일'입니다. 고종은 수도를 떠나지 않았기 때문에 '아관망명'이라고 해야 올바른 표현입니다. 고종은 아관파천 당일에 을미사적(김홍집, 유길준, 정병하, 조희연) 체포를 명령합니다. 김홍집, 어윤중, 정병하는 백성들에게 맞아 죽고, 유길준, 조희연, 우범선 등은 일본으로 망명합니다.

조선에서 일본의 영향력은 줄고 러시아의 영향력이 크게 확대되었습니다. 고종은 러시아 황제 니콜라이 2세의 즉위식에 민영환을 특사로 파견하여 러시아와의 관계를 돈독히 하였습니다. 민영환은 이후 7개월 동안 해외 여러 나라를 돌며 조선을 근대화할 방안을 구상하였고, 귀국 후 군부대신으로 임명되어 러시아식 군사 양성을 추진합니다.

물론 러시아가 공짜로 이런 일을 해준 것은 아닙니다. 러시아는 아관망명의 대가로 경원군과 경성군의 채굴권과 압록강, 두만강, 울릉도의 채벌권, 인천 월미도 저탄소貯炭所 설치권 등의 이권을 따냅니다.

읽을거리

김홍집은 온건개화파로 일본에 수신사로 파견되었던 사람입니다. 조선의 마지막 영의정이자 갑오개혁 이후 최초의 총리입니다. 갑오개혁, 을미개혁을 주도했습니다. 그러나 단발령 등으로 분노한 민중에 의해 아관파천 직후 살해당합니다.

김병시는 개화를 반대하는 보수파의 대표로 김홍집과 정반대의 위치에 선 사람입니다. 조선의 마지막 바로 전 영의정이자 갑오개혁 이후 두 번째 총리입니다. 신안동 김씨 세도 가문의 일원이지만 세도가 아니라 순전히 자신의 능력으로 영의정까지 오른 인물입니다. 구식 군인들에게 자기 월급을 털어 급여를 챙겨준 덕에 임오군란 때에 살아남았습니다.

갑신정변 때는 개화파를 몰아내는 데 앞장섰고 동학농민혁명 때는 청을 불러들이자는 고종을 끝까지 반대합니다. 단발령이 시행되자 이에 반대하는 상소를 올렸었고 김홍집이 살해당하자 총리로 임명되었고 1898년 사망합니다.

우리나라 최초로 태극기를 만들었던 박영효는 1910년 한일합방 때 조선귀족 후작 작위를 받았고, 조선식산은행 이사, 경성방직 초대 사장, 동아일보 초대 사장,

독립협회

청일전쟁에서 청나라가 패배하자 조선은 청나라와의 조공관계 폐지를 선언합니다. 그리고 조선 국왕이 직접 나가 청나라 칙사를 맞이하던 영은문迎恩門을 철거합니다.

갑신정변을 일으키고 미국으로 도망쳐 귀화한 필립 제이슨(서재필)은 박영효의 초청으로 1896년 1월 사면을 받고 조선으로 옵니다. (영어만 사용했으며 스스로도 필립 제이슨으로 불러달라고 했지만 이 책에서는 서재필로 사용하겠습니다.) 중추원의 고문이 된 서재필은 영은문이 있던 자리에 청나라로부터의 독립을 상징하는 독립문을 건립할 것을 주장합니다.

이후 아관파천이 일어나 박영효 등이 제거되지만 서재필은 미국인이라 무사했습니다. 서재필은 정부로부터 재정 지원금을 받아 1896년 4월 7일 우리나라 최초의 민간 신문인 《독립신문》을 창간합니다. 그는 《독립신문》

을 통해 독립문 건설을 줄기차게 주장합니다. 독립문 건립 추진위원회가 만들어지고 1896년 7월 독립문 건립 추진 위원회를 기반으로 독립협회가 창설됩니다. 독립협회 회장은 안경수, 위원장은 이완용, 고문은 서재필입니다. 그 외에 김가진, 이상재, 이승만 등도 참여합니다.

《독립신문》과 독립협회가 모금 운동을 벌여 얻은 성금과 왕실의 기증으로 기금을 마련한 독립협회는 독립문 건설에 착수합니다. 서재필이 파리의 에투알 개선문을 토대로 기본 스케치를 했고, 이를 바탕으로 이름이 알려지지 않은 독일 공사관 출신 스위스인이 설계했으며, 심의석이 건축을 담당하였습니다. 1896년 11월 21일 공사가 시작되어 1897년 11월 완공됩니다.

일본은 독립문에 '일본이 청일전쟁에서 승리하여 조선인들을 청나라의 지배로부터 독립시켜 주었다'라는 의미를 부여했기 때문에 일제 강점기에도 철거되지 않았습니다.

독립협회는 국민의 호응을 받아 전국 각지에 지회를 설치하며 약 4000명의 회원 수를 가진 단체로 성장합니다. 1898년에는 고영근을 중심으로 서울 종로 거리에서 만민공동회를 주최합니다. 만민공동회에 관리들을 참여시켜 관민공동회를 열기도 하고 여기에서 '헌의 6조'를 결의하여 제출합니다.

《독립신문》 창간호

왼쪽의 영은문 주초석과 오른쪽의 독립문

첫째, 외국인에게 의지하지 말고 관민이 한마음으로 힘을 합하여 전제 황
　　권을 견고하게 할 것.

둘째, 외국과의 이권에 관한 계약과 조약은 각 대신과 중추원 의장이 합동
　　날인하여 시행할 것.

셋째, 국가 재정은 탁지부에서 전관하고, 예산과 결산을 국민에게 공표할
　　것.

넷째, 중대 범죄를 공판하되, 피고의 인권을 존중할 것.

다섯째, 칙임관을 임명할 때는 정부에 그 뜻을 물어서 중의에 따를 것.

여섯째, 정해진 규정을 실천할 것.

　고종은 헌의 6조를 받아들여 조칙 5조를 만듭니다. 조칙 5조에 따라 중
추원 신관제가 제정됩니다. 하지만 이 헌의 6조 때문에 독립협회는 몰락
합니다. 친러정책을 추진하던 고종은 러시아에 절영도(현재 부산시 영도
구)를 조차해 주려고 하지만 독립협회의 반발과 대대적인 시위로 무산되
어 독립협회를 아니꼽게 생각하고 있었습니다. 그런데 독립협회가 공화

국을 만들고 대통령으로 윤치호를 세울 것이고 그 시작이 헌의 6조라는 소문이 파다하게 퍼집니다.

분노한 고종은 독립협회 회원들을 체포하라는 명령을 내립니다. 부회장 이상재를 비롯한 13명이 체포되고, 협회장 윤치호 등은 도망칩니다. 우여곡절 끝에 독립협회 회원들이 사면되고 1898년 12월 21일 중추원이 설립됩니다. 윤치호는 중추원 부의장으로 임명됩니다. 그러나 이미 독립협회 활동을 탐탁지 않게 여긴 고종은 12월 25일 중추원, 만민공동회, 독립협회를 모두 해산시킵니다.

읽을거리

독립협회 회원들은 일제 강점기 우리나라 역사에 많은 영향을 끼칩니다. 이상재, 이승만, 주시경, 안창호, 신채호 등은 독립운동가가 되고 이완용, 김종한, 민상호, 이근호, 권재형, 윤치호 등은 매국노가 됩니다.

안경수는 고종에 의해 사형당했고 김가진은 한일합방 이후 남작의 작위를 받았으나 1919년 독립운동에 참여합니다. 필립 제이슨(서재필)은 자기 나라로 추방됩니다. 미국—스페인 전쟁에 육군 군의관으로 참가하였고, 전쟁이 끝나자 병원을 개업하고, 대학에서 해부학을 강의하면서 지냅니다. 일제강점기에는 한국의 독립을 위해 미국에서 여러 가지 활동을 합니다. 광복 이후 대한민국 초대 대통령 후보로 거론되기도 하였으나 미국인이라 애초에 자격이 없었습니다.

이승만은 중추원 의원에 임명되었으나 한 달 만에 '광무황제는 연령이 높으시니 황태자에게 자리를 내주셔야 한다'라는 내용의 전단지를 돌리다가 고종 퇴위 음모 혐의로 체포되어 1899년 1월 한성감옥에 투옥됩니다. 그 후 주시경이 몰래 넣어준 리볼버 권총인 육혈포(六穴砲)를 이용해 탈옥했다가 다시 잡혀 무자비한 고문을 당합니다. 이승만의 특징인 안면근육 경련은 이때의 후유증입니다. 반역죄에 탈옥까지 더해져 사형당할 뻔했지만 아버지의 필사적인 구명운동으로 종신형으로 감형됩니다. 1904년 8월 특별사면으로 풀려난 후 미국으로 유학을 떠나 학업과 함께 독립운동을 펼칩니다.

대한제국 건국과 광무개혁 1897년

고종은 1897년 러시아 공사관에서 경운궁으로 환궁하여 황제에 오르고 대한제국을 건국합니다. 연호는 광무光武입니다. 광光은 '왕조를 부흥시켰다', 무武는 '환란을 평정하였다'는 뜻으로 후한의 초대 황제의 시호이기도 합니다. 중전 민씨도 명성황후로 책봉됩니다.

역대 조선 국왕들도 황제로 추존되는데 태조太祖에서 태조太祖고황제高皇帝와 같이 변경됩니다.

국왕에게 사용하던 천세千歲(천 살까지 사십시오.) 대신 황제에게 사용하는 만세萬歲(만 살까지 사십시오.)로 바뀝니다. 고종은 황제가 되자마자 광무개혁을 통하여 근대화를 추진합니다.

지방은 13도로 개편됩니다. 대한민국은 현재까지도 이때의 행정구역을 그대로 사용하고 있습니다. 전기회사와 발전소를 설립하여 전신, 전화 통화가 가능해졌고 철도와 도로망 등 기간시설을 구축합니다. 서울 시내와 인천 간에는 전철이 다니게 됩니다.

외국 자본에 각종 부설권과 광산개발권을 주고 세금을 부과하고, 임야와 해안 등 모든 국토에 대해 토지측량을 해서 근대적 토지 소유 문서인 지계를 발급하고, 호구조사를 병행해 집세를 부과하여 세수를 크게 늘렸습니다.

근대식 군대인 대한제국군이 만들어지고 육군무관학교를 설립하여 장교들을 양성합니다. 시위대와 친위대가 한양을 맡는 중앙군이고, 진위대는 각 지방을 맡는 지방군입니다. 그 와중에 일본에 속아 군함으로 급조한 화물선인 양무호를 사기도 했습니다.

상공업을 장려하여 한국인이 설립한 기업과 가게가 들어서고 많은 서양 문물이 전파됩니다.

관립 · 사립학교와 각종 외국어 · 실업교육기관이 대폭으로 설립되어 근대식 교육을 시행합니다.

2차 단발령이 실행되고(이때는 반발이 없었습니다.) 서양식 복식이 지방과 대중들에게 확대됩니다. 식생활에서도 서양 문화가 많이 도입되어 고종은 커피를 즐기게 됩니다.

하지만 일본의 지속적인 방해를 받아 러일전쟁 이후 한일의정서가 강제로 체결되면서 자주적 개혁은 끝납니다.

여담으로 1898년 흥선대원군이 사망합니다. 흥선대원군은 죽기 전 고종을 애타게 불렀지만, 을미사변의 일로 사이가 벌어질 대로 벌어진 고종은 끝내 외면합니다. 그나마 장례식은 국장으로 제대로 치러줍니다.

우리나라 최초의 근대식 군함 양무호

러일전쟁 ▶ 1904년

아관파천 이후 조선에서 친러내각이 수립되자 일본은 러시아와 조선을 나누어 먹으려고 협상을 벌입니다. 1896년 6월에는 일본의 야마가타가 러시아의 로바노프에게 39도선에서 대한제국을 나누자는 제안까지 합니다. 러시아는 당연히 거절합니다. 그런데 이후 국제 정세가 러시아에 불리하게 돌아가면서 이번에는 러시아가 일본에 39도선 분할을 제안합니다.

일본은 러시아의 전력을 면밀히 관찰합니다. 전체적인 전력은 러시아가 일본을 압도하지만, 넓은 국토를 가진 러시아의 특성과 완성되지 않은 시베리아 철도 때문에 극동까지 동원할 수 있는 러시아군이 약 10만 명에 불과하다고 평가합니다. 이에 반해 가까운 거리에 있는 일본은 약 25만 명을 전쟁에 동원할 수 있었습니다. 일본은 협상 대신 전쟁을 선택합니다.

1904년 2월 6일 일본 해군은 선전포고도 없이 한국 제물포 근처에 있던 러시아 전함을 공격합니다. 갑작스러운 기습에 러시아 전함이 퇴각하자 일본군은 그대로 제물포에 상륙합니다. 이어서 5만 5000명의 일본군은 서울로 진군해 경운궁을 점령하고 용산에 주둔합니다. 그리고 대한제국 각지의 요충항을 점령합니다. 2월 10일에 일본이 러시아에 선전포고하였고, 러시아는 2월 16일에 일본에 선전포고합니다.

1904년 8월 1일부터 1905년 1월 4일까지 뤼순에서 치열한 공방전을 벌입니다. 특히 일본군은 11월 26일부터 12월 6일까지 203고지에 만든 러시아 요새를 공격하다가 1만 명이 사망합니다. 총 3만 명의 전사자가 생긴

후 일본군은 승리합니다. 뤼순항이 함락되고 러시아 함대는 바다로 나오는 길이 봉쇄됩니다. (승리하기는 했지만 너무 많은 전사자를 낸 일본군 사령관 노기 마레스케는 전쟁 후 할복하려다 메이지 덴노의 만류로 그만둡니다. 하지만 결국 1912년 메이지 덴노가 죽자 바로 할복합니다.)

1905년 2월 20일부터 3월 10일까지 러시아군 31만 명과 일본군 25만 명이 만주 봉천에서 전투를 벌입니다. 일본군은 우회기동하여 러시아군의 배후를 위협해 승리를 거둡니다. 그러나 마지막 순간 포위망을 닫지 못해 상당수의 러시아군이 빠져나갔습니다. 러시아군은 8705명 전사, 5만 1438명 부상, 7539명 실종, 2만 8209명 포로가 발생하였고 일본군은 1만 5892명 전사, 5만 9612명 부상이 발생했습니다. 하지만 공격하던 일본군이 오히려 더 큰 피해를 입을 정도의 소모전이 계속되면서 일본은 승기를 잡지 못합니다.

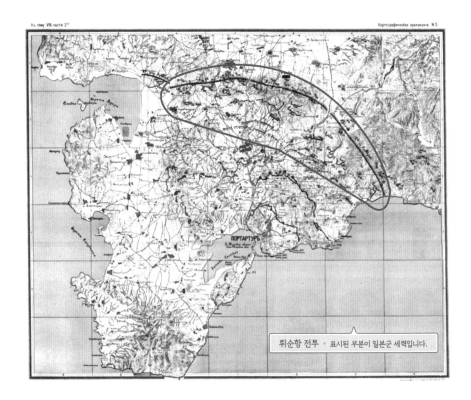

뤼순항 전투 · 표시된 부분이 일본군 세력입니다.

뤼순항이 봉쇄되고 제해권을 잃어버린 러시아는 자신들이 자랑하는 최강의 발틱함대를 투입하기로 합니다. 발틱함대가 블라디보스토크에 있는 함대와 합친다면 충분히 일본 해군을 물리치고 제해권을 장악할 수 있습니다. 그런데 러시아 함선이 수에즈 운하를 통과하기에는 크다 보니 결국 발틱함대는 아프리카 최남단 희망봉을 돌아 7달 만에 쓰시마 해협에 도착합니다. 머나먼 항해에 지친 발틱함대는 이미 싸울 수 있는 수준이 아니었습니다.

일본 연합함대의 사령관 도고 헤이하치로는 발틱함대가 블라디보스토크로 가기 전에 잡아야 한다는 것을 잘 알고 있었습니다. 만약에 제해권이 러시아로 넘어가면, 이순신에게 제해권을 빼앗겨 패배한 임진왜란처럼 될 것이 뻔합니다.

발틱함대의 항해로는 소야해협과 대한해협 중 하나입니다. 모든 참모

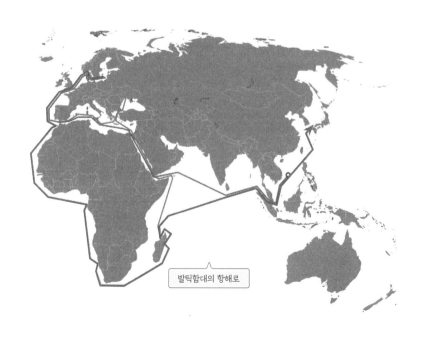

발틱함대의 항해로

가 소야해협으로 갈 것이라 예상했지만 도고는 발틱함대가 대한해협으로 올 것으로 예상하고 대한제국 진해 근처로 이동합니다. 도고의 예상대로 발틱함대는 대한해협으로 향했습니다. 이 소식을 들은 일본함대는 진해 앞바다에서 쓰시마 근처로 이동합니다. 발틱함대와 만난 도고는 T자 전술을 사용합니다. 학익진 비슷한 T자 진형에 갇힌 발틱함대는 함대의 절반이 격침되는 대패배를 당합니다.

결국 1905년 5월 27일부터 5월 28일까지 벌어진 쓰시마 해전에서 일본이 깔끔하게 승리하면서 러일 전쟁은 끝이 납니다. 그리고 러시아는 열강列強에서 탈락하고 일본이 세계의 열강에 들어가게 됩니다.

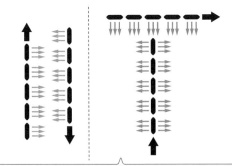

보통은 11자로 측면을 공격하지만 도고는 T자로 가로막아 버렸습니다. 그 때문에 발틱함대는 함포 사격을 제대로 할 수가 없었습니다.

읽을거리

러일 전쟁 승전 축하연에서 도고 헤이하치로를 이순신보다 대단한 장군이라고 추켜세우자 도고가 "넬슨과 나는 비교하되, 이순신과는 비교하지 마라"라고 했다는 일화가 있습니다만 이 일화는 가와타 이사오가 쓴 전기소설 《포탄을 뚫고서》에 나오는 창작입니다.

제대로 인용을 하려면 1908년 발행된 일본 해군의 사토 데쓰타로 제독의 저서 《제국국방사론》에 나오는 문장을 인용하는 것이 좋겠습니다.

'역사상 최고의 제독은 동방의 이순신과 서방의 호레이쇼 넬슨이다. 그런데 넬슨은 인간적, 도덕적인 면에서 이순신에게 뒤떨어진다. 이순신은 조선에서 태어났기 때문에 서방에 잘 알려지지 않았다.'

을사늑약 · 1905년

    1905년 7월 29일 도쿄에서 미국의 제26대 대통령 시어도어 루스벨트의 특사인 미국 전쟁부United States Department of War 장관 윌리엄 하워드 태프트와 일본 제국의 총리 가쓰라 다로는 일본 제국의 한국 식민 지배와 미국의 필리핀 식민 지배를 상호 확인하는 가쓰라-태프트 밀약을 맺습니다.

    러시아에 승리하고 미국의 양해도 얻은 일본은 1905년 11월 17일 대한제국의 외교권 양도 및 통감부 설치 등의 내용을 담은 을사늑약乙巳勒約을 체결합니다. 늑勒은 '억지로 하다'는 뜻이 있습니다. 실제로도 이토 히로부미는 을사조약 체결을 강요하였고 고종이 이를 거부하자 17일 서울에 주둔하던 일본군 기병 800명 포병 5000명 보병 2만 명을 동원해 경운궁 주변으로 포위하고 체결을 강요합니다. 그래도 고종이 거부하자 아예 일본군을 경운궁 안으로 진입시키고 경운궁 밖에서는 대포를 조준합니다.

    이토는 각료들을 모아놓고 고종이 각료회의의 결정을 따르겠다고 말했다고 거짓말을 한 뒤 각료 한명 한명에게 의견을 물어봅니다. 참정 대신 한규설, 탁지부 대신 민영기, 법부대신 이하영은 끝까지 반대합니다. 그러나 학부대신 이완용이 처음으로 찬성하자 내부대신 이지용과 군부대신 이근택도 찬성합니다. 18일이 되자 농상공부 대신 권중현, 외부대신 박제순까지 찬성하며 절반이 넘기게 됩니다. (찬성한 5명은 을사오적으로 불리게 됩니다.) 조약 날인은 18일 새벽 1시에 이루어지는데 국새를 찾지 못해 외부대신 박제순의 도장만 찍혔습니다.

을사늑약이 체결되자 대한제국은 벌집을 쑤신 것처럼 난리가 납니다.

최익현은 고종에게 명나라 마지막 황제 숭정제처럼 순국하라고 상소를 올립니다.

장지연은 《황성신문》에 시일야방성대곡是日也放聲大哭(오늘 목 놓아 통곡하노라)이라는 글을 발표합니다. (장지연은 나중에 변절하여 조선총독부 기관지인 《매일신보》의 주필이 됩니다.)

시종부 무관장 민영환, 홍영식의 형 홍만식, 전 좌의정 조병세 등은 자결합니다.

나철, 오기호 등이 암살단을 조직해 을사오적을 암살하려 하고 을사의병도 일어나 대한제국은 전쟁통을 방불하게 됩니다.

최익현은 1906년에 정읍 무성서원에서 74세의 나이로 의병을 일으킵니다. 고종의 해산 권고 칙지를 받자 남원에서 유생들 21명과 맹자를 읽다가 대한제국군이 오자 유생들을 해산하고 투항합니다. 그 후 일본에 의해 쓰시마섬으로 유배됩니다. 쓰시마에서 머리를 깎으라는 요구를 받고는 단식 투쟁을 하는데 일본이 머리를 깎지 않아도 된다고 하자 중지합니다. 3개월 후 풍토병에 걸려 조선 최후의 선비 최익현은 사망합니다.

신민회 설립 · 1907년

1905년 을사늑약 체결 전후 지식인들은 교육, 계몽, 언론 활동 등을 통해 우리 민족의 실력을 양성하여 국권을 회복하기 위해 여러 단체를 창립하여 애국계몽운동을 펼칩니다.

보안회保安會는 1904년 7월 설립되었고 일본의 우리나라의 황무지 개간권 요구를 막아냅니다.

공진회共進會는 1904년 8월 독립협회 관련자 일부가 중심이 되어 친일 단체인 일진회를 결성하자 이에 반대하는 독립협회 관련자와 보부상이 결합하여 12월에 설립된 단체입니다. 일진회와 대립하다가 1905년 2월 12일 해산 명령을 받고 해산됩니다.

대한자강회大韓自强會는 1906년 3월 31일 장지연, 윤효정, 심의성, 임진수, 김상범 등이 설립했습니다. 1907년 8월 대한자강회는 강제 해산되고 1907년 11월 10일 후신으로 대한협회大韓協會가 설립됩니다.

신민회新民會는 안창호, 양기탁, 이승훈 등을 중심으로 이동휘, 이동녕, 이회영, 이상재, 윤치호, 김구, 신채호 등이 중심이 되어 1907년 4월 조직되었습니다. 안창호 등은 국내에서 실력 양성 운동에 주력합니다.

이외에도 각 분야에서 이루어진 독립운동은 아래와 같습니다.

교육: 오산학교(1907년, 정주, 이승훈), 대성학교(평양, 안창호) 설립, 신학문 수용

산업: 평양 자기 회사, 방직 공장, 연초 공장 등

문화: 태극 서관(평양, 대구, 서울)을 통한 서적 출판, 조선 광문회를 통한 고전 연구와 간행

언론: 《대한매일신보》(신민회 기관지), 《소년》(협력지), 조선 광문회

양기탁, 신채호, 이동휘 등은 국외에서 독립운동 기지 건설에 주력합니다. 만주 삼원보에 교육기관인 경학사와 신흥강습소(나중에 신흥무관학교)를 설립하고 북만주 밀산부에 개척촌 한흥동을 건립합니다.

신민회는 정미 7조약 이후 시행된 보안법 때문에 비밀결사 단체로 조직되었지만 합법적인 활동을 하였습니다. 하지만 1911년 105인 사건으로 해산됩니다.

> **읽을거리**
>
> 신민회와 이름이 비슷한 신간회(新幹會)는 신민회와 달리 합법적인 단체로 1927부터 1931년까지 안재홍, 이상재, 김병로, 오화영 등 민족주의 세력과 홍명희, 허헌 등 사회주의 세력이 합작한 독립운동 단체입니다. 신민회와 헷갈리지 않아야 합니다.

❋ 《대한매일신보》 ❋

대한매일신보는 1904년 7월 18일에 창간한 신문으로 영국인 기자 어니스트 베델이 양기탁 등 독립운동가들의 지원을 받아 창간한 신문입니다. (신민회에서 만든 신문이 아닙니다.)

베델이 일본과 동맹국인 영국 국민이었기 때문에 치외법권 혜택을 받아 《대한매일신보》는 통감부의 검열을 받지 않았습니다. 그 때문에 자유롭게 일본의 국권 침탈을 고발할 수 있었습니다. 양기탁, 박은식, 신채호 등이 논설위원으로 활약했습니다.

시일야방성대곡이 발표되고 일주일 후 영문판 번역을 싣기도 하였으며 국채보상운동에 참여하고 1907년 4월에는 국채 보상 지원금 총합소를 설치합니다. 안중근 의사 하얼빈 의거가 알려졌을 때는 잔치를 열기도 했습니다.

일본은 《대한매일신보》를 눈엣가시처럼 여겼고 영국 정부를 직접 압박해 베델을 추방합킵니다. 경술국치 이후 조선총독부의 조선어판 기관지인 《매일신보》로 전락했다가 광복 후 《서울신문》으로 이름을 바꿉니다.

❋ 국채보상운동 1907년 ❋

을사늑약 후 일본은 반강제로 차관을 제공합니다. 한국을 빚쟁이로 만들어 경제적으로 지배하려는 속셈입니다. 제일 먼저 국채보상운동을 제창하고 나선 것은 경상도 대구지방의 애국지사들이었습니다.

1907년 1월 29일 대구의 계몽운동 단체인 광문사에서 부사장인 서상돈이 국채보상문제를 제의합니다. 월초순, 김광제, 서상돈 등은 국채보상 취지문을 작성하여 전국에 반포하고 전 국민의 동참을 호소하였고 여러 신문을 통해 이 사실이 알려지면서 국채보상운동은 곧 전국적인 운동이 됩니다. 남자는 담배를 끊고, 여자는 비녀와 가락지를 내면서까지 국채보상운동에 참여합니다. 그런데 상위계층과 부자들은 참여에 소극적이었습니다.

국채보상운동의 열기가 식을 줄 모르자 일본은 송병준이 만든 일진회를 조종하여 주동자인 양기탁에게 횡령 누명을 씌워 구속합니다. 무죄로 풀려났지만 일본의 의도대로 서로 횡령을 의심하게 되면서 국채보상운동은 실패합니다.

1997년 IMF 구제금융 요청 당시 대한민국의 국민은 자신이 소유한 금을 나라에 자발적으로 내어놓는 금모으기운동을 벌입니다. 이 운동은 여러모로 국채보상운동과 비슷합니다. 국민의 자발적 참여, 언론의 홍보, 상위계층과 부자들의 소극적 참여 등에 있어서 그렇습니다.

다른 점도 있습니다. 국채보상운동은 실패했지만 금모으기운동은 성공하여 2001년 8월 IMF로부터 지원받은 195억 달러의 차입금을 모두 상환했습니다.

헤이그 특사 • 1907년

1907년에 고종은 을사늑약의 부당성을 알리기 위해 비밀리에 2차 만국평화회의가 열리는 네덜란드 헤이그Den Haag(덴 하흐)로 정사 이상설, 부사 이준, 통역관 이위종 3명을 특사로 보냅니다. 하지만 특사들은 입장조차 하지 못하고 결국 뜻을 이루지 못한 이준은 분통이 터져 사망합니다.

대한제국 통감부는 법원에 압력을 넣어 이상설에게 사형을, 이준과 이위종에게는 종신형을 선고하게 합니다. 이 때문에 이들은 미국을 거쳐 블라디보스토크로 건너가 독립운동에 투신합니다.

이토 히로부미는 이 사건의 책임을 물어 퇴위를 압박합니다. 이완용과 송병준도 고종을 압박합니다. 궁지에 몰린 고종은 심지어 박영효를 궁내부 대신으로 삼으며 도움을 요청합니다. 박영효는 나름 애를 썼지만, 이완용과 송병준은 아예 전화선까지 끊고는 고종을 감금합니다. 심지어는 7월 19일 내시 2명을 고종과 순종의 대역으로 세우고 양위식을 올려 황위를 고종에서 순종으로 교체해 버립니다.

시법에서 고高는 특별히 의미는 없지만 대체로 업적을 높이 쌓은 왕에게 붙여줍니다. 하지만 우리 역사에서 고종高宗의 묘호를 받은 2명의 왕은 공통으로 재위 기간동안 외세(몽골, 일본)에 시달렸고 40년 이상 길게 재위했습니다.

정미 7조약 1907년

고종이 물러나면서 순종純宗이 대한 제국의 2대 황제로 등극합니다. 순純의 뜻은 덕업수비德業粹備 '덕과 업적을 순수하게 갖춤'입니다. 경운궁에서 즉위했지만 넉 달 후 창덕궁으로 거처를 옮깁니다. 경운궁은 퇴위한 고종의 거처가 되었으며 이름도 '덕德스럽게 오래 사시라壽'는 의미의 덕수궁德壽宮으로 변경됩니다.

연호는 융은 융숭하게 보답한다隆, 흥성하고 화목하며 넓고 장구하다熙는 뜻의 융희隆熙를 사용합니다.

하지만 순종의 치세는 묘호와도 연호와도 전혀 맞지 않습니다.

1907년 7월 24일 순종 황제를 대신해 이완용은 한국 초대 통감, 이토 히로부미와 정미 7조약을 맺습니다. 내용은 대한제국 군대의 해산, 사법권의 위임, 경찰권의 위임, 관리 임명권 등을 일본에 넘긴 것으로 외정뿐 아니라 내정도 통감부가 맡겠다는 것입니다.

여기에 찬성한 인간들은 정미칠적이라 합니다. 내각총리대신 이완용, 농상공부대신 송병준, 군부대신 이병무, 탁지부대신 고영희, 법부대신 조중응, 학부대신 이재곤, 내부대신 임선준입니다.

정미 7조약에 의해 대한제국 군대를 해산시키려 하자 대한제국군은 크게 반발하며 저항합니다. 8월 1일 군대 해산식 명령을 받은 대한제국군 시위대 대대장 박승환 참령은 차마 장병들에게 이 사실을 알리지 못하고 자신의 방에서 유서를 쓰고 "대한제국 만세"를 외친 뒤 권총으로 자결합니다. 이 소식이 알려지자 대한제국군 시위대 2개 대대 등 1500명의 군인은 격분하여 무기고를 부수고 총과 실탄을 꺼내 일본 육군과 교전을 시작합니다.

하지만 볼트액션 소총으로 무장한 시위대는 호치키스 기관총을 장비한 일본 육군의 상대가 되지 않았습니다. 일본군은 숭례문 문루 위에 2정의 기관총을 설치하고 사격합니다. 시위 군은 끝까지 저항하지만 결국 화력의 열세 때문에 패배합니다.

8월 3일부터 9월 3일까지 순차적으로 진위대도 해산됩니다. 이에 반발한 진위대 군인들은 의병이 되어 일본군과 전투를 벌입니다. 해산된 대한제국의 군인들 8000여 명 중 3000여 명이 13도 창의군에 가담하여 11월 서울 진공 작전에 참여하기도 합니다. 이를 정미의병이라 합니다.

13도 창의군은 1907년 12월에 경기도 옛 양주에서 의병들이 조직한 연합 단체입니다. 총대장은 이인영이고 1만 명 규모였습니다. 하지만 구한말 의병 중 가장 조직적이며 최강의 전투력을 가진 13도 창의군도 러일전쟁을 겪은 베테랑 일본군을 당해내지 못합니다. 그나마 남아있던 의병은 1909년 9월부터 10월까지 시행한 남한 대토벌 작전으로 사라집니다.

역사 속의 역사

☀ 스티븐스 저격 사건 1908년 ☀

이토 히로부미의 친구인 미국인 더럼 W. 스티븐스는 1908년 3월 21일 샌프란시스코에서 기자회견을 열어 "을사조약은 미개한 조선인을 위해 이루어진 조치", "조선인은 독립할 자격이 없는 무지한 민족"이라는 막말을 쏟아냅니다. 이 말을 듣고 있던 한국 교민 대표 4명은 격분해 스티븐스에게 달려가 두들겨 팹니다. 한국 교민 대표로부터 스티븐스의 망언을 전해 들은 장인환과 정명운은 따로 스티븐스를 죽일 결심을 합니다.

1908년 3월 23일 워싱턴 D.C.로 가려던 스티븐스를 전명운 의사가 저격하지만 불발되고 맙니다. 전명운 의사는 권총 손잡이로 스티븐스를 두들겨 팹니다. 그때 장인환 의사가 나타나 스티븐스를 저격합니다. 이때 전명운 의사도 팔에 총을 맞습니다.

교민들은 장인환과 전명운의 의거를 가상히 여겨 성금을 모아 미국 변호사를 고용합니다.

그 후 전명운 의사는 증거불충분으로 무죄 석방되고 장인환 의사는 2급 살인죄로 복역하다가 10년 만에 가석방됩니다.

덧붙이자면 교민들은 당시 명망 있던 이승만에게 재판의 통역을 부탁했는데, 이승만은 자신은 기독교인으로서 살인자를 변호할 수 없다며 거절합니다.

안중근 의사 하얼빈 의거 ● 1909년

1909년 2월 7일 안중근 등 12명의 독립투사는 왼손 약지 앞 마디를 끊고斷指 그 피로 태극기 앞면에 대한독립大韓獨立이란 글자를 쓰고 한마음同義으로 대한제국을 침탈한 일본인과 나라를 팔아먹은 매국노들을 암살하기로 맹세합니다. 이 모임을 동의단지회同義斷指會라고 합니다.

이토 히로부미는 1909년 10월 26일 러일전쟁 뒤처리 등을 논의하기 위해 러시아에서 제공한 특별 열차를 타고 하얼빈역에 도착합니다. 명사수였던 안중근은 FN M1900 권총으로 이토 히로부미를 사살합니다. 확실하게 죽이기 위해 총알도 할로 포인트를 사용했습니다. 이토 히로부미를 암살한 안중근은 당당하게 재판에 임하여 자신이 이토를 죽인 이유 15가지를 말합니다.

하나, 1867년, 대일본 명치천황 폐하 부친 태황제 폐하를 시살(弑殺)한 대역부도의 죄.

둘, 1895년, 자객들을 황궁에 돌입시켜 대한 황후 폐하를 시살한 죄.

셋, 1905년, 병사들을 개입시켜 대한 황실 황제 폐하를 위협해 강제로 다섯 조약을 맺게 한 죄.

넷, 1907년, 다시금 병사들을 이용해 칼을 뽑아 들고 위협하여 강제로 일곱 조약을 맺게 한 후 대한 황실 황제 폐하를 폐위시킨 죄.

다섯, 한국 내 산림과 하천 광산 철도 어업, 농, 상, 공업 등을 일일이 늑탈

(勒奪)한 죄.

여섯, 소위 제일 은행권을 강제하여 한국 내의 땅들을 억지로 팔게 만든 죄.

일곱, 국채 일천삼백만 원을 한국에 강제로 지게 한 죄.

여덟, 한국 학교 내의 서책을 압수하여 불사르고, 내외국의 신문을 인민 들에게 전달하는 것을 막은 죄.

아홉, 나라의 주권을 되찾고자 하는 수많은 의사(義士)들의 봉기를 폭도 라며 쏴 죽이거나 효수하고 심지어 의사들의 가족까지 십수만 인을 살육한 죄.

열, 한국 청년들의 외국 유학을 금지한 죄.

열하나, 소위 한국 정부의 대관이라는 오적, 칠적 등 일진회 놈들을 통해 일 본의 보호라는 헛소리를 운운한 죄.

열둘, 1909년 또다시 거짓으로 5가지 늑약을 맺게 한 죄.

열셋, 한국 삼천 리 강산을 욕심내어 일본의 것이라 선언한 죄.

열넷, 이천만 생령 살육의 곡소리가 하늘에 끊이질 않고 포성과 총알이 비 오듯 쏟아져 숨 쉴 틈 없는 와중에도 한국이 무사태평한 것처럼 명치천황을 속인 죄.

열다섯, 동양 평화의 영위를 파괴하여 수많은 인종의 멸망을 면치 못하게 한 죄.

안중근 의사는 1910년 2월 14일 사형 선고를 받고 1910년 3월 26일에 교수형으로 순국합니다.

경술국치 • 1910년

1908년에는 동양척식주식회사東洋拓殖会社가 설립되어 일본은 대한제국의 경제권을 장악합니다. 1909년 기유각서 체결로 대한제국의 사법권 및 교도 행정권이 일본에 넘어가고 1910년 한일약정각서의 체결로 경찰권도 넘어갑니다.

1910년 8월 22일 조선 통감 데라우치 마사타케와 조선의 내각총리대신 이완용은 한일병합조약을 조인하였고 8월 29일 공표되면서 대한제국은 멸망합니다. 이를 경술국치庚戌國恥라 합니다.

그리고 한일 강제 병합 늑약 체결에 찬성한 매국노들은 경술국적이라 불립니다. 이완용, 윤덕영, 민병석, 고영희, 박제순, 조중응, 이병무, 조민희입니다. 이완용은 을사오적, 정미칠적, 경술국적에 모두 이름을 올리며 매국 3관왕을 달성하고 고영희와 박제순은 정미칠적, 경술국적 매국 2관왕을 달성합니다. 이들은 일본으로부터 어마어마한 은사금과 작위를 받습니다.

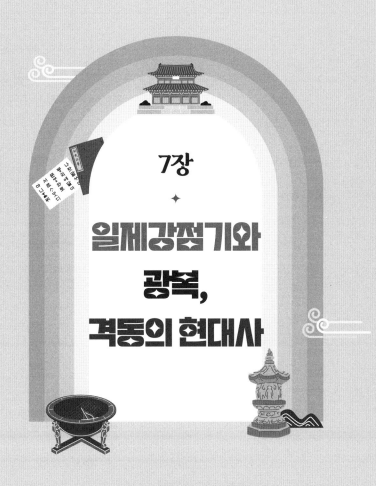

7장

일제강점기와
광복,
격동의 현대사

세계사 이야기

우리 역사		세계사
	1911년	중국 신해혁명
	1912년	청나라 멸망, 타이타닉 침몰
	1914년	제1차 세계대전 발발
	1918년	스페인 독감 유행, 제1차 세계대전 종전
3 · 1 운동, 임시정부 수립, 의열단 창단	1919년	
봉오동 전투, 청산리 전투	1920년	
	1922년	사회주의 국가 소련 건국
암태도소작쟁의,형평사운동,어린이날 제정	1923년	
6 · 10 만세 운동	1926년	
신간회 창설	1927년	중국 제1차 국공내전
광주 학생 항일운동	1929년	월가 증시 대폭락 세계 대공황
한인애국단 창단	1931년	
이봉창, 윤봉길 의거	1932년	
손기정 일장기 말소 사건	1936년	스페인 내전
	1937년	중일전쟁
국가총동원법, 조선의용대 창설	1938년	
	1939년	제2차 세계대전 발발
광복군 창설	1940년	
해방	1945년	제2차 세계 대전 종전
대한민국 제1공하국 출범	1948년	
	1949년	중화인민공화국 수립
한국전쟁 발발	1950년	
발췌개헌	1952년	

한국전쟁 휴전	1953년	쿠바 혁명
사사오입 개헌	1954년	
	1955년	베트남 전쟁
	1957년	최초의 우주선 스푸트니크 발사
4 · 19 혁명, 제2공화국 출범	1960년	
5 · 16 군사정변	1961년	
제3공화국 출범	1962년	
박정희 대한민국 제5대 대통령 당선	1963년	존 F. 케네디 암살
한일수교 재개	1965년	
	1966년	중국 문화대혁명
3선개헌	1969년	
새마을 운동, 전태일 분신	1970년	
유신	1972년	

20세기는 제국주의 시대(~1914년), 양차대전기(1914~1945년), 냉전기(1945~1991년), 냉전 이후 시대(1992년~2000년)로 나뉩니다.

유럽 열강들의 제국주의적 팽창에 뒤늦게 합류한 독일 제국은 열강들의 식민지를 빼앗으려고 합니다. 독일 제국은 오스트리아-헝가리 제국, 이탈리아 왕국과 연합하여 삼국 동맹을 형성하여 식민지 획득에 나섭니다. 그러자 영국, 프랑스, 러시아 제국은 삼국 협상으로 삼국 동맹을 저지하려고 합니다. 1914년 이 두 세력이 충돌하면서 제1차 세계 대전이 발발합니다.

삼국 동맹의 패배로 제1차 세계 대전은 끝납니다. 열강의 식민지들은 민족자결주의를 내세우며 독립하려고 합니다. 러시아는 전쟁 도중 공산혁명이 일어나 소련이 됩니다.

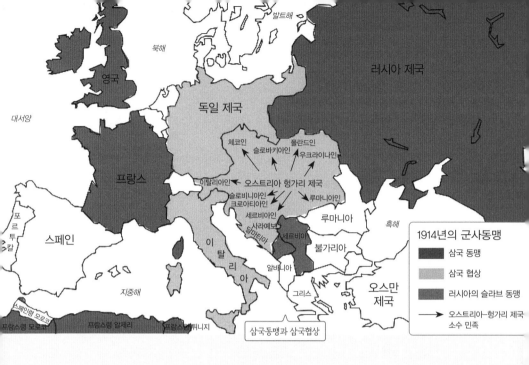

체코인
슬로바키아인
폴란드인
우크라이나인
이탈리아인
오스트리아 헝가리 제국
슬로베니아인
크로아티아인
세르비아인
사라예보
달마티아
루마니아인

1914년의 군사동맹
■ 삼국 동맹
■ 삼국 협상
■ 러시아의 슬라브 동맹
→ 오스트리아-헝가리 제국 소수 민족

삼국동맹과 삼국협상

제1차 세계 대전에서 패배한 독일은 부흥에 성공합니다. 하지만 나치가 정권을 잡으며 제1차 세계 대전의 복수를 다짐했고 결국 1939년 제2차 세계 대전이 터집니다.

나치 독일, 이탈리아 왕국, 일본 제국 3국을 중심으로 한 추축국과 미국, 영국, 소련, 중화민국, 프랑스가 이끄는 연합국 사이의 전쟁은 1945년 8월 핵폭탄을 맞은 일본 제국이 항복하면서 끝납니다. 제국주의도 끝이 나고 우리나라를 비롯한 식민지들이 독립합니다.

이후 미국이 주도하는 자본주의 국가들과 소련이 이끄는 공산주의 국가 간의 대립이 이어지는 냉전기가 계속됩니다. 1992년 공산주의 국가들이 무너지면서 냉전기는 끝이 납니다.

무단통치 1910년

일본제국日本帝國, 줄여서 일제는 우리나라에 조선총독부를 설치하고 무단통치武斷統治를 시작합니다. 무단통치란 경찰 대신 일본 제국 육군 헌병이 치안을 유지하는 것을 말합니다. 그래서 헌병경찰 통치라고도 합니다. 헌병경찰들은 즉결 처분권을 가지고 있었고, 대한제국 시기 폐지된 태형 규정을 되살려 처벌하였습니다.

일제는 전국에 일본군을 주둔시키고 신문지법, 출판법, 보안법 등으로 우리나라의 결사의 자유, 언론의 자유, 표현의 자유 등을 박탈했습니다.

토지조사 사업을 시행하고, 회사령, 조선 광업령, 어업령, 산림령 등을 시행해 우리나라의 자본을 잠식합니다.

총독부는 우리나라를 어리석은 백성으로 만든다는 뜻의 우민화愚民化를 시키려고 서당과 사립학교들을 폐지하였고, 대한제국 정부가 발간했던 각종 교과서와 민간에서 발행한 역사서, 위인전 대부분을 금서로 지정합니다. 각종 전문학교들은 대부분 일본인 교사로 채워집니다.

토지조사사업 1910년

일제는 1910년부터 1918년까지 토지조사사업을 시행하여 지주들에게 자기 소유의 땅을 신고하게 하고, 그동안 신고되지 않은 숨어있던 땅을 찾아냅니다. 그 결과 농경지는 토지조사 전에 비해 80.7퍼센트 증가합니다. 찾아낸 땅은 총독부가 동양척식주식회사東洋拓殖株式会社에 넘깁니다.

동양척식주식회사는 일제가 조선 및 대만의 토지와 자원을 수탈하고 경제권 이득 착취를 위해 설립한 회사입니다. 영국과 네덜란드의 동인도 회사를 본떠 만들었습니다. 척식拓殖이란 개척開拓과 식민殖民을 뜻합니다.

한편 법률에 따라 땅을 처분할 수 있는 지주의 권리를 보장하는 바람에, 전통적으로 땅의 주인이 바뀌어도 계속 소작할 수 있었던 소작농들의 사회적 지위가 추락합니다.

역사 속의 역사

☀ 조선총독부 청사 ☀

조선총독부 청사는 1916년 7월 10일 기공되는데 일부러 경복궁의 앞부분을 밀어버리고 건물을 짓습니다.

조선 총독부는 1915년 조선물산공진회(朝鮮物産共進會)를 경복궁에서 개최한다는 명목으로 이미 경복궁의 전각들을 대부분 매각하거나 헐어버렸습니다. 그리고 이렇게 확보된 자금은 청사 건립에 사용됩니다. 조선 총독부 청사는 1926년 10월 2일 완공되었고 해방 후에도 대한민국의 정부 청사로 사용됩니다.

1970년 정부종합청사가 완공되고 1982년에는 정부 제2종합청사가 완공되면서 정부 청사로의 기

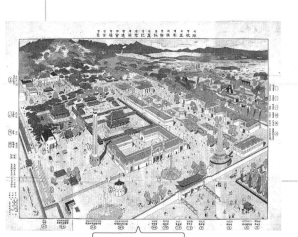

조선물산공진회 계획도

능을 상실하였고, 박물관으로 개조되어 1986년 8월 21일 국립중앙박물관으로 개관합니다.

1990년 경복궁 복원 계획이 확정되면서, 청사 철거 논의가 시작됩니다. 일본에서는 '동아시아 근대 건축물 역사상 가치가 높은 건물'이라며 반대합니다. 1995년 8월 15일 김영삼 대통령에 의해 총독부 건물 중앙 돔의 첨탑을 끊어내는 것을 시작으로 철거가 시작되어 1996년 11월 13일 철거가 완료됩니다.

더불어 조선총독부 청사 근처에는 조선 총독 관저를 지었습니다. 이 관저는 철거되지 않고 우리나라 대통령의 관저로 사용되었습니다. 이승만 때는 경무대로 불리었고 윤보선 때는 청와대로 불리게 됩니다.

✦ 주시경과 한글 ✦

한글이라는 말은 주시경이 지은 것입니다. 1912년경에 주시경이 저술한 《소리갈》이라는 책에서 처음 사용되었습니다. 아마도 한국(韓國)의 글이라 한글이라고 한 것 같습니다. 현대 한글 표준화, 철자법, 어휘는 모두 주시경의 연구를 바탕으로 하고 있습니다.

주시경의 제자인 최현배, 김두봉 등은 조선어학회를 만듭니다. 조선어학회는 국어사전 편찬 작업을 하였는데 1942년 일제가 조선어학회를 항일독립운동 단체로 판단하고 회원들을 체포하고 투옥합니다. 이 사건으로 국어사전 편찬 사업은 중단되고 원고도 사라집니다. 이를 조선어학회 사건이라 합니다.

그런데 광복 이후 사라진 줄 알았던 원고가 서울역 창고에서 완벽한 상태로 발견됩니다. 이를 바탕으로 1947년 10월 9일 《조선말 큰사전》 제1권이 간행되었고, 1957년 총 6권으로 완간됩니다. 《조선말 큰사전》은 현재 《우리말 큰사전》이란 이름으로 여전히 배포되고 있습니다. 북한에서는 김두봉 등의 주도로 《조선말사전》이 편찬됩니다.

3·1운동 · 1919년

제1차 세계 대전이 끝나고 파리 강화 회의에서 미국 대통령 우드로 윌슨은 14개 조의 전후 처리 원칙을 제시합니다. 그중 하나가 '각 민족의 운명은 그 민족이 스스로 결정하게 하자'는 민족자결주의입니다.

1918년 8월 상하이에서 동제사同濟社 단원들을 주축으로 조직된 신한청년당(당수 여운형)은 12월 독립 청원서를 미국의 우드로 윌슨 대통령에게 전달했으며 1919년 1월에는 김규식을 파리 강화 회의에 파견해 조선의 독립을 요구합니다. 일본 도쿄에 파견된 신한청년당은 유학생들과 접촉하였고, 유학생들은 도쿄 YMCA 강당에서 2·8 독립 선언을 발표합니다.

여기에 자극받은 국내의 독립운동가들도 독립선언을 계획합니다.

오래전부터 독립운동을 준비하고 있던 천도교는 다른 종교와 연계하기로 방침을 정하고 종교계의 인사들과 접촉합니다. 개신교의 이승훈, 불교의 한용운으로부터 참여 약속을 받아냅니다. 유교 세력도 참여하려고 했으나 유림 대표 김창숙, 김정호가 개인 사정으로 늑장을 부리는 바람에 실패합니다. 결국 천도교 15인, 개신교 16인, 불교인 2인으로 33인의 민족 대표단을 결성하고 최남선이 초를 잡고 한용운이 공약 삼장을 만들어 작성한 기미독립선언서에 서명합니다. 민족 대표 33인은 고종의 인산因山(황제의 장례식)일인 3월 1일 2시에 탑골공원에서 독립선언서를 낭독하고 만세 시위운동을 일으키기로 합니다.

그런데 막상 거사 당일 너무나 많은 사람이 탑골공원으로 모이자 겁을 먹은 민족 대표 33인은 계획을 변경합니다. 민족 대표 33인은 태화관에 모여 독립선언문을 낭독하고 태화관 주인에게 조선총독부에 전화를 걸라고 한 후 경찰이 들이닥치자 순순히 연행됩니다. 어쩌면 간디의 비폭력 무저항 운동 같은 것을 계획한 것인지도 모르겠습니다.

한편 탑골공원에선 민족 대표들이 오지 않자 당황한 학생 무리가 강기덕 등을 보내 민족 대표를 찾습니다. 강기덕은 태화관에서 민족 대표들을 찾고 탑골공원으로 가자고 하지만 그들은 공원에서 발표하는 건 불가능하다고 대답합니다. 학생 무리는 그들로부터 독립선언서를 받아서 탑골공원으로 돌아옵니다. 경신학교 학생 정재용이 기미독립선언서를 낭독하면서 만세 시위운동이 시작됩니다. 시위 인원은 순식간에 수십만 명으로 불어나고 당황한 일본 헌병들은 폭력진압을 시작하지만 결국 막지 못합니다.

3월 2일 조선총독부는 전 병력을 동원해 만세 시위운동을 주도한 학생들과 시위 참가자들 1만여 명을 체포합니다. 그러나 이는 기름불에 물을 끼얹은 격이 되어 오히려 전국 방방곡곡에서 "조선 독립 만세"의 함성이 울려 퍼집니다. 두 달 가까이 계속된 만세 운동에 참여한 국민은 조선 전체인구의 6퍼센트인 103만 명입니다.

이에 일본은 강압적으로 만세 운동을 진압했고 결국 1000명 가까이 사망합니다. 이 중에는 제암리에서 학살당한 29명도 포함됩니다. 제암리학살사건은 1919년 4월 15일 경기도 수원군 제암리 교회에 신도를 가두어놓고 헌병들이 발포하여 죽이고 불을 질러 민가 30여 채를 불태운 사건입니다.

하지만 민족자결주의라는 것이 1차 세계대전 패전국의 식민지를 빼앗기 위한 목적이다 보니 승전국인 일본에는 적용되지 않습니다. 그래도

3·1 운동의 영향으로 대한민국 임시정부가 수립되었고, 헌법 전문에는 우리나라가 3·1 운동으로 세워진 대한민국 임시정부를 계승했다고 명확하게 적시합니다.

역사 속의 역사

☀ 민족대표 33인 ☀

1919년 3월 1일 민족 대표 33인의 행적은 여러모로 아쉬움이 남습니다.

법정에서 민족 대표들은 "사의 천박한 학생과 군중이 모였으니 어떤 일이 일어날지 몰라(손병희)", "무식한 자들이 불온한 일을 할 것 같아서(박희도)" 장소를 변경했다고 말했습니다. 차라리 민영환처럼 자결하는 것이 낫지 않았을까요? 어떻게 사람에게 죽음을 강요하느냐고 할 수도 있겠지만 33인은 보통 사람이 아니고 민족 대표입니다.

그러나 3·1 운동 이후 이들은 독립운동에 매진했습니다. 불교 대표였던 한용운은 불교 개혁과 현실 참여를 주장하고 시인으로서도 한국 문학 발전에 큰 공헌을 합니다. 애석하게도 광복 1년 전 사망합니다.

기독교 대표였던 이승훈은 신민회 활동에도 참여하였고 105인 사건으로 5년간 옥살이를 했던 사람입니다. 한용운과도 친해 독립선언서 서명 윗부분을 양보하기도 합니다. 개신교인들이 승려와 친하게 지내는 것을 비난하자 "나라가 있어야지 종교가 있지. 일본이 종교만 인정하면 일본이라도 상관없나?"라며 꾸짖었다고 합니다. 여러모로 황사영과 비교가 됩니다. 민족 대표 중 가장 늦게 풀려났고 이후 조만식과 함께 물산장려운동을 하다가 1930년 사망합니다.

최린은 변절했습니다. 1934년 조선총독부 중추원 참의가 되었고 1938년 조선총독부 어용 기관인 《매일신보》 사장이 되었으며 1939년 '조선임전보국단'의 단장이 됩니다. 한번은 한용운의 딸에게 용돈을 줬는데 한용운이 대노하여 그 돈을 빼앗아 얼굴에 집어 던지기도 했습니다. 그래도 1949년 반민족행위특별조사위원회에 체포되었을 때 자신의 친일 행위를 시인하고 솔직히 참회합니다.

✦ 유관순 ✦

 지방에서 일어난 3·1운동 중 가장 유명한 것은 4월 1일 천안 아우내 장터에서 일어난 만세운동입니다. 주동자인 조인원이 시장의 민중 앞에서 독립선언서를 낭독하고 "대한 독립 만세"를 외치자 3000여 명의 민중이 따라 하면서 만세 운동이 시작됩니다. 일제의 강제 진압으로 현장에서 19명이 사망하고 유관순을 포함한 많은 참가자가 체포됩니다.

 유관순은 이화학당 고등과 1학년으로 경성(서울)에서 열린 시위에 참가하였고, 1919년 3월 10일 일제에 의해 전국 모든 학교에 휴교령이 내려지자 함께 이화학당을 다니던 사촌 언니 유예도와 함께 고향 천안으로 내려와 만세 운동에 참여합니다. 만세 운동 중 부모가 모두 일본 경찰에게 살해당했습니다. 유관순은 체포되어 재판받았는데 판사에게 "나는 왜놈 따위에게 굴복하지 않는다. 네놈들은 반드시 천벌을 받고 망할 것이다"라며 의자를 던졌고, 법정 모독이 추가되어 징역 5년 형을 선고받습니다. 이후 서대문형무소에 수감된 뒤에도 "대한 독립 만세"를 불렀습니다. 1920년 9월 일본 헌병들에게 옥중에서 맞아 죽습니다. 유관순은 반드시 기억되어야 할 독립투사입니다. 그런데 어찌 된 일인지 아우내 장터 만세운동 주동자인 조인원은 기억에서 잊혔습니다.

 조인원은 징역 5년 형을 선고받았다가 유관순과 마찬가지로 3년으로 감형되어 옥고를 치릅니다. 감옥을 나와서 시름시름 앓다가 1931년 7월 25일 사망합니다. 이런 훌륭한 분은 왜 기억에서 잊힌 것일까요?

 1946년 이화학당 출신의 박인덕과 이화여중고 교장 신봉조는 이화학당을 알릴 인물을 찾습니다. 이들은 유관순을 선택하고 기념사업회를 구성합니다. 친일파이던 박인덕과 신봉조는 자신들의 행적을 감출 필요가 있었고 유관순을 크게 부각합니다. 친일파 작가인 전영택도 여기에 가세해 유관순의 전기를 쓸 때 유관순을 조선의 잔 다르크로 표현합니다. 이런 절차로 우리나라에서는 유관순을 모르는 사람이 없습니다.

 유관순, 당연히 기억해야 합니다. 하지만 조인원 선생도 당연히 기억해야 합니다.

대한민국 임시정부 설립 • 1919년

3·1 운동의 결과 상하이에서 항일 독립운동가들이 모여 1919년 4월 10일 임시의정원臨時議政院을 창합니다. 신석우가 "대한으로 망했으니 대한으로 흥하자"라고 제안하여 국호를 대한민국으로 정합니다. 4월 11일 임시의정원은 대한민국 임시헌장을 제정하고 이승만을 초대 국무총리로 하여 상하이 임시정부를 결성합니다.

비슷한 시기에 여러 임시정부가 결성됩니다. 경성에서는 1919년 4월 23일 이승만을 집정관총재로 한 한성정부가 대조선 공화국을 국호로 하여 선포됩니다. 이 외에도 국내외에서 대한국민의회, 고려 임시정부, 신한민국 임시정부, 조선민국 임시정부 등이 있었습니다. 이승만은 인기가 많아서 고려 임시정부에서는 국무총리로, 신한민국 임시정부에서는 국방총리로, 조선민국 임시정부에서는 집정관총재 겸 국무총리로 추대됩니다.

너무 많은 임시 정부가 난립하자 서로 통합하기로 하고 정통성과 기틀에서는 한성정부를 따르고 위치와 국호에서는 상하이 임시정부를 따르는 것으로 합의안을 완성하고, 1919년 9월 11일에 이승만을 초대 대통령으로, 이동휘를 국무총리로 추대하면서 통합 대한민국 임시정부를 결성합니다. 그러자 대한국민의회, 고려 임시정부, 신한민국 임시정부, 조선민국 임시정부 등노 대한민국 임시성부와 합치게 됩니다.

임시정부의 참여자는 29명으로 이중 여운형, 조소앙, 이광수 등 9명은 신한청년당이었습니다. 그리고 이회영, 이시영, 이동녕, 신익희, 신채호 등을 합쳐 총 29명입니다. 이승만과 김규식은 미국에서 활동 중이었고 김구, 안창호, 박은식은 나중에 합류합니다.

대한민국 임시정부는 의원내각제 정부 형태를 고수했습니다. 1919년부터는 대통령이 있는 의원내각제, 1925년부터는 순수 의원내각제, 1927년부터는 국무위원을 주축으로 하는 집단지도체제, 1940년부터는 의정원에서 선출한 주석이 대한민국을 이끄는 주석제를 채택합니다. 또한 입법 기관인 임시의정원, 사법기관인 법원, 행정 기관인 국무원을 두어 삼권분립 체제를 갖췄습니다. 더불어 임시정부는 일본군에게 발각될 확률을 최소화하기 위해 자주 위치를 변경합니다.

임시정부 이동

✤ 박은식 ✤

박은식은《대한매일신보》와《황성신문》등에 논설을 쓴 언론인이자《대동고대사론 (大東古代史論)》,《동명성왕실기(東明聖王實記)》,《발해태조건국지(渤海太祖建國誌)》 등 고대사와 1864년 고종 즉위부터 1911년의 105인 사건까지의 역사를 기록한《한국통 사(韓國痛史)》, 한국의 항일 독립운동에 관한 기록인《한국독립운동지혈사(韓國獨立運 動之血史)》등의 책을 쓴 역사가입니다. 박은식의 역사서에 자극받은 총독부는 조선사편 수회를 만들어 식민사관에 의해 만들어진《조선사》를 편찬합니다. 또한 안중근의 아버지 인 안태훈과 친구 사이로《안중근전》을 쓰기도 했습니다.

독립협회, 만민 공동회 등에 참가하였고, 1915년에는 이상설, 신규식과 '신한혁명당'을 조직했고 1919년 대한민국 임시정부에 합류해 대한민국 임시정부의 기관지인 독립신문 의 사장을 맡았습니다. 그리고 이승만이 안창호파에 의해 1925년 3월 탄핵당하자 임시 정부 제2대 대통령이 됩니다. 하지만 제왕적 대통령제를 싫어한 그는 대통령제를 국무 령제로 개정한 후 사임합니다. 1925년 임종 시에는 안중근의 친동생 안공근이 자리를 지 켰습니다.

✤ 안창호 ✤

안창호는 1895년 경신학교에 입학하여 신학문을 접했고, 1897년 독립협회 가입하여 만민공동회를 개최하는 등 활동을 합니다. 1898년 독립협회가 해산하자 낙향하여 강서 점진학교를 설립하고 학생들을 가르칩니다.

안창호의 사상은 민족에 대한 책임감과 독립된 국가의 주인이라는 의식을 길러서 독립 국민에 맞는 자격을 갖게 한다는 민족 개조론입니다. 그리고 독립을 위해서는 전쟁도 불 사하는 독립전쟁론을 주장합니다.

안창호는 1902년 미국으로 유학을 떠납니다. 1904년 의친왕, 정재관 등과 공립협회(共立協會)를 창립하였고 열심히 활동하여 북미 최대의 한인자치단체로 발전시킵니다.

1907년 귀국해 신민회를 설립합니다. 그의 명성이 높아지자 이토 히로부미가 그를 불러 회동합니다. 이토는 "일본은 조선의 근대화를 도우려고 한다"라며 회유하자 "서양이 간섭했다면 메이지 유신이 성공했겠는가?"라며 반박합니다.

105인 사건으로 신민회가 해체되자 1911년 다시 출국해 1913년 5월 13일 미국 샌프란시스코에서 민족운동 단체인 흥사단을 만듭니다. 이후 박용만, 이승만과 함께 미국에서 활동하다가 임시정부가 설립되려 하자 성금을 모아 상하이로 갑니다. 그리고 대한민국 임시정부 초대 내무총장으로 임명됩니다. 임시정부에 없는 직함인 대통령으로 활동하는 이승만에게 엄중 경고를 하지만 이승만이 들은 척도 하지 않자 이승만과의 관계가 틀어집니다. 덩달아 이승만을 옹호하던 김구와도 틀어집니다.

대한민국 임시정부의 내무부장, 법무부장, 노동총장, 국무총리대리, 국무령으로 활동하였고, 대한민국 임시정부 진로를 결정하기 위한 회의인 국민대표회의 주비위원회 위원, 국민대표회의 부의장을 역임하였고, 대한민국 임시정부 여당인 한국독립당을 결성하였습니다.

불행히도 1932년 체포되어 국내에 압송됩니다. 그 후 고문과 감옥살이로 건강을 해쳐 1938년 3월 10일 사망합니다.

☀ 신채호 ☀

신채호는 민족주의 사학자, 사회주의자, 아나키스트(무정부주의자)입니다.

'세계는 영웅의 활동 무대이며 영웅이야말로 세계를 창조하는 성신(聖神)이다'라는 극단적인 영웅사관을 가지고 있었습니다. 신채호는 미국의 독립은 조지 워싱턴, 이탈리아의 통일은 카보우르, 마치니, 가리발디라는 영웅들에 의해 이루어졌다고 주장합니다. 그래서인지 광개토대왕, 을지문덕, 최영, 이순신 등의 평전 저술에 심혈을 기울입니다.

1917년 러시아 혁명이 일어나자 사회주의를 받아들이면서 영웅사관을 포기하고 민중의 힘을 중시하는 아나키스트로 전향합니다. 대한민국 임시정부 수립에 참가했으나 친미 성향의 이승만을 싫어해 마찰을 빚습니다. 1923년 국민대표회의가 열리자 대한민국 임시정부를 해체하고 새로운 지도 기관을 세우자고 주장하다가 국민대표회의 결렬되자 대한민국 임시정부를 탈퇴합니다.

1923년 김원봉의 부탁을 받아 조선혁명선언(의열단 선언문)을 짓는데 여기서 주권을 되찾기 위해서는 어떤 폭력적 수단도 마다하지 않는 폭력 혁명이 필요하다고 주장합니다. 말년에는 아나키스트로 활동하다가 1936년 2월 21일 사망합니다.

독립군

구한말 의병들은 남한 대토벌 작전 등에 피해를 보자 대거 만주로 이동하여 항일 무장 투쟁을 계속합니다.

최재형은 러일전쟁 때 군수 산업 분야에서 큰돈을 벌어 연해주에서 몇 손가락에 드는 부자가 됩니다. 그는 연해주에 거주하는 한인들을 위해 일자리를 마련하고, 자신의 돈으로 학교와 공원을 세우는 등 많은 활동을 하여 한인들로부터 크나큰 존경을 받습니다.

1908년 최재형은 국외 최대 독립운동단체인 동의회를 세우고 총장으로 취임합니다. 최새형은 7월부터 국내의 홍범노부대 등과 연합작전을 펼쳐 일본군을 공격하지만 9월, 안중근의 실수로 영산 전투에서 대패합니다. 최재형은 안중근의 실수를 다독이며 용기를 주었고 이토 히로부미 암살도 적극 후원합니다. 그러나 1920년 연해주 우수리스크를 급습한 일본군에 의해 죽임을 당합니다. 이를 연해주 4월 참변이라 합니다.

이회영과 형제들은 경술국치 전후 우리나라의 독립에 투신하기로 결심하고 집안의 재산을 급히 처분합니다. 이때 처분한 재산의 가치가 소 1만 3000마리 값이었다고 합니다. 이회영 일가는 처분하지 못한 재산은 미련 없이 털어버리고 서간도 지역으로 이주합니다.

신민회가 1911년 4월 서간도 삼원보에 세운 자치 기구인 경학사와 그 부설 기관으로 이회영, 이동녕 등이 1911년 6월 10일 설립한 신흥강습소 (나중에 신흥무관학교이자 현재 경희대학교)는 이회영의 자금 지원으로 만들어졌습니다. 경학사는 1912년 해산되고 이회영과 이상룡 등이 조직한 부민단에 인계됩니다. 3·1운동 이후 한족회로 개편된 부민단은 군사기관인 서로군정서를 설립하고 만주 지역에서의 독립운동을 계속해 나갑니다.

이회영은 대한민국 임시정부에서 활동했고 무장 투쟁을 계속하다가 중국 다롄에서 체포당하고 고문받다가 1932년 11월 17일 사망합니다.

1911년에 조직된 권업회勸業會는 독립군을 양성하기 위해 사관학교를 설립합니다. 권업회를 모태로 1914년 헤이그에 특사로 파견되었던 이상설을 정도령正都領으로, 이동휘를 부도령副都領으로 하여 연해주 블라디보스토크에서 대한광복군정부라는 군정청軍政廳을 설립합니다. 대한광복군 정부의 군사 규모는 3만, 훈련 중이었던 한인은 수십만이나 되었습니다. 그리고 러일전쟁에서 일본에 패배했던 러시아는 대한광복군정부를 적극 지원합니다. 그러나 8월에 제1차 세계대전이 발발하고 러시아와 일본이 동맹관계가 되면서 러시아 내에서 한인들의 정치·사회활동이 금지되고, 9월 권업회가 해산당하면서 대한광복군정부도 해체됩니다. 이상설은 1917년 사망합니다.

봉오동 전투와 청산리 전투 • 1920년

만주 지역에서 항일 무장 투쟁이 활발해지자 일제는 1920년 5월 조선독립군 토벌 작전을 펼칩니다. 이에 맞서 홍범도가 이끌었던 대한독립군은 북간도 지역 독립군과 연합하여 대한북로독군부를 결성하고 만주 지린성 봉오동으로 집결하여 한반도 진공 작전에 돌입합니다.

대한북로독군부의 움직임은 일본군에게 파악이 되었고 일본군은 6월 4일 대한북로독군부를 추격합니다. 일본군은 봉오동 한인 마을을 집마다 수색하며 민간인을 학살합니다. 김좌진은 추격대의 행군로에 매복하고 일본군을 기다립니다. 척후병이 지나갈 때까지 기다린 독립군은 본진이 매복지점으로 들어오자 사방에서 사격합니다. 불시의 기습을 당한 일본군은 제대로 저항도 못 하고 6월 7일 도망칩니다.

봉오동 전투는 민간인 20명 정도가 살해당한 소규모 전투입니다. 하지만 이 전투에서 패배한 일본은 '간도 지역 불령선인 초토계획'을 세워 독립군과 한인 민간인들을 섬멸하려고 합니다.

10월 21일 김좌진과 이범석은 청산리 백운평 바로 위쪽의 고갯마루와 계곡 양쪽에 매복해 일본군을 기다립니다. 일본군이 진입하자 양측은 교전을 시작합니다. 그런데 봉오동에서의 경험 때문인지 일본군은 침착하게 대응했고 독립군은 물러납니다. 22일 김좌진은 어랑촌 부근의 고지로 일본군을 막아냅니다. 하루 종일 이어진 교전에서 탄약이 거의 다 떨어지자 김좌진과 홍범도의 부대는 다시 철수합니다.

24일과 25일 일본군과 독립군의 교전이 다시 벌어지고 견디지 못한 독립군이 동북쪽의 밀산으로 후퇴하면서 전투는 끝납니다. 여담으로 《한국 독립운동지혈사》에는 독립군이 3000명의 일본군을 사살한 대첩이라고 기록했지만 믿기 힘든 얘기입니다. 전투에 승리한 일본은 '간도 지역 불령선인 초토계획'을 계속 시행하여 간도에 살던 한인 3000명이 살해당하고 한인 마을이 초토화됩니다.

읽을거리

1920년 4월 연해주에서 일본군에게 한국인들을 학살당한 연해주 4월 참변이 일어납니다.

1920년 6월 간도 지역 불령선인 초토계획으로 많은 한인이 학살당합니다.

1921년 6월 극동 공화국 아무르 주 자유시에서 사할린 한인 부대가 러시아의 극동공화국 인민혁명군에게 진압당하는 자유시 참변이 일어납니다.

이 때문에 독립군의 군세는 극도로 위축됩니다.

※ 문화통치 ※

3·1 운동 이후 부임한 사이토 마코토 총독은 문화 통치를 표방합니다.

그동안 무관만이 임직했던 조선총독에 문관을 임직시키고, 치안을 헌병이 아닌 경찰이 담당하게 합니다. 문화 통치의 일환으로 1920년 《조선일보》와 《동아일보》, 1933년 《조선중앙일보》가 창간되기도 합니다.

하지만 이것은 기만술에 불과합니다. 일본군의 강력한 반발로 조선 총독은 일제가 패망할 때까지 문관이 임직된 적이 없습니다. 그리고 1920년 경찰관서의 수는 3.6배, 경찰관의 수는 3.4배, 경찰 예산도 3배 이상 늘려 우리나라 사회의 감시를 강화합니다. 게다가 고등경찰 제도를 신설해 더 강하게 독립운동을 탄압합니다.

※ 안창남과 엄복동 ※

1920년대 조선에서 가장 인기있던 사람은 안창남과 엄복동입니다.

엄복동은 1913년 4월 10만 명의 관객이 운집한 '전조선 자전거 경기대회'에서 중고 자전거를 끌고 나와 우승하면서 일약 스타가 되고 이후 열리는 자전거 대회마다 우승합니다.

일제는 1920년 5월 2일 경성시민대운동회 자전거 경기에 일본 최고의 자전거 선수 모리 다카히로를 초청해서 엄복동과 대결시킵니다. 일제의 예상과 달리 엄복동이 모리 다카히로를 이기고 이후로도 매 경기에서 일본인들을 물리치며 그의 인기는 하늘 높은 줄 모르고 치솟습니다.

하지만 엄복동은 당시 고가였던 자전거(현대 기준으로 300만 원)를 수십 대씩이나 훔쳐 팔던 도둑놈입니다. 1926년 신문에 십여 대의 자전거를 훔치다가 징역을 선고받았다는 기사가 실렸고 해방 후인 1950년에도 자전거를 훔쳤다는 신문 기사가 있습니다. 그는

안창남   엄복동

의적이 아닙니다. 일본인 자전거만 골라서 훔쳤다든가 하지도 않았습니다.

　안창남은 비행기 조종사가 되겠다는 꿈을 가지고 일본으로 건너가 오쿠리 비행학교에서 비행 기술을 배웁니다. 1921년 5월에 치러진 일본 최초의 비행 자격 시험에 수석으로 합격하여 비행사가 됩니다. 당시 시험에 총 17명이 응시하여 2명이 합격했습니다. 1922년에는 도쿄-오사카간 우편대회 비행에 참가하여 최우수상을 탑니다.

　천도교 기관지인《개벽지》에서 안창남에 관한 기사를 실으면서 자기도 모르는 새 조선에서 꿈과 희망의 상징이 됩니다. 그래서 1922년 12월 5일 안창남이 여의도 백사장에 착륙할 때 5만여 명의 인파가 몰려들었다고 합니다. (당시 경성인구는 30만 명)

　같은 달 10일에는《동아일보》주최로 한반도 모양을 그려 넣은 금강호를 타고 시범 비행을 합니다. 이 당시 안창남의 인기가 얼마나 대단했던지 "떴다 보아라, 안창남 비행기 내려다보아라, 엄복동 자전거"라는 노래가 나올 정도였습니다.

　그 후 안창남은 항일운동에 뛰어들고 중국으로 건너가 여운형의 소개로 산시성 군벌 옌시산의 군대에서 근무하였고 산시비행학교의 교장직을 맡기도 합니다. 1928년에는 대한독립공명단이라는 비밀 항일조직을 결성하기도 하였습니다. 하지만 1930년 4월에 산시비행학교에서 비행 교육을 하던 중 비행기 추락 사고로 사망합니다.

의열단

의열단義烈團은 1919년 11월 김원봉의 주도하에 만주 지린성에서 조직된 항일 무장 투쟁 단체로 일제 고위층 암살, 주요 시설 파괴 공작 등을 하였습니다. 이름의 의미는 의로운 일義을 맹렬히烈 행하는 단체團입니다. 1923년 신채호는 김원봉의 부탁을 받아 조선혁명선언(의열단 선언문)을 작성합니다. 의열단은 창단한 지 얼마 뒤 베이징으로 근거지를 옮기고 단원을 모집하여 1924년경에는 70여 명의 단원을 두게 됩니다. 일본을 증오하는 장제스 중국 국민당 총통의 지원을 받기도 합니다.

부산경찰서(박재혁, 1920년), 밀양경찰서(최수봉, 1920년), 조선총독부(김익상, 1921), 종로경찰서(김상옥, 1923), 도쿄 궁성 이중교(김지섭, 1924년), 동양척식주식회사(나석주, 1926) 등에 폭탄 투척을 하였고 김익상이 조선총독부 청사 폭파 의거를 성공시킵니다.

이 때문에 김원봉에게는 일제 시대 최대 현상금이 걸립니다. 현상금은 100만 원으로 그 당시 쌀 5만 가마니의 가치입니다. 2020년 기준 350억 원 정도입니다.

하지만 좌파, 우파, 민족주의, 아나키스트 등 여러 파벌이 대립하면서 단원이 탈퇴하고 세력이 줄어들자 김원봉이 해산을 선언합니다. 이후 김원봉은 1937년 중일전쟁 발발 이후 장제스의 지원을 받아 조선의용대를 창설합니다.

산미증식 계획과 물산장려운동

1920년부터 1944년까지 일제는 쌀 생산량을 늘리기 위해 산미증식 계획을 세워 실행합니다. 그 결과 쌀 생산량 자체는 증가했지만 생산된 쌀은 모두 일본으로 유출되었기 때문에 우리나라의 경제적 사정과 국민의 영양 상태는 호전되지 않았습니다.

1920년대 회사령의 규정이 허가제에서 신고제로 바뀌어 회사의 설립이 쉬워지자 일본 기업들이 조선에 진출합니다.

위기의식을 느낀 조선 내 기업가들은 경제적 자주권을 얻기 위해 물산장려운동物産奬勵運動을 시작합니다. 하지만 사업가들은 이미 산미증식 계획으로 부자가 된 사람들이었고, 국민은 가난해서 물건을 살 돈이 없다 보니 물산장려운동은 곧 사그라듭니다.

물산장려운동은 간디가 펼친 스와데시 운동과 비슷해서 이를 시작했던 조만식은 한국의 간디라고 불립니다.

소작쟁의와 노동쟁의

1923년 전라남도 무안군 암태면에 위치한 암태도에서 농민들이 60~80 퍼센트나 되는 소작료의 인하를 요구하며 소작료 납부를 거부하는 형태로 파업합니다. 지주인 문재철은 깡패를 동원하여 소작인들을 폭행하고 농민들도 이에 맞섭니다.

문재철은 경찰에 신고했고 경찰들은 주동자 서태석 등 13명의 소작인을 목포로 압송합니다. 400여 명의 암태도 주민들은 배를 타고 바다를 건너 광주지방법원 목포지원 앞에서 농성을 벌입니다. 그럼에도 일본 경찰이 13명을 재판에 회부하자 600여 명의 주민들이 법원 앞에서 단식투쟁을 합니다. 이 사건은 전국적으로 알려지고 여론이 들끌자 일본 경찰과 문재철은 항복하고 13명의 소작인을 풀어주고 소작료를 인하합니다. 이에 따라 전국에서는 소작쟁의가 들불처럼 번집니다.

1929년 1월 13일부터 4월 6일까지 함경남도 원산 지역에서는 원산노동연합회의 주동으로 대대적인 파업이 일어납니다. 일제는 1월 20일 비상경계령을 선포하고 경찰관 1000여 명을 투입하여 파업 주동자를 잡아들입니다. 회사에서는 파업 노동자들은 해고하고 새로운 노동자들을 모집하는 공고를 냅니다. 그리고 3월 8일 함남노동회라는 어용노조를 발족시켜 원산노동연합회를 압박합니다. 4월 1일 정체불명의 사람들이 함남노동회를 습격하고 노조원을 폭행하는 사태가 일어납니다. 일제는 이 사건을 구실로 삼아 파업 노동자들을 대대적으로 탄압합니다. 결국 4월 6일 원산노동연합회는 파업을 포기하고 4월 21일 해체됩니다.

공산주의자들도 노동조합을 만들어 파업을 통해 항일 운동을 합니다.

1933년 8월 결성된 경성트로이카는 공장 파업, 학교 동맹휴학, 친일교사 배척 등의 운동을 배후 조종합니다. 경성트로이카는 1934년 11월 '경성재건그룹', 1936년 10월 '조선공산당재건 경성준비그룹'으로 이어집니다.

✳ 어린이날 제정 1923년 ✳

어린이날은 1923년 소파 방정환 선생님이 색동회를 창립하며, 노동절에 맞추어 5월 1일을 어린이날로 정한 데에서 시작되었습니다. 처음 제정됐을 때 구호가 "욕하지 말고, 때리지 말고, 부리지 말자"랍니다.

그리고 어린이들의 희망 사항 10가지를 담은 '어른에게 드리는 선전문'을 배포했는데, 내용은 '이발이나 목욕을 때맞춰 해주세요', '잠자는 것과 운동하는 것을 충분히 하게 해주세요', '산보와 소풍을 가끔 시켜주세요' 등입니다. 지금 어린이들은 그때 비하면 정말 천국입니다.

이후 일제의 탄압으로 사라졌다가, 1946년에 조선건국준비위원회에 의해 5월 5일로 날짜를 바꾸어 부활하였고, 1975년에 공휴일로 지정되었습니다.

이렇게 보면 소파 방정환 선생님은 엄청난 사람입니다. 개인의 힘으로 우리나라 법정 공휴일을 만든 사람은 부처님, 예수님, 단군왕검 외에는 방정환 선생님이 유일할 듯합니다.

이 '어린이날'은 '천도교'와 관련이 깊습니다. 방정환 선생님이 천도교인인데다가, 당시 천도교 교주였던 손병희의 셋째 사위이기도 합니다. 어린이, 여성의 인권과 지구 환경권(천지부모 일체설)을 주장하는 천도교의 교리는 '어린이날'을 만드는 데 절대적인 영향을 미칩니다. 어린이에게 존댓말을 사용하자는 주장도 천도교가 처음입니다.

처음 어린이날이 5월 1일로 정해진 이유는 노동절이면서 천도교 행사와 같은 날이기 때문입니다. 방정환 선생님이 발행한 잡지인 《어린이》도 천도교 소년회의 기관잡지로, 개벽사(開闢社)에서 발행한 것입니다.

읽을거리

방정환 선생은 어린이는 존경했지만 여성은 존중하지 않았습니다.

김명순은 한국 최초의 여성 근대 소설가며 최초로 시집을 낸 시인, 평론가, 극작가, 기자에다가 5개 국어를 구사한 번역가입니다. 그런데 방정환은 '개벽사'에서 발행하는 잡지 《별건곤》에 '김명순은 남편을 다섯이나 갈고도 처녀 행세한다'라는 유언비어를 적었다가 김명순에게 명예훼손으로 고소당해 서대문형무소에 구금됩니다. 그런데 이화학당 출신들과 신여자 편집에도 참여하여 신준려라는 여성을 만났는데, 유부남이면서도 좋아했다고 합니다.

그는 몸이 허약했기에 장인인 손병희는 사위가 처가에 올 때마다 보약을 먹이고 고기반찬을 해주었습니다. 게다가 방정환 스스로가 빙수와 설탕 등 단 것을 좋아하다 보니 키는 약 158센티미터 정도인데 몸무게는 120킬로그램의 비만인이 됩니다.

더불어 방정환은 우리나라 최고의 이야기꾼이라는 말도 있었다고 합니다. 한번은 강연회에서 '난파선'이라는 이탈리아 동화를 번안해 소개했는데 모든 관객은 물론 감시하기 위해 나왔던 일본 경찰마저 펑펑 울었다고 합니다. 그런데 강연이 끝나고 돌아가는 길에 관객들이 몰려들어 감사 인사를 하자 일일이 답례하느라 결국 바지에 실례를 하고 말았다고 합니다.

☀ 〈사의 찬미〉와 〈아리랑〉 ☀

윤심덕은 한반도 최초의 공식 여성 성악가, 소프라노 가수인데 1926년 일본에 가서 〈사의 찬미(死의 讚美)〉를 음반에 녹음합니다. 〈사의 찬미〉는 이오시프 이바노비치가 작곡한 〈다뉴브 강의 잔물결〉을 편곡하고 가사를 붙인 곡입니다.

윤심덕은 일본에서 극작가 김우진을 만났는데, 둘은 8월 3일 부산행 연락선을 타고 돌아오던 도중 행방불명됩니다. 윤심덕의 유작이 된 〈사의 찬미〉는 무려 10만 장이나 팔리는 큰 성공을 거둡니다.

나운규는 무성영화인 〈아리랑〉을 만들어 1926년 개봉합니다. 주인공인 김영진(나운규 역)은 3·1 운동 당시의 충격으로 미쳐버렸습니다. 왜경의 앞잡이인 오기호가 동생인 영희를 성폭행하려 하자 낫으로 찔러 죽입니다. 이때 정신을 되찾은 영진은 끌려 가면서 "나는 이 삼천리에 태어나 미쳤다"라고 외치고, 이때 주제가인 아리랑이 흐르면서 영화가 끝납니다. 이 영화의 인기가 어마어마하다 보니 나운규가 창작한 영화의 주제가 "나를 버리고 가는 님은 십 리도 못 가서 발병난다"라는 아리랑 노래가 마치 전통민요처럼 퍼지게 됩니다.

애석하게도 한국전쟁 중 필름이 사라져 더 이상 볼 수가 없습니다.

6·10 만세 운동 1926년

1926년 4월 26일 대한제국의 마지막 황제인 순종이 사망합니다. 애국지사들은 3·1 운동과 같은 만세 시위를 다시 한번 전개할 계획을 세우고, 순종의 장례식인 6월 10일에 전국적인 만세운동을 하기로 결의합니다. 천도교와 조선공산당을 중심으로 국내 학생운동조직, 임시정부의 일부 세력, 일본에서 유학하던 학생들까지 국내 좌우익을 가리지 않고 거사 계획에 동참합니다.

고려공산청년회 책임비서이자 인쇄공이었던 권오설은 5만 매의 격문을 인쇄하여 만세운동을 준비합니다. 그런데 다른 인쇄소 사람이 저지른 위조지폐 사건으로 경찰들에게 인쇄소를 수색당하면서 거사계획이 들통납니다.

일본 경찰은 200명의 애국지사를 잡아들이고 청년 단체를 조사합니다. 조선총독부는 일본에서 군대를 끌고 와 서울에 배치하고 부산항과 인천항에 군함을 배치합니다.

그러나 중앙고보(지금의 중앙고등학교) 학생들이 다시 격문을 인쇄하고 책에다 격문을 숨기는 방법으로 운반하여 6월 8~9일 다른 세력들에게 격문을 나눠주며 만세운동을 준비합니다. 1926년 6월 10일 오전 8시 30분 일본 경찰, 헌병 외 5000명의 보병, 기마병, 포병 등이 삼엄하게 지키던 가운데 종로 단성사 앞에서 23세였던 이선호의 "대한 독립 만세" 선창에 따라 중앙고보생 100여 명이 태극기를 흔들며 만세를 제창하고 격문 1000장을 살포합니다. 관수교 부근에서는 보성전문 학생들과 연희전문학교 학생들이 만세를 부르고 격문을 살포하면서 시위가 확대됩니다.

하지만 3·1 운동을 경험한 일제의 철저한 탄압으로 1000여 명이 체포되어 투옥되었고, 만세운동은 지방까지 확대되지 못하고 끝이 납니다. 권오설을 비롯한 다수의 공산당원이 체포됨으로써 조선공산당 세력은 극도로 위축됩니다. 그러나 6·10 만세 운동으로 신간회와 같은 좌우 연합 독립운동 단체를 탄생시켰고, 학생 세력이 항일 운동의 주체로 부상하면서 1929년 광주학생항일운동을 일으키게 됩니다.

신간회 창설 • 1927년

신간회는 안재홍, 이상재, 김병로, 오화영 등 비타협적 민족주의 세력과 홍명희, 허헌 등 사회주의 세력이 합작한 좌우 연합 독립운동 단체입니다. 합법 단체로 전국적으로 여러 지회 지부를 두었고 절정기 때는 회원 수가 4만 명에 육박했던 거대 단체입니다.

신간회는 원산 총파업을 지원하고 광주학생항일운동 때 진상 조사단을 파견하는 등 활발한 항일 운동을 벌입니다. 하지만 광주학생항일운동 때 민중 대회를 개최하려다가 조병옥, 이관용, 허헌 등 간부 44명을 비롯 총 90여 명이 구속되면서 세력이 급속히 약화하고 1931년 해체됩니다.

신간회와 신민회는 이름이 비슷한 독립운동 단체라 혼동됩니다. 다음처럼 구분하십시오.

　신민회는 구한말 설립된 불법단체로 안창호가 중심인물입니다.

　신간회는 일제강점기 설립된 합법단체로 좌우합작 단체입니다.

광주 학생 항일 운동　1929년

　일제 강점기 일본인 학교와 한국인 학교의 차별은 극심했습니다.

　한국인들이 다니는 광주고등보통학교와 일본인들이 다니는 광주중학교(지금의 중고등학교)와의 야구 시합이 벌어질 때 일본인 심판이 일학생에게 유리하게 편파 판정을 합니다. 이에 광주고보 학생들은 심판에게 항의하지만 받아들여지지 않자 동맹휴학을 합니다. 그러자 광부고보의 일본인 선생들은 주모자 4명을 퇴학시킵니다. 이 일로 광주고보와 광주중학교는 원수 사이가 됩니다.

　1929년 10월 30일 광주에서 나주로 가는 호남선 통학열차 안에서 광주중학교 4학년 학생 후쿠다 슈조 · 스메요시 가쓰오 · 다나카 등이 광주여자고등보통학교 3학년인 박기옥과 이광춘의 댕기 머리를 잡아당기며 희롱합니다. 이를 본 박기옥의 사촌 동생 박준채가 달려와 항의하자 후쿠다가 "센징 새끼"라고 쌍욕을 합니다. (센징鮮人은 조선인朝鮮人을 비하하는 욕설입니다.)

박준채

박기옥과 이광춘

이에 격분한 박준채가 주먹을 날리면서 싸움이 벌어졌고, 곧 광주고등보통학교와 광주중학교 학생들의 패싸움으로 확산합니다. (광주고보 30명:광주중학교 100명)

나주 역전 파출소에서 파견된 일본인 경찰 모리다는 묻지도 따지지도 않고 일본인 학생을 편들고 조선인 학생들을 구타합니다. 나중에 달려온 광주고보와 광주중학교 교사들도 일본인 학생 편을 듭니다.

당일 하교열차에서 박준채는 후쿠다에게 사과를 요구합니다. 하지만 후쿠다는 사과 대신 귀싸대기를 날립니다. 또다시 광주고보와 광주중학교 간에 패싸움이 벌어집니다. 이를 우연히 본 광주일보의 일본인 기자는 나중에 조선 학생들의 일방적 잘못이라는 편파적인 기사를 씁니다.

11월 3일 일요일은 일본 명치절이었습니다. 일제는 학생들에게 등교할 것과 신사참배를 요구합니다. 광주고등보통학교 학생들은 일본의 국가인 기미가요 제창과 신사참배를 거부하고 광수일보사로 찾아가 윤전기에 모래를 끼얹어 파손시키며 분풀이합니다.

돌아가던 광주고보 학생 8명은 신사참배를 마치고 돌아가던 광주중학

학생 14명과 마주칩니다. 곧 패싸움이 벌어지는 데 수적 우세에도 조선인 학생을 이기지 못한 일본인 학생들이 조선인 학생 최상현을 단도로 찌르는 사건이 발생합니다. 이 소식을 듣고 격분한 광주고등보통학교 학생들이 몰려가 충장로에서 광주중학교 학생들을 두들겨 팹니다.

광주고보와 광주중학교의 싸움은 전면전으로 변합니다. 수백 명의 광주중학교 학생들이 학교 유도 교사의 인솔하에 야구방망이, 죽창 등으로 무장하고 광주역으로 가 하교하는 한국인 학생들을 공격합니다. 광주고보 학생들도 각목 등을 들고 곧바로 대응합니다. 양교 교사들과 경찰, 소방대원까지 동원되어 싸움을 말렸지만 사태는 진정되지 않습니다. 광주중학교의 교사가 광주고보의 교사 와타나베에게 학생들을 데리고 물러나라고 제안합니다. 그러자 와타나베는 너희들이 먼저 시비를 걸었으니 먼저 물러나야 한다고 응답했고 이에 따라 광주중학교가 물러나면서 일단 싸움은 끝이 납니다.

정오에 학교로 돌아온 광주고보 학생들은 아예 항일투쟁을 하자고 결의합니다. 패싸움 소식은 광주의 모든 학교로 전달되고 분개한 조선인 학생들은 광주고보의 항일투쟁에 동참하기로 합니다. 광주고등보통학교, 광주농업고등학교, 전라남도공립사범학교 학생들은 괭이자루, 장작개비, 목검 등으로 무장하고 오후 2시경부터 "조선 독립 만세", "식민지 노예교육 철폐", "일제 타도" 등의 구호를 외치며 광주중학교로 향합니다. 그러나 일본 경찰이 소방대, 재향군인을 동원해 광주중학교로 가는 동문다리를 막자 학생들은 충장로로 방향을 틀어버립니다.

전남도청에 이르자 광주여자고등보통학교, 수피아여자고등학교 학생들과 광주 시민까지 시위대에 합류하며 시위대의 규모는 3만여 명에 이르게 됩니다. 광주 시내의 일본인들은 맞아 죽을까 봐 모두 숨어버립니다. 시위대는 도립병원(현 전남대학교병원)을 지나 경찰의 저지로 방향을 돌려 광주천변을 행진하다가 해산합니다.

일본 경찰은 조선인 학생 75명을 체포했지만 일본 학생들은 10명 정도만 체포하는 척합니다. 그리고 11월 9일까지 임시 휴교 처분을 내립니다. 한편 조선총독부 학무국장은 이 사태가 전국으로 번지지 않도록 학생운동을 철저히 탄압하라고 전국의 학교장들에게 지시합니다.

그러나 11월 12일 광주고보 학생들이 다시 시위를 벌이고 수많은 학생과 시민이 참여합니다. 일본 경찰은 광주고보학생 300여 명, 광주농업학교 학생 100여 명을 체포하고 시위에 참여한 학생은 전부 무기정학, 학교는 무기 휴교를 시키며 강경하게 진압합니다. 그리고 이 사태가 확대될까 봐 신문에 싣지 못하게 합니다.

하지만 이 사태는 전국으로 알려지고 12월 9일 서울 지역 학교들의 항일시위가 시작됩니다. 경신학교 학생 300여 명, 보성고보 학생 400여 명, 중앙고보 700여 명, 휘문고보 학생 400여 명, 협성실업학교 학생 150여 명이 시위에 참가합니다. 이날 하루에 1200여 명의 시위 학생들이 경찰에 체포됩니다. 하지만 시위는 멈출 줄 모르고 13일까지 1만 2000여 명의 학생이 시위, 동맹 휴학에 참여합니다.

신간회는 이 사건을 전국에 알리고 항일 운동은 전국으로 확산합니다. 목포상업학교, 정명학교, 나주고등보통학교 등을 시작으로 이듬해인 1930년 3월까지 전국 320여 개교에서 5만 4000여 명의 학생이 시위에 참여합니다. 1462명이 퇴학, 3000여 명이 퇴학 혹은 무기정학 처분을 받았습니다.

읽을거리

박준채는 광주고보를 중퇴 후 양정고등보통학교에 편입해 와세다대학에 진학한 뒤 졸업하여 조선대학교 법과대학 교수와 여대 학장, 대학원장 등을 지내다 은퇴합니다. 교수 재직 당시 민주화 운동에 참여하여 박정희 정권의 탄압을 받았고 5 · 18 민주화운동 때는 조선대 시국양심선언에도 관여합니다.

1990년 건국훈장 애족장을 받았고, 2001년 3월 7일 향년 87세로 사망합니다.

한인애국단 창단 1931년

한인애국단韓人愛國團은 대한민국 임시정부의 위임을 받아 1931년 10월 김구가 상하이에 체류 중이던 청년 80여 명을 모아 만든 비밀결사대입니다. '한 사람을 죽여서 만 사람을 살리는 방법이 혁명수단의 근본'이라는 기치로 소수의 고위층 인사를 암살함으로써 독립을 성취하고자 합니다.

이봉창은 1931년 12월에 천황을 제거하는 명령을 부여받고 도쿄로 파견되어 1932년 1월 8일 히로히토 천황에게 수류탄을 투척하지만 실패합니다. 1932년 4월 29일 윤봉길이 상하이 훙커우 공원(현재의 루쉰 공원)에서 열린 히로히토 천황 생일 기념 열병식에서 물통 폭탄을 투척하여 시라카와 요시노리 육군대장, 우에다 겐키치 육군대장, 노무라 기치사부로

해군중장, 시게미쓰 마모루 주중 공사 등 7명을 살상합니다. 중국 총통 장제스는 윤봉길의 의거를 "4억 중국인이 하지 못하는 일을 한 명의 조선 청년이 해냈다"라고 극찬합니다. 그리고 이 사건을 계기로 중국은 대대적으로 임시정부를 도와줍니다.

하지만 이후 일본의 경계가 높아지고 김구의 목에는 60만 원(2020년 기준으로 200억 원)의 현상금이 걸립니다. 이 때문에 밀정에게 암살당할 뻔했지만 기적적으로 총알이 심장 바로 앞에 멈춰 살아납니다. 탄환은 평생 제거하지 못했기 때문에 힘을 주면 손이 떨리게 되어 김구의 총알체라는 서체가 만들어집니다. 한인애국단 활동에 한계를 느낀 김구는 1933년 단체를 해산합니다.

김구의 총알체로 쓰인 <광복조국(光復祖國)>

이봉창

이봉창은 어렸을 때 열렬한 친일파로 일본어를 열심히 공부하여 유창하게 구사하였으며 일본 오사카로 건너가 일본인의 양자가 되었고 기노시타 쇼조라는 일본식 이름도 얻었습니다. 3·1 운동 때도 별 관심이 없었습니다.

하지만 일본인은 여전히 그를 차별하여 용산역 근무 당시 박봉에 시달리며 승진도 되지 않았습니다. 그 때문에 이봉창은 4년 만에 철도국을 그만둡니다. 1928년 11월 10일 열리는 히로히토 천황 즉위식 때 천황을 보기 위해 교토에 갔다가 한글 편지가 있다는 이유로 11월 7일~11월 15일까지 일본 경찰에 의해 구금됩니다. 한글 편지의 내용은 다음과 같습니다.

조선인으로 태어나 이태왕(李太王) 전하(殿下)의 옥안(玉顏)을 뵌 적이 없으며 경술병합(庚戌倂合) 후 신일본인(新日本人)이 되어 천황(天皇) 폐하(陛下)의 성안(聖顏)을 뵌 적도 없다. 또 조선 역사도 안 배웠고 일본 역사를 가르쳐 받은 적도 없다. 일국의 국민으로서 그 나라의 역사도 모르고 그 나라 제왕의 성안(聖顏)도 본 적이 없는 것은 참으로 스스로 부끄러운 일이다.

이 사건으로 일본에 배신감을 느낀 이봉창은 한인애국단에 가입합니다. 천황 암살도 이봉창이 먼저 제의하였고 결국 실행에 옮기지만 실패합니다. 일본 천황은 암살을 피하고자 여러 대의 마차 중 한 곳에 탔습니다. 이 방법은 진시황도 사용한 유서 깊은 암살 예방법입니다. 이 때문에 장량의 진시황 암살 시도가 실패했습니다.

이봉창 의사는 고민하다가 두 번째 마차에 수류탄을 던졌습니다. 그런데 천황은 첫 번째 마차에 타고 있었습니다. 의거 후 경찰들은 이봉창 의사 앞에 있던 일본인을 범인으로 여겨 구타합니다. 그대로 도망칠 수도 있

이봉창

었겠지만 이봉창 의사는 당당히 자신이 저지른 일이라고 밝히고 던지지 않은 두 번째 폭탄을 넘겨줍니다. 재판정에서도 의연한 태도로 시종일관 미소를 띠며 자신은 죽어도 후회하지 않는다고 밝힙니다. 재판정은 사형을 선고했고 이봉창 의사는 향년 32세로 순국합니다.

위의 그림에서도 알 수 있듯이 이봉창은 무척 활발한 청년입니다. 실제로는 활발을 넘어 방탕한 생활을 했습니다. 여자를 좋아하고 마작과 같은 도박을 즐기다 빚을 졌다고 합니다.

위의 그림은 사진과 그림을 합성한 것입니다. 왼손을 보면 그렸다는 티가 납니다.

윤봉길

윤봉길은 이봉창과 다르게 어릴 때부터 항일 감정이 투철했던 인물입니다.

11살 때 덕산공립보통학교(지금의 예산덕산초등학교)에 입학하지만 학교에서 일본인 교사가 "와타시와 니혼진데스 私は, 日本人です(나는 일본인입니다)"라는 문장을 따라 해 보라고 하자 아무 말도 하지 않습니다. 그러

자 짝꿍이 대신 따라 합니다. 윤봉길은 방과 후 짝꿍을 뒤뜰로 끌고 나가 "왜놈이 되고 싶나? 내가 얼굴부터 왜놈처럼 만들어 주마"라며 주먹으로 성형수술을 해줍니다.

다음 해 3·1운동이 일어나자, 일본인에게 배우는 것이 자괴감 들고 괴로웠던 윤봉길은 학교를 자퇴하고 서당을 다닙니다. 젊어서는 월진회를 조직해 야학과 강습회를 열어 문맹 퇴치 및 계몽 운동에 힘을 씁니다. (월진회는 현재도 이어지고 있습니다.) 이후 독립운동에 투신할 결심을 하고 만주 등에서 독립운동을 하다가 한인애국단의 단원이 됩니다. 이봉창 의사의 의거 소식을 듣고는 김구를 찾아가 "이봉창 의사와 같은 일로 써 달라"라고 부탁합니다.

김구는 그에게 1932년 4월 29일 중화민국 상하이시 훙커우 공원에서 벌어지는 히로히토 천황 탄생 기념행사와 전승 기념행사에 폭탄을 던져 왜놈들에게 하늘을 대신해 벌을 내리기를 부탁합니다. 윤봉길은 김구와 마지막 식사를 하고는 자신은 앞으로 시계를 쓸 일이 없다며 자신의 6원짜리 시계와 김구의 2원짜리 시계를 바꿉니다.

그리고 "장부출가생불환丈夫出家生不還"이라고 말하며 임무를 수행하기 위해 떠납니다. 그 뜻은 '사나이가 집을 떠나면 살아서 돌아오지 않는다'로 진시황을 암살하기 위해 떠나는 형가가 남긴 말입니다.

김구와 윤봉길

이봉창의 암살 시도로 기념식장의 경계가 삼엄해져 물통과 도시락 외에는 가져갈 수가 없었습니다. 그래서 윤봉길은 도시락과 물통으로 위장한 특수 폭탄을 가지고 갔고 물통 폭탄을 던져 의거에 성공합니다. 윤봉길 의사는 곧 도시락 폭탄으로 자결하려 했지만 불발되고 체포당합니다. (만약 도시락 폭탄을 먼저 던졌다면 의거가 실패했을 것입니다.)

윤봉길 의사는 일본 육군 헌병들에게 체포되어 무지막지한 구타를 당하고 연행 후 지옥 같은 고문을 받습니다. 5월 25일 상하이 파견 육군 군법회의에서 사형을 선고받고, 11월 18일 일본으로 호송되어 오사카 육군 위수형무소에 수감됐다가 12월 18일에 카나자와 육군형무소로 이감됩니다. 12월 19일 육군형무소 공병 작업장에서 사형이 집행됩니다. 집행인이 "마지막으로 남길 말은 없는가?"라고 묻자 "사형은 이미 각오했으므로, 하등 말할 바 없다"라고 짤막이 대답합니다. 이때 윤봉길의 나이는 24세였습니다.

읽을거리

우리나라에서 윤봉길 의사의 홍커우 의거 기념일은 엄청나게 푸대접받았습니다. 그 날짜가 히로히토 천황의 생일이었기 때문입니다. 정치인들은 생일 행사를 하는 일본 대사관으로 몰려갔고 홍커우 의거 기념 행사장에는 한 명의 정치인도 볼 수 없었습니다.

민족 말살 통치기 1936년

1936년 조선 총독으로 부임한 미나미 지로는 내선일체라는 명분으로 조선인을 일본인에 동화시키려 하였습니다. 내선일체內鮮一體는 일본 국내國內와 조선朝鮮은 한 몸一體이라는 의미이지만 실제로는 민족말살정책입니다.

일제는 '조선인과 일본인의 조상이 같다'는 일선동조론日鮮同祖論을 주장합니다. 우리나라에서 일본으로 사람이 이동했으니 일선동조론이 틀린 것은 아닙니다만 일선동조론은 미개한 조선을 형제 국가인 일본이 근대화시켰다는 식민지 근대화론과 식민사관의 근거로 사용됩니다.

황국신민화 정책을 추진하여 황국신민서사라는 맹세문을 외우게 하였고, 일본 천황에게 충성을 맹세하는 궁성요배, 신사참배를 강요합니다. 그리고 일본식으로 성을 만들고創氏 이름을 바꾸는改名 창씨개명創氏改名을 강제합니다. 한 가지 예시로 연극인이던 신불출이란 사람은 구로다 규이치玄田牛一로 창씨개명합니다. 玄田은 축畜을 파자한 것이고 牛一은 생生을 파자한 것입니다. 합치면 축생畜生으로 일본에서는 칙쇼(짐승같은 놈)라는 욕이 되기에 비판하는 의도를 비꼬아서 바꾼 것입니다.

교육제도도 바뀌어 1941년에는 소학교를 국민학교로 바꿉니다. 일본어 교육도 강화되어 학교에서 일본어를 사용하지 않는 학생에게는 국어상용패를 강제로 달아 갖가지 불이익을 주었습니다. (국민학교는 해방 후에도 계속 사용되다가 1996년 초등학교로 이름을 바꿉니다.)

✦ 일장기 말소 사건 1936년 ✦

1936년 베를린 올림픽 마라톤 종목에서 손기정 선수는 금메달을 땄지만 일본 국적으로 딴 것이었습니다. 이것이 부끄러웠던 손기정은 1위 기념으로 받은 월계수 묘목으로 가슴의 일장기를 가립니다. 손기정의 속뜻을 알았는지《조선중앙일보》와《동아일보》는 8월 13일 자 신문에서 일장기를 일부러 지워버립니다.

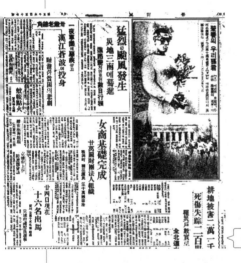

조선총독부는 인쇄 불량으로 여겨 문제 삼지 않았습니다. 그러나《동아일보》가 8월 25일 자 신문에서 다시 일장기를 지운 사진을 올리자 관계자 10여 명을 체포합니다. 당시 조선총독부는 이 사건을 처벌할 조항을 찾지 못하자 대신 관계자들을 모질게 고문합니다. 이 사건으로《동아일보》사장인 송진우를 비롯한 관계자들이 사임하게 되었으며《동아일보》는 8월 29일 자로 무기한 정간 조치당하고 자매지《신동아》는 폐간됩니다.

> 동아일보 8월 25일자 신문

읽을거리

손기정이 올림픽에서 금메달을 딴 일은 우리나라 사람들에게는 커다란 기쁨이었습니다. 전국 방방곡곡에서 축하 잔치가 열리고 술집에서는 막걸리를 공짜로 주기도 했습니다. 그런데 며칠이 지나고 흥분이 가라앉자 술집 주인들의 마음이 변합니다. 공짜로 퍼준 술이 아까워졌지만 그렇다고 술 먹은 사람들에게 돈을 받아낼 수도 없는 일입니다. 그래서 생각해 낸 방법이 막걸리에 물을 타는 것입니다. 그 때문에 "손기정의 발이 막걸리를 묽힌다"라는 말이 돌았다고 합니다.

국가총동원법 1938년

　　1937년 7월 7일 중일전쟁이 일어나고 일제는 1938년 4월 1일에 전쟁 수행을 위해 국가총동원법을 시행합니다. 국가총동원법에 의해 전시에는 노동력, 물자, 자금, 시설, 사업, 물가, 출판 등이 완전히 통제되고 평상시에는 직업능력 조사, 기능자 양성, 물자 비축 등을 하게 됩니다. 일본 본토뿐 아니라 식민지인 조선, 대만, 만주국에도 적용되어 강제징용, 징병, 식량 공출, 위안부 소집 등을 시행하였고 이 때문에 우리나라는 큰 고통을 받았습니다.

강제 노역장 군함도

아직도 해결되지 않은 위안부 문제 · 1944년 8월 14일 미치나에서 미군에 의해 체포된 위안부

조선의용대 1938년

조선의용대는 김원봉과 좌익단체가 연합하여 만든 조선민족전선연맹

이 장제스의 중국 국민당의 지원을 받아 1938년 10월 창설한 무장 독립

운동 단체입니다. 조선의용대는 처음에는 중국 국민혁명군과 함께 군사

활동을 벌입니다. 나중에는 뤄양으로 이동하게 되고 주력부대를 화북으

로 보냅니다.

그런데 화북으로 이동한 조선의용대 화북지대가 독립하더니 1942년

'조선의용군'으로 이름을 바꿉니다. 해방 후 조선의용군은 북한 '조선인민군'의 주력이 되어 한국전쟁 때 남침합니다.

한편 소수만 남은 김원봉은 1942년 대한민국 임시정부에 합류하고 조선의용대 병력은 한국광복군에 재편성됩니다.

광복군 1940년

1937년 7월 7일 중일전쟁이 발발합니다. 중국은 일본과의 전쟁에서 승리하기 위해 우익인 국민당과 좌익인 공산당이 손을 잡게 됩니다. (국공합작) 국민당 장제스 총통은 대한민국 임시정부가 군대를 갖추는 것을 전폭적으로 지원합니다.

1940년 9월 15일 충칭 대한민국임시정부의 정규 군대인 한국광복군韓國光復軍이 창설됩니다. 창설 당시 총사령은 지청천, 참모장은 이범석으로 규모는 400~500명 정도입니다.

임시정부는 태평양전쟁이 발발하자 1941년 12월 10일 일제와 독일에 선전포고합니다. 광복군은 1943년 영국군에 파견되어 버마 전역에 투입되었으며, 그 뒤 이승만을 통해 미국 국무부에서 파견한 도노번 장군에게 OSS 특별훈련을 받기도 하였습니다.

1945년 8월 11일 이범석을 총지휘관으로 하는 국내정진군國內挺進軍을 편성하고 8월 16일 미군 비행기를 통해 선발대가 한반도로 향했지만 "가미카제 특공대가 아직 연합군을 공격하고 있다"라는 무전을 받고 회군합니다. 8월 18일 다시 국내 진입을 시도하지만 일본군의 저항으로 서울 여의도 비행장에 착륙하자마자 다시 회군합니다. 그 후 임시정부는 오광선을 국내지대장으로 파견해 국내지대를 개설하지만 미군정이 '사설 군사단체 해산령'을 내려 광복군 국내지대를 해체합니다. 그러자 중국에 남아있던 광복군도 해산되고 1946년 5월 말 이범석 장군의 통솔 아래 우리나라로 귀국합니다.

광복 · 1945년

1941년 12월 7일 일제는 항공모함 6척과 400여 대의 함재기로 미국 하와이 제도의 오아후섬 진주만眞珠灣, Pearl Harbor에 있는 미국 태평양 함대의 기지를 공격합니다. 미군은 2334명이 전사하고 전함 4척이 침몰하는 크나큰 피해를 봅니다. 이로써 일제는 미국이 일본을 더 이상 건드리지 않을 것으로 생각합니다.

하지만 미국은 대서양과 태평양 양쪽에서 동시에 전쟁을 수행할 수 있는 막강한 국력을 가진 나라입니다. 열 받은 루스벨트는 대서양 건너 나치뿐 아니라 태평양 넘어 일본까지 공격하라고 명령하고 2차대전 때 폭격기 중 가장 거대하고 최첨단인 B-29 폭격기를 날려 일본을 공습합니다. 일제의 요격기는 B-29가 있는 고도까지 올라가지도 못합니다.

폭격 마니아 커티스 르메이는 선두 기체에 탑승하여 아예 일본을 석기시대로 되돌리려고 합니다. (농담이 아닙니다. 르메이는 '전쟁 중에는 민간인이 없다'라고 여기는 사람입니다. 베트남전에도 참전한 르메이는 실제로 베트남을 석기시대로 만들어버리자고 했습니다. 또한 르메이는 한국전쟁에도 참전하여 한반도를 석기시대로 만들 뻔합니다.)

결국 일본은 패망 직전까지 몰리지만 카미카제 특공대까지 투입하며 끝까지 저항합니다.

1943년 11월 미국, 영국, 중화민국이 참여한 카이로 회담에서 일제를 해체하고 적절한 시기에 한국을 독립시키기로 합니다.

1945년 5월 나치가 패망합니다. 1945년 7월 26일 독일 포츠담에서 미국 대통령 해리 S. 트루먼, 영국 총리 클레멘트 애틀리, 중화민국 주석 장제스가 회담하다가 일제에 무조건 항복하라고 최후통첩을 보냅니다. 이를 포츠담 선언이라 합니다.

그러나 일제는 최후통첩마저 거부합니다. 미국은 B-29에 핵폭탄 '리틀보이'를 실어 1945년 8월 6일 히로시마에 투하하고, 1945년 8월 9일 나가사키에 '팻 맨'을 투하합니다.

1945년 8월 15일 천황 히로히토는 연합군에게 무조건 항복을 선언합니다. 이로써 한국은 일제로부터 해방됩니다. 이날 여운형은 조선총독부의 엔도 정무총감과 교섭을 벌여 일본인들의 무사 귀환을 조건으로 다음과 같은 다섯 개 조항을 요구합니다.

첫째, 전국적으로 정치범, 경제범을 즉시 석방할 것.

둘째, 서울의 3개월 분 식량을 확보할 것.

셋째, 치안 유지와 건국 운동을 위한 정치 운동에 대하여 절대로 간섭하지 말 것.

넷째, 학생과 청년을 조직, 훈련하는 데 대하여 간섭하지 말 것.

다섯째, 노동자와 농민을 건국 사업에 동원하는 데 대하여 절대로 간섭하지 말 것.

소련군이 경성에 들어온다는 소문이 돌던 상황이라 총독부는 다급히 여운형의 요구를 받아들입니다. 8월 16일이 되어 여운형의 요구대로 정치범, 경제범이 석방되면서 해방의 소식이 알려집니다. 전국에서는 해방의 기쁨으로 들떠 태극기를 들고 밖으로 나와 만세를 외칩니다. 여운형은 조선건국준비위원회(건준)를 조직하고 YMCA 건물에서 건준 강령을 발표합니다.

읽을거리

대한민국은 독립(獨立)한 것이 아니라 광복(光復)했습니다.

독립이란 어린아이가 자라서 부모 품을 떠나 홀로 선다는 의미입니다. 미국은 영국으로부터 독립했습니다. 일본은 한반도에 있던 삼한에서 독립했습니다. 하지만 대한민국은 조선이라는 독립 국가가 일제에 의해 주권을 빼앗겼다가 다시 찾은 것입니다. 이럴 때는 광복이라 합니다.

38선

1945년 2월 4일부터 11일까지 8일간 흑해 연안 크림반도에 있는 휴양

도시 얄타에 연합국 소속 미국, 영국, 소련의 수뇌부 프랭클린 D. 루스벨트, 윈스턴 처칠, 이오시프 스탈린이 모여 회담합니다. 이 회담에서 미국은 일제와 상호불가침조약을 맺고 있던 소련에 대일전 참전을 약속받습니다.

1945년 8월 8일 소련−몽골 인민혁명연합군은 만주의 일본 관동군을 공격합니다. 100만 명이 넘는 일본 관동군은 소련군에 의해 일주일 만에 무너졌고, 소련군은 계속 남진하여 8월 24일 평양에 입성합니다.

미군은 이때 오키나와에서 일본군과 대치하고 있었습니다. 소련이 완전히 한반도를 장악할 수 있다고 생각한 미국은 38도에서 남하를 중지할 것을 요청합니다. 1945년 8월 26일 평양에 도착한 소련군 사령관은 삼팔선을 공식적으로 봉쇄합니다.

1945년 이후의 역사는 간략하게 설명만 하고 넘어가겠습니다.

이 당시 살았던 사람 중 아직도 살아있는 사람도 있고 이념에 따라 역사 해석이 달라지다 보니 깊이 다루기가 힘듭니다. 그리고 이 책이 우리 역사를 다룬 책이니 북한의 역사도 기술해야 하겠지만 필자가 북한 역사에 대해 정보가 부족해서 다루지 않겠습니다.

또한 대한민국 건국사 부분도 이승만 초대 대한민국 대통령에 대한 논쟁이 있는 시점이기에, 최대한 현 교과의 논점에 맞췄지만 독자분들 의견과 다를 수 있음을 미리 밝힙니다.

1945년 9월 6일 여운형은 조선인민공화국을 선포합니다. 그러나 9월 7일 인천항에 진주한 미군은 포고령을 통해 승인하지 않았고 조선인민공화국은 와해합니다. 미군은 대한민국 임시정부 등 다른 단체도 인정하지 않았습니다. 그래서 임시정부 인사들은 개인 자격으로 귀국해야 했습니다.

미군은 9월 9일 서울로 진주하면서 조선총독부로부터 행정권을 이양받아 군정을 시행합니다. 미국의 적은 사실 일본이 아니라 좌익(공산당)이었습니다. 그리고 행정의 편의를 위해 노덕술 같은 일제 경찰과 김일성이 소속되어 있던 동북항일연군과 중국 팔로군 등을 때려잡던 간도특설대 간부 백선엽, 일본육사 57기를 3등으로 졸업하고 만주군 소대장으로 근무한 박정희 같은 일본군 출신 등을 그대로 고용합니다.

1945년 12월 16일부터 26일까지 소련의 모스크바에서 미국, 영국, 소련의 외무장관相이 모여 제2차 세계 대전 뒤처리를 논의합니다. 이를 모스크바 삼상회의三相會議라 합니다. 여기에서 미국은 한반도의 신탁통치를 주장합니다. 소련이 반대했지만 결국 합의합니다.

'한국의 독립 국가 건설을 위한 임시정부를 수립하며 이를 준비하기 위하여 미소 공동위원회를 설치한다. 또 임시정부를 통해 미국, 영국, 소련, 중국의 4개국이 최장 5년간 신탁통치를 하고, 그 후 총선거를 시행하여 완전한 독립 국가를 수립한다.'

게다가 한반도에서는 신탁통치를 한반도의 식민지화로 오인하고 좌우익이 한결같이 신탁통치 반대 운동을 벌입니다. 그러다가 좌익을 중심으로 신탁통치가 정부 수립 때까지 도와주려는 의도라는 것을 알고 신탁 찬성으로 돌아섭니다. 그런데 미소공동위원회에서 논의될 예정이었던 신탁통치는 미소공동위원회가 결렬되면서 실현되지도 못했습니다.

1946년이 되자 미군정은 좌익을 탄압합니다. 조선공산당에서 위조지폐를 만들었다는 혐의를 들어 조선공산당을 불법화합니다. 이를 정판사 위조지폐 사건이라 합니다. 공산당들은 파업 등의 방법으로 저항하지만 결국은 탄압에 견디지 못하고 월북합니다. 북측도 마찬가지였습니다. 38선 이북에서는 북조선 인민위원회의 주도로 토지 무상몰수, 무상분배, 산업 국유화 등 '반제 반봉건 민주주의 혁명'이 진행되면서 우익들이 월남합니다.

각 지역에서 반대 목소리를 내던 지식인들은 고초를 겪었습니다. 조만식은 끝까지 남았다가 결국 살해당합니다.

1947년 3월 22일 미군정청 경찰이었던 노덕술은 좌익 계열이었지만 독립투사인 김원봉을 조선노동조합전국평의회의 총파업 배후 인물로 지목하고 체포합니다. 4월 9일 미군정은 증거 불충분을 이유로 김원봉을 석방하지만, 김원봉은 일제 앞잡이인 노덕술에게 모욕당한 것에 자괴감 들고 괴로워 사흘을 내내 울었다고 합니다.

현실주의자였던 이승만은 1946년 6월 3일 정읍에서 남한 지역만이라도 독자적인 정치세력을 구축해야 한다고 연설합니다. 미군정 측은 중도 세력과 교섭하여 1946년 12월 남조선 과도 입법의원과 남조선 과도 정부를 세웠으나 좌익인 여운형 등은 탈퇴합니다. 여운형은 1947년 7월 암살당합니다.

1947년 9월에는 미국이 제시한 한반도 내 선거를 통한 정부 수립안이 UN 총회에서 가결됩니다. 하지만 소련은 38선 이북에 UN 한국 임시 위원단이 들어오는 것을 거부합니다. 그래서 1948년 2월 UN 소총회에서 남한 지역만의 단독 선거 수립안이 결정됩니다. 이에 반발한 김구와 김규식 등은 1948년 4월 19일 방북하여 김일성과 연석회의를 열어 남북 총선거를 실현하려 했으나 결국 실패합니다. 이때 함께 방북했던 김원봉은 그대로 평양에 남습니다.

1948년 5월 10일 4 · 3 사건으로 선거가 연기된 제주도를 제외한 38선 이남 지역에서 총선거가 시행되고 이승만 측이 압승하게 됩니다.

1948년 7월 12일 제헌 국회는 대한민국 헌법을 제정하고 7월 17일 공포합니다. 7월 20일 국회에서 대통령으로 이승만, 부통령으로 이시영을 선출하고, 이승만이 맡았던 국회의장직에 신익희를 선출합니다. 1948년 8월 15일 대한민국 제1공화국이 공식적으로 출범합니다.

제1공화국 출범 · 1948년

공화국은 헌법으로 구분합니다. 제헌국회에서 최초로 헌법이 만들어지고 헌법에 따라 제1공화국이 출범합니다.

이승만 대통령은 국내 좌익 세력을 청산하기 위해 물불을 가리지 않았습니다.

제주 4 · 3 사건에서의 비극에서 볼 수 있듯이, 좌익과의 갈등이 극에 달했던 시기였기 때문입니다. 4·3 사건은 국내 좌익들의 선동과 친일 경찰의 과잉 진압이 빚어낸 비극이었습니다. 사건의 배경은 이렇습니다.

1947년 3월 1일에 제주 북국민학교에서 삼일절 기념 제주도 대회가 열렸습니다. 행사가 끝나고 거리 시위가 벌어졌는데 경찰이 이를 해산시키는 도중 말로 어린이를 밟아버리는 사고가 일어납니다. 분노한 군중이 경찰에 돌을 던지자 경찰이 발포하면서 6명이 죽고 8명이 부상을 입는 사건이 발생합니다.

남조선로동당(남로당)은 이 사건을 미군정이 임명한 친일 경찰의 만행으로 규정하고 도민들을 선동합니다. 이에 따라 제주도에서는 총파업이 일어나는데 미군정도 제주도민 70퍼센트가 좌익이라는 어처구니없는 소리를 하며 강제 진압에 들어갑니다. 육지에서 경무부장이었던 조병옥(아우내 만세운동 주도자인 조인원의 아들)을 비롯한 경찰들이 제주도로 파견되며 제주도는 아수라장이 됩니다.

1948년 4월 3일 경찰의 탄압에 견디다 못한 제주도민들은 무장 봉기합니다.

제1공화국이 수립되면서 상황은 더욱 악화합니다. 10월 19일 여수에 주둔 중이었던 조선국방경비대 14연대 소속 장병들은 제주 4·3 사건을 진압하라는 이승만 정부의 출병 명령을 거부하고 여수, 순천 일대의 남로당 당원과 합세하여 여수, 순천 지역을 점거하는 일이 벌어집니다. 이 사건으로 확인 사망자만 3384명, 실종자 825명이 발생합니다.

1948년 11월 17일 이승만 대통령은 제주도에 계엄령을 선포했고, 송요찬을 계엄사령관으로 임명합니다. 군경토벌대는 11월 중순부터 초토화 작전을 실행합니다. 제주도를 돌아다니며 닥치는 대로 주민들을 잡아 갖가지 만행을 벌이고 학살합니다. 특히 북에서 월남한 서북청년회가 가장 악랄했다고 합니다. 1954년 9월 21일 4·3 사건이 종료될 때까지 확인 사망자만 1만 715명이고 3171명이 실종됩니다. 추정 사망자는 6만~8만 명이나 됩니다.

1948년 10월에는 반민족행위특별조사위원회가 결성됩니다. 최남선, 이광수, 서정주, 최린, 노덕술 등이 체포됩니다. 노덕술은 반민특위 간부들을 암살하려는 음모까지 꾸몄다는 것이 밝혀집니다.

1949년 6월 26일에는 김구가 포병 장교였던 안두희에 의해 자택 서재에서 암살당합니다. 이 사건으로 구속 수감된 안두희는 한국전쟁이 일어나자 형집행정지로 석방되고 계급도 소위에서 소령으로 특진 되어 군으로 복귀합니다. 예편 후 안두희는 강원도 양구군으로 건너가 군납공장을 차려 엄청난 재산을 축적합니다. 하지만 안두희는 이승만 퇴진 이후 몇 차례나 암살 및 살해 위협을 받았고 1996년 10월 23일 결국 한 시민에게 몽둥이로 맞아 죽습니다. 안두희가 사망하면서 이 사건의 배후는 알 수 없게 됩니다.

이승만 정부는 1950년 3월 농지개혁법을 단행합니다. '유상매입 유상분배' 방식입니다. 한 농가의 토지 소유 한도는 3정보(약 9000평), 그 이상의 토지는 지가증권을 주고 산 다음 수확량의 30퍼센트를 5년간 내는 방식으로 분배해 주는 식이었습니다.

이 같은 농지개혁법 실행으로 자영농을 육성하고 대한민국 근대 자본주의의 초석을 다졌다는 평도 있으나 반대 의견도 있습니다. 보상이 부실했고 인플레이션을 유발해 중소지주를 몰락시키고 매판자본가를 양성했다는 지적입니다. 평가는 여러분에게 맡기겠습니다.

✦ 조선의 3대 천재 ✦

육당 최남선, 춘원 이광수, 벽초 홍명희는 일본 도쿄 유학생 출신으로 조선에 새로운 문학을 세우고 문화를 이끌었다는 공통점이 있습니다. 이 세 사람은 '동경삼재' 또는 '조선의 3대 천재'로 불립니다.

최남선은 3·1 운동 때는 기미독립선언서를 기초하는 등 독립운동가로서도 활동하며 형무소에 수감되는 등 탄압을 받았지만, 1928년 일본의 어용 역사 단체인 조선사편수위원회에 참가하면서 변절하더니 일본과 조선이 화합해야 한다는 일선융화론(日鮮融和論)을 주장할 정도로 타락합니다. 광복 후 반민특위에 의해 투옥되는 등 구차하게 삶을 이어가다가 1957년 사망합니다.

이광수는 2·8 독립 선언서를 작성하는 등 민족 계몽가로 활동합니다. 1917년 최초의 장편소설인 《무정》을 《매일신보》에 연재하고 다음 해 단행본으로 내는데 1만 부나 팔리는 엄청난 베스트셀러가 됩니다. 이후 여운형의 추천을 받아 1919년에 대한민국 임시정부에 참가, 《독립신문》의 발행을 맡았고, 임시정부에서 발간한 《한일관계 사료집》 편찬에도 참여합니다.

하지만 1921년 막 결혼한 신부와 함께 귀국하였고 1922년 5월 월간 잡지 《개벽》에 민족 개조론을 발표하면서 친일의 길로 들어섭니다. 1939년 친일 어용 단체인 조선 문인 협회 회장이 되어 '가야마 미쓰로(香山光郞)'라는 이름으로 창씨개명을 하고 전국을 돌며 일제의 학도병으로 나갈 것을 독려하는 연설을 합니다. 해방 이후 1949년 반민특위 체포자 제2호로 연행됩니다. 구차하게 "나는 민족을 위해 친일한 것이다"라고 변명하다가 같이 끌려온 최린에게 입닥치라는 소리를 듣게 됩니다. 지병을 이유로 풀려나고, 1950년 한국전쟁 때 납북되었다가 폐결핵에 걸려 곧 사망합니다.

홍명희는 3·1 운동에 참가하였고 1927년 신간회 창설에 참가하여 부회장직을 맡는 등 독립운동을 하였고 작가로서는 소설 《임꺽정》을 집필하였습니다. 최남선, 이광수와 달리 끝까지 변절하지 않았습니다. 최남선, 이광수, 최린 등이 창씨개명 했다는 소식을 듣고 친구인 한용운을 찾아가 "그놈들은 개 같은 놈들"이라며 분노합니다. 그러자 한용운이 "개는 절대 주인을 배신하지 않으니 그놈들은 개만도 못한 놈들"이라며 개에게 사과하라고 합니다. 그러자 홍명희가 수긍하고 사과했다는 일화가 있습니다.

그는 광복 뒤 조선문학가동맹 중앙집행위원장을 역임하다 여운형과 함께 근로인민당을 조직합니다. 하지만 여운형이 암살된 후 사회주의 활동에 한계를 느끼고 월북합니다. 북한에서 초대 북한 내각 부총리, 최고인민회의 상임위원회 부위원장 등 최고위직을 역임하며 잘 먹고 잘살다가 1968년 3월 5일 사망합니다.

홍명희와 김일성

한국전쟁 발발   1950년 6월

김일성은 전쟁을 벌이려 했고 스탈린에게 도와달라는 부탁을 합니다. 그러나 북한이 한국을 이기기 힘들 것으로 생각한 스탈린은 48번이나 거절합니다. 김일성은 장제스를 타이완으로 밀어내고 중국을 통일한 마오쩌둥을 만나 같이 스탈린을 설득해달라고 요청합니다. 장제스와의 내전에서 막 승리한 마오쩌둥은 중화인민공화국(중공)이 전쟁원조를 하겠다며 스탈린을 설득했고 마침내 스탈린도 전쟁 지원을 약속하고 소련의 최신무기들을 대량으로 제공합니다.

1950년 6월 당시 북한군은 13만 5000여 명, 한국군은 6만 5000여 명이었습니다. 북한군은 소련제 T-34/85형 탱크 242대, 야크 전투기와 IL 폭격기 200여 대를 원조받았지만 한국군은 탱크는 한 대도 없고 항공기는 전쟁 직전 국민 성금으로 캐나다로부터 구매한 T-6 텍산 10대 정도가 고작이었습니다.

6월 25일 오전 3시 30분 38도선 전체에서 북한군이 남침합니다. 6월 25일을 전쟁 개시일로 잡은 것은 두 달 안에 전쟁을 끝내고 8월 15일에 통일을 완수하겠다는 김일성의 지시 때문입니다. 하루도 지나지 않아 북한군은 서울 근교까지 육박합니다.

얼마 후 이승만은 각료들과 함께 특별열차로 대전으로 이동합니다.

6월 27일 북한군이 미아리고개까지 쳐들어오자 서울 시민들은 본격적으로 대피하기 시작합니다. 정부 역시 망명정부를 일본에 수립하는 방안을 주한미국대사에게 문의합니다.

6월 28일 새벽 2시 30분경 대한민국 정부는 북한군이 한강을 넘어 진격할 것을 우려해 당시 한강에서 유일한 다리인 한강철교까지 폭파합니다. 당시 최소 500명의 민간인이 사망하고 서울시민 144만 6000여 명 가운데 100만여 명은 서울에서 탈출하지 못합니다. 북한군은 서울을 점령하고 계속 진격합니다.

7월 1일 이승만 정부는 대전을 떠나 이리로, 7월 2일에는 목포로 자리를 옮깁니다. 그리고 배편으로 부산으로 옮긴 뒤 7월 9일 대구로 이동합니다.

❋ 보도연맹 학살 사건 ❋

국내 좌익세력의 움직임이 언제나 불안했던 이승만 정부는 보도연맹원 학살을 지시합니다. 보도연맹은 1949년 6월 5일 좌익 계열 전향자로 구성됐던 반공단체입니다. 전쟁 중 보도연맹원들이 북한군에게 협조할 것으로 의심하고는 배신자로 낙인찍어 전부 죽이라는 명령을 내립니다.

이에 따라 형무소가 있던 대전, 공주, 전주, 목포, 진주, 대구 지역에는 군경이 후퇴하기 직전 재소자와 보도연맹원들이 학살됩니다. 단일지역 최대 규모는 대전 산내 골령골입니다. 1950년 6월 28일부터 7월 16일까지 대한민국 군경은 대전 형무소에 수감되어 있던 좌익사범, 재소자, 미결수, 보도연맹원 등을 골령골에서 학살합니다. 대략 5000명 정도 살해되었다고 추정됩니다.

특히 낙동강 방어선 안쪽과 제주 지역에서 한국군의 분풀이로 상상을 초월하는 잔인하고 대규모의 학살이 일어납니다. 한국군과 서북청년회에 의해 학살된 보도연맹원은 공식적으로 확인된 사람만 4934명이고 추정치는 최소 10만에서 최대 30만 명입니다.

한편 보도연맹 학살 사건은 피의 복수를 부릅니다. 북한군이 남한을 점령하자 이번에는 북한군들이 인민 재판을 통해 보복 학살을 합니다. 다시 한국군이 수복하자 또다시 보복 학살이 일어납니다.

UN의 참전 ▷ 1950년 7월

　7월 1일 영국과 프랑스는 '유엔군사령부의 설치와 유엔 회원국들의 무력 원조를 미국 정부의 단일 지휘 아래 둔다'라는 공동결의안을 UN 안보리에 제출합니다. 이 결의안은 7월 7일 표결에서 찬성 7, 기권 3(이집트, 인도, 유고슬라비아)이 나옵니다. 문제는 소련이 불참한 것입니다. 안보리는 상임이사국(미국, 영국, 프랑스, 소련, 중화민국) 중에서 한 국가라도 거부권을 행사하면 안건 통과가 되지 않습니다. 미국은 불참은 거부권 행사의 포기로 해석하면서 결의안을 통과시킵니다. 이에 따라 미국·오스트레일리아·벨기에·캐나다·콜롬비아·프랑스·그리스 왕국·에티오피아 제국·룩셈부르크·네덜란드·뉴질랜드·필리핀·태국·튀르키예·영국·남아프리카 연방의 16개국 군대로 유엔군이 편성되어 한국전에 투입됩니다.

　8월이 되자 북한군은 대구까지 내려옵니다. 국군과 미군은 낙동강을 최후 방어선으로 여기고 북한군과 치열한 교전을

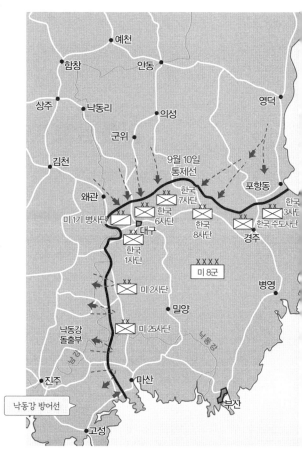

벌입니다. 이때 한국군 제1사단장 백선엽이 경상북도 칠곡군 가산면 다부동에서 북한군을 격퇴합니다. 이 때문에 북한군은 낙동강 전선을 돌파하는 데 실패합니다.

그뿐만 아니라 UN군의 폭격기와 전투기가 적 후방을 공격하기 시작하면서 북한군은 앞뒤로 공격을 받을 수도 있다는 불안감에 빠집니다.

압록강 상공에서는 미군의 F-86과 공산군(소련? 중공?)의 미그 15가 세계 최초로 대규모 제트기 대결을 벌입니다.

인천 상륙 작전 ● 1950년 9월

UN군 사령관 더글라스 맥아더는 북한군 후방을 차단하여 고립시키고 말려 죽인다는 작전을 세웁니다. 사령부에서도 이 작전에 찬성합니다. 하지만 작전 지역을 인천으로 한다고 하자 경악하여 반대합니다. 인천은 조수 간만의 차가 커서 상륙 작전을 하기가 몹시 힘든 곳이기 때문입니다. 하지만 맥아더는 고집을 꺾지 않습니다. 미군 역사상 최고의 명장 후보

인천상륙작전 직후 UN군 반격상황
(1950년 9월 말~10월 초)

에 드는 맥아더는 북한군도 인천으로 상륙할 것이라고는 생각하지 못할 것이니 최적의 장소라는 허허실실虛虛實實 전략을 세운 것입니다.

맥아더는 삼척시, 군산시, 함경남도 신포시 마량도, 남포시 등에 폭격을 하여 마치 그곳으로 상륙하려는 것처럼 속인 후 인천 상륙을 감행합니다. 상륙은 하루에 두 번 만조 때 한 시간 정도만 가능합니다. 함대는 바다 한가운데에서 다음 만조까지 열두 시간을 대기하면서 하루 2회씩 5일간, 총 10회에 걸쳐 병력, 물자, 장비 등의 상륙작전을 진행합니다. 상륙에 성공한 미국 제1해병사단을 비롯한 UN과 한국의 연합군은 9월 28일 서울 탈환에 성공합니다. 결국 보급선이 잘린 북한군은 사실상 소멸합니다.

9월 29일 임시 수도 부산으로부터 김포 비행장으로 맥아더와 이승만이 도착합니다.

이즈음에서 UN군은 전쟁을 끝내려 합니다. 하지만 육군 3사단 23연대 3대대는 10월 1일 38선을 돌파해 북진합니다. (국군의 날의 유래) 가만히 있을 수 없었던 UN군 또한 38도선을 넘습니다. 10월 9일 북진을 개시합니다.

김일성은 10월 11일 밤 "피로써 조국을 사수하자"라고 방송을 하고는 강계로 이동합니다.

✳ 빨치산과 팔만대장경 ✳

　여순사건 패잔병 100여 명은 이현상의 지휘하에 지리산에 숨어버립니다. 이들은 한국전쟁이 일어나자 빨치산이 되어 북한의 지시에 따라 낙동강 넘어 후방 교란 작전을 수행합니다. 그러다 인천상륙작전으로 북한군이 후퇴하면서 남은 낙오병과 좌익 피난민을 흡수하여 800여 명 규모로 성장합니다. 이들은 스스로를 조선인민유격대 남부군이라 불렀습니다.

　군경은 빨치산을 소탕하기 위해 그들이 은거지로 사용할 수 있는 산속의 사찰들을 파괴합니다. 합천 해인사 또한 파괴 대상이 되어 공군에게 폭탄을 떨어트리라는 명령이 내려옵니다.

　그러나 김영환 대령은 합천 해인사에 보관 중이던 팔만대장경을 지키기 위해, 편대원들에게 폭격을 불허하고, 기관총으로 위협사격을 가해 쫓아내라는 지시를 내립니다. 겁을 먹은 빨치산은 해인사에서 물러가고 팔만대장경은 무사할 수 있었습니다.

　하지만 그다음이 문제였습니다. 김영환 대령은 전시상황에서의 명령 불복종을 한 것입니다. 자칫하면 즉결 처분으로 사형도 당할 수 있습니다. 친미 개신교 신자인 이승만은 김영환에게 즉결 처분을 내리려고 합니다. 하지만 김영환 대령은 다음과 같이 당당하게 자신을 변호합니다.

　"해인사에는 700년을 내려온 우리 민족정신이 어린 문화재가 있습니다. 2차 대전 때 프랑스가 파리를 살리기 위해 프랑스 전체를 나치에 넘겼고, 미국이 문화재를 살리려고 교토를 폭파하지 않은 이유를 상기해 주시기를 바랍니다."

　배석하고 있던 공군참모총장 김정렬(김영환의 형)의 도움으로 간신히 즉결 처분은 모면합니다.

　이후 준장으로 진급하고 1954년 3월 5일 비행 도중 순직합니다. 2010년 문화훈장 중 최고 등급인 금관문화훈장이 추서됩니다.

　그런데 남부군은 휴전이 성립되자 북한에 의해 버려집니다. 오히려 한국 측에서 북한에다가 데려가라고 했지만 북한은 이들을 완전히 무시합니다. 휴전 후 국군 백선엽, 경찰 차일혁 등이 중심이 되어 토벌 작전에 들어가고 1953년 9월 말 남부군 지휘관 이현상이 전사하면서 남부군은 사실상 와해됩니다.

중공군 참전   1951년 10월

인천 상륙 작전으로 역전에 성공한 한국과 UN의 연합군은 계속 북진합니다. 다급해진 김일성은 중국(중공)에 지원을 요청합니다. 10월 3일 저우언라이는 "한반도 내전에는 간섭할 생각이 없다. 남조선군만 38선을 넘는다면 중공은 개입하지 않겠다. 하지만 UN군이 38선을 넘을 경우 이를 중공에 대한 위협으로 간주하겠다"라는 성명을 발표합니다. 하지만 맥아더는 들은 척도 하지 않습니다.

마침내 중공군이 움직이기 시작합니다. 10월 16일 선발대가 처음으로 압록강을 건넜고 10월 19일 본 병력 30만 명이 압록강을 건넙니다.

중공군은 결코 오합지졸이 아닙니다. 중일전쟁과 국공내전에 참전한

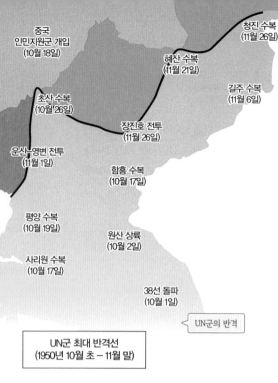

중국
인민지원군 개입
(10월 18일)

청진 수복
(11월 26일)

혜산 수복
(11월 21일)

길주 수복
(11월 6일)

초산 수복
(10월 26일)

장진호 전투
(11월 26일)

운산·영변 전투
(11월 1일)

함흥 수복
(10월 17일)

평양 수복
(10월 19일)

원산 상륙
(10월 2일)

사리원 수복
(10월 17일)

38선 돌파
(10월 1일)

UN군의 반격

UN군 최대 반격선
(1950년 10월 초 - 11월 말)

베테랑들입니다. 중공군 총지휘관인 펑더화이는 연합군이 도로와 평지로 군사, 화력, 물자를 이동한다는 것을 알고 산악을 통해 침투합니다. 연합군의 전투기와 전차는 무용지물이 되어버립니다. 중공군은 국공내전 때에 큰 효과를 본 자신들의 주특기인 게릴라전을 펼칩니다. 낮에는 산속에 숨어있다가 밤이면 연합군의 후미를 공격합니다.

약이 바짝 오른 맥아더는 중국 본토에 핵폭탄을 투하하자는 제안까지 합니다. 미국 대통령 트루먼은 제3차 세계대전이 일어날까 봐 제안을 거부했고 이후 맥아더는 트루먼과 마찰을 빚다가 1951년 4월 11일 트루먼에 의해 최고사령관 직에서 해임당합니다.

겨울이 다가오자 혹독한 추위로 연합군, 중공군에 동사자가 속출합니다. 결국 연합군도 중공군도 따뜻한 남쪽으로 이동하는 상황이 되어버립니다.

1950년 11월 26일 함경남도 장진군 장진호 주위에서 중공군 12만 명이 연합군 3만 명을 포위합니다. 연합군은 미국 제1해병사단의 분전으로 포위망을 뚫고 12월 13일 탈출에 성공합니다.

중공군은 12만 병력 중 6만 정도가 죽었고 연합군은 3만 병력 중 1만 8000명 정도가 죽었습니다. 그래서 장진호 전투를 중공의 전략적 승

리, 미군의 전술적 승리라고 평
가합니다. (미국 제1해병사단은
인천 상륙작전보다 장진호 전투
를 더 높이 평가하고 자랑스러
워합니다.)

장진호 전투 중 중공군 저지선을 뚫고 이동하는 미 해병대.

12월 9일에 중공군은 원산까
지 점령합니다. 육지에서의 퇴
로가 끊긴 연합군은 12월 15일부터 흥남항을 통해 철수를 준비합니다. 이
소식을 들은 피난민들이 흥남항으로 몰려듭니다. 그러나 미군 지휘부는
철수의 지연, 수송선의 부족, 피난민 속에 스파이의 침투 등을 이유로 피
난민을 데려가는 것을 꺼립니다.

하지만 한국군 1군단장 김백일 장군 등 한국군 지휘관들이 "우리 대신
피난민을 태워라 우리는 육로로 후퇴하겠다"라며 강력하게 반발합니다.
사실 육로는 막힌 상태이니 스스로 죽겠다는 소리입니다. 여기에 미10군
단 사령관 에드워드 알몬드 장군의 통역이었던 20살의 현봉학이 끈질기
게 알몬드를 설득하자 마침내 알몬드가 피난민을 태우는 데 동의합니다.
12월 19일부터 24일까지 10만 명의 피란민들이 철수합니다. 메러디스 빅
토리호는 12월 23일에 피난민 1만 4500명을 싣고 출항했으며 '단일 선박
으로서 가장 큰 규모의 구조 작전을 수행한 배'로 기네스북에 오르게 됩
니다. 연합군은 피난민들을 거제도에 수용합니다. 흥남이 고향인 전직 대
통령 문재인의 부모도 이때 피난민이 되어 거제도에 수용되었고 몇 년 후
문재인 씨가 태어납니다.

중공군은 거침없이 진격해 1951년 1월 4일에는 서울을 재점령합니다. 이를 1·4 후퇴라 합니다. UN군은 전선이 금강까지 밀리면 한반도를 포기하고 200만 명을 제주도로 이주시킬 계획까지 검토합니다. 만약 실행되었다면 중국-타이완과 똑같은 꼴이 되었을 것입니다.

하지만 북위 37도선에서 중공군은 진격을 멈춥니다. 커티스 르메이가 중공군에게 무차별 폭격을 퍼부었기 때문입니다. 르메이는 북한에도 엄청난 피해를 줍니다. 김일성 회고록에 따르면 미군 폭격으로 73개 도시가 지도에서 사라지고 평양에서는 2층 이상의 건물은 달랑 두 채만 남았다고 합니다. 폭격으로 북한 인구 20퍼센트가 죽고, 평양 75퍼센트, 흥남 85퍼센트, 원산 80퍼센트, 신의주 60퍼센트, 사리원 95퍼센트가 파괴됩니다. 그래서 북한은 전후 군사 시설이나 중요 시설을 폭격을 피해 대부분 지하에 건설합니다. 지금도 북한은 미군 폭격기를 제일 무서워합니다.

르메이의 폭격으로 보급할 수 없어지자 중공군은 북쪽으로 철수합니다. 연합군은 반격을 시작하여 3월 14일 서울을 재탈환합니다. 하지만 전열을 재정비한 중공군은 재반격합니다. 1951년 5월 16일부터 5월 22일까지 강원도 인제군 현리 근방에서 벌어진 전투에서 대한민국 육군 제3군단이 중공 제9병단에게 완패하고 패주합니다. 이후 3군단은 해제됩니다.

(우리 역사 5대 패전은 **주필산 전투, 용인전투, 칠천량 해전, 쌍령전투, 현리 전투**입니다.)

이후 남과 북은 전면전을 그만두고 일진일퇴를 반복하며 한 치의 땅이라도 더 차지하기 위해 공방을 반복합니다.

✦ 국민방위군 사건 ✦

6·25 초기 북한이 남한 지역을 점령한 후 의용군이라는 이름으로 한국인들을 동원하여 최전선의 총알받이로 투입합니다. 당시 강제로 끌려간 인원은 무려 60만 명입니다.

1·4 후퇴 때 한국은 다시 의용군으로 끌려가는 것도 방지하고 한국군도 증원하기 위해 강제 국민 동원령을 내립니다. 관공서에 있는 장부를 뒤져 대상자를 확인하고 영장을 발부합니다. 그냥 길바닥에서 청년들을 강제로 끌고 가기도 했습니다. 그런데 영장을 받기도 전에 자원입대하는 사람들도 매우 많았습니다. 절대 충성심 때문에 그런 것은 아닙니다. 군대에 가면 최소 굶지는 않을 것이라는 생각에서 자원입대한 것입니다. 이렇게 모인 국민방위군이 68만 명입니다.

그런데 국민방위군 간부들이 방위군을 위해 편성된 예산을 착복해 버립니다. 국민방위군에는 식량도 전투복도 돌아가지 않았습니다. 결국 국민방위군은 참전도 못 해보고 최소 7만 7000에서 최대 12만 명이 후방에서 굶어 죽고 얼어 죽었으며 나머지도 대부분 폐인이 되어버립니다. 쓸모가 없어진 국민방위군은 5월 해산됩니다.

도저히 숨길 수 없을 정도로 큰 사건이다 보니 예산을 착복한 간부들은 재판받게 됩니다. 하지만 사건을 일으킨 사람들이 이승만의 총애를 받던 사람들이다 보니 연루자 16명 중 실형 4명, 파면 10명, 무죄 2명이 나옵니다. 국민방위군 사령관 김윤근은 무죄, 부사령관 윤익헌은 징역 3년 6개월, 나머지는 징역 1년 6개월이 선고됩니다. 이런 어처구니없는 판결에 국민은 분노합니다. 부통령 이시영도 대통령을 비난하며 부통령직을 던져버립니다.

이승만은 사태 수습을 위해 김윤근의 장인인 신성모를 국방장관에서 경질하고 후임으로 이기붕을 임명합니다. 이기붕은 수사를 엄격하게 다시 하라고 지시했고 결국 국민방위군의 주요 간부 5명은 사형을 선고받고 대구 근교 야산에서 1951년 8월 13일에 공개 처형됩니다. 이 일로 이기붕의 인기는 급상승하게 됩니다.

휴전 ● 1953년 7월

3년을 끌던 전쟁은 결국 1953년 7월 27일 UN군(총사령관 마크 클라크)과 조선인민군(최고사령관 김일성), 중국 인민지원군(사령원 펑더화이) 간에 정전停戰 협정이 체결되면서 중단됩니다. 한국은 전쟁의 당사자이면서도 협정에 참가하지 못했습니다.

휴전으로 휴전선이 생겼으며, 연합군 해군이 점령한 북한의 30여 개의 섬들은 정전 협정으로 서해 5도만 제외하고 북한에 반환됩니다.

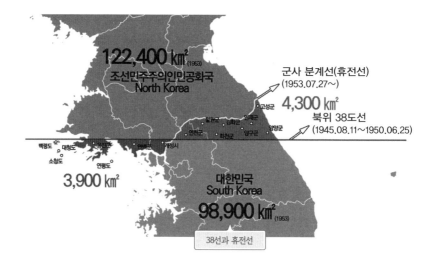

선생으로 인해 남북한을 합쳐서 약 300만 명 가까이 사망 또는 실종됩니다. 살아남은 사람도 생이별하게 됩니다. 1983년에 KBS에서 이산가족 찾기를 했을 때 총 10만 952건의 이산가족이 신청하고 1만 189건의 이산

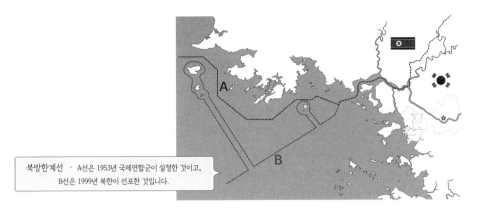

북방한계선 · A선은 1953년 국제연합군이 설정한 것이고, B선은 1999년 북한이 선포한 것입니다.

가족이 상봉했습니다. 138일간 연속 생방송을 한 이 프로그램은 유네스코 세계기록유산으로 등재되었습니다.

대한민국은 세계 최극빈국이 되어 미국의 원조를 받으며 간신히 살아가게 됩니다. 정치적으로는 친일파 청산은 물 건너가 버리고 우익만 남게 됩니다. 국가보안법이라는 만능의 법이 만들어져 정부는 야당 탄압에 요긴하게 써먹게 됩니다. 또한 언제 다시 전쟁이 벌어질지 모른다는 명분에 따라 징병제가 시행됩니다.

그나마 좋은 점이 있다면 신분제가 완전히 사라져 버렸다는 정도입니다. 또한 토지개혁 때 받은 지가증권도 휴지 조각이 되면서 모두가 가난하게 되어버렸습니다.

한편 일본은 한국전쟁의 최대 수혜자입니다. 한국전쟁 때 미국에 대량의 보급물자 생산 및 수송을 발주받은 덕에 경제 회복에 성공합니다. 해방 직후 떠돌던 말 중에 "소련에게 속지 말고, 미국을 믿지 말자, 일본이 다시 일어난다"라는 말이 있었습니다. 지금 보면 미국 얘기를 제외하고는 맞는 말인 것 같습니다.

2023년 기준 우리나라의 군사력은 북한에 압도적인 우세입니다. 북한이 가진 최신예 전투기는 MIG-29로 우리나라의 KF-16과 비슷한 성능입니다. 그러나 북한의 보유 대수는 40대, 우리는 131대입니다. 게다가 우리나라는 MIG-29보다 성능이 좋은 F-15K를 59대나 보유하고 있습니다.

육군 주력 전차인 T-62는 60년대 생산된 2세대 전차로 2000년대 우리 기술로 만든 3.5세대 전차인 K-2와 비교하기가 민망할 정도로 구식입니다.

해군은 비교 자체가 되지 않습니다. 북한이 가진 가장 큰 배는 나진급 구축함으로 1800t입니다. 우리나라의 독도함은 1만 4000t이고, 현재 세 대 있는 세종대왕급 구축함은 7600t입니다.

북한은 우리나라와 압도적인 군사력 차이 때문에 핵미사일에 목을 매고 있는 것입니다.

발췌개헌 1952년 7월

한국전쟁 중 이승만의 인기는 급락하고 국회와의 갈등으로 위기에 처합니다. 그래서 기존의 국회 간선제에서 대통령 직선제로 헌법을 고치려고 합니다. 하지만 1952년 1월 18일 여소야대 국회에서 대통령 직선제 개헌안을 표결에 부친 결과 찬성 19, 반대 143, 기권 1표로 부결됩니다.

혼돈의 시기에 본인이 아니면 자유민주주의를 온전히 지키기 어렵다고 판단한 이승만은 다소 무리수를 쓰게 됩니다. 임시 수도인 부산에 빨치산이 침투했다며 계엄령을 선포합니다. 1952년 5월 26일에는 개헌에 반대하던 야당 국회의원 47명이 탄 통근 버스를 헌병대를 동원하여 강제 연행하고 10명의 국회의원을 국제공산당과 관련이 있다는 혐의로 구속합니다. 초대 부통령이었던 이시영 등 야당과 재야인사들은 부산의 국제구락부에서 반독재호헌구국선언을 발표하려고 했지만 이승만 정부는 정치깡패까지 동원해 이를 중단시킵니다. 6월 21일 국무총리였던 장택상은 대통령직선제가 포함된 발췌개헌을 추진하면서, 개헌안을 통과시키지 않으면 국회를 해산시키겠다고 협박합니다. 7월 4일 밤 군경을 동원하여 표결을 피해 숨어있는 의원을 찾아내 국회로 연행한 다음 기립표결을 통해 찬성 163, 기권 3표로 발췌개헌안을 통과시킵니다. 이승만은 제2대 대통령 선거에서 재선에 성공합니다. 이런 과정이 여전히 비판받지만 지금의 대한민국에 기여한 공도 전혀 없다고 할 수는 없습니다.

이승만은 1953년 10월 미국과 한미상호방위조약을 체결하여 한국이 위험할 때 미국으로부터 보호를 받을 수 있도록 합니다. 그리고 미국의 원조를 받아 식량난을 해소하고 경제를 재건하려고 노력합니다. 이 과정에서 설탕, 면화, 밀가루 이른바 삼백三白 산업이 발달합니다.

초등학교 의무교육을 시행하여 문맹률도 크게 떨어트립니다.

읽을거리

권력을 쥐고 있는 측에서 더 큰 권력을 얻기 위해 쿠데타를 일으키는 것을 친위쿠데타라고 합니다. 이승만은 대한민국 최초로 친위 쿠데타를 일으켰습니다.

사사오입 개헌 · 1954년 11월

연임에 성공한 이승만은 3선을 하기 위해 초대 대통령은 연임 제한을 면제하도록 하는 개헌안을 국회에서 표결에 부칩니다. 개헌안은 정족수 기준인 재적의원 203명의 3분의 2 이상이 나와야 합니다. 203명의 3분의 2는 135.333…이므로 올림하여 136명이 되어야 가결됩니다. 이승만의 자유당 정권은 매수, 협박, 회유 등 온갖 수단을 동원하여 137표를 확보합니다. 그러나 막상 표결했더니 2명이 배신하여 135표가 나오고 개헌안은 부결됩니다.

그런데 다음날 자유당은 수학의 사사오입四捨五入, 반올림에 따라 135명이면 가결이라는 억지 논리를 펼칩니다. 그리고 조용순 법무부 장관은 서울대학교 현직 수학 교수까지 대동하여 135명이 가결정족수라고 유권해석을 내리며 부결을 가결로 바꿔버립니다. 당시 처음으로 국회의원을 하던 김영삼은 이런 행태를 참지 못하고 동지 10명과 자유당을 탈당해 민주당에 입당합니다.

하지만 사사오입 개헌에도 불구하고 이승만의 3선은 힘들어 보였습니다. 민주당 후보 신익희와 무소속 조봉암은 쉽게 이길 수 있는 상대가 아니었습니다. 신익희는 "못 살겠다, 갈아보자"라는 구호를 내세우며 한참 인기를 끌고 있었습니다.

그런데 선거 10일 전인 1956년 5월 5일 신익희가 갑자기 사망합니다. 만약 민주당이 이승만을 이기기 위해 조봉암을 찍으라고 했다면 부정선거에도 불구하고 조봉암이 승리했을 것입니다. 하지만 조봉암도 싫었던 민주당은 차라리 '신익희 추모표'를 찍으라고 했고 결국 이승만은 3선에 성공합니다. 하지만 국민들의 여론은 좋지 않았습니다.

1959년에 진영중학교 1학년이었던 노무현씨는 학교에서 이승만 생일 기념 글짓기 대회가 열리자 '백지 동맹'을 일으켜 정학을 당하기도 했습니다.

읽을거리

이승만은 원자력 발전에 관심이 있었습니다. 1956년 문교부에 원자력과를 신설하고 1958년에 원자력법을 제정합니다. 미국 알곤국립연구소 프로그램에도 150여 명의 훈련생을 유학 보내며 투자한 결과 1959년에는 한국 최초의 연구용 원자로를 만들게 됩니다.

4·19 혁명　1960년

1960년 3월 15일 4대 대통령 선거가 열립니다. 이승만은 다시 4선에 도전합니다. 부정선거를 해서라도 정권을 유지하겠다는 의지가 계속됐습니다.

이번 상대는 조병옥이었습니다. (조병옥은 아우내 장터 만세운동을 주도한 조인원의 아들로 제주 4·3 항쟁을 강경하게 진압한 사람입니다.) 그러나 조병옥이 유세 기간에 갑작스럽게 사망하면서 단일후보가 됩니다. 때문에 본인을 위해서 선거부정을 할 필요는 없었습니다.

문제는 최측근이자 부통령 후보 이기붕이었습니다. 이기붕은 자기 아들을 이승만의 양자로 내줄 정도로 이승만에게 충성을 바친 인물입니다.

이기붕이 인기가 있다면 굳이 선거 부정을 할 필요도 없었겠지만 이기붕은 너무나 인기가 없었습니다. 반면에 민주당 부통령 후보인 장면은 이미 지난번 부통령인 데다가 대선 후보로까지 거론되는 인물이었습니다.

자유당은 온갖 기발한 방법으로 선거 부정을 저지릅니다. 투표함의 40퍼센트를 이기붕으로 미리 채워넣기, 야당 참관인 쫓아내기, 뇌물 살포 및 협박, 여러 명이 한꺼번에 공개적으로 투표하기, 죽은 사람 이름으로 투표하기 등 말입니다.

개표 부정도 기발하였습니다. 밤중에 투표함을 통째로 바꾸기도 하고, 야당 후보의 표에 일부러 지장을 찍어 무효표로 만들기도 하고, 다른 후보 표 뭉치 위에 이기붕을 찍은 표를 올리고 뭉치 전체를 이기붕 표로 계산하는 등의 방식을 썼습니다.

결국 이승만은 100퍼센트, 이기붕은 79.19퍼센트를 얻어 당선됩니다.

하지만 국민은 더 이상 참을 수 없었고 당장 투표 날부터 전국에서 시위가 벌어집니다.

마산에서는 3000여 명이 모여 시위를 벌이고 경찰이 집단 발포하여 여러 명이 사망하는 일까지 벌어집니다. 그런데 시위 중 실종되었던 김주열 군(17세)이 4월 11일 왼쪽 눈에 최루탄이 박힌 채 마산 앞바다에서 발견됩니다. 이 소식을 들은 마산 시민들은 분노하여 거리로 뛰어나와 시위합니다. 정부는 배경에 공산당이 있다며 사태를 수습하려고 했지만 이미 사태는 걷잡을 수 없이 전국으로 퍼져나갑니다.

4월 19일 전국에서 시위가 벌어집니다. 경찰이 발포하면서 전국에서 100여 명이 넘는 사망자가 나옵니다. 하지만 이승만은 계엄령을 내리고 시위를 진압하려 합니다. 그러나 계엄군 사령관 송요찬은 오히려 시민을 보호하라고 명령합니다.

4월 26일 내각들마저 이 대통령에게 하야를 진언합니다. 그때 송요찬 계엄사령관이 시민대표단과 이승만 대통령의 면담을 주선합니다. 시민대표단은 "국민이 하야를 원한다"라고 말했고, 이승만은 "국민이 원한다면 하야하겠다"라고 대답합니다. 그리고 라디오로 하야하겠다는 대국민담화를 발표합니다.

4월 28일 이승만은 경무대를 떠나 자신의 사저인 이화장으로 돌아갑니다. 5월 29일 하와이로 출국하였으며, 여러 차례 재입국을 대한민국에 요청하였으나 거절당하고, 1965년 7월 19일 0시 35분 하와이 마우날라니 양로병원에서 향년 90세로 사망합니다.

제2공화국　1960년 6월 15일

이승만 정권이 무너진 뒤 들어선 허정 과도내각은 6월 7일부터 기존의 헌법에 대한 개정을 논의하였고 6월 11일 개정된 법안을 국회에 제출합니다. 6월 15일 찬성 208표 반대 3표로 가결되면서 대한민국 헌정사상 최초로 합법적인 절차에 따라 개헌이 이루어지고 제2공화국이 성립됩니다.

(헌법이 전면 개정되면 새로운 공화국이 됩니다.)

8월 12일 윤보선이 대통령으로 선출됩니다. 이때 선거방식은 국회의원이 맘에 드는 사람 이름을 써내는 방식이었습니다. 그런데 제2공화국은 국무총리를 정부 수반으로 하는 의원내각제 정부이기 때문에 대통령은 실권이 없습니다.

1960년 8월 19일 장면이 국무총리로 선출되면서 장면 정부가 막을 올립니다. 장면 내각은 3 · 15 부정선거 관련자 및 반민주행위자를 구속하여 과거사를 청산하고, 선건설후통일을 주장하였으며, 북한과 협력하여 평화통일을 이루기 위해 노력하였습니다. 그리고 지방자치제도와 양원제를 시행하였고 장준하의 도움을 받아 국토 건설단을 설립하여 경제를 부흥시키려 노력합니다.

하지만 장면 정부 10개월 동안 총 2000여 건의 시위가 벌어졌고 100만여 명이 참가할 정도로 사회가 혼란스러웠습니다. 나중에는 어린 초등학생들이 시위를 그만하라는 시위까지 할 정도입니다. 결국 1961년 박정희에 의해 5 · 16 군사정변이 일어나며 장면 정부는 무너집니다.

5·16 군사정변 · 1961년

육군소장 박정희와 그 세력들은 예비사단 병력과 포병단, 해병대와 육군 제1공수특전단 등을 동원하여 1961년 5월 16일 새벽 서울, 대구, 부산 등의 방송국을 비롯한 주요 시설을 무력으로 점거합니다. 대한민국 육군 참모총장 장도영과 대통령 윤보선을 협박하여 국무총리 장면을 사퇴시킵니다. 군사혁명위원회를 만들어 입법, 행정, 사법의 삼권을 모두 장악합니다. 다음날 박정희는 군사혁명위원회를 국가재건최고회의(의장 장도영, 부의장 박정희)로 개편하고 군정을 시행합니다.

국가재건최고회의는 1962년 12월 17일 국민투표를 통해 대통령중심제 개헌을 시행합니다. 이로써 제3공화국이 들어섭니다. 국가재건최고회의는 민정이양 선언과 함께 대통령 선거를 예고합니다. 1963년 10월 15일 치러진 대선에서 박정희 후보는 윤보선 후보를 득표율 1.55퍼센트 표 차로 누르고 대한민국의 5대 대통령이 됩니다.

민주화 전에는 5·16 군사혁명이라고 불렸지만 민주화 후로는 5·16 군사정변이라고 불립니다.

읽을거리

5·16 당시 서울대학교에서 ROTC 교관으로 근무하던 전두환은 육사 생도들의 5·16 지지 선언과지지 행진을 이끌어내기 위해 육사교장을 설득합니다. 하지만 육사교장이 이를 거부하자 전두환은 교장이 반혁명적 행동을 했다고 군부에 보고합니다. 육사교장은 구금되고, 육사 생도들은 전두환의 설득과 강압으로 5월 18일 군부혁명 지지 시가행진을 엽니다. 이 공으로 전두환은 국가재건최고회의 비서관이 됩니다.

이후 전두환은 박정희의 비호 아래 육사 11기 동기인 노태우 등을 끌어들여 군내 사조직인 하나회를 결성합니다.

박정희 정부는 1962년부터 경제 개발 5개년 계획을 추진합니다. 의류, 신발, 합판 등 노동집약적 경공업 사업을 벌이고 수출에 주력하여 경제를 크게 발전시킵니다. 그 결과 대한민국은 최극빈국에서 중진국으로 도약하게 됩니다. 1965년에는 미국의 요청에 따라 베트남에 국군 장병을 파견하고 1965년 6월 22일 한일기본조약을 체결하고 한일수교를 재개합니다.

하지만 이때 같이 체결된 한일 청구권 협정에서 3억 달러의 무상 자금과 2억 달러의 차관을 받는 대가로 대일 청구권을 포기하는 바람에 일본군 위안부, 강제 징용 피해자들을 법적으로 구제할 수 없게 돼 아쉬움을 남깁니다.

1967년 박정희는 윤보선과 다시 한번 대통령 선거에서 맞붙게 됩니다. 그러나 경제개발 5개년 계획이 성공적으로 진행되어 박정희의 인기는 높았고 무난하게 재선에 성공합니다. 경제 개발 5개년 계획은 2차 계획(1967~1971)으로 이어집니다. 이 시기에는 대한민국 국민이 해외로 나가 돈을 벌어들였습니다. 서독에 광부와 간호사를 파견하고 베트남 전쟁에 국군 장병을 파병하여 외화를 벌어옵니다.

1968년 경인고속도로, 1970년 경부고속도로를 완공하여 교통망을 확충하고 1969년에는 3선개헌을 단행합니다. 1970년에는 새마을 운동을 시작하여 농촌을 개혁해 나갑니다. 하지만 노동자들의 근무환경은 열악했습니다. 1970년 11월 13일 평화시장 봉제 공장의 재단사였던 전태일은 박정희 정부에게 근로기준법 준수를 요구하다가 시위 현장에서 자신의 몸에 휘발유를 끼얹고 불을 붙여 근로기준법 법전과 함께 분신자살하는 일도 발생했습니다. 당시 그는 향년 22세였습니다.

1971년 박정희는 대선에 출마해 3선에 도전합니다. 상대는 신민당의 김대중 후보였습니다. 쉽게 이길 것이라는 예상과 달리 박정희는 김대중과 접전을 벌이며 간신히 승리합니다. 게다가 대선 한 달 뒤 치러진 제8대 국회의원 선거에서 신민당이 89석을 확보하여 개헌저지선인 69석을 넘깁니다. 위기를 느낀 박정희는 1972년 10월 17일 전국에 비상계엄령을 선포해 모든 출판, 언론 활동을 검열하고, 국회를 해산시키고 정당과 정치단체의 활동을 제한합니다.

그리고 비상국무회의가 주재해 자신이 영구히 집권할 수 있도록 헌법을 개정하는 작업에 착수합니다. 이를 10월 유신이라 하는데 유신헌법이 만들어지면서 3공화국은 끝이 납니다.

나가는 글

　1972년 유신을 끝으로 이 책을 마무리하겠습니다. 이후로는 역사歷史라고 할지 시사時事라고 할지 모호하기 때문입니다.

　그리고 2023년에도 1970년대 이후의 일은 이념과 사상에 따라 서로 다른 해석이 첨예하게 대립하고 있으므로 영 다루기가 껄끄럽습니다. 그러므로 한국사 시험에도 잘 나오지 않습니다.

　그래도 알고 싶으신 독자분들은 필자의 졸저인 《91학번 강대한》이라는 소설을 참고하시기를　바랍니다. 소설이지만 1972년부터 2002년까지 국내외 시사時事를 빠짐없이 다루었습니다. 이 책을 다 읽으셨다면 한국사능력검정시험 1급을 확실히 딸 수 있습니다. 수능에서도 만점이 가능합니다.

　하지만 필자가 이 글을 쓴 동기는 한국사 시험을 잘 보도록 하려고 쓴 것이 아닙니다. 이 책은 조상의 빛난 얼은 오늘에 되살리고, 조상의 흑역사도 되살려 반면교사로 삼기를 바라는 마음에서 쓴 것입니다.

　'역사를 잊은 민족에게는 미래가 없다'라는 말이 있습니다. 이 책을 읽으시고 독자님의 미래를 밝히기를 바랍니다.

교과서가 쉬워지는 이야기 한국사: 조선−근현대

1판 1쇄 인쇄 2024년 4월 5일
1판 1쇄 발행 2024년 4월 10일

지은이 강태형
펴낸이 이윤규

펴낸곳 유아이북스
출판등록 2012년 4월 2일
주소 서울시 용산구 효창원로 64길 6
전화 (02) 704-2521
팩스 (02) 715-3536
이메일 uibooks@uibooks.co.kr

ISBN 979-11-6322-125-8 (43910)
값 18,000원